국가공인
한자 자격시험
사범

www.hanja114.org

초판 12쇄	2024. 01. 03
펴 낸 곳	주식회사 형민사
지 은 이	국제어문능력개발원
인터넷구매	www.hanja114.com
구 입 문 의	TEL.02-736-7693~4, FAX.02-736-7692
주 소	㉾100-032 서울시 중구 수표로 45, B1 101호(저동2가,비즈센터)
등 록 번 호	제300-2004-18호
I S B N	978-89-955423-9-2

- 이 책에 실린 모든 편집 내용에 대한 저작권은 '주식회사 형민사'에 있으므로 무단으로 복사, 복제할 수 없습니다.
- 파손된 책은 바꾸어 드립니다.

한자 자격 시험 안내

1 한자자격시험
- 주 관 : 사단법인 한자교육진흥회
- 시 행 : 한국 한자실력평가원

2 한자자격시험 일시
- 연 6회 실시
- 매2월, 4월, 5월, 8월, 10월, 11월시행(사정에 따라 변경될 수 있음)
- 응시 자격 : 제한 없음

3 한자자격시험 준비물 및 입실 시간
- 접수 준비물 : 기본인적사항, 응시원서, 응시료, 반명함판 사진(3㎝×4㎝ 2매)
- 시험 준비물
  ① 수험표
  ② 신분증(학생증, 주민등록증, 운전면허증, 여권 – 초등학생과 미취학아동은 건강보험증 또는 주민등록등본(복사본 가능))
  ③ 검정색 펜
  ④ 수정 테이프(※수정액 사용 불가)
- 고사장 입실 시간 : 시험 시작 20분 전까지

4 합격자 발표 및 문의처
- 합격자 발표 : 시험 종료 약 1개월 후
- 홈페이지 : http://www.hanja114.org 또는 한글인터넷주소 : 한자자격시험
- 기타 문의 : 한국 한자실력평가원(전화 02-3406-9111, 팩스 02-3406-9118)

5 한자자격시험 급수별 출제 범위

구분		공인급수				교양급수							
		사범	1급	2급	3급	준3급	4급	준4급	5급	준5급	6급	7급	8급(첫걸음)
평가한자수	계	5,000자	3,500자	2,300자	1,800자	1,350자	900자	700자	450자	250자	170자	120자	50자
	선정한자	5,000자	3,500자	2,300자	1,300자	1,000자	700자	500자	300자	150자	70자	50자	30자
	교과서·실용한자어	-	500단어(이상)	500단어(이상)	500자(436단어 이상)	350자(305단어 이상)	200자(156단어 이상)	200자(139단어 이상)	150자(117단어 이상)	100자(62단어 이상)	100자(62단어 이상)	70자(43단어 이상)	20자(13단어 이상)

* 한자자격시험은 사범~8급까지 총 12개 급수로 구성
* 1급과 2급은 직업분야별 실용한자어, 3급 이하는 교과서 한자어를 뜻함
* 3급 이하의 교과서 한자어에서는 한자쓰기 문제를 출제하지 않음 (자세한 사항은 홈페이지를 참조하시기 바랍니다.)
* 巾(수건 건)자는 교육부지정 선정한자 (1,800자)에서 제외된 글자이나, 실생활에 자주 활용되고 部首자이므로 준5급에 추가하여 80+1자가 되었음

국가공인 한·자·자·격·시·험 **사범**

06 급수별 출제 문항 수 및 출제기준

구분		급수	사범	1급	2급	3급	준3급	4급	준4급	5급	준5급	6급	7급	8급(첫걸음)
출제기준		문항수 합계	200	150	100	100	100	100	100	100	100	80	50	50
	주관식	문항수	150	100	70	70	70	70	70	70	70	50	20	20
		비율(%)	75% 이상	65% 이상	70% 이상	70% 이상	70% 이상	70% 이상	70% 이상	70% 이상	70% 이상	60% 이상	40% 이상	40% 이상
		한자쓰기(비율%)	25	25	25	20	20	20	20	20	20	10	—	—
	객관식	문항수	50	50	30	30	30	30	30	30	30	30	30	30
문항별 배점			2	2	2	2	1	1	1	1	1	1.25	2	2
만점 (환산점수:100점 만점)			400 (100)	300 (100)	200 (100)	200 (100)	100	100	100	100	100	100	100	100

07 급수별 합격기준

구분	급수	사범	1급	2급	3급	준3급	4급	준4급	5급	준5급	6급	7급	8급(첫걸음)
합격기준 (문항수 기준)		80% 이상	70% 이상	70% 이상	70% 이상	70% 이상	70% 이상	70% 이상	70% 이상	70% 이상	70% 이상	70% 이상	70% 이상

* 각 급수별 합격 기준 이상의 점수를 얻어야 합격할 수 있음

08 급수별 시험시간, 출제 유형별 비율(%)

구분			급수	사범	1급	2급	3급	준3급	4급	준4급	5급	준5급	6급	7급	8급(첫걸음)
		시험시간		120분	80분	60분	60분	60분	60분	60분	60분	60분	60분	60분	60분
출제유형·비율(%)	급수별선정한자	훈음		25	25	25	15	15	15	15	15	15	20	25	25
		독음		35	35	35	15	15	15	15	15	15	20	25	25
		쓰기		25	25	25	20	20	20	20	20	20	10	-	-
		기타		15	15	15	15	15	15	15	15	15	15	15	15
		소계		100	100	100	65	65	65	65	65	65	65	65	65
	교과서한자어	독음		-	-	-	15	15	15	15	15	15	15	15	15
		용어뜻		-	-	-	10	10	10	10	10	10	10	10	10
		쓰기		-	-	-	0	0	0	0	0	0	0	0	0
		기타		-	-	-	10	10	10	10	10	10	10	10	10
		소계		-	-	-	35	35	35	35	35	35	35	35	35
	합계			100	100	100	100	100	100	100	100	100	100	100	100

⑨ 원서접수 방법

〈방문 접수와 인터넷 접수 가능〉

• 방문 접수 : 지역별 원서접수처를 직접 방문하여 접수하는 경우
  · 응시급수 선택 : 한자자격시험 급수별 출제범위를 참고하여, 응시자에 알맞은 급수를 선택
  · 원서 접수 준비물 확인 : 응시자 성명(한자) / 주민등록번호 / 학교명,학년,반 / 전화번호 / 우편번호,주소 / 반명함판 사진2매(3×4cm) / 응시료
  · 원서 작성 · 접수 : 한자자격시험 지원서를 작성 후 접수
  · 수험표 확인 : 수험표의 응시급수, 수험번호, 성명, 주민등록번호, 고사장명, 고사장 문의전화, 시험일시를 재확인

• 인터넷 접수 : 한자자격시험 홈페이지에 접속하여 원서를 접수
  (홈페이지 : http://www.hanja114.org, 또는 한글인터넷주소 : 한자자격시험)

⑩ 국가공인 한자자격 취득자 우대

• 자격기본법 제23조 3항에 의거 국가자격 취득자와 동등한 대우 및 혜택
• 정부기관에서 공무원 직무능력 향상의 수단으로 권장
• 육군 간부, 군무원의 인사고과 반영
• 공공기관과 기업체 채용, 보수, 승진과정에서 우대하며 대학의 입학전형에 반영
  ※ 반영 비율 및 세부 사항은 기업체 및 각 대학 입시 요강에 따름
• 2005학년도 대학수학능력시험부터 '漢文'을 선택과목으로 채택
• 한국방송통신대학교 중어중문학과 졸업논문 대체인정(1급 이상)
• 대상 급수 : 한자실력 사범, 1, 2, 3급

국가공인 한·자·자·격·시·험 사범

이 책은 국가공인 [한자자격시험] 관리·운영기관인 '사단법인 한자교육진흥회'가 주관하고, '한국 한자실력평가원'에서 시행하는 국가공인 사범 [한자자격시험] 대비 수험서입니다.

▶▶ 이 책은 (사)한자교육진흥회의 공식 추천도서로 평가기준과 평가의도를 정확히 반영하고 있습니다.

▶▶ 이 책은 (사)한자교육진흥회의 평가기준에 따라 사범 '선정한자 5,000자'와 '단문 읽기', '한시감상', '고전읽기', '한문 문법 이해' 등을 단원별로 구성하여 학습 효율을 높일 수 있도록 하였습니다.

▶▶ 책의 앞부분에 급수별 선정한자 목록을 수록하였습니다. 사범 선정한자 5,000자는 1급까지의 하위급수 3,500자에 사범 고유한자 1,500자가 더해진 것입니다. 국가공인 [한자자격시험] 사범에서는 사범 고유한자 1,500자의 출제 빈도가 매우 높기 때문에 이 글자들을 집중적으로 학습할 수 있도록 5개 단원으로 나누어 구성하였습니다.

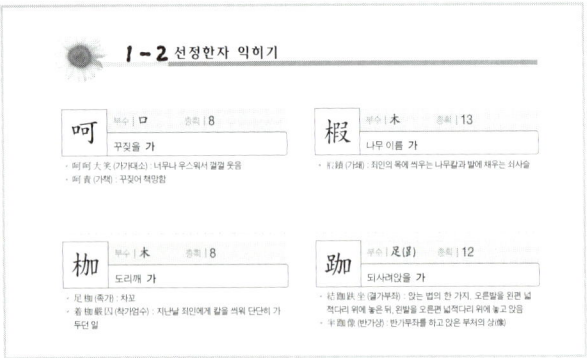

선정한자 익히기

국가공인 [한자자격시험] 사범 선정한자를 훈·음, 부수, 총획, 용례 등을 수록하였고, 선정한자의 용례를 제시해 그 한자가 어떻게 활용되는지 익힐 수 있도록 하였다.

단문 읽기

선조들은 한자를 익힘에 있어서 낱글자가 아닌 문장 위주로 학습하였다. 그러므로 한자 학습의 궁극적인 방향은 낱글자의 훈, 음, 어휘 중심의 한자 학습이 아닌 문장 중심의 한자 학습이 이뤄져야 할 것이다. 그러나 한문 문장 독해의 어려움이 있으므로 우선 단문을 통해 한문 문장의 기초를 다지고, 그것을 바탕으로 한시와 장문을 독해할 수 있도록 하였다.

논어, 맹자, 대학, 중용 (四書)와 천자문, 명심보감 등에서 각 고전의 정수를 드러내는 핵심적인 문장들을 위주로 발췌하였다. 오랜 시간 사람들이 애용하고 읽혀져 익숙한 문장들로 현대를 살아가는 지금 읽어도 그 의미가 퇴색하지 않으며 거듭 그 의미를 곱씹게 된다. 단문 위주의 짧은 글을 통해 옛 성현들의 사상을 접하고 각자 현재적 의미를 밝힐 수 있기를 바란다.

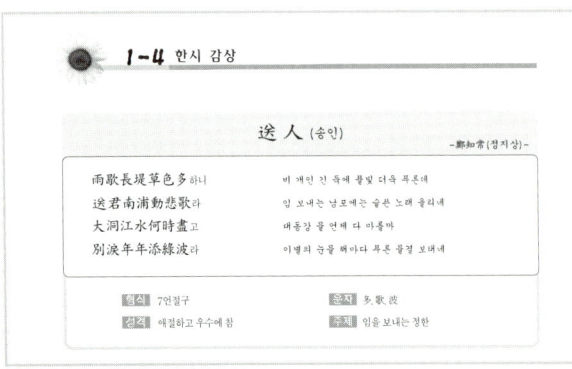

한시 감상

한시는 단지 '한자로 지어진 시다'라고 말할 수 없다. 왜냐하면 한시 안에 주어진 한자만을 해석한다고 해서 시를 정확히 이해하고 읽은 것이 아니고, 한자와 한자 사이에 스며 있는 의미를 읽어서 무한한 감상에 빠져질 수 있어야 하기 때문이다. 그러므로 한시 감상을 통해 단순히 글자의 훈, 음을 알고 해석하는 것이 아니라, 한시를 음미할 수 있도록 하였다.

중국 한시와 한국한시 중에서 많은 사람들에 의해서 읊어졌던 유명한 한시들을 단원마다 몇 편씩 수록하였다. 중국한시는 이백과 두보 등 '唐詩' 위주로 실었으며 '한국 한시'는 최치원, 이규보에서부터 황현에 이르기까지 한국 한시사에 걸출한 시인의 작품들을 뽑았다. 옛 선인들의 생생한 삶의 진수가 집약적으로 녹아있는 한시 감상을 통해 예술적 향기를 느낄 수 있다.

이 책의 구성

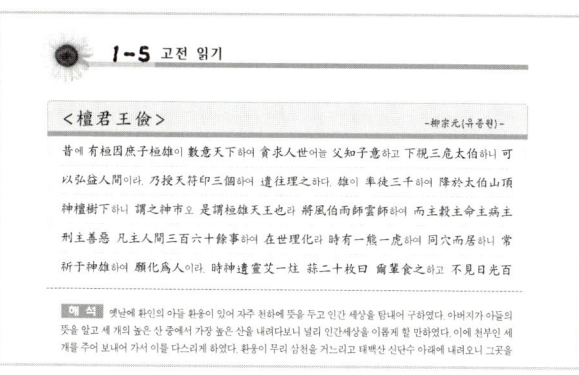

고전읽기

고전이란 예전에 만들어진 것들 중에서 시대를 초월하여 높이 평가되는 문학 작품을 일컫는 말이다. 그러므로 고전의 감상은 곧 이전 시대와의 교류라고 말할 수 있고, 한문 문장의 경우 名文이라고 하여 길이 남을 문장들을 학습함으로써 한자, 한문의 진면목을 느낄 수 있다. 본 교재에서는 교양인이라면 반드시 알아야할 문장들을 엄선하여 감상하고 문장 해석 능력을 키울 수 있도록 하였다.

고문진보와 우리나라의 명문 등 다양한 산문을 통해 문장의 해독 능력을 키우고 고전의 감상을 통해 한문의 교양을 쌓도록 하였다. 중국의 '귀거래사·출사표'나 '장자', 한국의 '금오신화' 등 제목은 귀에 익숙하나 내용은 자세히 알지 못했던 고전의 원문과 해석을 함께 실었다.

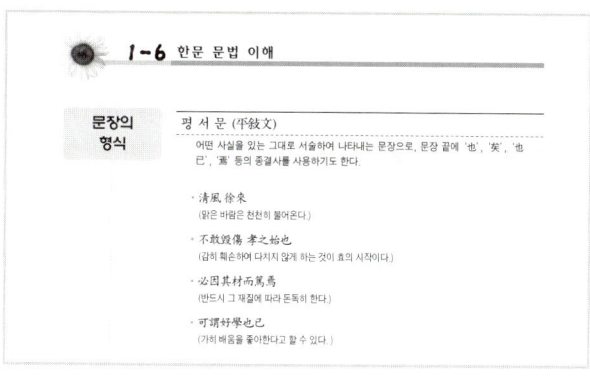

한문 문법 이해

한문 문장을 해석하기 위한 첫걸음으로 기본적인 한문 문형을 단원별로 나누었다. 한문의 여러 문형과 중요한 조사들을 설명하고, 예문을 들어 보다 쉽게 문장 해석 능력을 향상 시킬 수 있도록 구성하였다.

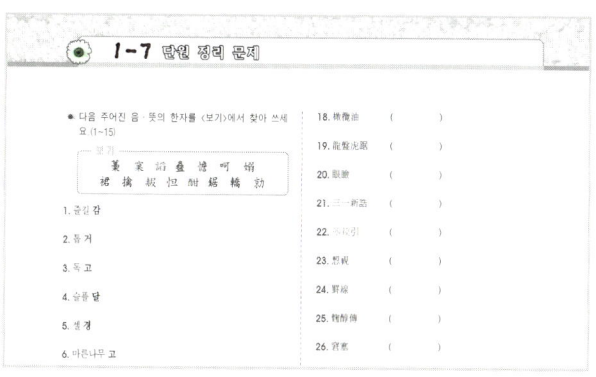

단원 정리 문제

각 단원의 끝 부분에서 그 단원에서 배운 내용을 총정리 해 볼 수 있도록 문제 형식으로 구성하였다. [한자자격시험] 문제를 심층적으로 학습할 수 있도록 문항을 구성하였고, 특히 문제의 지문이나 보기 등에 제시된 단어들도 교육적·사회적 의미를 고려하여 배치하였다.

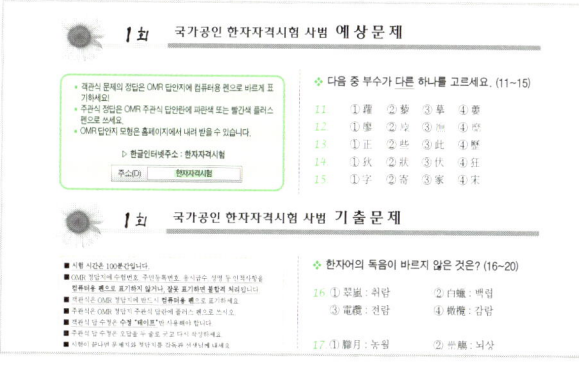

예상문제와 기출문제

[한자자격시험]의 출제 문제와 유사한 문제유형으로 구성된 예상문제 5회분과 최근 시행되었던 기출문제를 두어 지금까지 학습한 내용을 다시 점검해보고 실전에 대비할 수 있도록 하였다. 각 회차별 문제수가 [한자자격시험] 사범 문제수와 같고, 유형 또한 기출 문제 유형과 비슷하게 하였다.

※ 참고문헌 : • 이재전, 《최신한자교본》, (도서출판 에코노미, 2002)   • 장형식, 《부수해설》, (한국 한자실력평가원, 2000)
• 홍순필, 《한선문 신옥편-정음옥편 한글판》, (보문관, 1917)   《大漢韓辭典》, (교학사, 1998) 등

한자 자격시험 안내	3
이 책의 구성	6
급수별 선정한자 일람표	10

제1단원

1-1. 선정한자 일람표	60
1-2. 선정한자 익히기	64
1-3. 단문 읽기	94
1-4. 한시 감상	98
1-5. 고전 읽기	100
1-6. 한문 문법 이해	104
1-7. 단원 정리 문제	106

제2단원

2-1. 선정한자 일람표	114
2-2. 선정한자 익히기	118
2-3. 단문 읽기	148
2-4. 한시 감상	152
2-5. 고전 읽기	154
2-6. 한문 문법 이해	158
2-7. 단원 정리 문제	160

제3단원

3-1. 선정한자 일람표	168
3-2. 선정한자 익히기	172
3-3. 단문 읽기	202
3-4. 한시 감상	206
3-5. 고전 읽기	208
3-6. 한문 문법 이해	212
3-7. 단원 정리 문제	214

제4단원

- 4-1. 선정한자 일람표　　222
- 4-2. 선정한자 익히기　　226
- 4-3. 단문 읽기　　256
- 4-4. 한시 감상　　260
- 4-5. 고전 읽기　　263
- 4-6. 한문 문법 이해　　268
- 4-7. 단원 정리 문제　　270

제5단원

- 5-1. 선정한자 일람표　　278
- 5-2. 선정한자 익히기　　282
- 5-3. 단문 읽기　　312
- 5-4. 한시 감상　　316
- 5-5. 고전 읽기　　318
- 5-6. 한문 문법 이해　　322
- 5-7. 단원 정리 문제　　324

부록

- 예상문제　　332
- 기출문제　　392
- 정답　　412

급수별 선정한자 일람표

*표시는 길게 발음된 글자. # 표시는 장음 단음 두 가지로 발음된 글자임
( )안은 간체자

8급 선정 한자

一	한	일	
二	두	이	*
三	석	삼	
四	넉	사	*
五	다섯	오	*
六	여섯	륙	
七	일곱	칠	
八	여덟	팔	
九	아홉	구	
十	열	십	
日	날	일	
月	달	월	
火	불	화	#
水	물	수	
木	나무	목	
上	윗	상	*
中	가운데	중	
下	아래	하	*
父	아버지	부	
母	어머니	모	*
王	임금	왕	
子	아들	자	
女	계집	녀	
口	입	구	#
土	흙	토	
山	메	산	
門	문	문(门)	
小	작을	소	*
人	사람	인	
白	흰	백	

7급 선정 한자

江	강	강	
工	장인	공	
金	쇠	금	
男	사내	남	
力	힘	력	
立	설	립	
目	눈	목	
百	일백	백	
生	날	생	
石	돌	석	
手	손	수	#
心	마음	심	
入	들	입	
自	스스로	자	
足	발	족	
川	내	천	
千	일천	천	
天	하늘	천	
出	날	출	
兄	맏	형	

6급 선정 한자

東	동녘	동(东)	
西	서녘	서	
南	남녘	남	
北	북녘	북	
方	모	방	
向	향할	향	*
內	안	내	*
外	바깥	외	*
同	한가지	동	
名	이름	명	
青	푸를	청	
年	해(=季)	년	
正	바를	정	#
文	글월	문	
主	주인	주	
寸	마디	촌	*
弟	아우	제	*
夫	지아비	부	
少	적을	소	*
夕	저녁	석	

준5급 선정 한자

歌	노래	가	
家	집	가	
間	사이	간(间)	#
車	수레	거(车)	
巾	수건	건	
古	예	고	*
空	빌	공	
教	가르칠	교	*
校	학교	교	*
國	나라	국(国)	
軍	군사	군(军)	
今	이제	금(今)	
記	기록할	기(记)	
氣	기운	기(气)	
己	몸	기	
農	농사	농(农)	
答	대답	답	
代	대신할	대	*
大	큰	대	*
道	길	도(道)	
洞	골	동	*
登	오를	등	
來	올	래(来)	#
老	늙을	로	*
里	마을	리	*
林	수풀	림	
馬	말	마(马)	
萬	일만	만(万)	*
末	끝	말	
每	매양	매	#

面	낯	면	*	全	온전할	전		根	뿌리	근	
問	물을	문(问)	*	祖	할아비	조		急	급할	급	
物	물건	물		左	왼	좌	*	多	많을	다	
民	백성	민		住	살	주	*	短	짧을	단	#
本	근본	본		地	땅	지		當	마땅할	당(当)	
不	아니	불		草	풀	초		堂	집	당	
分	나눌	분	#	平	평평할	평		對	대답할	대(对)	*
士	선비	사	*	學	배울	학(学)		圖	그림	도(图)	
事	일	사	*	韓	나라이름	한(韩)	#	度	법도	도	*
色	빛	색		漢	한수	한(汉)	*	刀	칼	도	
先	먼저	선		合	합할	합		讀	읽을	독(读)	
姓	성씨	성	*	海	바다	해	*	冬	겨울	동	#
世	세상	세	*	孝	효도	효	*	童	아이	동	*
所	바	소	*	休	쉴	휴		頭	머리	두(头)	
時	때	시(时)						等	무리	등	*
市	저자	시	*	**5급 선정 한자**				樂	즐거울	락(乐)	
食	밥	사						禮	예도	례(礼)	
植	심을	식(植)		各	각각	각		路	길	로	*
室	집	실		感	느낄	감	*	綠	푸를	록(绿)	
安	편안할	안		强	강할	강	#	理	다스릴	리	*
羊	양	양		開	열	개(开)		李	오얏(자두)	리	*
語	말씀	어(语)	*	去	갈	거		利	이로울	리	*
午	낮	오	*	犬	개	견		命	목숨	명	*
玉	구슬	옥		見	볼	견(见)	*	明	밝을	명	
牛	소	우	*	京	서울	경	*	毛	털	모	
右	오른	우	*	計	셀	계(计)		無	없을	무(无)	
位	자리	위		界	지경	계	*	聞	들을	문(闻)	#
有	있을	유	*	苦	괴로울	고		米	쌀	미	
育	기를	육		高	높을	고		美	아름다울	미	#
邑	고을	읍		功	공	공		朴	순박할	박	
衣	옷	의		共	함께	공	*	反	돌이킬	반	*
耳	귀	이	*	科	과목	과		半	절반	반	*
字	글자	자		果	과실	과	*	發	필	발(发)	
長	길	장(长)	#	光	빛	광		放	놓을	방	#
場	마당	장(场)		交	사귈	교		番	차례	번	
電	번개	전(电)		郡	고을	군	*	別	다를	별	
前	앞	전		近	가까울	근	*	病	병	병	*

급수별 선정한자 일람표

步	걸음	보		英	꽃부리	영		通	통할	통(通)	
服	옷	복		勇	날쌜	용	*	貝	조개	패(贝)	#
部	거느릴	부		用	쓸	용	*	便	편할	편	#
死	죽을	사	*	友	벗	우	*	表	겉	표	
書	글	서(书)		運	움직일	운(运)	*	品	물건	품	*
席	자리	석		遠	멀	원(远)	*	風	바람	풍	
線	줄	선(线)		原	언덕, 근본	원		夏	여름(=昰)	하	*
省	살필	성		元	으뜸	원		行	다닐	행	#
性	성품	성	*	油	기름	유		幸	다행	행	*
成	이룰	성		肉	고기	육		血	피	혈	
消	사라질	소		銀	은	은(银)		形	모양	형	
速	빠를	속(速)		飮	마실	음(饮)	*	號	이름	호(号)	*
孫	손자	손(孙)	#	音	소리	음		花	꽃	화	
樹	나무	수(树)		意	뜻	의	*	話	말씀	화(话)	
首	머리	수		者	놈	자		和	화할, 화목할	화	
習	익힐	습		昨	어제	작		活	살	활	
勝	이길	승		作	지을	작		黃	누를	황	
詩	글	시(诗)		章	글	장	*	會	모일	회(会)	*
示	보일	시	*	在	있을	재	*	後	뒤	후	*
始	처음	시	*	才	재주	재					
式	법	식		田	밭	전		**준4급 선정 한자**			
神	귀신	신		題	제목	제(题)					
身	몸	신		第	차례	제	*	價	값	가(价)	
信	믿을	신	*	朝	아침(=晁)	조		加	더할	가	
新	새로울	신		族	겨레	족		可	옳을	가	*
失	잃을	실		晝	낮	주(昼)		角	뿔	각(角)	
愛	사랑	애(爱)	*	竹	대	죽		甘	달	감	
野	들	야	*	重	무거울	중	*	改	고칠	개	*
夜	밤	야	*	直	곧을	직(直)		個	낱	개(个)	#
藥	약	약(药)		窓	창문	창		客	손님	객	
弱	약할	약		淸	맑을	청		決	결단할	결(决)	
陽	볕	양(阳)		體	몸	체(体)		結	맺을	결(结)	
洋	큰바다	양		村	마을	촌	*	輕	가벼울	경(轻)	
魚	물고기	어(鱼)		秋	가을	추		敬	공경할	경	*
言	말씀	언		春	봄	춘		季	철	계	*
業	일	업(业)		親	친할	친(亲)		固	굳을	고	
永	길	영	*	太	클	태		考	상고할	고	#

국가공인 한자자격시험 · **사범**

告	알릴	고	*	料	헤아릴	료	#	星	별	성	
曲	굽을	곡		流	흐를	류		城	재	성	
公	공변될	공		亡	망할	망		誠	정성	성(诚)	
課	매길	과(课)		望	바랄	망	*	洗	씻을	세	*
過	지날	과(过)	*	買	살	매(买)	*	歲	해	세(岁)	*
關	관계할, 빗장	관(关)		妹	아랫누이	매	*	送	보낼	송	*
觀	볼	관(观)		賣	팔	매(卖)	#	數	셈	수(数)	*
廣	넓을	광(广)	*	武	굳셀	무	*	守	지킬	수	
橋	다리	교(桥)		味	맛	미		宿	잠잘	숙	
求	구할	구		未	아닐	미	#	順	순할	순(顺)	*
君	임금	군		法	법	법		視	볼	시(视)	*
貴	귀할	귀(贵)	*	兵	군사	병		試	시험	시(试)	#
極	다할	극(极)		報	갚을	보(报)	*	識	알	식(识)	
給	줄	급(给)		福	복	복(福)		臣	신하	신	
期	기약할	기		奉	받들	봉	*	實	열매	실(实)	
技	재주	기	#	富	부자	부	*	氏	성씨	씨	
基	터	기		備	갖출	비(备)	*	兒	아이	아(儿)	
吉	길할	길		比	견줄	비	*	惡	악할	악(恶)	
念	생각	념	*	貧	가난할	빈(贫)		案	책상, 생각	안	*
能	능할	능		氷	얼음	빙		暗	어두울	암	*
談	말씀	담(谈)		仕	벼슬할	사	*	約	맺을	약(约)	
待	기다릴	대	*	思	생각	사	#	養	기를	양(养)	*
德	덕	덕		師	스승	사(师)		漁	고기잡을	어(渔)	
都	도읍	도		史	역사	사	*	億	억	억(亿)	
島	섬	도(岛)		使	하여금	사	*	如	같을	여	
到	이를	도	*	産	낳을	산(产)		餘	남을	여(余/馀)	
動	움직일	동(动)	*	算	셈	산		然	그럴	연	
落	떨어질	락		賞	상줄	상(赏)		熱	더울	열(热)	
冷	찰	랭	*	相	서로	상		葉	잎	엽(叶)	
兩	두	량(两)	*	商	장사	상		屋	집	옥	
良	어질	량		常	항상	상		溫	따뜻할	온	
量	헤아릴	량		序	차례	서	*	完	완전할	완	
歷	지낼	력(历)		船	배	선		要	구할	요	#
領	옷깃, 거느릴	령(领)		仙	신선	선		雨	비	우	*
令	하여금, 명령할	령(令)	#	善	착할	선	*	雲	구름	운(云)	
例	법식	례	*	雪	눈	설(雪)		園	동산	원(园)	
勞	수고로울	로(劳)		說	말씀	설(说)		願	원할	원(愿)	*

급수별 선정한자 일람표 13

급수별 선정한자 일람표

由	말미암을	유		支	지탱할	지		**4급 선정 한자**				
義	옳을	의(义)	*	進	나아갈	진(进)	*					
醫	의원	의(医)		眞	참	진(真)		街	거리	가	#
以	써	이	*	質	바탕	질(质)		假	거짓	가	*
因	인할	인		集	모일	집		佳	아름다울	가	*
姉	맏누이	자		次	버금	차		干	방패	간	
再	두	재	*	參	참여할(셋 삼)	참(参)		看	볼	간	
材	재목	재		責	꾸짖을	책(责)		減	덜	감(减)	*
財	재물	재(财)		鐵	쇠	철(铁)		甲	껍질, 갑옷	갑	
爭	다툴	쟁(争)		初	처음	초		擧	들	거(举)	*
低	낮을	저	*	祝	빌	축		巨	클	거	*
貯	쌓을	저(贮)	*	充	채울	충		建	세울	건	*
的	과녁	적		忠	충성	충		乾	하늘	건	
赤	붉을	적		致	이를	치	*	更	다시	갱	
典	법	전	*	他	다를	타		慶	경사	경(庆)	*
戰	싸움	전(战)	*	打	칠	타	*	競	다툴	경(竞)	*
傳	전할	전(传)	*	宅	집	택		耕	밭갈	경	
展	펼	전	*	統	거느릴	통(统)	*	景	볕	경	#
店	가게	점	*	特	특별할	특		經	지날, 글	경(经)	
庭	뜰	정		敗	패할	패(败)	*	庚	천간, 별	경	
情	뜻	정		必	반드시	필		溪	시내	계	
定	정할	정	*	河	물	하		癸	천간	계	*
調	고를	조(调)		寒	찰	한		故	연고	고	#
助	도울	조	*	害	해칠	해	*	谷	골	곡	
鳥	새	조(鸟)		香	향기	향		骨	뼈	골	
早	이를	조	*	許	허락할	허(许)		官	벼슬	관	
存	있을	존		現	나타날	현(现)	*	救	구원할	구	*
卒	군사	졸		好	좋을	호	*	究	궁구할	구	
終	마칠	종(终)		湖	호수	호		句	글귀	구	
種	씨	종(种)	#	畫	그림	화(画)	*	舊	옛	구(旧)	*
罪	허물	죄	*	化	될, 변화할	화	#	久	오랠	구	*
注	물댈	주	*	患	근심	환	*	弓	활	궁	
止	그칠	지		回	돌	회		權	권세	권(权)	
志	뜻	지		效	본받을	효	*	均	고를	균	
知	알	지		訓	가르칠	훈(训)	*	禁	금할	금	*
至	이를	지		凶	흉할(=兇)	흉		及	미칠	급	
紙	종이	지(纸)		黑	검을	흑		其	그	기	

국가공인 한자자격시험 · 사범

起	일어날	기		復	돌아올	복	*	辛	매울	신
乃	이에	내	*	否	아닐	부	*	申	펼, 지지	신
怒	성낼	노	*	婦	지어미, 며느리	부		眼	눈	안 *
端	바를	단		佛	부처	불		若	같을, 만약	약
丹	붉을	단		悲	슬플	비	*	與	더불, 줄	여(与) *
單	홑	단(单)		非	아닐	비		逆	거스를	역
達	통달할	달(达)		鼻	코	비	*	硏	갈	연 *
徒	무리	도		巳	뱀, 지지	사	*	榮	영화	영(荣)
獨	홀로	독(独)		謝	사례할	사(谢) *		藝	재주	예(艺) *
斗	말	두		私	사사로울	사		誤	그릇될	오(误) *
得	얻을	득		絲	실	사(丝)		往	갈	왕 *
燈	등잔	등(灯)		寺	절	사		浴	목욕할	욕
旅	나그네	려		舍	집	사		容	얼굴	용
連	이을	련(连)		散	흩어질	산	*	遇	만날	우 *
練	익힐	련(练) *		想	생각	상	*	雄	수컷	웅
烈	매울, 뜨거울	렬		選	가릴	선(选) *		危	위태할	위
列	벌일	렬		鮮	고울	선(鲜)		偉	클	위(伟)
論	논할	론(论)		舌	혀	설		爲	할	위(为) *
陸	뭍	륙(陆)		聖	성스러울	성(圣) *		遺	남길	유(遗)
倫	인륜	륜(伦)		盛	성할	성	*	酉	닭, 지지	유
律	법	률		聲	소리	성(声)		恩	은혜	은
滿	찰	만(满) *		細	가늘	세(细) *		乙	새	을
忘	잊을	망		勢	권세	세(势) *		陰	그늘	음(阴)
妙	묘할	묘	*	稅	세금	세	*	應	응할	응(应) *
卯	토끼	묘	*	笑	웃음	소	*	依	의지할	의
務	힘쓸	무(务) *		續	이을	속(续)		異	다를	이(异) *
尾	꼬리	미		俗	풍속	속		移	옮길	이
密	빽빽할	밀		松	소나무	송		益	더할	익
飯	밥	반(饭)		收	거둘	수		引	끌	인
防	막을	방		修	닦을	수		印	도장	인
房	방	방		受	받을	수	#	寅	범	인
訪	찾을	방(访) *		授	줄	수		認	알	인(认)
拜	절	배	*	純	순수할	순(纯)		壬	천간, 북방	임 *
伐	칠	벌		戌	개, 지지	술		將	장수	장(将) #
變	변할	변(变) *		拾	주울	습		適	맞을	적(适)
丙	남녘	병	*	承	이을	승		敵	원수	적(敌)
保	지킬	보	#	是	옳을	시	*	節	마디	절(节)

급수별 선정한자 일람표 15

급수별 선정한자 일람표

接	이을	접		波	물결	파		警	경계할	경	*
停	머무를	정		判	판단할	판		驚	놀랄	경(惊)	
井	우물	정		片	조각	편	#	境	지경	경	
精	정기	정		布	베, 펼	포	#	戒	경계할	계	*
政	정사	정		暴	사나울	포		鷄	닭	계(鸡)	
除	덜	제		筆	붓	필(笔)		階	섬돌	계(阶)	
祭	제사	제	*	限	한정	한	*	繼	이을	계(继)	*
製	지을	제(制)	*	解	풀	해	*	庫	곳집	고(库)	
兆	조	조		鄕	시골, 마을	향(乡)		孤	외로울	고	
造	지을	조	*	協	도울	협(协)		穀	곡식	곡(谷)	
尊	높을	존		惠	은혜	혜	*	困	곤할	곤	*
坐	앉을	좌	*	呼	부를	호		坤	땅	곤	
走	달릴	주		戶	지게문	호	*	具	갖출	구	#
朱	붉을	주		婚	혼인할	혼		球	공	구	
衆	무리	중(众)	*	貨	재화	화(货)	*	區	나눌	구(区)	
增	더할	증		興	일어날	흥(兴)	#	局	판	국	
持	가질	지		希	바랄	희		群	무리	군	
指	손가락	지						窮	다할	궁(穷)	
辰	별, 지지	진		**준3급 선정 한자**				宮	집	궁(宫)	
着	붙을	착		脚	다리	각		勸	권할	권(劝)	*
察	살필	찰		渴	목마를	갈		卷	책	권	
唱	부를	창	*	敢	감히	감	*	歸	돌아갈	귀(归)	*
册	책	책		監	볼	감(监)		規	법	규(规)	
處	곳, 살	처(处)	*	鋼	강철	강(钢)		勤	부지런할	근	#
聽	들을	청(听)		降	내릴	강	*	級	등급	급(级)	
請	청할	청(请)		康	편안할	강		器	그릇	기	
最	가장	최	*	皆	다	개		旗	기	기	
蟲	벌레	충(虫)		居	살	거		幾	몇	기(几)	
取	가질	취	*	健	건강할	건	*	旣	이미	기(既)	
治	다스릴	치		件	사건	건		暖	따뜻할(=煖)	난	*
齒	이	치(齿)		檢	검사할	검(检)	*	難	어려울	난(难)	#
則	법칙	칙(则)		儉	검소할	검(俭)	*	納	들일	납(纳)	
針	바늘, 침(=鍼)	침(针)	#	格	격식	격		努	힘쓸	노	
快	쾌할	쾌		堅	굳을	견(坚)		斷	끊을	단(断)	*
脫	벗을	탈		潔	깨끗할	결(洁)		但	다만	단	*
探	찾을	탐		鏡	거울	경(镜)	*	團	둥글	단(团)	
退	물러날	퇴	*					壇	제단	단(坛)	

국가공인 한자자격시험·사범

段	층계	단		罰	벌할	벌(罚)		雖	비록	수(虽)	
隊	무리	대(队)	*	凡	무릇	범	#	秀	빼어날	수	
導	인도할	도(导)	*	犯	범할	범	*	淑	맑을	숙	
豆	콩	두		寶	보배	보(宝)	*	叔	아재비	숙	
羅	벌일	라(罗)		伏	엎드릴	복		術	재주	술(术)	
卵	알	란	*	逢	만날	봉	#	崇	높일	숭	
覽	볼	람(览)		扶	도울	부		乘	탈	승	
浪	물결	랑	*	浮	뜰	부		施	베풀	시	
郞	사내	랑		副	버금	부	*	息	숨쉴	식	
略	간략할	략		朋	벗	붕		深	깊을	심	
凉	서늘할	량		飛	날	비(飞)		甚	심할	심	*
露	이슬	로		祕	숨길	비(秘)	*	我	나	아	*
錄	기록할	록(录)		費	쓸	비(费)	*	顔	얼굴	안(颜)	*
留	머무를	류		社	모일	사		巖	바위	암(岩)	
類	무리	류(类)	#	寫	베낄	사(写)		央	가운데	앙	
柳	버들	류	#	射	쏠	사	#	仰	우러를	앙	*
莫	없을	막		査	조사할	사		哀	슬플	애	
晩	늦을	만	*	殺	죽일	살(杀)		也	어조사	야	
忙	바쁠	망		狀	모양	상(状)		揚	날릴,떨칠	양(扬)	
麥	보리	맥(麦)		傷	상할	상(伤)		讓	사양할	양(让)	*
免	면할	면	*	霜	서리	상		於	어조사	어	
眠	잠잘	면		尙	오히려	상		憶	생각할	억(忆)	
勉	힘쓸	면	*	喪	초상	상(丧)	#	嚴	엄할	엄(严)	
鳴	울	명(鸣)		象	코끼리	상		余	나	여	
暮	저물	모		床	평상(=牀)	상		汝	너	여	*
牧	칠	목		暑	더울	서	*	亦	또	역	
墓	무덤	묘	*	惜	아낄	석		域	지경	역	
茂	무성할	무	*	昔	옛	석		煙	연기	연(烟)	
戊	천간	무	*	設	베풀	설(设)		悅	기쁠	열	
舞	춤출	무	*	掃	쓸	소(扫)	#	炎	불꽃	염	
墨	먹	묵		素	흴	소	#	營	경영할	영(营)	
勿	말	물		束	묶을	속		迎	맞이할	영	
班	나눌	반		損	덜	손(损)	*	烏	까마귀	오(乌)	
倍	갑절	배	*	愁	근심	수		悟	깨달을	오	*
背	등	배	*	誰	누구	수(谁)		吾	나	오	
杯	잔	배		須	모름지기	수(须)		瓦	기와	와	*
配	짝	배	*	壽	목숨	수(寿)		臥	누울	와(卧)	*

급수별 선정한자 일람표 17

급수별 선정한자 일람표

曰	가로	왈		災	재앙	재(灾)		借	빌릴	차	*
謠	노래	요(谣)		著	나타날	저	*	此	이	차	
欲	하고자할	욕		積	쌓을	적(积)		創	비롯할	창(创)	*
憂	근심	우(忧)		轉	구를	전(转)	*	昌	창성할	창	#
尤	더욱	우		錢	돈	전(钱)	*	菜	나물	채	*
又	또	우	*	專	오로지	전(专)		採	캘	채(采)	*
于	어조사	우		絕	끊을	절(绝)		妻	아내	처	
宇	집	우	*	切	끊을, 간절할	절		尺	자	척	
云	이를	운		點	점	점(点)	#	泉	샘	천	
源	근원	원		靜	고요할	정(静)		淺	얕을	천(浅)	*
圓	둥글	원(圆)		貞	곧을	정(贞)		晴	갤	청	
怨	원망할	원	*	淨	깨끗할	정(净)		招	부를	초	
員	인원	원(员)		丁	장정	정		總	거느릴	총(总)	*
院	집	원		頂	정수리	정(顶)		推	밀	추	
威	위엄	위		制	마를	제	*	追	쫓을	추	
猶	같을	유(犹)		諸	모든	제(诸)		丑	소	축	
遊	놀	유		際	사이	제(际)		就	나아갈	취	*
柔	부드러울	유		帝	임금	제	*	吹	불	취	*
儒	선비	유		操	잡을	조	#	層	층	층(层)	
幼	어릴	유		宗	마루	종		卓	높을	탁	
唯	오직	유		鐘	쇠북	종(钟)		炭	숯	탄	*
乳	젖	유		從	좇을	종(从)	#	泰	클	태	
吟	읊을	음		州	고을	주		討	칠	토(讨)	
泣	울	읍		酒	술	주	#	痛	아플	통	*
矣	어조사	의		宙	집	주	*	投	던질	투	
議	의논할	의(议)		準	법도	준(准)	*	破	깨뜨릴	파	*
而	말이을	이	*	卽	곧	즉(即)		板	널빤지	판	
易	쉬울	이	*	曾	일찍	증		篇	책	편	
已	이미	이	*	證	증거	증(证)		閉	닫을	폐(闭)	*
仁	어질	인		枝	가지	지		包	쌀	포	#
忍	참을	인		之	갈	지		抱	안을	포	*
任	맡길	임	#	只	다만	지		票	표	표	
慈	사랑	자		智	지혜	지		豊	풍년	풍(丰)	
壯	씩씩할	장(壮)	*	職	벼슬	직(职)		皮	가죽	피	
腸	창자	장(肠)		盡	다할	진(尽)	*	彼	저	피	*
栽	심을	재	*	執	잡을	집(执)		疲	피곤할	피	
哉	어조사	재		且	또	차		匹	짝	필	

국가공인 한자자격시험·사범

何	어찌	하		傑	뛰어날(=杰)	걸(杰)		祈	빌	기	
賀	하례할	하(贺)	*	劍	칼	검(剑)	*	欺	속일	기	
閑	한가할	한(闲)		激	부딪칠	격		娘	아가씨	낭	
恨	한할	한	*	缺	이지러질	결		耐	견딜	내	*
恒	항상	항		兼	겸할	겸		奴	종	노	
亥	돼지	해		硬	굳을	경		腦	뇌	뇌(脑)	
虛	빌	허(虚)		傾	기울	경(倾)		茶	차	다	
驗	시험	험(验)	*	械	기계	계		淡	맑을	담	*
革	가죽	혁		係	맬	계(系)	*	擔	멜	담(担)	
賢	어질	현(贤)		契	맺을	계	*	畓	논	답	
刑	형벌	형		系	이어맬	계	*	黨	무리	당(党)	
虎	범	호	*	姑	시어미	고		帶	띠	대(带)	#
乎	어조사	호		稿	원고	고	*	貸	빌릴	대(贷)	*
或	혹	혹		恭	공손	공		倒	넘어질	도	*
混	섞을	혼	*	孔	구멍	공	*	逃	달아날	도	
紅	붉을	홍(红)		貢	바칠	공(贡)	*	盜	도둑	도	
華	빛날	화(华)		供	이바지할	공	*	督	감독할	독	
歡	기쁠	환(欢)		攻	칠	공	*	毒	독	독	
皇	임금	황		冠	갓	관		豚	돼지	돈	
候	기후	후	*	貫	꿸	관(贯)	#	突	갑자기	돌	
厚	두터울(=垕)	후	*	管	대롱	관		銅	구리	동(铜)	
胸	가슴	흉		慣	버릇	관(惯)		亂	어지러울	란(乱)	*
吸	숨들이쉴	흡		較	견줄	교(较)		糧	양식	량(粮)	
喜	기쁠	희		構	얽을	구(构)		慮	생각	려(虑)	
				苟	진실로	구	*	戀	사모할	련(恋)	*

3 급 선정 한자

券	문서	권	#	蓮	연꽃	련(莲)	
拳	주먹	권	*	聯	잇닿을	련(联)	
暇	겨를	가	*	菌	버섯	균		嶺	고개	령(岭)	
架	시렁	가	*	克	이길	극		鹿	사슴	록	
覺	깨달을	각(觉)		斤	도끼	근		了	마칠	료	
刻	새길	각		謹	삼갈	근(谨)	*	龍	용	룡(龙)	
姦	간사할	간(奸)	*	畿	경기	기		輪	바퀴	륜(轮)	
刊	책펴낼	간		奇	기이할	기		栗	밤	률	
講	익힐	강(讲)		企	꾀할	기		離	떠날	리(离)	*
介	낄	개		機	베틀	기(机)		履	밟을	리	*
距	떨어질	거	*	紀	벼리	기(纪)		梨	배	리	
拒	막을	거	*	寄	부칠	기		吏	아전	리	*

급수별 선정한자 일람표 19

급수별 선정한자 일람표

臨	임할	림(临)		府	관청	부	*	岸	언덕	안	*
麻	삼	마	#	付	부칠	부	*	涯	물가	애	
妄	망령될	망	*	負	질	부(负)	*	額	이마	액(额)	
梅	매화	매		粉	가루	분		樣	모양	양(样)	
盲	눈멀	맹		奔	달릴	분		壤	흙	양	
孟	맏	맹	*	紛	어지러울	분(纷)		役	부릴	역	
盟	맹세	맹		拂	떨칠	불		驛	역마	역(驿)	
銘	새길	명(铭)		批	비평할	비	*	延	끌	연	
募	모을	모		肥	살찔	비	*	鉛	납	연(铅)	
模	법	모		司	맡을	사		沿	물따라내려갈	연	*
慕	사모할	모	*	捨	버릴	사(舍)		緣	인연	연(缘)	
某	아무	모	*	詐	속일	사(诈)		宴	잔치	연	*
睦	화목할	목		斯	이	사		演	펼	연	*
貿	무역할	무(贸)	*	祀	제사	사		映	비칠	영	#
敏	재빠를	민		償	갚을	상(偿)		泳	헤엄칠	영	
博	넓을	박		祥	상서로울	상		銳	날카로울	예(锐)	*
薄	엷을	박		像	형상	상		辱	욕될	욕	
返	돌아올	반	*	索	찾을	색		慾	욕심	욕	
般	일반	반		署	관청	서	*	羽	깃	우	*
髮	터럭	발(发)		庶	여러	서	*	優	넉넉할	우(忧)	
芳	꽃다울	방		恕	용서할	서		愚	어리석을	우	
邦	나라이름	방		宣	베풀	선		郵	우편	우(邮)	
妨	방해할	방		涉	건널	섭		援	도울	원	*
輩	무리	배(辈)	*	蔬	나물	소		委	맡길	위	
繁	번성할	번		頌	기릴	송(颂)	*	胃	밥통	위	
範	법	범(范)	*	訟	송사할	송(讼)	*	圍	에울	위(围)	
壁	벽	벽		刷	인쇄할	쇄	*	衛	지킬	위(卫)	
邊	가	변(边)		囚	가둘	수		裕	넉넉할	유	*
辯	말잘할	변(辩)	*	輸	보낼	수(输)		悠	멀	유	
補	기울	보(补)	*	熟	익을	숙		維	벼리	유(维)	
普	넓을	보	*	巡	순행할	순		儀	거동	의(仪)	
譜	족보	보(谱)		旬	열흘	순		宜	마땅	의	
複	겹칠	복		述	지을	술		疑	의심	의	
腹	배	복		雅	바를	아	#	姻	혼인할	인	
卜	점	복		亞	버금	아(亚)	#	逸	편안	일	
峰	봉우리(=峯)	봉		餓	주릴	아(饿)	*	姿	맵시	자	*

국가공인 한자자격시험·사범

資	재물	자(资)		症	증세	증		塔	탑	탑	
殘	남을	잔(残)		誌	기록할	지(志)		態	모양	태(态)	*
雜	섞일	잡(杂)		池	못	지		擇	가릴	택(择)	
獎	권면할	장(奖)	*	織	짤	직(织)		澤	못	택(泽)	
裝	꾸밀	장(装)		陳	늘어놓을	진(陈)	#	吐	토할	토	*
障	막을	장		珍	보배	진		鬪	싸울	투(斗)	
張	베풀	장(张)		鎭	진압할	진(镇)	#	派	물갈래	파	
丈	어른	장	*	陣	진칠	진(阵)		版	판목	판	
帳	휘장	장(帐)		姪	조카	질(侄)		販	팔	판(贩)	
抵	거스를	저	*	秩	차례	질		評	평론할	평(评)	*
底	밑	저	*	差	어긋날	차		肺	허파	폐	*
績	길쌈	적(绩)		贊	도울	찬(赞)	*	浦	물가	포	
賊	도둑	적(贼)		倉	곳집	창(仓)	#	捕	잡을	포	*
籍	문서	적		債	빚	채(债)	*	胞	태보	포	#
占	점칠	점		策	꾀	책		爆	터질	폭	
整	가지런할	정	*	拓	넓힐	척		被	입을	피	*
訂	바로잡을	정(订)	*	踐	밟을	천(践)	*	避	피할	피	*
亭	정자	정		賤	천할	천(贱)	*	咸	다	함	
廷	조정	정		哲	밝을	철		抗	겨룰	항	*
征	칠	정		妾	첩	첩		項	목	항(项)	*
齊	가지런할	제(齐)		超	넘을	초		航	배	항	*
濟	건널	제(济)	*	礎	주춧돌	초(础)		港	항구	항	*
提	끌	제		聰	귀밝을	총(聪)		享	누릴	향	*
堤	둑	제		築	쌓을	축(筑)		響	소리	향(响)	*
照	비칠	조	*	側	곁	측(侧)		憲	법	헌(宪)	
條	조목	조(条)		測	헤아릴	측(测)		險	험할	험(险)	*
弔	조상할	조(吊)	*	値	값	치(值)		絃	줄	현(弦)	
租	조세	조		置	둘	치(置)	*	亨	형통할	형	
潮	조수	조		恥	부끄러울	치(耻)		昏	저물	혼	
組	짤	조(组)		浸	적실	침		弘	클	홍	
座	자리	좌	*	侵	침노할	침		確	굳을	확(确)	
株	그루	주		稱	일컬을	칭(称)		環	고리	환(环)	
柱	기둥	주		妥	평온할	타	*	丸	알	환	
周	두루	주		濯	씻을	탁		悔	뉘우칠	회	*
舟	배	주		歎	탄식할	탄(叹)	*	劃	그을	획(划)	
俊	준걸	준	*	彈	탄알	탄(弹)	*	揮	휘두를	휘(挥)	

급수별 선정한자 일람표

급수별 선정한자 일람표

2급 선정 한자

賈	성(장사 고)	가(贾)	
嘉	아름다울	가	
伽	절	가	
閣	누각	각(阁)	
却	물리칠	각	
珏	쌍옥	각	
肝	간	간	#
諫	간할	간(谏)	*
簡	대쪽, 간략할	간(简)	#
奸	범할, 간사할	간	
懇	정성, 간절할	간(垦)	*
幹	줄기	간(干)	
葛	칡	갈	
鑑	거울	감(鉴)	
憾	한할	감	
鉀	갑옷	갑(钾)	
岬	산허리	갑	
剛	굳셀	강(刚)	
綱	벼리	강(纲)	
腔	빈속	강	
姜	성	강	
岡	언덕(=崗)	강(冈)	
疆	지경	강	
凱	개선할, 즐길	개(凯)	*
箇	낱	개(个)	#
概	대개	개(概)	*
蓋	덮을	개(盖)	*
慨	슬퍼할	개(慨)	*
坑	구덩이	갱	
據	의거할	거(据)	*
鍵	열쇠	건(键)	
乞	빌	걸	#
劫	위협할	겁	
揭	높이들	게	*
憩	쉴	게	*
隔	막힐	격(隔)	
擊	칠	격(击)	
牽	끌	견	
遣	보낼	견(遣)	*
絹	비단	견(绢)	
肩	어깨	견	
訣	이별할, 비결	결(诀)	
謙	겸손할	겸(谦)	
竟	마침내	경	
卿	벼슬	경(卿)	
瓊	붉을옥	경(琼)	*
炅	빛날	경	
璟	옥빛	경	*
頃	이랑, 잠깐	경(顷)	
徑	지름길	경(径)	
桂	계수나무	계	*
繫	얽어맬	계(系)	*
啓	열	계(启)	*
屆	이를, 극진할	계	*
膏	기름	고	
顧	돌아볼	고(顾)	
枯	마를	고	
鼓	북	고	
雇	품팔이	고	
哭	울	곡	
恐	두려울	공	*
菓	과자, 과실	과	#
瓜	오이	과	
誇	자랑할	과(夸)	
寡	적을	과	*
戈	창	과	
郭	성곽	곽	
寬	너그러울	관	
款	정성, 조목	관	*
館	집, 객사	관(馆)	
狂	미칠	광	
鑛	쇳돌	광	*
掛	걸	괘(挂)	*
卦	점괘	괘	
怪	기이할	괴	#
傀	꼭두각시	괴	*
壞	무너질	괴(坏)	*
愧	부끄러울	괴	
塊	흙덩이	괴(块)	*
僑	객지에 살	교(侨)	
巧	공교할	교	*
狡	교활할	교	*
郊	들	교	
絞	목맬	교(绞)	
矯	바로잡을	교(矫)	*
膠	아교	교(胶)	
鷗	갈매기	구(鸥)	
狗	개	구	
懼	두려울	구(惧)	
邱	땅이름, 언덕	구(丘)	
灸	뜸	구	
驅	몰	구(驱)	
鳩	비둘기	구(鸠)	
購	살	구(购)	
丘	언덕(=坵)	구	
玖	옥돌	구	
仇	원수	구	
拘	잡을	구	
歐	토할	구(欧)	
俱	함께	구	

菊	국화	국		騎	말탈	기(骑)		袋	자루	대
鞠	기를	국		汽	물끓는김	기		垈	터	대
窟	굴(=堀)	굴 *		棋	바둑	기		渡	건널	도 *
屈	굽힐	굴		棄	버릴	기(弃)		途	길	도(途) *
掘	팔	굴		豈	어찌	기		挑	돋울	도
倦	게으를	권 *		琪	옥	기		跳	뛸	도
圈	둘레	권 *		琦	옥이름	기		塗	바를,진흙	도(涂)
厥	그	궐		飢	주릴(=饑)	기(饥)		稻	벼	도
闕	집	궐(阙)		騏	준마	기(骐)		桃	복숭아	도
軌	바퀴사이, 바퀴자국	궤(轨) *		緊	굳게얽을	긴(紧)		燾	비출,덮을	도
龜	거북	귀(龟)		那	어찌	나 *		禱	빌	도(祷)
鬼	귀신	귀 *		諾	허락할	낙(诺)		悼	슬퍼할	도
奎	별이름	규		奈	어찌	내		陶	질그릇	도
叫	부르짖을	규		寧	편안할	녕(宁)		萄	포도	도
糾	살필	규(纠)		濃	짙을	농(浓) *		篤	도타울	독(笃) *
珪	서옥	규		惱	괴로워할	뇌(恼)		敦	도타울	돈
閨	안방	규(闺)		尿	오줌	뇨		頓	조아릴	돈(顿)
揆	헤아릴	규		尼	여승	니		棟	마룻대	동(栋)
圭	홀	규		泥	진흙	니		凍	얼	동(冻) *
劇	심할	극(剧)		溺	빠질	닉		桐	오동나무	동
僅	겨우	근(仅) *		匿	숨을	닉		杜	막을	두
瑾	구슬	근 *		鍛	단련할	단(锻)		屯	모일	둔
槿	무궁화	근 *		檀	박달나무	단		鈍	무딜	둔(钝)
筋	힘줄	근		旦	아침	단		藤	등나무	등
禽	새	금		撻	매질할	달(挞)		謄	베낄	등
琴	거문고	금		毯	담요	담		騰	오를	등
錦	비단	금(锦) *		潭	못	담		裸	벌거벗을	라 *
兢	삼갈	긍 *		膽	쓸개	담(胆) *		洛	강이름	락
矜	자랑할	긍 *		踏	밟을	답		絡	맥락,얽힐	락(络)
肯	즐길	긍 *		唐	당나라	당		欄	난간	란(栏)
岐	갈림길	기		塘	못	당		蘭	난초	란(兰)
麒	기린	기		糖	엿	당		爛	빛날	란(烂) *
忌	꺼릴	기		臺	대	대(台)		剌	어그러질	랄
耆	늙을	기 *		戴	일	대 *		濫	넘칠	람(滥) *

급수별 선정한자 일람표

藍	쪽	람(蓝)		弄	희롱	롱	*	茫	망망할	망	
拉	꺾을,끌고갈	랍		賂	뇌물 줄	뢰(赂)		罔	없을	망	
朗	밝을	랑	*	雷	우레	뢰		枚	낱,줄기	매	*
廊	행랑	랑		賴	힘입을	뢰(赖)		埋	묻을	매	
萊	명아주	래(莱)		僚	동료	료		昧	어두울	매	
掠	노략질할	략		療	병고칠	료(疗)		寐	잠잘	매	
梁	들보(=樑)	량		涙	눈물	루(泪)	*	媒	중매	매	
亮	밝을	량		樓	다락	루		脈	맥	맥(脉)	
諒	살필,믿을	량(谅)		漏	샐	루	*	猛	사나울	맹	*
麗	고울	려(丽)		累	여러,묶을	루	*	覓	찾을	멱(觅)	
廬	오두막집	려(庐)		屢	자주	루(屡)	*	綿	솜	면(绵)	
呂	음률,등뼈	려	*	謬	그릇될	류(谬)		滅	멸망할	멸(灭)	
侶	짝	려		劉	죽일,성	류(刘)		蔑	업신여길	멸	
勵	힘쓸	려(励)	*	率	비율	률		冥	어두울	명	
曆	책력	력(历)		隆	높을	륭		謨	꾀	모(谟)	
煉	달굴	련(炼)	*	陵	언덕	릉		謀	꾀할	모(谋)	
憐	불쌍할	련(怜)		裏	속(=裡)	리(里)	*	茅	띠	모	
鍊	쇠불릴	련(炼)	*	隣	이웃	린(邻)		貌	모양	모	
劣	못할	렬		粒	낟알	립		帽	모자	모	
裂	찢을	렬		磨	갈	마		冒	무릅쓸	모	*
廉	청렴할	렴		魔	마귀	마		牡	수컷	모	
獵	사냥할	렵(猎)		摩	문지를	마		侮	업신여길	모	*
齡	나이	령(龄)		痲	저릴,홍역	마		耗	줄일	모	
零	떨어질	령		寞	고요할	막		矛	창	모	
靈	신령	령(灵)		漠	사막	막		牟	클,소울	모	
玲	옥소리	령		幕	장막,군막	막		沐	목욕할	목	
隷	종	례		膜	흘때기,막	막		沒	빠질	몰(没)	
蘆	갈대	로(芦)		慢	거만할	만	*	夢	꿈	몽(梦)	*
魯	노나라	로(鲁)		灣	물굽이	만(湾)		蒙	어릴	몽	
盧	목로,검을	로(卢)		漫	물질편할	만	*	廟	사당	묘(庙)	
虜	사로잡을	로(虏)		瞞	속일	만		苗	싹	묘	*
爐	화로	로(炉)		蠻	오랑캐	만(蛮)		毋	말	무	
祿	녹	록(禄)		娩	해산할	만		巫	무당	무	*
籠	새장	롱(笼)	#	網	그물	망(网)		霧	안개	무(雾)	

默	잠잠할	묵		裵	성	배		
汶	물이름	문		魄	넋	백		
紊	어지러울	문		伯	맏	백		
眉	눈썹	미		帛	비단	백		
迷	미혹할	미	#	柏	잣나무	백		
微	작을	미		飜	뒤칠,나부낄	번(翻)		
旻	가을하늘	민		煩	번거로울	번(烦)		
悶	민망할	민(闷)		閥	문벌	벌(阀)		
憫	불쌍히 여길	민(悯)		汎	뜰	범	*	
閔	성,근심할	민(闵)		碧	푸를	벽		
珉	옥돌(=瑉)	민		僻	후미질	벽		
玫	옥돌,옥무늬	민		弁	고깔	변	*	
旼	온화할	민		辨	분별할(=釆)	변	*	
蜜	꿀	밀		卞	성	변	*	
泊	배댈, 호수	박		竝	나란히할	병	*	
拍	칠	박		屛	병풍	병		
舶	큰배	박		炳	불꽃	병	*	
迫	핍박할	박		幷	아우를(=倂)	병	*	
叛	배반할	반	*	柄	자루	병	*	
盤	소반	반(盘)		秉	잡을	병	*	
搬	운반할	반		輔	도울	보(辅)	*	
伴	짝	반	*	甫	클	보		
拔	뺄	발		覆	덮을	복		
傍	곁	방		縫	꿰맬	봉(缝)		
紡	길쌈	방(纺)		俸	녹,봉급	봉	*	
旁	두루,곁	방		蜂	벌	봉		
倣	본받을	방(仿)	*	封	봉할	봉		
肪	비계	방		鳳	봉황새	봉(凤)		
龐	클	방(庞)		釜	가마	부		
謗	헐뜯을	방(谤)		賦	구실	부(赋)	*	
俳	광대	배		赴	다다를	부		
排	물리칠	배	#	簿	문서	부	*	
賠	배상할	배(赔)		訃	부고	부(讣)	*	
培	북돋울	배	*	符	부신	부	#	
賻	부의	부(赙)						
附	붙을	부	*					
膚	살갗	부(肤)						
腐	썩을	부	*					
剖	쪼갤	부	*					
盆	동이	분						
奮	떨칠	분(奋)	*					
墳	무덤	분(坟)						
憤	분할	분(愤)	*					
噴	뿜을	분(喷)	*					
弗	아니	불						
崩	무너질	붕						
婢	계집종	비						
卑	낮을	비	*					
匪	도둑	비	*					
毘	도울	비						
碑	비석	비						
匕	비수	비	*					
妃	왕비,짝	비	*					
彬	빛날	빈						
賓	손님	빈(宾)						
頻	자주	빈(频)						
聘	부를	빙						
邪	간사할	사						
似	같을	사	*					
詞	말	사(词)						
辭	말씀	사(辞)						
飼	먹일	사(饲)						
沙	모래(=砂)	사						
蛇	뱀	사						
唆	부추길	사						
斜	비낄	사						
祠	사당	사						
奢	사치할	사						

급수별 선정한자 일람표

徙	옮길	사		纖	가늘	섬(纤)		遂	이룰,드디어	수	
赦	용서할	사	*	閃	번쩍할	섬(闪)		帥	장수	수(帅)	
賜	줄	사(赐)	*	攝	끌어잡을	섭(摄)		睡	졸	수	
削	깎을	삭		燮	불꽃	섭		獸	짐승	수(兽)	
朔	초하루	삭		晟	밝을	성		搜	찾을	수	
酸	실	산		貰	세낼	세(贳)	*	孰	누구	숙	
傘	우산	산(伞)		蘇	깨어날	소(苏)		肅	엄숙할	숙(肃)	
撒	뿌릴	살		沼	늪	소		瞬	눈깜짝할	순	
森	빽빽할	삼		昭	밝을	소		循	돌,좇을	순	
蔘	삼	삼(叄)		召	부를	소		殉	따라죽을	순	
挿	꽂을	삽(插)		燒	불사를	소(烧)	#	盾	방패	순	
嘗	맛볼	상(尝)		巢	새집	소		淳	순박할	순	
桑	뽕나무	상		騷	시끄러울	소(骚)		舜	순임금	순	
箱	상자	상		紹	이을	소(绍)		珣	옥그릇	순	
詳	자세할	상(详)		疏	트일,성길(=疎)	소		脣	입술	순(唇)	
裳	치마	상		訴	하소연할	소(诉)		筍	죽순	순	
塞	변방	새		屬	무리,붙일	속(属)		荀	풀이름	순	
逝	갈	서(逝)	*	粟	조	속		襲	엄습할	습(袭)	
誓	맹세할	서	*	遜	겸손할	손(逊)	*	濕	젖을	습(湿)	
瑞	상서로울	서	*	宋	송나라	송	*	升	되	승	
緖	실마리	서(绪)	*	誦	욀	송(诵)	*	昇	오를	승	
敍	차례,서술할	서	*	碎	부술	쇄	*	僧	중	승	
徐	천천히	서	#	鎖	쇠사슬	쇄(锁)	*	侍	모실	시	*
舒	펼	서	*	衰	쇠약할	쇠		柴	섶	시	*
析	가를	석		需	구할	수		尸	시동	시	*
錫	주석	석(锡)		殊	다를	수		媤	시집	시	
碩	클	석(硕)		垂	드리울	수		屍	주검	시(尸)	*
奭	클	석		隨	따를	수(随)		弑	죽일	시	*
釋	풀	석(释)		銖	무게이름	수(铢)		矢	화살	시	*
禪	고요할	선(禅)		洙	물이름	수		飾	꾸밀	식(饰)	
繕	기울	선(缮)		羞	부끄러울	수		湜	맑을	식	
旋	돌	선		隋	수나라	수		殖	번식할	식	
膳	반찬	선	*	戍	수자리	수		迅	빠를	신(迅)	*
薛	성	설		粹	순수할	수		愼	삼갈	신(慎)	*

국가공인 한자자격시험 · **사범**

晨	새벽	신		御	어거할	어	*	沃	기름질	옥	
娠	아이밸	신		抑	누를	억		鈺	단단한쇠	옥(鈺)	
腎	콩팥	신(肾)	*	彦	선비	언	*	獄	옥	옥(狱)	
紳	큰띠	신(绅)	*	焉	어조사	언		翁	늙은이	옹	
伸	펼	신		予	나,줄	여		擁	안을	옹(拥)	*
審	살필	심(审)	#	輿	수레	여(輿)	*	緩	느릴	완(缓)	*
尋	찾을	심(寻)		譯	번역할	역(译)		汪	넓을	왕	
雙	쌍	쌍(双)		疫	염병	역		旺	성할	왕	*
芽	싹	아		淵	못	연(渊)		歪	비뚤	왜(외)	
牙	어금니	아		捐	버릴	연		倭	왜나라	왜	
阿	언덕	아		硯	벼루	연(砚)	*	畏	두려울	외	*
握	잡을	악		燃	불탈	연		遙	멀,거닐	요(遥)	
岳	큰산	악		軟	연할	연(软)	*	曜	빛날	요	*
雁	기러기	안	*	妍	예쁠	연	*	耀	빛날(=燿)	요	
晏	늦을	안		燕	제비	연	#	姚	예쁠	요	
按	살필	안	*	衍	퍼질	연		妖	요망할	요	
鞍	안장	안	*	閱	볼,검열할	열(阅)		堯	요임금	요(尧)	
斡	돌	알		染	물들일	염	*	夭	일찍죽을	요	*
謁	뵐,아뢸	알(谒)		鹽	소금	염(盐)		腰	허리	요	
癌	암	암	*	厭	싫을	염(厌)		搖	흔들	요(摇)	
庵	암자	암		燁	빛날	엽(烨)		鎔	녹일	용(熔)	
壓	누를	압(压)		瑩	귀막이 옥	영(莹)		庸	떳떳할	용	
押	누를,수결	압		影	그림자	영	*	踊	뛸	용	*
殃	재앙	앙		詠	읊을	영(咏)	*	溶	질펀히흐를,녹일	용	
碍	막을	애		譽	기릴	예(誉)	*	瑢	패옥소리	용	
隘	좁을	애		豫	미리	예	*	傭	품팔이	용(佣)	
厄	재앙	액		預	미리,맡길	예(预)		佑	도울	우	*
液	진액	액		傲	거만할	오	*	祐	복	우	*
耶	어조사	야		伍	대오	오		寓	붙여살	우	*
惹	이끌	야	*	汚	더러울	오	*	偶	짝	우	
躍	뛸	약(跃)		吳	성	오(吴)		禹	하우씨	우	
楊	버들	양(杨)		梧	오동나무	오		煜	불꽃빛날	욱	
孃	아가씨	양(娘)		娛	즐거워할	오(娱)	*	旭	해뜰	욱	
禦	막을	어(御)	*	嗚	탄식할	오(呜)		韻	운,운치	운(韵)	*

급수별 선정한자 일람표

급수별 선정한자 일람표

蔚	고을이름	울		貳	두	이	*	掌	손바닥	장	*
鬱	답답할	울(郁)		姨	이모	이		臟	오장	장(脏)
媛	계집	원		伊	저	이		葬	장사지낼	장	*
苑	나라동산	원		夷	클	이		莊	장엄할	장(庄)
袁	성	원		怡	화할,기쁠	이		匠	장인	장
越	넘을	월		翼	날개	익		杖	지팡이	장	*
韋	가죽	위		翌	다음날	익		載	실을	재(栽)	*
僞	거짓	위(伪)		刃	칼날	인		裁	옷마를	재
渭	물이름	위		鎰	스물넉냥	일(镒)		宰	재상	재	*
尉	벼슬이름	위		壹	한	일		箸	젓가락	저
緯	씨줄	위(纬)		姙	아이밸	임(妊)	*	寂	고요할	적
違	어긋날	위(违)		賃	품팔이	임	*	摘	딸	적
慰	위로할	위		炙	고기구울	자		滴	물방울	적
謂	이를	위(谓)		諮	물을	자(谘)		跡	발자취	적(迹)
幽	그윽할	유		恣	방자할	자	*	蹟	사적,자취	적(迹)
喩	깨우칠	유		滋	불을	자		迹	자취	적(迹)
誘	꾈	유(诱)		雌	암컷	자		笛	피리	적
踰	넘을	유		玆	이	자		顚	넘어질	전(颠)
楡	느릅나무	유		磁	자석	자		殿	대궐,큰집	전	*
愈	더욱,나을	유		紫	자줏빛	자		折	꺾을	절
惟	생각할	유		刺	찌를	자		竊	훔칠	절(窃)
兪	성,그럴	유		疵	흠	자		漸	점차	점(渐)	*
尹	다스릴	윤	*	酌	따를,술잔	작		蝶	나비	접
胤	맏아들,이을	윤		爵	벼슬	작		艇	거룻배	정
鈗	병기,총	윤		雀	참새	작		楨	광나무,근본	정
閏	윤달	윤(闰)	*	蠶	누에	잠(蚕)		旌	기	정
潤	윤택할	윤(润)	*	潛	잠길	잠(潜)		程	길,법	정
允	진실로	윤	*	暫	잠깐	잠(暂)	#	鄭	나라	정(郑)	*
融	녹을,화할	융		藏	감출	장	*	晶	맑을	정
隱	숨을	은(隐)		樟	녹나무	장		汀	물가	정
垠	언덕	은		粧	단장할	장		町	밭두둑	정
殷	은나라	은		墻	담	장		呈	보일,드릴	정
淫	음란할	음		璋	반쪽홀	장		鼎	솥	정
凝	엉길	응	*	蔣	성씨	장(蒋)		珽	옥홀	정

偵	정탐할	정(侦)		肢	사지	지		埰	채밭	채	*
穽	함정	정		芝	지초	지		彩	채색	채	*
劑	약지을	제(剂)		址	터(=阯)	지		采	풍채, 캘	채	*
趙	나라	조(赵)	*	稙	올벼	직		悽	슬플	처	*
釣	낚시	조(钓)	*	津	나루	진	#	戚	겨레	척	
措	둘	조		振	떨칠	진	*	斥	물리칠	척	
燥	마를	조		秦	진나라	진		隻	외짝, 새한마리	척(只)	
曺	무리, 성(=曹)	조		震	진동할, 벼락	진(诊)	*	遷	옮길	천(迁)	*
彫	새길	조		診	진찰할	진		薦	천거할	천(荐)	*
爪	손톱	조		塵	티끌	진		撤	거둘	철	
拙	못날	졸		窒	막을	질		澈	물맑을	철	
綜	모을	종(综)		疾	병	질		喆	밝을	철(哲)	
縱	세로	종(纵)		輯	모을	집		徹	통할	철(彻)	
琮	옥홀	종		徵	부를	징(征)		添	더할	첨	
佐	도울	좌	*	懲	징계할	징(惩)		尖	뽀족할	첨	
珠	구슬	주		叉	깍지낄	차		諜	염탐할	첩(谍)	
駐	머무를	주(驻)	*	遮	막을	차(遮)	*	廳	청사	청(厅)	
洲	물가	주		錯	섞일	착(错)		遞	갈마들	체(递)	
鑄	부어만들	주(铸)	*	捉	잡을	착		滯	막힐	체(滞)	
奏	아뢸	주	*	讚	기릴	찬(赞)	*	締	맺을	체(缔)	
註	주낼	주(注)		餐	먹을	찬		逮	미칠	체(逮)	
週	주일, 돌	주(周)		燦	빛날	찬(灿)	*	替	바꿀	체	
埈	가파를(=陵)	준		璨	옥빛날	찬		肖	닮을	초	
峻	높을	준	*	刹	절	찰		哨	망볼	초	
遵	좇을	준(遵)	*	札	편지, 패	찰		抄	베낄, 노략질할	초	
駿	준마	준(骏)	*	斬	벨	참(斩)	#	秒	초	초	
仲	버금	중	#	慙	부끄러워할	참(惭)		楚	초나라	초	
憎	미워할	증		慘	참혹할	참(惨)		焦	탈	초	
贈	줄	증(赠)		昶	밝을, 해길	창		蜀	나라이름	촉	
蒸	찔	증		彰	빛날	창	*	觸	닿을	촉(触)	
遲	더딜	지(迟)		滄	큰바다	창(沧)		促	재촉할	촉	
旨	뜻	지		蒼	푸를	창(苍)		燭	촛불	촉(烛)	
祉	복	지		暢	화창할	창(畅)	*	叢	떨기	총(丛)	
脂	비계	지		蔡	성, 풀떨기	채	*	寵	사랑	총(宠)	*

급수별 선정한자 일람표

銃	총	총(铳)		誕	낳을	탄(诞)	*	哺	먹일	포	*
崔	높을	최		奪	빼앗을	탈(夺)		飽	배부를	포(饱)	*
催	재촉할	최		眈	노려볼	탐		鋪	펼,점방	포(铺)	
趨	달릴	추(趋)		貪	탐할	탐(贪)		葡	포도	포	
抽	뽑을	추		湯	끓을	탕(汤)	*	幅	폭	폭	
醜	추할	추(丑)		怠	게으를	태		漂	뜰	표	
軸	굴대	축(轴)		兌	기쁠,괘이름	태		杓	자루	표	
畜	기를	축		台	별	태		豹	표범	표	
蓄	모을,저축할	축		胎	아이밸	태		標	표할	표(标)	
縮	줄어질	축(缩)		殆	위태할	태		楓	단풍나무	풍(枫)	
逐	쫓을	축(逐)		颱	태풍	태		弼	도울	필	
蹴	찰	축		兎	토끼	토		畢	마칠	필(毕)	
沖	깊을	충(冲)		透	통할	투(透)		泌	스며흐를	필	
衷	정성	충		巴	땅이름	파		乏	다할	핍	
衝	찌를,부딪칠	충(冲)		播	뿌릴	파	#	荷	연꽃,짐	하	#
臭	냄새	취	*	坡	언덕	파		瑕	티,흠	하	
炊	불땔	취		頗	자못	파(颇)		虐	사나울	학	
醉	술취할	취	*	把	잡을	파		鶴	학	학(鹤)	
趣	취미	취	*	罷	파할,마칠	파(罢)	*	旱	가물	한	*
惻	슬퍼할	측(恻)		阪	언덕	판		翰	글,날개	한	*
雉	꿩	치		覇	으뜸	패	*	汗	땀	한	#
侈	사치할	치		遍	두루	편(遍)		轄	다스릴,비녀장	할(辖)	
稚	어릴	치		編	엮을	편(编)		割	벨	할	
勅	칙서	칙		鞭	채찍	편		含	머금을	함	
漆	옻칠할	칠		偏	치우칠	편		陷	빠질	함	*
枕	베개	침	*	扁	현판	편		艦	싸움배	함(舰)	
沈	잠길	침	#	坪	들,평수	평		函	함	함	*
寢	잠잘	침(寝)	*	蔽	덮을	폐	*	巷	거리	항	*
墮	떨어질	타(堕)	*	幣	폐백	폐(币)	*	亢	목,별이름	항	
托	맡길,밀	탁		廢	폐할,버릴	폐(废)	*	該	그,갖출	해(该)	
鐸	방울	탁(铎)		斃	해질	폐	*	奚	어찌	해	
託	부탁할	탁(讬)		砲	대포	포	*	核	씨	핵	
琢	쪼을	탁		抛	던질	포		杏	은행,살구	행	*
濁	흐릴	탁(浊)		怖	두려울	포	*	獻	드릴	헌(献)	*

국가공인 한자자격시험 · 사범

軒	처마,수레	헌(軒)		酷	독할	혹	薰	향풀,향내	훈
赫	붉을,빛날	혁		惑	미혹할	혹	毁	헐	훼(毁) *
玄	검을	현		魂	넋	혼	輝	빛날	휘(辉)
峴	고개	현(峴) *	忽	갑자기	홀	携	끌	휴
縣	고을	현(县) *	鴻	기러기	홍(鸿)	休	아름다울	휴
顯	나타날	현(显) *	洪	넓을	홍	痕	흉터	흔
懸	매달	현(悬) *	靴	가죽신	화	欽	공경할	흠(钦) *
炫	빛날	현 *	禾	벼	화	欠	하품	흠 *
鉉	솥귀	현(铉)	禍	재앙	화(祸) *	稀	드물	희
弦	활시위	현	穫	거둘	확	禧	복	희
穴	구멍	혈	擴	넓힐	확(扩)	熙	빛날	희
嫌	싫어할	혐	桓	굳셀	환	姬	아씨	희
峽	골짜기	협(峡)	還	돌아올	환(还)	嬉	즐길	희
脅	위협할,갈비대	협(胁)	換	바꿀	환(换) *	噫	탄식할	희
狹	좁을	협(狭)	煥	빛날	환(焕) *	戱	희롱할	희(戏)
螢	반딧불	형(萤)	幻	허깨비	환 *	犧	희생	희(牺)
炯	빛날	형	滑	미끄러울	활			
邢	성,나라이름	형	荒	거칠	황	**1** 급 선정 한자		
衡	저울	형	晃	밝을	황	傢	가구	가
型	틀,본보기	형	凰	봉황새	황	袈	가사	가
兮	어조사	혜	況	하물며	황(况) *	駕	가마,멍에	가(驾)
慧	지혜	혜 *	賄	뇌물	회(贿)	柯	가지	가
毫	가는털	호	廻	돌아올	회(回)	苛	매울	가 *
浩	넓을	호 *	淮	물이름	회	迦	부처이름	가(迦)
皓	밝을	호	灰	재	회	軻	수레,사람이름	가(轲)
護	보호할	호(护) *	懷	품을	회(怀)	嫁	시집갈	가
祜	복	호	獲	사로잡을	획(获)	稼	심을,농사	가
互	서로	호 *	橫	가로	횡	殼	껍질	각(壳)
胡	오랑캐	호	曉	새벽	효(晓) *	恪	조심할	각
昊	하늘	호 *	喉	목구멍	후	揀	가릴	간(拣) *
壕	해자,도랑	호	后	왕후	후 *	墾	개간할	간(垦)
豪	호걸	호	侯	제후	후	艮	괘이름,그칠	간 *
鎬	호경,빛날	호(镐) *	勳	공	훈(勋)	侃	굳셀	간
皓	흴	호 *	燻	연기낄(=燻)	훈	杆	몽둥이	간

급수별 선정한자 일람표

澗	산골물	간(涧)	遽	갑자기	거(遽)	痙	힘줄당길	경(痉)
磵	석간수	간(涧)	渠	도랑	거	誡	경계할	계(诫)
艱	어려울	간(艰)	醵	추렴할	갹	稽	상고할	계
玕	옥돌	간	鉅	클	거(钜)	磎	시내	계(溪)
竿	장대	간	楗	문빗장	건	痼	고질병	고
竭	다할	갈	虔	정성	건	股	넓적다리	고
碣	비	갈	愆	허물	건	袴	바지	고(裤)
鞨	오랑캐	갈	桀	홰,걸왕	걸	敲	북,두드릴	고
喝	외칠	갈	怯	겁낼	겁	睾	불알,못	고
柑	감귤	감	檄	격문	격	羔	새끼양	고
堪	견딜	감	譴	꾸짖을	견(谴)	皐	언덕	고(皋)
瞰	내려다볼	감	鵑	두견이	견(鹃)	叩	조아릴	고
邯	사람이름	감	甄	질그릇	견	拷	칠	고
勘	헤아릴	감	抉	도려낼	결	梏	쇠고랑	곡
匣	갑,궤	갑	鎌	낫	겸(镰)	袞	곤룡포	곤
慷	강개할	강 *	儆	경계할	경 *	鯤	곤이	곤(鲲)
彊	굳셀	강	磬	경쇠	경	昆	맏	곤
扛	들	강	鯨	고래	경(鲸)	棍	몽둥이	곤
薑	생강	강(姜)	勁	굳셀	경(劲)	崑	산이름	곤
糠	쌀겨	강	倞	굳셀	경	琨	옥돌	곤
鱇	아귀	강(鱇)	憬	깨달을	경	控	당길	공
堈	언덕	강	梗	대개	경	拱	두손맞잡을,팔짱	공 *
舡	오나라배	강	擎	들	경	鞏	묶을,굳을	공(巩)
羌	오랑캐	강	坰	들	경	珙	큰옥	공
絳	진홍색	강(绛)	頸	목	경(颈)	串	곶,땅이름	곶
襁	포대기	강	暻	밝을	경	廓	둘레	곽
芥	겨자	개	耿	빛날	경	藿	콩잎	곽
塏	높은땅	개 *	冏	빛날,창	경	棺	널	관
漑	물댈	개	逕	소로	경(迳)	罐	두레박	관
疥	옴	개	莖	줄기	경(茎)	灌	물댈	관 *
愷	즐거울	개(恺)	俓	지름길	경(径)	瑾	옥이름	관
价	클	개 *	涇	통할	경(泾)	琯	옥피리	관
羹	국	갱 *	絅	홑옷	경(䌹)	括	묶을	괄

壙	광	광(圹)	躬	몸	궁	妓	기생	기 *
洸	물용솟음할	광	眷	돌아볼	권 *	譏	나무랄	기(讥)
匡	바로잡을	광	蹶	넘어질	궐	磯	물가돌	기(矶)
炚	빛	광	潰	무너질	궤(溃) *	沂	물이름	기
侊	성한모양	광	詭	속일	궤(诡) *	淇	물이름	기
胱	오줌통	광	机	책상	궤 *	碁	바둑	기(棋)
珖	옥피리	광	窺	엿볼	규	冀	바랄	기
曠	훵할,넓을	광(旷) *	逵	큰길	규(逵)	璣	구슬	기(玑)
拐	속일	괴	葵	해바라기	규	祺	복	기
魁	우두머리	괴	畇	밭일굴	균	綺	비단	기(绮)
槐	홰나무	괴	鈞	서른근	균(钧)	錡	솥	기(锜)
虢	범발톱자국,나라이름	괵	橘	감귤나무	귤	嗜	즐길	기(嗜) *
轟	수레소리	굉(轰)	棘	멧대추나무	극	驥	천리마	기
宏	클	굉	剋	이길	극(克)	箕	키	기
肱	팔뚝	굉	戟	창,찌를	극	玘	패옥	기
鉸	가위	교(铰)	隙	틈	극	璂	피변꾸미개	기
驕	교만할	교(骄)	漌	맑을	근	崎	험할	기
喬	높을	교(乔)	覲	뵈올	근(觐)	錤	호미	기
嬌	아리따울	교(娇)	菫	진흙	근	佶	건장할	길
攪	어지러울	교(搅)	饉	흉년들	근(馑)	桔	도라지	길
矩	곱자,법	구	劤	힘셀	근	拮	일할	길
枸	구기자	구	昑	밝을	금	喫	마실	끽(吃)
銶	끌	구	襟	옷깃	금	懦	나약할	나 *
柩	널,관	구	衿	옷깃	금	拏	붙잡을	나(拿) *
耆	늙을	구	衾	이불	금	娜	아리따울	나
寇	도둑	구	扱	다룰	급	捺	누를	날
溝	도랑	구	汲	물길을	급	捏	반죽할	날
垢	때	구	岌	위태할	급	湳	강이름	남
毆	때릴	구(殴)	亘	뻗칠,건널	긍	楠	녹나무	남
駒	망아지	구(驹)	埼	갑,산부리	기	囊	주머니	낭
軀	몸	구(躯)	圻	경기	기	柰	능금나무	내
舅	시아비	구	杞	구기자나무	기	恬	편안할	념
咎	허물	구	伎	기량,재주	기	佞	아첨할	녕

급수별 선정한자 일람표

膿	고름	농(脓)	惇	도타울	돈	驪	검은말	려(骊)
鬧	시끄러울	뇨(闹)	墩	돈대	돈	黎	검을	려
撓	어지러울,휘어질	뇨(挠)	焞	밝을,귀갑지지는불	돈	礪	숫돌	려(砺) *
紐	맬,끈	뉴(纽)	燉	불빛	돈(炖)	戾	어그러질	려
鈕	인꼭지	뉴(钮)	暾	아침해	돈	閭	이문	려(闾)
緞	비단	단(缎)	乭	이름	돌	靂	벼락	력(雳)
湍	여울	단	潼	강이름	동	轢	삐걱거릴	력(轹)
疸	황달	달	憧	그리워할	동 *	攣	걸릴	련(挛)
痰	가래	담 *	瞳	눈동자	동	輦	손수레	련(辇)
澹	담박할	담	董	바를,성	동 *	漣	잔물결	련(涟)
覃	미칠	담	疼	아플	동	璉	호련	련(琏)
譚	이야기	담(谭)	仝	한가지	동	洌	맑을	렬
曇	흐릴	담(昙)	枓	두공	두	冽	찰	렬
遝	몰릴	답(遝)	痘	천연두	두	斂	거둘	렴(敛) *
畓	유창할	답	遁	달아날	둔(遁)	濂	물이름	렴
幢	기	당	鄧	나라이름	등(邓) *	簾	발	렴(帘)
鐺	북소리	당(铛)	懶	게으를	라 *	鈴	방울	령(铃)
螳	사마귀	당	癩	문둥병,약물중독	라	怜	영리할	령
棠	아가위	당	螺	소라	라	伶	영리할	령
撞	칠	당	珞	구슬목걸이	락	囹	옥	령
玳	대모	대	酪	유즙	락	昤	햇빛	령
岱	대산	대	烙	지질	락	醴	단술	례 *
擡	들	대(抬)	瀾	물결	란(澜)	撈	잡을	로(捞)
棹	노	도	瓓	옥무늬	란	鷺	해오라기	로(鹭)
堵	담	도	辣	매울	랄	麓	산기슭	록
鍍	도금할	도(镀)	襤	누더기	람(褴) *	聾	귀머거리	롱(聋)
蹈	밟을	도	籃	바구니	람(篮)	瀧	비올	롱(泷)
荼	씀바귀	도	臘	납향,섣달	랍(腊)	瓏	옥소리	롱(珑)
屠	죽일	도	琅	옥이름	랑	儡	꼭두각시	뢰
搗	찧을	도(捣)	狼	이리	랑 *	遼	멀	료(辽)
濤	큰물결	도(涛)	崍	산이름	래(崍)	瞭	밝을	료(요)
瀆	더럽힐	독(渎)	輛	수레	량(辆)	寥	쓸쓸할	료(요)
犢	송아지	독(犊)	倆	재주	량(俩)	褸	남루할	루(褛)

국가공인 한자자격시험·사범

漢字	訓	音		漢字	訓	音		漢字	訓	音	
陋	좁을	루(陋)	*	瑪	마노(=碼)	마(玛)		憮	심심할	무(怃)	
壘	진	루(垒)		邈	멀	막		鵡	앵무새	무(鹉)	
琉	유리(=瑠)	류		蔓	끌	만		撫	어루만질	무(抚)	*
硫	유황	류		挽	당길	만		拇	엄지손가락	무	*
戮	죽일	륙		蔓	덩굴	만		珷	옥돌	무	
綸	싯줄	륜(纶)		卍	만자	만		懋	힘쓸	무	
侖	둥글	륜(仑)		沫	거품	말		蚊	모기	문	
淪	빠질	륜(沦)		茉	말리	말		刎	목벨	문	
崙	산이름	륜(岺)		靺	종족이름	말		紋	무늬	문(纹)	
慄	두려울	률(栗)		輞	바퀴테	망(辋)		渼	물놀이	미	
肋	갈빗대	륵		邙	산이름	망		彌	미륵,오랠	미(弥)	
凜	찰	름	*	莽	우거질	망		嵋	산이름	미	
凌	능가할	릉		邁	갈,나아갈	매(迈)	*	謎	수수께끼	미(谜)	
菱	마름	릉		煤	그을음	매		靡	쓸어질	미	
楞	모	릉		魅	매혹할	매		薇	장미	미	
綾	비단	릉(绫)		罵	욕할	매(骂)	*	愍	근심할	민	
罹	걸릴,근심	리		貊	북방종족	맥		泯	망할	민	
俐	똑똑할	리		萌	싹	맹		岷	산이름	민	
痢	설사,이질	리		俛	구부릴,힘쓸	면	*	鉑	금박	박(铂)	
俚	속될	리		冕	면류관	면(面)	*	駁	논박할	박(驳)	
悧	영리할	리		棉	목화,솜	면		撲	때릴	박(扑)	
籬	울타리	리(篱)		沔	물이름	면	*	縛	묶을	박(缚)	
璃	유리	리		麵	밀가루	면		剝	벗길	박(剥)	
麟	기린	린		酩	술취할	명		璞	옥돌	박	
潾	물맑을	린		溟	어두울	명		珀	호박	박	
鱗	비늘	린(鳞)		摸	찾을	모		頒	나눌	반(颁)	
吝	아낄	린		穆	화목할	목		磐	너럭바위	반	
璘	옥빛	린		歿	죽을	몰		畔	두둑	반	
躪	짓밟을	린(躏)		猫	고양이	묘		潘	뜨물	반	
淋	물뿌릴,장마	림		描	그릴	묘	*	磻	반계	반	
琳	아름다운옥	림		錨	닻	묘(锚)	*	渤	바다이름	발	
霖	장마	림		昴	별이름	묘		鉢	바리때	발(钵)	
笠	삿갓	립		畝	밭이랑	무(亩)		勃	발끈할	발	

급수별 선정한자 일람표 35

급수별 선정한자 일람표

跋	밟을	발		馥	향기	복		脾	지라	비	*
潑	활발할	발		鋒	칼끝	봉(锋)		丕	클	비	
彷	거닐	방		棒	몽둥이	봉	*	臂	팔	비	
坊	동네	방		捧	받들	봉	#	誹	헐뜯을	비(诽)	
昉	마침	방		烽	봉화	봉		睥	흘겨볼	비	
滂	비퍼부울	방		蓬	쑥	봉(蓬)		濱	물가	빈(滨)	
膀	오줌통	방		琫	칼집장식	봉		斌	빛날	빈	
徘	노닐	배		俯	구부릴(=頫)	부	*	嬪	아내,궁녀	빈(嫔)	
陪	도울	배	*	斧	도끼	부		牝	암컷	빈	
湃	물결칠	배		孚	미쁠	부		憑	기댈	빙(凭)	
佰	일백	백		傅	스승	부	*	裟	가사	사	
蕃	우거질	번		孵	알깔	부		紗	깁	사(纱)	
筏	뗏목	벌		阜	언덕	부	*	嗣	대이을	사	
汎	넘칠	범	*	芙	연꽃	부		砂	모래	사	
帆	돛	범	*	腑	장부	부		泗	물이름	사	*
泛	뜰	범		溥	펼	부		肆	방자할	사	*
範	법,틀	범	*	敷	펼	부	*	獅	사자	사	
范	성,벌풀	범		糞	똥	분(粪)		瀉	쏟을	사(泻)	
璧	둥근옥	벽		焚	불사를	분		娑	춤출	사	
霹	벼락	벽		忿	성낼	분		珊	산호	산	
闢	열	벽(辟)		雰	안개	분		薩	보살	살(萨)	
蚌	거마소리	병(𨊠)		汾	클	분		杉	삼나무	삼	
餅	떡	병(饼)		芬	향기	분		翔	날개	상	
昺	밝을	병	*	鵬	큰새	붕(鹏)		湘	물이름	상	
瓶	병	병		鄙	더러울	비	*	觴	술잔	상(觞)	
倂	아우를	병		庇	덮을	비	*	爽	시원할	상	*
柄	자루	병(柄)		扉	문짝	비		牀	평상	상(床)	
潽	물이름	보	*	緋	비단	비(绯)	*	庠	학교	상	
菩	보리수	보		譬	비유할	비		璽	도장	새(玺)	
堡	작은성	보	*	琵	비파	비		穡	거둘	색	
褓	포대기	보		枇	비파나무	비		嗇	아낄	색	
鰒	전복	복(鳆)		蚍	삼갈	비		甥	생질	생	
僕	종,하인	복(仆)		痺	저릴	비		笙	생황	생	

국가공인 한자자격시험·사범

牲	희생	생	殲	다죽일	섬(歼)	繡	수놓을	수(绣) *
棲	깃들	서(栖)	蟾	두꺼비	섬	琇	옥돌	수
壻	사위(=婿)	서(婿)	陝	땅이름	섬	讐	원수	수(雠)
曙	새벽	서 *	暹	해돋을	섬	穗	이삭	수
嶼	작은섬	서(屿)	醒	깰	성	綬	인끈	수(绶)
惰	지혜	서	筬	바디	성	瘦	파리할	수
抒	보로할	서	筬	서고	성	綏	편안할	수(绥)
潟	개펄	석	猩	성성이	성	嫂	형수	수
晳	밝을	석	惺	영리할,깰	성	塾	글방	숙
淅	쌀일	석	珹	옥이름	성	俶	비롯할	숙
席	자리	석	逍	거닐	소(逍)	璹	옥그릇	숙
汐	조수	석	遡	거스를(=溯,诉)	소(溯)	琡	옥이름	숙
嬋	고울	선(婵)	搔	긁을	소	夙	일찍	숙
璿	구슬	선(璇)	邵	높을	소	馴	길들일	순(驯)
瑄	도리옥	선	炤	밝을	소	詢	물을	순(询)
詵	많을	선(诜)	卲	성(姓)	소	錞	악기이름	순(錞)
蟬	매미	선(蝉)	韶	풍류이름	소	醇	진한술	순
銑	무쇠	선(铣)	霄	하늘	소	洵	참으로	순
渲	바림	선	嘯	휘파람	소(啸)	諄	타이를	순(谆)
羨	부러울	선 *	巽	괘이름	손	嵩	높을	숭
扇	부채	선	飧	저녁밥	손	膝	무릎	슬
煽	부추길	선	淞	강이름	송	蝨	이	슬(虱)
腺	샘	선	悚	두려울	송 *	瑟	큰거문고	슬
鐥	가래	선	灑	물뿌릴	쇄(洒) *	繩	노끈	승(绳)
琔	옥	선	釗	쇠	쇠(钊)	丞	도울	승
璇	옥	선	酬	갚을	수	陞	오를	승
珖	옥돌	선	髓	골수	수	枾	감나무	시(柿)
褻	더러울	설	隧	따를,길	수(遂)	恃	믿을	시
卨	사람이름	설	蒐	모을	수	猜	시기할	시
泄	샐	설	狩	사냥	수	熄	꺼질	식
洩	샐	설	岫	산굴(=出)	수	拭	닦을	식
楔	쐐기	설	竪	세울	수	軾	수레앞턱가로나무	식(轼)
渫	치울	설	袖	소매	수	寔	이	식

급수별 선정한자 일람표

蝕	좀먹을	식(蚀)	倻	가야	야	塋	무덤	영(茔)
埴	찰흙	식(埴)	冶	불릴	야 *	瀯	물흐를	영
莘	긴모양	신	爺	아비	야(爷)	鍈	방울소리	영(锳)
薪	섶나무	신	佯	거짓	양	煐	빛날	영
訊	캐물을	신(讯) *	襄	도울	양 *	瑛	옥빛	영
悉	다	실	攘	물리칠	양 *	穎	이삭	영
瀋	물이름	심(沈/瀋) *	釀	술빚을	양(酿)	盈	찰	영
沁	스며들	심	瘍	종기	양(疡)	曳	끌	예
什	열사람	십	馭	부릴	어(驭)	叡	밝을(=睿)	예(睿) *
峨	높을	아	圄	옥	어	刈	벨	예
衙	마을,관청	아 *	檍	감탕나무	억	芮	성(姓)	예 *
訝	맞을	아(讶)	諺	속담	언(谚)	濊	종족이름	예
啞	벙어리	아(哑)	掩	가릴	엄 *	乂	풀벨	예
娥	예쁠	아	俺	나	엄	裔	후손	예
愕	놀랄	악	奄	문득,환관	엄 *	獒	개	오
堊	백토	악(垩)	嶪	높고험할	업	寤	깰	오 *
嶽	큰산	악(岳)	覘	엿볼	역	墺	물가	오
閼	막을	알(阏)	暘	해반짝날	역	晤	밝을	오
軋	삐걱거릴	알(轧)	沇	강이름	연	旿	밝을	오
闇	닫힌문	암	筵	대자리	연	奧	속	오 *
菴	풀이름	암(庵)	堧	빈터	연	瑥	사람이름	온
鴨	오리	압(鸭)	涓	시내	연	蘊	쌓을	온(蕴)
昻	오를	앙	娟	예쁠	연	穩	편안할	온 *
鴦	원앙새	앙(鸯)	讌	잔치,모여이야기할	연(䜩)	媼	할미	온(媪)
曖	가릴	애(暧)	艶	고울	염(艳) *	雍	누구러질	옹
崖	벼랑	애	閻	마을	염(阎)	甕	독	옹(瓮)
艾	쑥	애	琰	옥갈	염	壅	막힐	옹
厓	언덕	애	曄	빛날	엽(晔)	邕	화할	옹
埃	티끌	애	纓	갓끈	영(缨)	訛	그릇될	와(讹)
腋	겨드랑이	액	嬰	갓난아이	영(婴)	渦	소용돌이	와(涡)
鶯	꾀꼬리	앵(莺)	渶	강이름	영	翫	가지고놀	완(玩)
櫻	앵두나무	앵	瓔	구슬목걸이	영(璎)	梡	도마	완
鸚	앵무새	앵(鹦)	楹	기둥	영	椀	도마, 주발	완(碗)

浣	빨	완		郁	성할	욱		柚	유자	유
阮	성(姓)	완		昱	햇빛밝을	욱		臾	잠깐	유
婉	순할	완		耘	김맬	운		帷	장막	유
頑	완고할	완(顽)		暈	무리	운		孺	젖먹이	유
莞	왕골	완		殞	죽을	운		濡	젖을	유
腕	팔	완	#	澐	큰물결	운(沄)		愉	즐거울	유
琬	홀	완		芸	향풀	운		蹂	짓밟을	유
玩	희롱할	완	*	熊	곰	웅		堉	기름진땅	육
枉	굽을	왕		沅	강이름	원		玧	귀막이옥	윤
猥	함부로	외		洹	강이름	원		奫	물깊고넓을	윤
窯	가마	요		瑗	구슬	원		戎	되,병기	융
窈	그윽할	요		轅	끌채	원(辕)		誾	향기가득할	은(訚)
饒	넉넉할	요(饶)		垣	담	원		膺	가슴	응
僥	바랄	요(侥)		嫄	사람이름	원		鷹	매	응(鹰) *
瑤	아름다운옥	요		愿	삼갈	원		毅	굳셀	의
擾	어지러울	요(扰)		猿	원숭이	원		懿	아름다울	의
凹	오목할	요		鴛	원앙새	원(鸳)		椅	의나무	의
埇	길돋울	용		冤	원통할	원		誼	의좋을	의(谊)
墉	담	용		粤	어조사	월		倚	의지할	의
茸	무성할	용		魏	성,나라	위		擬	흉내낼	의(拟)
榕	벵골보리수	용		瑋	옥이름	위(玮)		邇	가까울	이(迩)
湧	샘솟을	용 *		暐	햇빛	위(晖)		珥	귀고리	이
鏞	쇠북	용(镛)		褘	향낭, 폐슬	위(祎)		貽	끼칠	이(贻)
蓉	연꽃	용		洧	강이름	유		爾	너,어조사	이(尔)
迂	멀	우		庾	곳집	유		弛	늦출	이
隅	모퉁이	우		侑	권할	유		彛	떳떳할	이
釪	바리때,악기이름	우		諭	깨우칠	유(谕)		荑	흰비름	이
虞	염려할	우		誘	꾈할	유		翊	도울	익
玗	옥돌	우		游	놀	유		瀷	물이름	익
芋	토란	우		攸	바	유(攸)		謚	웃을	익(谥)
瑀	패옥	우		癒	병나을	유		咽	목구멍	인
彧	문채	욱		瑜	아름다운옥	유		溢	넘칠	일(溢)
頊	삼갈	욱		宥	용서할	유		馹	역말	일(驲)

급수별 선정한자 일람표

佾	춤출	일		廛	가게	전		朘	해뜨는모양	정	
稔	곡식익을	임		剪	가위	전		悌	공손할	제	
剩	남을	잉	*	甸	경기	전		蹄	굽	제	
扔	당길	잉		悛	고칠	전		梯	사다리	제	
孕	아이밸	잉	*	瑱	귀막이옥	전		堤	옥이름	제	
仍	인할	잉		箋	글	전(笺)		詔	고할	조(诏)	*
藉	깔개	자	*	栓	나무못	전		槽	구유,통	조	
咨	물을	자		塡	메울	전(填)		棗	대추나무	조(枣)	
瓷	사기그릇	자		奠	바칠	전	*	俎	도마	조	
煮	삶을	자		詮	설명할	전(诠)		遭	만날	조(遭)	
仔	자세할	자		佺	신선이름	전		眺	바라볼	조	
鵲	까치	작(鹊)		銓	저울질할	전(铨)		祚	복(福)	조	
炸	사를	작		晳	밝을	절		嘲	비웃을	조	
灼	사를	작		粘	끈끈할	점		凋	시들	조	
芍	함박꽃	작		湞	강이름	정		肇	시작할	조	
盞	잔	잔(盏)		幀	그림,족자	정(帧)		窕	정숙할	조	
箴	바늘	잠		娗	단정할	정		糟	지게미	조	
漳	강이름	장		碇	닻	정		淙	물소리	종	
暲	밝을	장		錠	덩이,신선로	정(锭)		腫	부스럼	종(肿)	*
薔	장미	장(蔷)		綎	띳술	정		倧	상고신인	종	
庄	장전,농막	장		釘	못	정(钉)		鍾	술잔	종(钟)	
奘	클	장		棖	바른나무	정		踪	자취	종	
梓	가래나무	재		娗	빛날	정		棕	종려나무	종	
縡	일	재		挺	뺄	정		悰	즐길	종	
齋	재계할,공부방	재(斋)		禎	상서로울	정		澍	단비	주	
錚	쇳소리	쟁(铮)		鋌	쇳덩이	정(铤)		躊	머뭇거릴	주(踌)	
楮	닥나무	저		酊	술취할	정		湊	모일	주(凑)	
沮	막을	저	*	淀	얕은물	정		輳	모일	주(辏)	
躇	머뭇거릴	저		玎	옥소리	정		誅	벨	주(诛)	
咀	씹을	저		諪	조정할	정		廚	부엌	주(厨)	
邸	큰집	저	*	鉦	징	정(钲)		腠	부추길	주	
迪	나아갈	적(迪)		霆	천둥소리	정		呪	빌,저주할	주	*
嫡	정실	적		靖	편안할	정	*	炷	심지	주	

국가공인 한자자격시험 · 사범

姝	예쁠	주		輇	수레뒤턱나무	진(辁)		剔	뼈바를	척
疇	이랑	주(畴)		璡	옥돌	진(琎)		滌	씻을	척(涤)
紂	임금이름	주(纣)		瑨	옥돌	진		陟	오를	척
做	지을	주 *		叱	꾸짖을	질		瘠	파리할	척
酎	진한술	주		跌	넘어질	질		阡	두렁	천
胄	투구	주		嫉	미워할	질		仟	일천	천
浚	깊게할	준 *		瓆	사람이름	질		釧	팔찌	천(钏)
濬	깊을	준(浚)		斟	술칠(침)	짐		綴	묶을	철(缀)
蠢	꿈틀거릴	준		潗	샘솟을	집(潗)		轍	바퀴자국	철(辙)
畯	농부	준		澄	맑을	징		凸	볼록할	철
竣	마칠	준 *		磋	갈	차		僉	다	첨(佥)
雋	영특할	준(隽)		蹉	넘어질	차		瞻	볼	첨
晙	밝을	준		嵯	산우뚝할	차		諂	아첨할	첨(谄) *
准	비준	준 *		撰	글지을	찬 *		籤	제비	첨(签)
樽	술통	준		鑽	뚫을	찬(钻) *		捷	이길	첩
儁	준걸	준(俊)		澯	맑을	찬		牒	편지	첩
焌	태울	준		纂	모을	찬 *		帖	표제	첩
茁	싹틀	줄		瓚	옥잔	찬(瓒)		諦	살필	체(谛)
櫛	빗	즐(栉)		纘	이을	찬(缵)		樵	나무할	초
楫	노	즙		粲	정미	찬		醮	초례	초
汁	즙	즙		擦	비빌	찰		蕉	파초	초
蜘	거미	지		塹	구덩이	참(堑)		囑	부탁할	촉(嘱)
祗	공경할	지		懺	뉘우칠	참(忏)		塚	무덤	총(冢)
咫	길이	지		讒	참소할	참(谗)		楸	가래나무	추
沚	물가	지		敞	높을	창		墜	떨어질	추
趾	발가락	지		瘡	부스럼	창(疮)		錐	송곳	추(锥)
摯	지극할	지(挚)		愴	슬퍼할	창(怆)		錘	저울	추(锤)
稷	피	직		菖	창포	창		樞	지도리	추(枢)
賑	구휼할	진(赈)		廠	헛간	창(厂)		鄒	추나라	추(邹)
揷	꽂을	진		寀	녹봉	채		竺	대나무	축
晉	나아갈	진 *		綵	비단	채(彩)		瑃	옥이름	춘
唇	놀랄	진		凄	쓸쓸할	처		椿	참죽나무	춘
縝	삼실	진(缜)		脊	등성마루	척		黜	물리칠	출

급수별 선정한자 일람표 **41**

급수별 선정한자 일람표

琉	귀고리	충		撑	버틸	탱		馝	향기로울	필
萃	모을	췌		桶	통	통		逼	닥칠	핍(逼)
聚	모을	취 *		堆	쌓을	퇴		霞	노을	하
翠	물총새(암컷)	취 *		套	덮개	투		遐	멀	하(遐)
脆	연할	취		妬	투기할	투		蝦	새우(=鰕)	하(虾)
娶	장가들	취		琶	비파	파		廈	큰집	하(厦)
仄	기울	측		杷	비파나무	파		壑	골	학
馳	달릴	치(驰)		芭	파초	파		謔	희롱거릴	학(谑)
熾	성할	치(炽)		婆	할미	파		瀚	넓고큰모양	한
癡	어리석을	치(痴)		沛	늪	패 *		閒	한가할	한(闲)
峙	언덕	치		浿	물이름	패		緘	봉할	함(缄)
琛	보배	침		佩	찰	패 *		涵	젖을	함
蟄	숨을	칩(蛰)		牌	패	패		鹹	짤	함(咸)
秤	저울	칭		澎	물결부딪칠	팽		陜	땅이름	합(陕)
惰	게으를	타		烹	삶을	팽		姮	항아	항
楕	길쭉할	타(椭)		彭	성(姓)	팽		懈	게으를	해 *
咤	꾸짖을	타		枰	바둑판	평		楷	나무이름	해
唾	침	타		陛	섬돌	폐 *		駭	놀랄	해(骇)
晫	밝을	탁		泡	거품	포		邂	만날	해(邂)
擢	뽑을	탁		褒	기릴	포		骸	뼈	해
琢	사람이름	탁		鮑	절인어물	포 *		偕	함께	해
倬	클	탁		佈	펼	포		諧	화할,농짓거리	해(谐)
憚	꺼릴	탄(惮)		輻	바퀴살	폭(辐)		倖	요행	행 *
呑	삼킬	탄 *		瀑	폭포	폭		饗	잔치	향(飨) *
灘	여울	탄(滩)		驃	날랠	표(骠)		珦	향옥	향
嘆	탄식할	탄 *		飄	회오리바람	표(飘)		墟	빈터	허
坦	평평할	탄 *		稟	여쭐,받을	품 *		爀	불빛	혁(赫)
耽	즐길	탐		馮	성(姓)	풍(冯)		奕	클	혁
蕩	쓸어버릴	탕(荡) *		諷	욀	풍(讽)		睍	불거질눈	현
邰	나라이름	태		披	헤칠,펼칠	피		泫	이슬빛날	현
跆	밟을	태		疋	짝,필,흘	필		玹	옥빛	현
汰	씻을	태		珌	칼장식옥	필		晛	햇살	현(晛)
苔	이끼	태		苾	향기날	필		挾	낄	협(挟)

국가공인 한자자격시험 · 사범

浹	두루미칠	협(浃)	嬅	탐스러울	화	逅	만날	후
俠	호협할	협(侠)	驩	기뻐할	환	鑂	금빛바랠	훈
荊	가시나무	형	喚	부를	환(唤) *	焄	연기에그을릴	훈
珩	노리개	형	奐	빛날	환(奂)	壎	질나팔(=塤)	훈
熒	등불	형	鰥	홀아비	환	暄	따뜻할	훤
泂	멀(=迥)	형	晥	환할	환	喧	시끄러울	훤
瀅	물맑을	형	渙	흩어질	환	萱	원추리	훤
馨	향기	형	紈	흰비단	환(纨)	彙	무리	휘
蕙	난초	혜	猾	교활할	활	暉	빛	휘(晖)
嘒	별반짝일	혜	闊	넓을	활(阔)	徽	아름다울	휘
彗	비	혜	沆	넓을	항	虧	이그러질	휴
譿	살필	혜	徨	노닐	황	譎	속일	휼(谲)
蹊	지름길	혜	惶	두려워할	황	匈	오랑캐	흉
護	구할	호	煌	빛날	황	欣	기뻐할	흔
灝	넓을	호	簧	생황	황	昕	아침	흔
扈	따를	호 *	璜	서옥	황	炘	화끈거릴	흔
淏	맑을	호	榥	책상	황	屹	산우뚝솟을	흘
瑚	산호	호	滉	물넓고깊을	황	恰	마치	흡
狐	여우	호	隍	해자	황	洽	윤택할	흡
顥	클	호(颢)	遑	허둥거릴	황	翕	합할	흡
濩	퍼질	호	恍	황홀할	황	憙	기뻐할	희
糊	풀,모호할	호	誨	가르칠	회	僖	기쁠(=熺)	희
壺	항아리	호	繪	그림	회(绘)	晞	마를	희
琥	호박	호	晦	그믐	회	羲	복희(伏羲)	희
濠	호주	호	恢	넓을	회	熹	빛날	희
弧	활	호	徊	노닐	회	熙	빛날	희
渾	흐릴	혼(浑) *	檜	노송나무	회(桧)	曦	햇빛	희
惚	황홀할	홀	澮	봇도랑	회	怡	쉴,기뻐할	희
訌	내분	홍(讧)	鐄	종	횡	詰	꾸짖을	힐(诘)
虹	무지개	홍	斅	가르칠	효			
泓	물깊을	홍	洨	강이름	효			
烘	횃불	홍	驍	날랠	효(骁)			
樺	자작나무	화(桦)	嚆	울릴	효			

급수별 선정한자 일람표

사범 선정 한자

呵	꾸짖을	가	喀	토할	객	蠱	독	고(蛊)
椵	나무이름	가	粳	메벼	갱	錮	땜질할	고(锢)
枷	도리깨	가	賡	이을	갱	餻	떡,가루떡	고
跏	책상다리할	가	倨	거만할	거 *	藁	마른나무	고
茄	연줄기	가	祛	떨어없앨	거	栲	북나무	고
珂	옥이름	가	裾	옷자락	거	攷	상고할	고
咖	커피	가	踞	웅크릴	거	呱	울	고
痂	헌데딱지	가	据	일할,의거할	거	苽	줄	고
哥	형	가	鋸	톱	거(锯) *	沽	팔	고
咯	꿩소리,토할	각	炬	횃불	거 *	菰	향초	고
慤	성실할	각(悫)	褰	옷걷을	건	辜	허물	고
揀	가릴	간	蹇	이지러질	건(謇)	鵠	고니/과녁	곡(鹄)
癎	간질	간 #	蹇	절	건	嚳	고할	곡
齦	깨물	간	腱	힘줄밑동	건	斛	열(十)말	곡
桿	박달	간	黔	검을	검	閫	문지방	곤(阃)
稈	짚	간(秆)	瞼	눈꺼풀	검(睑)	褌	잠방이	곤
旰	해질	간	鈐	비녀장	검(钤)	錕	붉은금	곤(锟)
坌	땅이름	갈	迲	갈	겁	滾	흐를	곤
曷	어찌	갈	偈	쉴,송(頌)	게 *	鶻	송골매	골(鹘)
蝎	전갈	갈	覡	박수	격(觋)	汩	잠길	골
褐	털옷	갈	繭	고치	견(茧)	圣	힘쓸	골
橄	감람나무	감	矙	밝을,맑을	견	箜	공후	공
紺	감색	감	箝	재갈먹일	겸	蚣	지네	공
龕	감실	감(龛)	慊	찐덥지않을	겸	栱	큰말뚝,두공	공
疳	감적	감	鉗	칼	겸(钳)	顆	낱알	과(颗)
苷	감초	감	歉	흉년들,부족할	겸	鍋	노구솥	과(锅)
坎	구덩이	감	袷	겹옷	겹	窠	보금자리	과
歛	바랄	감	綮	도지개	경	稞	쌀	과
砍	벨	감	璥	경옥	경	跨	타넘을	과
嵌	산깊을	감	磬	빌,공허할,다할	경	槨	넛널	곽(椁)
瑊	옥돌	감	颎	빛날,불빛	경	霍	빠를,갑자기	곽
酣	즐길	감	勍	셀	경	盥	씻을,대야	관
戡	칠	감	脛	정강이	경(胫)	綰	얽을	관(绾)
閘	수문	갑(闸)	悸	두근거릴	계	菅	왕골	관
胛	어깨	갑	髻	상투,부엌귀신	계	錧	쟁기,비녀장	관
杠	깃대	강	薊	엉겅퀴	계(蓟)	恝	여유없을	괄
畺	지경	강	堺	지경	계	刮	깎을,비빌	괄
鎧	갑옷	개(铠)	棨	창(儀仗用)	계	适	빠를	괄
喈	새소리	개	誥	고할,경계	고(诰)	桄	광나무	광
愾	성낼	개(忾)	杲	밝을	고	筐	광주리	광
			尻	꽁무니	고	誑	속일	광(诳)
			翱	날	고	罫	줄	괘 *

44 급수별 선정한자 일람표

국가공인 한자자격시험 · 사범

乖	어그러질	괴	#	獗	날뛸	궐		暩	볕기운	기
紘	갓끈	굉		跪	꿇어앉을	궤	*	姞	성	길
轎	가마	교(轿)		饋	먹일	궤(馈)	*	拏	붙잡을	나
餃	경단	교(饺)		簣	삼태기	궤		儺	역귀쫓을	나(傩)
蛟	교룡	교		几	안석,책상	궤		糯	찰벼	나
翹	꼬리깃털	교(翘)		簋	제기이름	궤		煖	따뜻할	난
皎	달빛	교		櫃	함	궤(柜)		赧	얼굴붉힐	난
蕎	메밀	교(荞)		匱	함,삼태기	궤(匮)		枏	녹나무	남
嶠	산길	교		晷	그림자	구		喃	재잘거릴	남
鮫	상어	교(鲛)		竅	구멍	규(窍)		衲	기울	납
咬	새소리	교		硅	규소	규		曩	접때,앞서	낭
姣	예쁠	교		槻	물푸레나무	규		迺	이에,너	내
恔	유쾌할	교		頍	반걸음	규(跬)		撚	비틀	년
鉤	갈고랑이	구(钩)		刲	찌를,벨	규		涅	개흙,검을	녈
裘	갖옷	구		赳	헌걸찰,용맹	규		捻	비틀	념
毬	공,둥근물체	구		筠	대나무	균		拈	집을	념
勾	굽을	구		勻	적을	균		濘	진흙	녕(泞)
絿	급박할	구		亟	빠를	극		甯	편안할	녕
衢	네거리	구		郤	틈,고을이름	극		獰	모질	녕(狞)
謳	노래할	구(讴)		芹	미나리	근		駑	둔할	노(驽)
扣	두드릴,뺄	구		懃	은근할	근		瑙	마노	노
廐	마구	구		菫	제비꽃	근		弩	쇠뇌	노
瞿	놀라서 볼	구		劤	힘줄,근	근		孥	자식,종	노
韭	부추	구		檎	능금나무	금		嫋	예쁠	뇨
劬	수고로울	구		擒	사로잡을	금		耨	김맬,없앨	누
呴	숨내쉴	구		妗	외숙모	금		嫩	어릴,예쁠	눈
屨	신,신을	구		笒	첨대	금		訥	말더듬을	눌(讷)
璆	아름다운옥	구		芩	풀이름	금		杻	감탕나무	뉴
搆	이해못할,이끌	구		伋	속일	급		你	너	니
臼	절구,방아확	구		錡	갈기	기		昵	친할	닐
逑	짝	구(逑)		碁	돌	기		爹	아비	다
嶇	험할	구(岖)		鰭	등지느러미	기(鳍)		彖	단	단
鞫	국문할	국		畸	뙈기밭	기		簞	대광주리	단
麴	누룩	국		羈	말굴레	기(羁)		亶	믿음	단
掬	움킬	국		覬	바랄	기		蛋	새알	단
窘	막힐,군색할	군		饑	밭갈	기		袒	웃통벗을	단
裙	치마	군		肌	살	기		鄲	조나라서울	단(郸)
芎	궁궁이,천궁	궁		祁	성할	기		闥	문	달(闼)
穹	하늘	궁		萁	콩깍지	기		澾	미끄러울	달
捲	말	권(卷)	*	跂	육발,기어갈	기		躂	미끄러질	달
滾	물도는모양	권		夔	조심할	기		獺	수달	달(獭)
蕨	고사리	궐		祇	토지의 신	기		怛	슬플	달

급수별 선정한자 일람표 45

급수별 선정한자 일람표

韃	종족이름,매질할	달(鞑)	逗	머무를	두(逗)	殮	염할	렴 *
聃	귀바퀴없을,나라	담(聃)	蠹	좀	두	鬣	말갈기	렵
郯	나라이름,성	담	荳	콩	두	翎	깃	령
禫	담제	담 *	兜	투구	두	苓	도꼬마리	령
啖	먹을	담	遯	달아날,둔괘	둔(遁)	聆	들을	령
坍	물이언덕칠	담	臀	볼기	둔	岺	산으슥할	령
湛	즐길	담	芚	채소이름	둔	羚	영양	령
氮	질소	담	嶝	고개	등	狑	좋은개	령
錟	창	담(锬)	滕	나라이름,물솟을	등	澧	강이름	례
憺	편안할	담	橙	등자나무	등	瀘	강이름	로(泸)
戇	어리석을	당	喇	나팔	라	潞	강이름,고을이름	로
戃	빼어날,갑자기	당(傥)	蘿	담쟁이덩굴,무	라(萝)	櫓	방패	로(橹)
薹	지모	담(荨)	邏	순행할	라(逻)	鹵	소금,염전	로(卤)
鐺	쇠사슬,북소리	당(铛)	駱	낙타	락(骆)	輅	수레	로(辂)
檔	의자	당	闌	가로막을	란(阑)	彔	나무깎을	록
醣	탄수화물	당	欒	나무이름	란(栾)	碌	돌모양	록
倘	혹시	당	鸞	난새	란(鸾)	菉	조개풀	록
黛	눈썹먹	대	鑾	방울	란(銮)	簏	책상자	록
垈	집	대	欖	감람나무	람(榄)	隴	고개이름	롱(陇)
韜	감출	도(韬)	纜	닻줄	람(缆)	壟	언덕	롱(垄) *
賭	걸	도(赌)	擥	모을	람(揽)	朧	흐릿할	롱(胧)
櫂	노	도	嵐	아지랑이	람(岚) *	誄	뇌사,조문	뢰(诔)
闍	망루	도	攬	잡을	람(揽)	磊	돌무더기	뢰
滔	물넘칠	도	蠟	밀	랍	罍	술독,대야	뢰
瀂	벼가릴	도	瑯	고을이름,옥이름	랑(琅)	瀨	여울	뢰(濑)
覩	볼	도	螂	버마재비	랑	耒	쟁기	뢰
嶋	섬	도	倈	올,위로할	래(倈)	賚	줄,하사품	뢰(赉)
謟	의심할	도	勑	위로할	래	牢	우리	뢰
淘	일	도	粱	기장	량	廖	공허할	료
叨	탐낼,함부로	도	厲	갈	려(厉)	寮	벼슬아치	료
掉	흔들	도	濾	거를	려(滤)	蓼	여뀌	료
禿	대머리	독	蠣	굴	려(蛎)	聊	즐길,애오라지	료
纛	둑	독	驢	나귀	려(驴)	燎	화톳불	료
牘	편지	독(牍)	藜	명아주	려	摟	끌어모을	루(搂)
櫝	함,관	독	癘	염병	려(疠)	婁	별이름	루(娄)
旽	밝을	돈	蠡	좀먹을	려	瘻	부스럼	루(瘘) *
沌	어두울	돈	櫚	종려나무	려(榈)	鏤	새길	루(镂) *
咄	꾸짖을	돌	儷	짝	려(俪)	縷	실	루(缕) *
僮	아이,하인	동	荔	타래붓꽃	려	蔞	쑥	루(萎)
胴	큰창자	동	瀝	거를	력(沥)	旒	깃발	류
垌	항아리	동	櫟	상수리나무	력(栎)	瀏	맑을	류(浏)
窬	구멍	두(窦)	礫	조약돌	력(砾)	瑬	면류관드리움	류

국가공인 한자자격시험 · 사범

榴	석류나무	류		暝	어두울	명		忞	힘쓸	민
溜	처마물	류		皿	그릇	명		緡	낚싯줄	민(缗)
瘤	혹	류		瞑	눈감을	명		謐	고요할	밀(谧)
勒	굴레	륵		螟	마디충	명		亳	땅이름	박
廩	곳집, 녹미	름		蓂	명협	명		箔	발	박
稜	밭두둑, 모	릉		茗	차싹	명		雹	우박	박
纚	갓끈	리		桷	홈통	명		搏	잡을, 칠	박
螭	교룡	리		袂	소매	몌		粕	지게미	박
詈	꾸짖을	리		眸	눈동자	모		樸	통나무	박
狸	너구리	리		耄	늙은이	모		膊	포	박
涖	다다를, 물소리	리		摹	베낄	모		盼	눈예쁠	반
釐	다스릴	리(厘)		麰	보리	모		攀	더위잡을	반
醨	삼삼한술	리		瑁	서옥	모		槃	명반	반
唎	소리	리		姆	여스승	모		拌	섞을/ 버릴	반
漓	스며들	리		芼	풀우거질	모		蟠	서릴	반
羸	여윌	리		鶩	집오리	목(鹜)		斑	얼룩	반
鯉	잉어	리(鲤)		矇	소경	몽		槃	쟁반	반
犂	쟁기, 얼룩소	리		朦	풍부할	몽		絆	줄	반(绊)
厘	티끌	리		渺	아득할	묘		泮	학교	반
浬	해리	리		玅	아름다울	묘		瘢	흉터	반
藺	골풀	린(蔺)		眇	애꾸눈	묘		胖	희생반쪽, 갈비살	반
燐	도깨비불	린		杳	어두울	묘 *		魃	가물귀신	발
砬	돌소리	립		蕪	거칠어질	무(芜) *		撥	다스릴	발(拨)
媽	어미	마(妈)		誣	속일, 무고할	무(诬) *		醱	술괼/ 빚을	발
麼	잘, 어찌	마		繆	얽을	무(缪)		幇	곁들/ 도울	방
瘼	병들	막		无	없을	무		枋	다목	방
鏋	금	만		庑	집, 처마	무(庑)		磅	돌떨어지는소리	방
彎	굽을	만(弯)		楙	무성할, 모과나무	무		榜	매/ 방	방
饅	만두	만(馒)		雯	구름무늬	문		蚌	방합	방
巒	메	만(峦)		們	들/ 무리	문(们)		舫	배	방
鰻	뱀장어	만(鳗)		吻	입술	문		髣	비슷할	방
輓	끌	만		忞	어지러워질	문		尨	삽살개	방
抹	바를/ 지울	말		汶	아득할	물		芳	인동덩굴	방
襪	버선	말		縻	고삐	미		牓	패	방
芒	까끄라기	망		黴	곰팡이	미		焙	불에쬘	배
陌	두렁	맥		梶	나무끝	미		褙	속적삼	배 *
驀	말탈	맥(蓦)		媚	아첨할	미		胚	아이밸	배
氓	백성	맹		楣	문미	미		燔	구울	번
冪	덮을	멱		湄	물가	미		幡	기	번
緬	가는실/ 멀	면(缅)		糜	죽	미		藩	덮을	번
沔	물넘칠	면		弭	활고자	미		樊	울	번
眄	애꾸눈	면		忞	힘쓸	민		杋	나무이름	범

급수별 선정한자 일람표 47

급수별 선정한자 일람표

한자	뜻	음		한자	뜻	음		한자	뜻	음	
梵	범어	범	*	祔	합사(合祀)할	부		蓑	도롱이	사	
琺	법랑	법		扮	꾸밀	분		姒	동서	사	
甓	벽돌	벽		吩	뿜을/분부할	분		槎	떼	사	
擘	엄지손가락	벽		賁	클	분(贲)		耜	보습	사	
辟	임금,법	벽		苯	풀떨기로날	분		梭	북	사	
癖	버릇	벽		昐	햇빛	분		駟	사마	사(驷)	
劈	쪼갤	벽		彿	비슷할	불		麝	사향노루	사	
蘗	황경나무	벽		黻	수	불		佘	산이름	사	
檗	황벽나무	벽		市	슬갑	불		柶	수저	사	
抃	손뼉칠	변		繃	묶을	붕(绷)		伺	엿볼	사	
籩	제기이름	변(籩)		硼	붕사	붕		傞	잘게부술	사	
鱉	자라	별		棚	시렁	붕		乍	잠깐	사	
瞥	언뜻볼	별		沘	강이름	비		些	적을	사	
鼈	자라	별(鳖)		憊	고달플	비(惫)	*	渣	찌끼	사	
騈	두필나란히할	병(骈)		轡	고삐	비(辔)		篩	체	사(筛)	
鉼	판금,가마솥	병		沸	끓을	비	*	莎	향부자	사	
浜	갯고랑	병		蚍	날,메뚜기	비		鑠	녹일,빛날	삭(铄)	
洑	나루	보		髀	넓적다리	비		蒴	말오줌때	삭	
黼	무늬,수놓은옷	보		霏	눈펄펄내릴	비		槊	창	삭	
湺	물막을	보		篚	대광주리	비		刪	깎을	산	*
珤	보배	보		俾	더할	비		蒜	달래	산	
簠	제기이름	보		毗	도울	비		疝	산증	산	
匐	길	복		裨	도울	비	*	霰	싸라기눈	산	
幞	두건	복		圮	무너질	비		汕	오구	산	
蔔	무	복		翡	물총새(숫)	비	*	繖	일산	산	
輻	바퀴살	복(辐)		砒	비상	비	*	乷	땅이름	살	
茯	복령	복		榧	비자나무	비		煞	죽일,총괄할	살	
輹	복토	복		痺	암메추라기	비	*	芟	벨	삼	
宓	성	복		菲	엷을,무성할	비		滲	스밀	삼(渗)	
鍑	아가리큰솥	복		斐	오락가락할	비		衫	적삼	삼	
燧	연기자욱할	봉		妣	죽은어미	비		澁	떫을	삽	
駙	곁마	부(驸)		秕	쭉정이	비		颯	바람소리	삽(飒)	
埠	부두	부		粃	쭉정이	비		鈒	창	삽	
咐	분부할	부		玭	구슬이름	빈		孀	과부	상	
鮒	붕어	부(鲋)	*	瀕	물가,임박할	빈(濒)		塽	땅높고밝은곳	상	
俘	사로잡을,포로	부		檳	빈랑나무	빈(槟)		橡	상수리나무	상	
仆	엎드릴	부		鬢	살쩍,귀밑털	빈		顙	이마	상(颡)	
鳧	오리	부(凫)		殯	염할	빈(殡)		殤	일찍죽을	상(殇)	
艀	작은배	부		嚬	찡그릴	빈		廂	행랑	상(厢)	
缶	장군	부		騁	달릴	빙(骋)		賽	굿할	새(赛)	
趺	책상다리할	부		娉	장가들	빙		鰓	아가미	새(鳃)	
莩	풀이름	부		俟	기다릴	사		楝	가시목	색	

국가공인 한자자격시험·사범

嗇	핥을	색		塑	토우	소	屎	똥	시
黍	기장	서	*	簫	퉁소	소(簫)	枲	모시풀,삼	시
墅	농막	서		贖	속바칠	속(贖)	蒔	모종낼	시(莳)
犀	무소	서	*	謖	일어날	속(謖)	匙	숟가락	시
胥	서로	서	*	涑	헹굴	속	豺	승냥이	시
絮	솜	서		飧	저녁밥	손	緦	시마복	시(缌)
噬	씹을	서		蓀	향풀이름	손	蓍	시초	시
筮	점대	서		瑣	자질구레할	쇄(琐)	嘶	울	시
鼠	쥐	서	*	晬	돌	수	塒	홰	시(埘)
薯	참마	서		嗽	기침할	수	簑	대밥그릇	식
鋤	호미	서(锄)		邃	깊을	수(邃)	栻	점판	식
錫	놋쇠	석		銹	녹슬	수(锈)	侁	걷는모양	신
祏	섬	석		叟	늙은이	수	燼	깜부기불	신(烬)
墡	백토	선		藪	늪	수(薮)	呻	끙끙거릴	신
跣	맨발	선		晬	바로볼	수	蜃	무명조개	신
饍	반찬	선		燧	부싯돌,횃불	수(燧)	藎	조개풀	신
鐥	복자	선		蒐	수산	수	宸	집	신
癬	옴	선(癬)		鬚	수염	수	矧	하물며	신
蘚	이끼	선(藓)		茱	수유	수	蟋	귀뚜라미	실
敾	이름	선		漱	양치질할	수	芯	등심초	심
僊	춤출	선		溲	오줌,반죽할	수	諶	참	심(谌)
屑	가루	설		璲	패옥	수	鴉	갈까마귀	아(鸦)
媟	깔볼,친압할	설		脩	포	수	俄	갑자기	아
偰	맑을	설		倏	갑자기,빛날	숙(倐)	鵝	거위	아(鹅)
㸉	물	설		橚	나무줄지어설	숙	蛾	나방	아
挈	손에들	설		玊	옥다듬는 장인	숙	莪	지칭개	아
贍	넉넉할	섬(赡)		菽	콩	숙	喔	닭소리	악
躡	밟을,이를	섭		栒	가름대나무	순	渥	두터울	악
腥	비릴	성		楯	난간	순	鄂	땅이름	악
娍	아름다울,헌걸찰	성		橓	무궁화	순	鰐	악어	악(鳄)
瑆	옥빛	성		蒓	순채	순	齷	악착할	악(龌)
笹	가는대나무	세		恂	정성	순	顎	얼굴높을	악(颚)
篠	조릿대	소		徇	주창할	순	鍔	칼날	악(锷)
瀟	강이름	소(潇)		鉥	돗바늘	술	幄	휘장	악
招	나무흔들릴	소		崧	우뚝솟을	숭	鮟	아귀	안
銷	녹일	소(销)		瑟	푸른진주	슬	遏	막을	알(遏)
蕭	맑은대쑥,쓸쓸할	소(萧)		褶	주름	습	歹	부서진뼈	알
宵	밤	소		蠅	파리	승(蝇)	揠	뽑을	알
艘	배	소		諡	시호	시	唵	머금을	암
梳	빗	소		偲	굳셀,똑똑할	시	嵒	바위,가파를	암
甦	되살아날	소		翅	날개	시	黯	어두울,검을	암
瘙	종기	소		豕	돼지	시	諳	욀	암(谙)

급수별 선정한자 일람표

급수별 선정한자 일람표

狎	익숙할	압	歟	어조사	여(欤)	鼇	자라	오
盎	동이	앙	璵	옥	여	蜈	지네	오
秧	모	앙	閾	문지방	역(阈)	螯	집게발,차오	오
怏	원망할	앙	繹	풀어낼,실마리	역(绎)	懊	한할	오
靄	아지랑이	애(霭)	縯	길	연	圬	흙손	오
掖	겨드랑이,부축할	액	挻	늘일	연	醞	빚을	온(酝)
扼	누를	액	吮	빨,핥을	연	慍	성낼	온
縊	목맬	액(缢)	嚥	삼킬	연(咽)	瘟	염병	온
阨	좁을,막힐	액(厄)	椽	서까래	연	縕	헌솜	온
罌	양병	앵(罂)	鳶	솔개	연(鸢)	兀	우뚝할	올
椰	야자나무	야	涎	침,물흐를	연	顒	공경할	옹
揶	희롱할	야	剡	날카로울	염	嗈	기러기짝지어울	옹
蒻	구릿대잎	약(药)	髥	구레나룻	염	饔	아침밥	옹
蒻	부들	약	冉	나아갈	염	癰	악창	옹(痈)
鑰	자물쇠	약(钥)	焰	불당길	염	蛙	개구리	와
恙	근심	양	苒	풀우거질	염	蝸	달팽이	와(蜗)
瀁	내이름	양	嶸	가파를	영	窩	보금자리,숨길	와
驤	머리들,달릴	양(骧)	穎	강이름	영(颖)	窪	웅덩이	와(洼)
穰	볏대	양	籯	광주리	영	宛	굽을	완
痒	앓을	양	瀯	물돌아나갈	영	碗	그릇	완
敭	오를	양	瀛	바다	영	琬	옥이름	완
禳	제사이름	양	霙	진눈깨비	영	脘	밥통	완
煬	쬘	양	蕊	꽃술	예	豌	완두	완
漾	출렁거릴	양	穢	더러울,거칠	예(秽) *	娃	아름다울	왜
暘	해돋이	양	霓	무지개	예	矮	키작을	왜
颺	흩날릴	양	瘞	묻을,제터	예(瘗)	巍	높을	외
齬	어긋날	어(龉)	汭	물굽이	예	嵬	높을	외
瘀	어혈질	어	猊	사자	예	徭	구실	요
飫	포식할,물릴	어(饫)	呭	수다스러울	예	橈	노	요(桡)
臆	가슴	억	倪	어린이	예	拗	꺾을	요
堰	방죽	언 *	詣	이를	예(诣)	嶢	높을	요
嫣	상긋웃을	언	翳	일산,가릴	예	繞	두를	요(绕)
偃	쓰러질	언	忤	거스를	오	邀	맞을	요(邀)
蘖	그루터기	얼	澳	깊을	오	繇	역사	요
孽	서자	얼	敖	놀	오 *	蟯	요충	요(蛲)
儼	근엄할	엄(俨)	鼯	다람쥐	오(鼯)	褥	요	욕
淹	담글	엄	襖	도포,웃옷	오(袄)	縟	화문놓을	욕(缛)
渰	비구름일	엄	塢	둑,언덕,마을	오(坞)	慵	게으를	용
茹	먹을,기를	여	啎	맞이할	오	慂	권할	용
艅	배이름	여	筽	버들고리	오	冗	번잡할	용
礜	비상섞인돌	여	熬	볶을	오	聳	솟을	용(耸) *
轝	수레바탕	여	珸	옥돌	오	俑	허수아비	용

国家公认 한자자격시험 · 사범

甬	휘	용	慇	괴로워할	은	嚼	씹을	작
紆	굽을	우(纡)	誾	논쟁할	은	潺	물흐르는소리	잔
雩	기우제	우	嚚	어리석을	은	棧	잔도	잔(栈)
祐	물이름	우	听	웃을	은	孱	잔약할	잔
盂	바리	우	狺	으르렁거릴	은	岑	봉우리	잠
禑	복	우	蔭	풀그늘,덮을	음(荫)	簪	비녀	잠
藕	연뿌리	우	挹	뜰	읍	醬	간장	장(酱) *
旰	클	우	揖	읍	읍	萇	장초	장(苌) *
楢	산앵두	욱	蟻	개미	의(蚁)	獐	노루	장
稶	서직무성할	욱	螠	도롱이벌레	의	檣	돛대	장
勖	힘쓸	욱	艤	배댈	의(舣)	仗	무기	장
橒	나무무늬	운	饐	쉴,밥쉴	의	漿	미음	장(浆)
熉	노란모양	운	薏	율무	의	檠	상앗대	장(桨)
隕	떨어질	운(陨)	頤	턱	이	瘴	장기	장
蕓	평지	운(芸)	餌	먹이	이(饵)	欌	장롱	장
芸	땅이름	울	迤	비스듬할	이(迆)	贓	장물	장(赃)
湲	물흐를	원	痍	상처	이	臧	착할	장
爰	이에	원	飴	엿	이(饴)	齎	가져올	재
黿	자라	원	肄	익힐	이	纔	겨우,비로소	재
鉞	도끼	월(钺)	苡	율무	이	賫	집어줄	재
葦	갈대	위(苇)	靷	가슴걸이	인	滓	찌끼	재
蝟	고슴도치	위	絪	기운	인	諍	간할	쟁(诤)
闈	대궐작은문	위(闱)	茵	자리	인	箏	쟁	쟁
萎	마를	위	湮	잠길	인	樗	가죽나무	저
蔿	애기풀	위	蚓	지렁이	인	氐	근본	저(氐)
葳	초목무성한모양	위	靭	질길	인(韧)	詆	꾸짖을	저(诋)
揄	끌	유(揄)	婣	화할	인	猪	돼지(=豬)	저
逾	넘을	유(逾)	釰	둔할,무딜	일	疽	등창	저
鍮	놋쇠	유	佚	편안할	일	姐	맏누이	저
囿	동산	유	荏	들깨	임	苧	모시(=紵)	저(苎)
萸	수유	유	恁	생각할	임	渚	물가	저
諛	아첨할	유(谀)	廿	스물	입	雎	물수리	저
呦	울	유	芿	새풀싹	잉	杵	방망이	저
釉	윤	유	茨	가시나무	자	杼	북,베틀북	저
襦	저고리	유	秶	기장,사곡식	자	藷	사탕수수	저
壝	제단	유	觜	별이름,털뿔	자	儲	쌓을	저(储)
楢	졸참나무	유	赭	붉은흙	자	齟	어긋날	저(龃)
毓	기를	육	蔗	사탕수수	자	佇	우두커니	저(伫)
贇	예쁠	윤	孜	힘쓸	자	狙	원숭이	저
聿	붓	율	勺	구기	작	這	이	저(这)
瀜	물이깊고넓은모양	융	綽	너그러울	작(绰)	詛	저주할	저(诅)
絨	융	융(绒)	斫	벨,쪼갤	작	菹	채소절임	저

급수별 선정한자 일람표

勣	공적,사업	적	淳	물괼	정	逡	뒷걸음질칠	준
謫	귀양갈	적(讁)	菁	부추꽃, 순무	정	寓	모일	준
翟	꿩,꽁지긴꿩	적	桯	위성류	정(桱)	蹲	웅크릴	준
荻	물억새	적	霽	갤	제(霁)	皴	주름, 살틀	준
鏑	살촉	적(镝)	薺	냉이	제(荠)	喞	두런거릴	즉
糴	쌀사들일	적(籴)	醍	맑은술	제	葺	지붕일	즙
頔	아름다울	적	臍	배꼽	제	拯	건질	증
狄	오랑캐	적	磾	검은돌	제	璔	옥모양	증
輾	구를	전(辗)	娣	여동생	제	繒	비단	증(缯)
煎	달일	전	躋	오를	제(跻)	甑	시루	증(甑)
腆	두터울	전	嗁	울	제	芷	구릿대	지
顫	떨릴	전(颤)	禔	편안할	제	漬	담글	지(渍)
氈	모전	전(毡)	徂	갈,비롯할	조	砥	숫돌	지
癲	미칠	전(癫)	粗	거칠	조	枳	탱자나무	지
佃	밭갈	전	繰	야청빛	조(缲)	贄	폐백	지(贽)
畋	밭갈,사냥할	전	雕	독수리	조	榛	개암나무	진
塼	벽돌	전	藻	마름	조	殄	다할,죽을	진
痊	병나을	전	璪	면류관드림옥	조	蓁	더위지기	진
鈿	비녀	전(钿)	漕	배로실어나를	조	畛	두렁길	진
鐫	새길,송곳	전(镌)	蚤	벼룩	조(蚤)	溱	많을	진
澱	앙금	전(淀)	竈	부엌	조	瞋	부릅뜰	진
纏	얽힐	전	稠	빽빽할	조	縉	붉은비단,꽂을	진(缙)
顓	전단할,마음대로할	전(颛)	躁	성급할	조	嗔	성낼	진(嗔)
餞	전별할	전(饯) *	糶	쌀내어팔	조	臻	이를	진
篆	전자	전 *	胙	제지낸고기,복	조	桭	평고대	진
囀	지저귈	전(啭) *	殂	죽을	조	疹	홍역	진
筌	통발	전	皁	하인,마굿간	조	袗	홑옷	진
箭	화살	전	阻	험할	조	迭	갈마들	질
畑	화전	전	簇	모일,조릿대	족	蛭	거머리	질
浙	강이름	절	猝	갑자기	졸	軼	번갈을	질(轶)
截	끊을	절	慫	권할	종	膣	새살돋을	질
癤	부스럼	절(疖)	踵	발꿈치	종	侄	어리석을	질
坫	경계	점	蹤	자취,뒤쫓을	종	礩	주춧돌,맷돌	질
鮎	메기	점(鲇)	挫	꺾을	좌	絰	질	질
岾	재	점	蛛	거미	주	桎	차꼬	질
霑	젖을	점(沾)	侏	난쟁이	주	帙	책갑	질
椄	접붙일	접	紬	명주	주	朕	나	짐
摺	접을	접	綢	얽을	주	戢	그칠	집
楪	평상	접	霔	장마	주	緝	길쌈할	집(缉)
鞓	가죽띠	정	籌	투호살	주	釵	비녀	차
睛	눈동자	정	粥	죽	죽	侘	실의할	차
瀞	맑을	정	鬻	죽	죽	箚	차자	차

52 급수별 선정한자 일람표

嗟	탄식할	차		闡	열	천(闡)		醋	식초	초
鑿	뚫을	착(凿)		玔	옥고리	천		硝	초석	초
齪	악착할	착(龊)		喘	헐떡일	천		鞘	칼집	초
窄	좁을	착		輟	그칠	철(辍)		鏃	살촉	촉(镞)
搾	짤	착		歠	마실, 먹을	철		矗	우거질	촉
鄫	나라이름	찬		簽	농	첨(签)		邨	마을	촌
饌	반찬	찬(馔) *		甜	달	첨		忖	헤아릴	촌
簒	빼앗을	찬		忝	더럽힐, 욕될	첨		摠	모두	총
竄	숨을	찬(窜) *		沾	젖을	첨		冢	무덤, 사직단	총
紮	감을	찰		詹	소곤거릴	첨		悤	바쁠	총
扎	뺄	찰 *		覘	엿볼	첨(觇)		驄	총이말	총(骢)
驂	곁마, 말네필	참(骖)		簷	처마	첨		蔥	파, 부들	총
站	우두커니설	참		檐	처마	첨		撮	찍을	찰
僭	참람할	참		疊	겹쳐질	첩(叠)		啐	맛볼	쵀
讖	참서	참(谶) *		輒	문득	첩(辄)		摧	꺾을	최
譖	참소할, 하소연할	참(谮)		貼	붙을	첩(贴)		麤	거칠	추
倡	광대	창		堞	성가퀴	첩		鞦	그네	추
搶	닿을, 이를	창(抢)		睫	속눈썹	첩		貂	꼴	추
娼	몸파는여자	창		凊	서늘할	청		諏	꾀할	추(诹)
猖	미쳐날뛸	창		鯖	청어	청(鲭)		瘳	나을	추
脹	배부를	창(胀)		蒂	가시	체		湫	다할	추
漲	불을	창(涨)		涕	눈물	체		酋	두목	추
氅	새털	창		剃	머리깎을	체		騶	말먹이는사람	추
艙	선창	창(舱)		遞	성	체		鰍	미꾸라지	추(鳅)
鬯	울창주, 방향주	창		禘	종묘제사이름	체		雛	병아리	추(雏)
槍	창	창(枪)		悄	근심할	초		萩	사철쑥	추
愴	한스러워할	창(怆)		愀	근심할	초		鎚	쇠망치	추
踩	뛸	채		誚	꾸짖을	초(诮)		椎	몽치	추
寨	울짱	채		剿	끊을	초		惆	실심할, 슬퍼할	추
砦	울타리	채		梢	나무끝	초		皺	주름살	추(皱)
柵	울짱, 울타리	책		鈔	노략질할, 베낄	초(钞)		瀟	깊고맑을, 빠를	축
萋	풀무성할	처		苕	능소화	초		蹙	대지를	축
倜	대범할	척		髫	다박머리	초		筑	악기이름	축
擲	던질	척(掷)		貂	담비	초		顣	찡그릴	축
蹠	밟을	척(跖)		迢	멀	초(迢)		賰	부유할	춘
撫	주울	척		稍	벼줄기끝	초		朮	차조	출
坧	터	척		炒	볶을	초		膵	췌장	췌
蕆	경계할	천		椒	산초나무	초		悴	파리할	췌
韆	그네	천		綃	생사(生絲)	초(绡)		贅	혹	췌(赘)
穿	뚫을	천		軺	수레, 영구차	초(轺)		驟	달릴	취(骤)
擅	멋대로	천		憔	수척할	초		嘴	부리	취
舛	어그러질	천 *		礁	숨은바윗돌	초		鷲	수리	취(鹫)

급수별 선정한자 일람표

厠	뒷간	측(厠)	掌	버팀목,버틸	탱	鮑	박	포
儳	두드러지게할	츤	攄	펼	터 *	蒲	부들,창포	포
緇	검은비단	치(缁)	菟	새삼(藥草)	토	庖	부엌	포
淄	검은빛	치	啍	느릿한모양	톤	哺	신시(申時)	포
幟	기	치(帜)	筒	대롱	통	咆	으르렁거릴	포
寘	둘,받아들일	치(寘)	慟	서럽게울	통(恸)	圃	채마밭	포
緻	밸	치(致)	腿	넓적다리	퇴	疱	천연두	포
鴟	솔개,올빼미	치(鸱)	槌	던질	퇴(槌)	炮	통째로구울	포
蚩	어리석을	치	頹	무너질	퇴	脯	포	포
嗤	비웃을	치	褪	바랠	퇴(褪)	曝	쬘	폭
錙	저울눈	치(锱)	偸	훔칠	투	慓	날쌜	표
輜	짐수레	치(辎)	慝	사특할	특	瓢	박	표
梔	치자나무	치(栀)	闖	말이문을나오는모양	틈(闯)	剽	빠를	표
痔	치질	치	爬	긁을	파	飇	회오리바람	표
飭	신칙할	칙(饬)	葩	꽃	파	俵	흩을	표
柒	옻	칠	怕	두려울,아마	파	陂	비탈	피
砧	다듬잇돌	침	擺	열릴	파(摆)	躍	길치울	필(跸)
忱	정성	침	跛	절뚝발이	파	佖	점잖을	필
夬	나눌	쾌	鈑	금박	판(钣)	鉍	창자루	필(铋)
拖	끌	타	瓣	외씨	판	涸	마를	학
駝	낙타	타(驼)	辦	힘쓸	판(办)	瘧	학질	학(疟)
朶	늘어질	타(朵)	捌	깨뜨릴	팔	狠	개싸우는소리	한
陀	비탈질	타	叭	입벌릴	팔	罕	드물	한 *
阤	비탈질	타	孛	살별,혜성	패	捍	막을,세찰	한
陏	오이,열매	타	悖	어그러질	패	悍	사나울	한 **
舵	키	타	狽	이리	패(狈)	喊	고함지를	함 **
駄	실을	타(驮)	唄	찬불	패(呗)	檻	우리	함(槛)
柝	열	탁	稗	피	패	銜	재갈,직함	함(衔)
啄	쪼을	탁	膨	부풀	팽	諴	화할	함
坼	터질	탁	愎	괴팍할	퍅	蛤	대합조개	합
殫	다할,두루	탄(殚)	徧	두루,돌	편	閤	문짝	합(閤)
綻	옷터질	탄(绽) *	翩	빨리날	편	哈	마실,웃음소리	합
榻	걸상	탑	騙	속일	편(骗)	盍	어찌아니할	합
搨	베낄	탑	貶	떨어뜨릴	폄(贬) *	閣	쪽문	합(合)
搭	탈	탑	萍	부평초	평	盒	합	합
帑	금고	탕	斃	넘어질	폐(毙) *	杭	건널	항
宕	방탕할	탕 *	嬖	사랑할	폐 *	伉	짝,굳셀	항
盪	씻을	탕	吠	짖을	폐	肛	항문	항
迨	미칠	태(迨)	苞	그령,나무밑동	포	缸	항아리	항
笞	볼기칠	태	匍	길	포	蟹	게	해
駄	짐실을	태	逋	달아날	포(逋)	廨	관아	해
橕	기둥,지주	탱	袍	두루마기	포	孩	어린아이	해

국가공인 한자자격시험·사범

咳	어린아이웃을,기침	해	瓠	표주박	호	帿	과녁	후
瀣	이슬기운	해	琿	아름다운옥	혼(珲)	煦	따뜻하게할	후
醢	젓갈	해	笏	홀	홀	嗅	맡을	후
垓	지경	해	鍙	돌쇠뇌	홍	朽	썩을	후
劾	캐물을	핵	哄	떠들썩할	홍	珝	옥이름	후
覈	핵실할,엄할	핵	汞	수은	홍	吼	울	후
荇	마름	행	譁	시끄러울	화	詡	자랑할	후(诩)
餉	건량	향(饷)	鑊	가마솥	확(镬)	暈	무리	훈(晕)
嚮	향할,지난번	향(向)	確	굳을	확	薨	죽을	훙
噓	불	허(嘘)	攫	붙잡을	확	煊	빛날	훤
歇	쉴	헐	廓	클	확	喙	부리	훼
爀	붉을, 밝을	혁	寰	기내(畿內)	환	卉	풀	훼
絢	무늬	현(绚)	圜	두를	환	諱	꺼릴	휘(讳)
舷	뱃전	현	宦	벼슬	환 *	麾	대장기,지휘할	휘
眩	어지러울	현	鐶	쇠고리	환	輝	빛날	휘
俔	염탐할	현	豁	소통할	활	畦	밭두둑	휴
衒	팔, 자랑할	현(炫)	蝗	누리	황	鑴	솥,큰종	휴
頁	머리	혈(页)	堭	당집	황	恤	구휼할	휼
孑	외로울	혈	篁	대숲	황	鷸	도요새	휼(鹬)
夾	낄,부축할	협(夹)	肓	명치끝	황	洶	물살세찰	흉(汹)
頰	뺨	협(颊)	怳	밝을	황	忻	기뻐할	흔
篋	상자	협(箧)	晄	밝을	황(晃)	很	어길	흔
鋏	집게	협(铗)	慌	어렴풋할	황	俒	완전할	흔
莢	풀열매	협(荚)	媓	어머니	황	吃	말더듬을	흘
叶	화합할	협	潢	웅덩이	황	訖	이를	흘(讫)
鎣	줄	형	貺	줄,하사할	황(贶)	紇	질낮은명주실	흘(纥)
烱	밝을	형(炯)	湟	해자	황	歆	받을	흠
桁	도리	형	幌	휘장	황	譆	감탄할	희
逈	멀	형(迥)	蛔	거위	회	爔	불빛	희
瀅	물이름	형	獪	교활할	회(狯)	呬	쉴, 휴식	희
滎	실개천,물이름	형	匯	물돌	회(汇)	囍	쌍희	희
憓	사랑할	혜	茴	약이름	회	恄	두려워할	힐
嵇	산이름	혜	膾	회	회(脍) *			
鞋	신	혜	澴	흐물흐물할	회			
醯	초	혜	宖	집울림	횡			
蝴	나비	호	淆	뒤섞일	효			
葫	마늘	호	肴	안주	효			
縞	명주	호(缟)	梟	올빼미	효(枭)			
滸	물가	호(浒)	哮	으르렁거릴	효			
岵	산	호	爻	효,주역육효	효			
蒿	쑥	호	酵	효모, 술괼	효			
芦	지황	호	篌	공후	후			

급수별 선정한자 일람표

음과 뜻이 여럿인 한자

■■ 8급 ■■

父	1. 아비	부
	2. 남자미칭	보

■■ 7급 ■■

金	1. 쇠	금
	2. 성	김

■■ 6급 ■■

內	1. 안	내
	2. 여관(女官)	나
北	1. 북녘	북
	2. 달아날	배

■■ 준5급 ■■

車	1. 수레	거
	2. 수레	차
分	1. 나눌	분
	2. 푼	푼
不	1. 아니	불
	2. 아니	부
食	1. 밥	사
	2. 먹을	식
合	1. 합할	합
	2. 홉	홉

■■ 5급 ■■

見	1. 볼	견
	2. 뵐	현
度	1. 법도	도
	2. 헤아릴	탁
讀	1. 읽을	독
	2. 구절	두
洞	1. 골	동
	2. 꿰뚫을	통
樂	1. 즐거울	락
	2. 풍류	악
	3. 좋아할	요
省	1. 살필	성
	2. 덜	생
便	1. 편할	편
	2. 똥오줌	변

■■ 준4급 ■■

告	1. 알릴	고
	2. 뵙고청할	곡
說	1. 말씀	설
	2. 달랠	세
	3. 기쁠	열
數	1. 셈	수
	2. 자주	삭
	3. 빽빽할	촉
宿	1. 잠잘	숙
	2. 별자리	수
識	1. 알	식
	2. 기록할	지

氏	1. 성씨	씨
	2. 나라이름	지
惡	1. 악할	악
	2. 미워할	오
葉	1. 잎	엽
	2. 땅이름	섭
參	1. 참여할	참
	2. 석	삼(三)
宅	1. 집	택
	2. 집	댁
畵	1. 그림	화
	2. 그을	획

■■ 4급 ■■

乾	1. 하늘	건
	2. 마를	간(건)
更	1. 다시	갱
	2. 고칠	경
丹	1. 붉을	단
	2. 꽃이름	란
復	1. 돌아올	복
	2. 다시	부
否	1. 아닐	부
	2. 막힐	비
寺	1. 절	사
	2. 관청	시
拾	1. 주울	습
	2. 열	십(十)
若	1. 같을(만약)	약
	2. 절	야
辰	1. 별, 지지	진

국가공인 한자자격시험·**사범**

	2. 때	신
則	1. 법칙	칙
	2. 곧	즉
布	1. 펼	포
	2. 펼	보(속음)
暴	1. 사나울	포
	2. 드러낼	폭
	3. 사나울	폭

■ ■ 준3급 ■ ■

降	1. 내릴	강
	2. 항복할	항
狀	1. 모양	상
	2. 문서	장
於	1. 어조사	어
	2. 탄식할	오
易	1. 쉬울	이
	2. 바꿀	역
積	1. 쌓을	적
	2. 저금할	자
切	1. 끊을, 간절할	절
	2. 온통	체
殺	1. 죽일	살
	2. 덜	쇄

■ ■ 3급 ■ ■

複	1. 겹칠	복
	2. 거듭	부
亨	1. 형통할	형
	2. 드릴	향

■ ■ 2급 ■ ■

賈	1. 성씨	가
	2. 장사, 살	고
龜	1. 거북	귀(구)
	2. 터질	균
	3. 땅이름	구
豈	1. 어찌, 바랄	기
	2. 화락할	개
屯	1. 진칠, 모일	둔
	2. 어려울	준
率	1. 비율	률
	2. 거느릴	솔
厖	1. 클, 어지러울	방
	2. 찰	롱
覆	1. 덮을	부
	2. 뒤집힐	복
塞	1. 변방	새
	2. 막을	색
奭	1. 클	석
	2. 붉을	혁
隋	1. 수나라	수
	2. 떨어질, 게으를	타
蔚	1. 성할	위
	2. 고을이름	울
倭	1. 왜나라	왜
	2. 두들	위
肖	1. 닮을	초
	2. 꺼질, 작을	소
台	1. 별	태
	2. 나, 기뻐할	이
泌	1. 스며 흐를	필

	2. 샘물 흐를	비
滑	1. 미끄러울	활
	2. 어지러울	골
衡	1. 저울	형
	2. 가로	횡
烋	1. 아름다울	휴
	2. 기세대단할	효
噫	1. 탄식할	희
	2. 하품	애

■ ■ 1급 ■ ■

蹶	1. 넘어질, 달릴	궐
	2. 어지러울, 흔들	궤
拮	1. 일할	길(결)
	2. 핍박할	갈
諦	1. 살필, 조사할, 자세히알	체
	2. 진리, 이치	제
閒	1. 한가할, 틈, 들이받을	한
	2. 사이	간
俛	1. 구부릴	면
	2. 힘쓸	면
	3. 구부릴	부
瀑	1. 폭포	폭
	2. 소나기, 거품	포
喝	1. 외칠, 꾸짖을, 부를	갈
	2. 목이메일(목멜)	애
柑	1. 감귤, 감자나무	감
	2. 재갈 물릴, 다물	겸
濊	1. 종족이름, 깊을	예
	2. 그물 던지는 소리, 막힐	활
咽	1. 목구멍	인

급수별 선정한자 일람표

	2. 목멜	열
茁	1. 싹틀	줄
	2. 자라날	찰
	3. 싹	절
濩	1. 퍼질	호
	2. 삶을, 낙수 물 떨어질	확
洸	1. 물 용솟음 할	광
	2. 깊을	황
撲	1. 때릴, 칠, 찌를	박
	2. 종아리채	복
磻	1. 강이름	반
	2. 독살촉	파
汁	1. 즙, 국물	즙
	2. 맞을	협
馮	1. 성(姓)	풍
	2. 기댈	빙
倞	1. 굳셀, 다툴, 밝을	경
	2. 멀, 밝을	량
圻	1. 경기, 지경	기
	2. 언덕, 끝	은
焞	1. 밝을, 귀갑지지는 불	돈
	2. 성할,기세가 성한 모양	퇴
枓	1. 두공, 주두	두
	2. 구기	주
泄	1. 샐	설
	2. 흩어질	예
洩	1. 샐, 흘러나올	설
	2. 훨훨날	예
芋	1. 토란	우
	2. 클	후
庒	1. 장전, 단정할	장
	2. 평평할	팽
祇	1. 공경할, 존경할, 다만	지

	2. 땅귀신, 편안할, 클	기
帖	1. 표제, 휘장, 두루마리	첩
	2. 체지	체
錘	1. 저울	추
	2. 드리울	수

사범

瑊	1. 옥돌	감
	2. 감특	짐
勑	1. 위로할	래
	2. 조서	칙
櫟	1. 상수리나무	력
	2. 고을이름	약
纚	1. 갓끈	리
	2. 머리싸개	사
	3. 떨어질	쇄
犁	1. 얼룩소	리
	2. 쟁기	려
忞	1. 힘쓸	문
	2. 어지러워질	민
浜	1. 갯고랑	병
	2. 물가이름	빈
鰓	1. 아가미	새
	2. 두려워할	시
屎	1. 똥	시
	2. 신음할	히
剡	1. 날카로울	염
	2. 땅이름	섬
頤	1. 턱	이
	2. 탈날	탈
釖	1. 둔할, 무딜	일
	2. 칼	검

觜	1. 별이름, 털뿔	자
	2. 부리	취
藷	1. 사탕수수	저
	2. 참마	서
軼	1. 번갈을	질
	2. 앞지을	일
	3. 바퀴홈	철
禔	1. 편안할	제
	2. 복	지
鬻	1. 죽	죽
	2. 팔	육
戢	1. 그칠	집
	2. 거둘	즙
菁	1. 부추꽃,순무	정
	2. 우거질	청
醋	1. 식초	초
	2. 술권할	작
嘬	1. 맛볼	쵀
	2. 떠들	줄
陊	1. 비탈질,험할	타
	2. 무너질	치
啄	1. 쪼을	탁
	부리	주
馱	1. 짐실을	태
	2. 짐	타
碻	1. 굳을	확
	2. 성(城)이름	교
暈	1. 무리	훈
	2. 멀미	운
訖	1. 이를	흘
	2. 마칠	글

국가공인 한자자격시험 **사범** · 제 **1** 단원

1-1. 선정한자 일람표

1-2. 선정한자 익히기

1-3. 단문 읽기

1-4. 한시 감상

1-5. 고전 읽기

1-6. 한문 문법 이해

1-7. 단원 정리 문제

1-1 선정한자 일람표

呵	꾸짖을	가	坎	구덩이	감	蹇	절	건
椵	나무 이름	가	欿	바랄	감	腱	힘줄밑동	건
枷	도리깨	가	砍	벨	감	黔	검을	검
跏	책상다리할	가	嵌	산깊을	감	瞼	눈꺼풀	검
茄	연줄기	가	瑊	옥돌	감	鈐	비녀장	검
珂	옥 이름	가	酣	즐길	감	迲	갈	겁
咖	커피	가	戡	칠	감	偈	쉴/송(頌)	게
痂	헌데딱지	가	閘	수문	갑	覡	박수	격
哥	형	가	胛	어깨	갑	繭	고치	견
咯	꿩소리/토할	각	杠	깃대	강	蠲	밝을/맑을	견
慤	성실할	각	畺	지경	강	箝	재갈먹일	겸
柬	가릴	간	鎧	갑옷	개	慊	찐덥지않을	겸
癎	간질	간	喈	새소리	개	鉗	칼	겸
齦	깨물	간	愾	성낼	개	歉	흉년들/부족할	겸
桿	박달	간	喀	토할	객	袷	겹옷	겹
稈	짚	간	粳	메벼	갱	檠	도지개	경
旰	해질	간	賡	이을	갱	璟	경옥	경
坴	땅이름	갈	倨	거만할	거	罄	빌/공허할/다할	경
曷	어찌	갈	祛	떨어없앨	거	熲	빛날/불빛	경
蝎	전갈	갈	裾	옷자락	거	勍	셀	경
褐	털옷	갈	踞	웅크릴	거	脛	정강이	경
橄	감람나무	감	據	일할/의거할	거	悸	두근거릴	계
紺	감색	감	鋸	톱	거	髻	상투	계
龕	감실	감	炬	횃불	거	薊	엉겅퀴	계
疳	감적	감	褰	옷걷을	건	堺	지경	계
甘	감초	감	騫	이지러질	건	棨	창(儀仗用)	계

誥	고할/경계	고		蚣	지네	공		皎	달빛	교
暠	밝을	고		栱	큰말뚝/두공	공		蕎	메밀	교
尻	꽁무니	고		顆	낟알	과		嶠	산길	교
翺	날	고		鍋	노구솥	과		鮫	상어	교
蠱	독	고		窠	보금자리	과		咬	새소리	교
錮	땜질할	고		稞	쌀	과		姣	예쁠	교
餻	떡/가루떡	고		跨	타넘을	과		恔	유쾌할	교
槀	마른나무	고		槨	덧널	곽		鉤	갈고랑이	구
栲	북나무	고		霍	빠를/갑자기	곽		裘	갖옷	구
攷	상고할	고		盥	씻을/대야	관		毬	공/둥근 물체	구
呱	울	고		綰	얽을	관		勾	굽을	구
苽	줄	고		菅	왕골	관		絿	급박할	구
沽	팔	고		錧	쟁기/비녀장	관		衢	네거리	구
菰	향초	고		恝	여유없을	괄		謳	노래할	구
辜	허물	고		刮	깎을/비빌	괄		扣	두드릴/뺄	구
鵠	고니/과녁	곡		适	빠를	괄		廐	마구	구
嚳	고할	곡		桄	광나무	광		瞿	놀라서볼	구
斛	열(十)말/휘	곡		筐	광주리	광		韭	부추	구
閫	문지방	곤		誆	속일	광		劬	수고로울	구
褌	잠방이	곤		罫	줄	괘		呴	숨 내쉴	구
錕	붉은 금(赤金)	곤		乖	어그러질	괴		屨	신/신을	구
滾	흐를	곤		紘	갓끈	굉		璆	아름다운 옥	구
鶻	송골매	골		轎	가마	교		搆	이해못할/이끌	구
汨	잠길	골		餃	경단	교		臼	절구/방아확	구
矻	힘쓸	골		蛟	교룡	교		逑	짝	구
箜	공후	공		翹	꼬리깃털	교		嶇	험할	구

1-1 선정한자 일람표

晷	그림자	구	勻	적을/고를	균	暉	볕기운	기
鞫	국문할	국	亟	빠를	극	姞	성	길
麴	누룩	국	郄	틈/고을 이름	극	拿	붙잡을	나
掬	움킬	국	芹	미나리	근	攤	역귀쫓을	나
窘	막힐/군색할	군	慇	은근할	근	糯	찰벼	나
裙	치마	군	堇	제비꽃	근	煖	따뜻할	난
芎	궁궁이/천궁	궁	觔	힘줄/근	근	赧	얼굴 붉힐	난
穹	하늘	궁	檎	능금나무	금	枏	녹나무	남
捲	말	권	擒	사로잡을	금	喃	재잘거릴	남
淃	물도는 모양	권	妗	외숙모	금	衲	기울	납
蕨	고사리	궐	衾	첨대	금	曩	접때/앞서	낭
獗	날뜰	궐	芩	풀 이름	금	迺	이에/너	내
跪	꿇어앉을	궤	伋	속일	급	撚	비틀	년
饋	먹일	궤	鬐	갈기	기	涅	개흙/검을	녈
簣	삼태기	궤	棋	돌	기	捻	비틀	념
几	안석/책상	궤	鰭	등지느러미	기	拈	집을	념
簋	제기 이름	궤	畸	뙈기밭	기	濘	진흙	녕
櫃	함	궤	羈	말굴레	기	寗	편안할	녕
匱	함/삼태기	궤	覬	바랄	기	獰	모질	녕
竅	구멍	규	畿	밭갈	기	駑	둔할	노
硅	규소	규	肌	살	기	瑙	마노	노
槻	물푸레나무	규	祁	성할	기	弩	쇠뇌	노
頍	반걸음	규	萁	콩깍지	기	孥	자식/종	노
刲	찌를/벨	규	跂	육발	기	嫋	예쁠	뇨
赳	헌걸찰/용맹	규	夔	조심할	기	耨	김맬/없앨	누
筠	대나무	균	祇	토지의 신	기	嫩	어릴/예쁠	눈

訥	말더듬을	눌	戇	어리석을	당	沌	어두울	돈
杻	감탕나무	뉴	钂	빼어날/갑자기	당	咄	꾸짖을	돌
你	너	니	蕁	지모	담	僮	아이/하인	동
昵	친할	닐	鐺	쇠사슬/북소리	당	胴	큰창자	동
爹	아비	다	檔	의자	당	垌	항아리	동
彖	단	단	醣	탄수화물	당	竇	구멍	두
簞	대광주리	단	倘	혹시	당	逗	머무를	두
亶	믿음	단	黛	눈썹먹	대	蠹	좀	두
蛋	새알	단	坮	집	대	荳	콩	두
袒	웃통벗을	단	韜	감출	도	兜	투구	두
鄲	조나라 서울	단	賭	걸	도	遁	달아날/둔괘	둔
闥	문	달	櫂	노	도	臀	볼기	둔
澾	미끄러울	달	闍	망루	도	芚	채소 이름	둔
躂	미끄러질	달	滔	물넘칠	도	嶝	고개	등
獺	수달	달	檤	벼가릴	도			
怛	슬플	달	覩	볼	도			
韃	종족 이름	달	嶋	섬	도			
聃	귀바퀴 없을	담	諂	의심할	도			
郯	나라 이름	담	淘	일	도			
禫	담제	담	叨	탐낼/함부로	도			
啖	먹을	담	掉	흔들	도			
坍	물이 언덕칠/무너질	담	禿	대머리	독			
湛	즐길	담	纛	둑	독			
氮	질소	담	牘	편지	독			
錟	창	담	櫝	함/관	독			
憺	편안할	담	旽	밝을	돈			

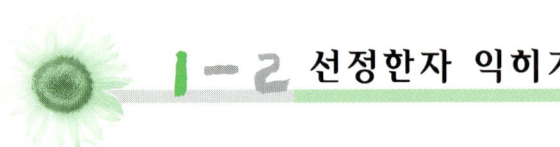

1-2 선정한자 익히기

呵	부수	口　　총획	8
	꾸짖을 가		

- 呵呵大笑 (가가대소) : 너무나 우스워서 껄껄 웃음
- 呵責 (가책) : 꾸짖어 책망함

枷	부수	木　　총획	9
	도리깨 가		

- 足枷 (족가) : 차꼬
- 着枷嚴囚 (착가엄수) : 지난날 죄인에게 칼을 씌워 단단히 가두던 일

茄	부수	艸(艹)　　총획	9
	연줄기, 가지, 갈잎피리 가		

- 茄子 (가자) : 가지(채소의 일종)
- 茄房 (가방) : 연밥이 들어 있는 송이

咖	부수	口　　총획	8
	커피 가		

- 咖啡 (가비) : 커피

哥	부수	口　　총획	10
	형 가		

- 哥 (가) : 성에 붙이어 그 성임을 나타내는 말. 성에 붙이어 그 사람을 낮추어 보아 이르는 말

椵	부수	木　　총획	13
	나무 이름 가		

- 椵鎖 (가쇄) : 죄인의 목에 씌우는 나무칼과 발에 채우는 쇠사슬

跏	부수	足(⻊)　　총획	12
	책상다리할 가		

- 結跏趺坐 (결가부좌) : 앉는 법의 한 가지. 오른발을 왼편 넓적다리 위에 놓은 뒤, 왼발을 오른편 넓적다리 위에 놓고 앉음
- 半跏像 (반가상) : 반가부좌를 하고 앉은 부처의 상(像)

珂	부수	玉　　총획	9
	옥 이름 가		

- 珮珂 (패가) : 옥으로 만든 띠

痂	부수	疒　　총획	10
	헌데딱지 가		

- 膿痂疹 (농가진) : '부스럼 딱지가 앉는 농포'가 주된 증상인 피부병의 총칭

咯	부수	口　　총획	9
	꿩소리, 토할 각		

- 咯血 (각혈) : 폐결핵 따위의 병으로 피를 토함. 객혈(喀血)

64　제1단원 학습

국가공인 한자자격시험 · 사범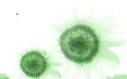

慤	부수	心　　총획	15
	성실할 각		

• 慤誠 (각성) : 조심스럽고 성실함

柬	부수	木　　총획	9
	가릴 간		

• 發柬 (발간) : 초대하는 글을 보냄

癎	부수	疒　　총획	17
	간질 간		

• 癎氣 (간기) : 간질
• 癎疾 (간질) : 의식 상실과 함께 몸이 굳어지고, 이어 간헐적으로 경련을 나타내는 발작성 질환. 간기. 지랄병. 전간(癲癎). 전질

齦	부수	齒　　총획	21
	깨물 간		

• 齦割 (간할) : 물어 찢음

桿	부수	木　　총획	11
	박달 간		

• 操縱桿 (조종간) : 비행기나 토목 기계 따위를 조종하게 된 막대기 모양의 장치

稈	부수	禾　　총획	12
	짚 간		

• 麥稈 (맥간) : 밀짚이나 보릿짚의 줄기

旰	부수	日　　총획	7
	해질 간(한)		

• 旰食 (한식) : 늦게 식사함. 임금이 일이 바빠서 밥을 제때에 먹을 수 없음

乫	부수	乙　　총획	6
	땅이름 갈		

• 乫串 (갈곶) : 거제시 해금강 마을의 옛 이름(경남 거제시 남부면)

曷	부수	日　　총획	9
	어찌 갈		

• 曷若 (갈약) : 어떠한가?

蝎	부수	虫　　총획	15
	전갈 갈		

• 蛇蝎 (사갈) : 뱀과 전갈. 남을 해치거나 몹시 불쾌한 느낌을 주는 사람을 비유하여 이르는 말
• 蝎虎 (갈호) : 도마뱀붙이
• 天蝎宮 (천갈궁) : 전갈자리

1-2. 선정한자 익히기

1-2 선정한자 익히기

褐 부수 | 衣(衤) 총획 | 14
털옷 **갈**
- 褐色 (갈색) : 검은빛을 띤 주황색. 다색(茶色). 브라운
- 褐衣 (갈의) : 거친 모직물로 만든 옷. 천한 사람이 입는 옷

橄 부수 | 木 총획 | 16
감람나무 **감**
- 橄欖 (감람) : 감람나무의 열매. 맛이 좀 쓰고 떫음
- 橄欖油 (감람유) : 감람의 씨로 짠 기름. 식용, 약용 및 비누를 만드는 데에 씀. 올리브유

紺 부수 | 糸 총획 | 11
감색 **감**
- 紺色 (감색) : 검은빛을 띤 남빛
- 紺珠 (감주) : 손으로 어루만지면 기억이 되살아난다는 기이한 구슬. 박학다식(博學多識)함의 비유

龕 부수 | 龍 총획 | 22
감실 **감**
- 龕室 (감실) : 사당 안에 신주를 모셔 두는 장(欌). 제대(祭臺) 위에 성체를 모셔 두는 방
- 安龕 (안감) : 제사 때에 위폐를 내었다가 제사를 마치고 다시 본래 있던 자리에 안치하는 일

疳 부수 | 疒 총획 | 10
감적 **감**
- 人疳疾 (인감질) : 꼭 필요한 때에 일손이 모자라서 몹시 애가 타는 일
- 風疳瘡 (풍감창) : 옴에 습진(濕疹)이 덧나서 전신에 퍼지는 병

甘 부수 | 艸(艹) 총획 | 9
감초 **감**
- 甘草 (감초) : 단맛이 나는 약초이름

坎 부수 | 土 총획 | 7
구덩이 **감**
- 坎卦 (감괘) : 8괘의 하나. 64괘의 하나
- 坎方 (감방) : 8방의 하나. 정북(正北)을 중심으로 한 45도안의 범위

欽 부수 | 欠 총획 | 17
바랄 **감**
- 欽念 (감념) : 바라는 마음

砍 부수 | 石 총획 | 9
벨 **감**
- 砍伐 (감벌) : 도끼나 톱으로 나무를 잘라냄

嵌 부수 | 山 총획 | 12
산깊을 **감**
- 象嵌 (상감) : 금속·도자기·목재 등의 표면에 무늬를 파고 그 속에 금·은 등을 넣어 채우는 기술. 또는 그 작품. 연판(鉛版) 따위의 인쇄판에서 수정할 곳을 도려내고 고친 것을 끼워 넣는 일

瑊	부수 | 玉 총획 | 13
	①옥돌 ②감륵 ①감 ②짐

- 瑊功(감륵) : 옥과 비슷한 아름다운 돌

酣	부수 | 酉 총획 | 12
	즐길 감

- 酣歌(감가) : 음주 가무에 탐닉함

戡	부수 | 戈 총획 | 13
	칠 감

- 戡難(감난) : 국난을 평정함

閘	부수 | 門 총획 | 13
	수문 갑

- 閘門(갑문) : 운하, 방수로 따위에서 수면을 일정하게 하기 위한 수량(水量) 조절용의 물문. 선박을 높낮이의 차가 큰 수면으로 운행하게 하는 장치
- 水閘(수갑) : 물문

胛	부수 | 肉(月) 총획 | 9
	어깨 갑

- 胛骨(갑골) : 견갑골(肩胛骨), 어깨뼈
- 肩胛(견갑) : 어깨뼈가 있는 자리

杠	부수 | 木 총획 | 7
	깃대 강

- 杠梁(강량) : 다리. 교량
- 杠首(강수) : 깃대의 꼭대기

畺	부수 | 田 총획 | 13
	지경 강

- 畺內(강내) : 경계 안

鎧	부수 | 金 총획 | 18
	갑옷 개

- 鎧甲(개갑) : 쇠 미늘을 달아 만든 갑옷

喈	부수 | 口 총획 | 12
	새소리 개

- 喈喈(개개) : 새 우는 소리

愾	부수 | 心(忄) 총획 | 13
	성낼 개

- 敵愾心(적개심) : 적에 대하여 분개하는 마음

1-2 선정한자 익히기

喀	부수 | 口	총획 | 12
	토할 객	

- 喀痰 (객담) : 가래를 뱉음

粳	부수 | 米	총획 | 13
	메벼 갱(=秔)	

- 粳米 (갱미) : 멥쌀

賡	부수 | 貝	총획 | 15
	이을 갱	

- 賡歌 (갱가) : 남의 노래에 화답(和答)함

倨	부수 | 人(亻)	총획 | 10
	거만할 거	

- 倨慢 (거만) : 잘난 체하며 남을 업신여김

祛	부수 | 示	총획 | 10
	떨어없앨 거	

- 祛痰 (거담) : 가래를 없앰

裾	부수 | 衣(衤)	총획 | 13
	옷자락 거	

- 裾裾 (거거) : 성대하게 차려입은 모양
- 裾礁 (거초) : 섬이나 대륙에 가까운 얕은 바다에서 육지를 둘러싸듯 발달하는 산호초

踞	부수 | 足(⻊)	총획 | 15
	웅크릴 거	

- 踞坐 (거좌) : 걸터앉음
- 龍盤虎踞 (용반호거) : 산세(山勢)가 웅장함을 비유하여 이르는 말

据	부수 | 手(扌)	총획 | 11
	일할, 의거할 거	

- 据銃 (거총) : 사격 자세에서 목표를 겨누기 위해서 개머리 쇠를 어깨에 대거나 하는 동작
- 据置 (거치) : 손을 대거나 변경하지 않고 그대로 두는 것

鋸	부수 | 金	총획 | 16
	톱 거	

- 鋸齒 (거치) : 톱니
- 引鋸 (인거) : 큰 톱을 두 사람이 밀고 당기면서 톱질함

炬	부수 | 火	총획 | 9
	횃불 거	

- 炬燭 (거촉) : 횃불과 촛불
- 植炬 (식거) : 임금이 밤에 거둥할 때 길 양편에 횃불을 죽 세우던 일

褰	부수 | 衣 총획 | 16 옷걷을 **건**

- 褰擧 (건거) : 높이 들어 올리는 모양

騫	부수 | 馬 총획 | 20 이지러질 **건**

- 騫崩 (건붕) : 훼손되어 무너짐

蹇	부수 | 足(𧾷) 총획 | 17 절 **건**

- 蹇脚 (건각) : 절름발이
- 蹇卦 (건괘) : 육십사괘의 하나로 감(坎)괘와 간(艮)괘가 거듭된 것으로, 산 위에 물이 있음을 상징함

腱	부수 | 肉(月) 총획 | 13 힘줄밑동 **건**

- 腱膜 (건막) : 막처럼 얇고 넓은 힘줄

黔	부수 | 黑 총획 | 16 검을 **검**

- 黔首 (검수) : 백성. 서민
- 黔炭 (검탄) : 품질이 나쁘고 화력이 약한 숯

瞼	부수 | 目 총획 | 18 눈꺼풀 **검**

- 眼瞼 (안검) : 눈꺼풀

鈐	부수 | 金 총획 | 12 비녀장 **검**

- 鈐印 (검인) : 관청에서 쓰는 도장을 찍음

迲	부수 | 辵(辶) 총획 | 9 갈 **겁**

※ 대법원 인명용 한자(2001.1.4 추가)

偈	부수 | 人(亻) 총획 | 11 쉴, 송(頌) **게**

- 偈句 (게구) : 가타(伽陀)의 글귀. 한 구에 5자나 7자씩 쓰고, 네 구를 한 게(偈)로 하여 한시처럼 지은 것임
- 偈頌 (게송) : 부처의 공덕을 찬미하는 노래로 외우기 쉽게 게구로 지었음

覡	부수 | 見 총획 | 14 박수 **격**

- 巫覡 (무격) : 무당과 박수

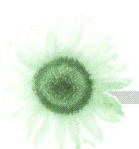

1-2 선정한자 익히기

繭 부수 | 糸 총획 | 19
고치 **견**
- 繭絲 (견사) : 고치실
- 繭蠶 (견잠) : 고치를 지은 누에
- 生繭 (생견) : 생고치. 속에 번데기가 살아 있는, 아직 말리지 않은 고치

蠲 부수 | 虫 총획 | 23
밝을, 맑을 **견**
- 蠲滌 (견척) : 깨끗이 없앰. 제거함

箝 부수 | 竹 총획 | 14
재갈먹일 **겸**
- 箝口 (겸구) : 입을 다묾. 함구(緘口)
- 箝口勿說 (겸구물설) : 입을 다물고 말을 하지 않음

慊 부수 | 心(忄) 총획 | 13
찐덥지않을 **겸**
- 慊然 (겸연) : 미안하여 면목없는 모양

鉗 부수 | 金 총획 | 13
칼 **겸**
- 鉗子 (겸자) : 기관, 조직, 기물 등을 고정시키거나 압박하는데 쓰는 금속 외과 수술 용구
- 鉗子分娩 (겸자분만) : 자연 분만이 어려울 때, 겸자를 써서 태아의 머리를 밖으로 끌어내는 분만

歉 부수 | 欠 총획 | 14
흉년들, 부족할 **겸**
- 歉年 (겸년) : 곡식이 잘 익지 않은 해

袷 부수 | 衣(衤) 총획 | 12
겹옷 **겹**
- 袷衣 (겹의) : 솜을 두지 않은 겹옷

檠 부수 | 木 총획 | 17
도지개 **경**(=橄)
- 檠栝 (경괄) : 단속과 교정 또는 단속하고 교정함
※ 도지개 : 틈이 가거나 뒤틀린 활을 바로잡는 틀

璟 부수 | 玉 총획 | 17
경옥 **경**
- 璟玉 (경옥) : 옥의 종류

罄 부수 | 缶 총획 | 17
빌, 공허할, 다할 **경**
- 罄竭 (경갈) : 다 써버림. 온갖 정성을 쏟아 최선을 다함
- 罄匱 (경궤) : 다 떨어져 궁함

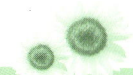

熲	부수 | 火 총획 | 15
	빛날, 불빛 **경**

- 熲熲(경경) : 불이 빛나는 모양

勍	부수 | 力 총획 | 10
	셀 **경**

- 勍悍(경한) : 굳세고 사나움

脛	부수 | 肉(月) 총획 | 11
	정강이 **경**

- 脛骨(경골) : 하지골의 하나로 하퇴부 안쪽에 있는 긴 뼈. 정강이뼈

悸	부수 | 心(忄) 총획 | 11
	두근거릴 **계**

- 傷寒動悸(상한동계) : 찬 기운으로 인하여 가슴이 울렁거리고 열이 나는 증상
- 心悸(심계) : 왼쪽 가슴에 손을 대어 느낄 수 있는 심장의 고동
- 心悸亢進(심계항진) : 질병·흥분·운동·과로 등으로 심장의 고동이 높아지는 일

髻	부수 | 髟 총획 | 16
	①상투 ② 부엌귀신 ①**계** ②**길**

- 髻根(계근) : 상투나 쪽의 밑 부분
- 肉髻(육계) : 부처의 정수리에 있는 뼈가 솟아 저절로 상투 모양이 된 것

薊	부수 | 艸(⺾) 총획 | 17
	엉겅퀴 **계**

- 薊丘(계구) : 당(唐) 현종 때 두었던 고을
- 薊馬(계마) : 삽주벌레

堺	부수 | 土 총획 | 12
	지경 **계**(=界)

- 堺標(계표) : 토지나 수면의 경계에 세우는 표지

棨	부수 | 木 총획 | 12
	창(儀仗用) **계**

- 中棨(중계) : 중깃

誥	부수 | 言 총획 | 14
	고할, 경계 **고**

- 官誥(관고) : 교지(敎旨)
- 三一神誥(삼일신고) : 대종교에서 단군이 한울·한얼·한울집·누리·참 이치의 다섯 가지를 삼천단부(三千團部)에게 가르쳤다는 말

暠	부수 | 日 총획 | 14
	①밝을 ② 흴 ①**고** ②**호**

- 暠暠(고고) : 밝고 환한 모양

1-2 선정한자 익히기

尻 부수|尸 총획|5
꽁무니 고
- 尻坐 (고좌) : 엉덩이를 땅에 붙이지 않고 쪼그리고 앉음

翶 부수|羽 총획|18
날 고
- 翶翔 (고상) : 새가 빙빙 돌며 낢

蠱 부수|虫 총획|23
독 고
- 蠱毒 (고독) : 뱀, 지네, 두꺼비 따위의 독. 또는 그 독기가 들어 있는 음식을 먹어서 복통, 가슴앓이, 토혈, 하혈 등의 증세가 나타나는 일
- 巫蠱 (무고) : '巫(무)'는 무당, '蠱(고)'는 주술사(呪術師)의 뜻으로 무술(巫術)로써 남을 저주함을 뜻함

錮 부수|金 총획|16
땜질할 고
- 禁錮 (금고) : 자유형(自由刑)의 한 가지. 교도소에 넣어 둘 뿐 노동을 시키지 않는 형. 왕조 때 벼슬에 오르지 못하게 하던 형벌

餻 부수|食 총획|19
떡, 가루떡(＝糕) 고
- 賣餻 (매고) : 떡을 팖

藁 부수|艸(艹) 총획|18
마른나무(＝槀/槁) 고
- 席藁待罪 (석고대죄) : 거적을 깔고 앉아 벌을 주기를 기다린다는 뜻으로 죄과에 대한 처벌을 기다림
- 益齋亂藁 (익재난고) : 고려 공민왕 때에 이창로와 이보림이 엮은 익재 이제현의 시문집. 유고가 흩어지고 빠져서 다 모으지 못했으므로 난고라고 한다.

栲 부수|木 총획|10
북나무 고
- 栲栳 (고로) : 고리(짝), 버드나무의 가지나 대오리 따위로 엮은 둥근 모양의 바구니

攷 부수|攴(攵) 총획|6
상고할 고
- 論孟問義通攷 (논맹문의통고) : '논어'와 '맹자'를 풀이한 책. 조선 숙종 때 송시열(宋時烈)이 엮음
- 搜攷 (수고) : 찾아서 상고함

呱 부수|口 총획|8
울 고
- 呱呱 (고고) : 아이가 세상에 나오면서 처음 우는 울음소리

苽 부수|艸(艹) 총획|9
줄 고
- 苽米 (고미) : 옛 육곡(六穀)의 하나

沽	부수 | 水(氵) 총획 | 8 팔 고

- 沽賣 (고매) : 팖. 주로 술을 팖
- 沽券 (고권) : 토지의 소유권을 나타내는 증서

菰	부수 | 艸(艹) 총획 | 12 향초 고

- 菰根 (고근) : 한방에서 쓰는 줄의 뿌리
- ※ 줄 : 볏과의 여러해살이 풀

辜	부수 | 辛 총획 | 12 허물 고

- 無辜疳 (무고감) : 한방에서 어린아이의 얼굴이 누렇게 되고 팔다리가 마르는 감병의 한 가지를 이르는 말
- 不辜 (불고) : 아무 죄가 없음

鵠	부수 | 鳥 총획 | 18 고니, 과녁 곡

- 正鵠 (정곡) : 과녁의 한가운데가 되는 점. '목표 또는 핵심이 되는 것'을 비유하여 이르는 말
- 鴻鵠 (홍곡) : 큰기러기와 고니. 큰 인물의 비유
- 鴻鵠之志 (홍곡지지) : 원대한 포부

嚳	부수 | 口 총획 | 20 고할 곡

- 嚳然 (곡연) : 궁극(窮極)의 경지에 이르는 모양
- 帝嚳 (제곡) : 중국 고대. 전설 속의 오제(五帝) 중의 하나. 황제(黃帝)의 증손이며 요(堯)임금의 할아버지라고 하며, 고신씨(高辛氏)라고도 부름

斛	부수 | 斗 총획 | 11 열(十)말, 휘 곡

- 小斛 (소곡) : 옛날 민간에서 곡류(穀類) 열 닷 말을 되는데 쓰이던 양기(量器)

閫	부수 | 門 총획 | 15 문지방 곤

- 閫外 (곤외) : 문지방의 바깥. 또는 성 밖. 조정(朝廷)의 밖
- 閫外之臣 (곤외지신) : 곤외(閫外)의 일은 장군에게 일임하는 데서 '장군'을 뜻함

褌	부수 | 衣(衤) 총획 | 14 잠방이 곤

- 褌衣 (곤의) : 잠방이

錕	부수 | 金 총획 | 16 붉은 금(赤金) 곤

- 錕刀 (곤도) : 곤오(錕鋙)의 쇠로 만들었다는 명검

滾	부수 | 水(氵) 총획 | 14 흐를 곤

- 滾滾 (곤곤) : 많은 물이 넘실넘실 흘러 세참
- 滾汨 (곤골) : 몹시 바쁨

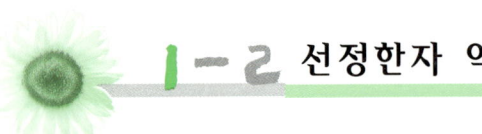
1-2 선정한자 익히기

鶻	부수 | 鳥	총획 | 21
	송골매 **골**	

- 鶻鳩 (골구) : 산비둘기
- 松鶻매 (송골매) : 매
- 鶻入鴉群 (골입아군) : '솔개가 까마귀떼 속으로 들어간다' 는 뜻으로 쉽게 평정(平定)함을 이르는 말

汩	부수 | 水(氵)	총획 | 7
	잠길 **골**	

- 渴汩 (갈골) : 몹시 바쁘게 골몰함
- 汩沒 (골몰) : 다른 생각을 할 겨를이 없이 오로지 어떤 한 가지 일에만 파묻힘
- 晝夜汩沒 (주야골몰) : 밤낮없이 일에 파묻힘. 어떤 일을 밤낮으로 생각함

圣	부수 | 土	총획 | 5
	힘쓸 **골**	

- 圣圣 (골골) : 힘을 다하여 일하는 모양

箜	부수 | 竹	총획 | 14
	공후 **공**	

- 箜篌 (공후) : 현악기의 하나. 옛날부터 동양 각국에서 사용됨
- 箜篌引 (공후인) : 고조선(古朝鮮) 때 뱃사공 곽리자고(霍里子高)의 아내인 여옥(麗玉)이 지어 전해 오는 시가

蚣	부수 | 虫	총획 | 10
	지네 **공**	

- 蜈蚣 (오공) : 한방에서 말린 지네를 약재로 이르는 말
- 蜈蚣鷄 (오공계) : 내장을 들어낸 닭에 말린 지네를 넣어 곤 국

栱	부수 | 木	총획 | 10
	큰말뚝, 두공 **공**	

- 枓栱 (두공) : 기둥 위에 짜 올린 구조물

顆	부수 | 頁	총획 | 17
	낱알 **과**	

- 顆粒 (과립) : 둥글고 잔 알갱이. 한방에서 마마나 홍역 등이 발반(發斑)하여 피부에 돋은 것을 이르는 말
- 飯顆 (반과) : 밥알

鍋	부수 | 金	총획 | 17
	노구솥 **과**	

- 內耳土鍋 (내이토과) : 토기의 하나. 그릇의 주둥이 언저리 안쪽에 끈을 걸 수 있는 귀가 달려 있어 몸통은 둥그렇고 밑바닥은 편평함. 홋카이도, 사할린, 캄차카 등지에서 발견됨

窠	부수 | 穴	총획 | 13
	보금자리 **과**	

- 窠巢 (과소) : 둥지. 우리

裹	부수 | 衣	총획 | 14
	쌀 **과**	

- 裹革 (과혁) : 시체를 말가죽으로 쌈. 전장에서 전사함을 말함

제1단원 학습

跨	부수	足(㞢) 총획	13
	타넘을 과		

• 跨線橋 (과선교) : 철도 선로의 위를 건너질러서 놓은 다리

槨	부수	木 총획	15
	덧널 곽		

• 棺槨 (관곽) : 시체를 넣는 속 널과 겉 널
• 石槨墓 (석곽묘) : 돌덧널무덤

霍	부수	雨 총획	16
	빠를, 갑자기 곽		

• 霍亂 (곽란) : 갑자기 구토·설사·복통 등의 증상을 일으키는 급성 위장병.=癨亂
• 霍然 (곽연) : 갑자기 사라져 없어지는 모양

盥	부수	皿 총획	16
	씻을, 대야 관		

• 盥漱 (관수) : 세수하고 양치질함
• 盥洗 (관세) : 손발을 씻음, 또는 손발을 씻은 물

綰	부수	糸 총획	14
	얽을 관		

• 綰束 (관속) : 얽히어 서로 휘감음

菅	부수	艸(艹) 총획	12
	왕골 관		

• 菅屩 (관갹) : 짚신, 왕골로 삼은 신
• 菅葦 (관위) : 골풀과 갈대

錧	부수	金 총획	16
	쟁기, 비녀장 관		

• 錧鎋 (관할) : 수레의 비녀장. 사물의 가장 중요한 부분의 비유

恝	부수	心 총획	10
	①여유없을 ②걱정없을 ③산이름 ①괄 ②개 ③계		

• 恝視 (괄시) : 업신여겨 하찮게 대함. 괄대(恝待)
• 難恝處 (난괄처) : 업신여겨 푸대접하기 어려운 자리

刮	부수	刀(刂) 총획	8
	깎을, 비빌 괄		

• 刮目相對 (괄목상대) : '눈을 비비고 다시 본다'는 뜻으로 주로 손아랫사람의 학식이나 재주 따위가 놀랍도록 향상된 경우에 이를 놀라워하는 것을 뜻함.
• 龜背刮毛 (귀배괄모) : '거북의 등에서 털을 깎는다'는 뜻으로 불가능한 일을 무리하게 하려고 함을 비유하여 이르는 말

适	부수	辵(辶) 총획	10
	빠를 괄		

• 疾适 (질괄) : 매우 빠름

1-2 선정한자 익히기

桄 부수 | 木 총획 | 10
광나무 광
- 桄榔(광랑) : 야자과의 상록 교목

筐 부수 | 竹 총획 | 12
광주리 광
- 筐筥(광거) : 대나무를 결어서 만든 네모진 광주리와 둥근 바구니

誆 부수 | 言 총획 | 14
속일 광
- 誆惑(광혹) : 거짓말을 하여 미혹하게 함

罫 부수 | 网(罒) 총획 | 13
줄 괘
- 罫線(괘선) : 편지지나 공책 따위에 같은 간격으로 칸을 지어 그어 놓은 선. 인쇄물에서 윤곽이나 경계를 나타내는 선
- 樂譜罫(악보괘) : 오선괘

乖 부수 | 丿 총획 | 8
어그러질 괴
- 乖離(괴리) : 서로 등지어 떨어짐. 어그러져 동떨어짐
- 乖離概念(괴리개념) : 개념이 그 내포에 있어서 아무런 공통점이 없어 동일 類概念(유개념)에 넣을 수 없는 개념
- 乖悖(괴패) : 이치에 어긋나 있음

紘 부수 | 糸 총획 | 10
갓끈 굉
- 八紘(팔굉) : '팔방의 멀고 너른 범위' 라는 뜻으로 온 세상을 이르는 말

轎 부수 | 車 총획 | 19
가마 교
- 駕轎(가교) : 임금이 타는 특별히 차린 가마. 쌍가마
- 單牌轎軍(단패교군) : 가마를 메고 가는데 교대할 사람이 없이 단 두 사람이 한 패로 메고 가는 교군
- 萬人轎(만인교) : 백성들이 가혹한 정치를 일삼던 고을의 원이나 지방관을 몰아낼 때 태우던 가마

餃 부수 | 食 총획 | 15
경단 교
- 餃子(교자) : 만두. 교이(餃餌)

蛟 부수 | 虫 총획 | 12
교룡 교
- 蛟龍(교룡) : 모양이 뱀과 같고 넓적한 네 발이 있다고 믿었던 상상의 동물. 때를 못만나 뜻을 이루지 못하는 영웅호걸을 비유하여 이르는 말
- 蛟龍旗(교룡기) : 지난날 임금의 행차 때 의장(儀仗)의 하나로 세우던 큰 기

翹 부수 | 羽 총획 | 18
꼬리깃털 교
- 連翹(연교) : 개나리. 한방에서 개나리의 씨를 약재로 이르는 말

76 제1단원 학습

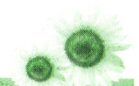

皎	부수 | 白 총획 | 11
	달빛 교

- 皎皎白駒 (교교백구) : 희고 깨끗한 말. 성현(聖賢)이 타는 말
- 皎皎月色 (교교월색) : 매우 맑고 밝은 달빛. 휘영청 밝은 달빛

嶠	부수 | 山 총획 | 15
	산길 교

- 嶠南 (교남) : 영남(嶺南)

咬	부수 | 口 총획 | 9
	새소리 교

- 咬傷 (교상) : 짐승이나 독사(毒蛇) 따위에 물려서 상함. 또는 그 물린 상처
- 鼠咬症 (서교증) : 쥐·족제비·고양이 따위에 물린 상처로부터 일종의 스키로헤타가 침입하여 일어나는 병. 상처가 붓거나 아프거나 하며, 오한(惡寒)·발열(發熱)·두통 따위의 증세가 계속됨. 서독증(鼠毒症)

恔	부수 | 心(忄) 총획 | 9
	유쾌할 교

- 恔心 (교심) : 유쾌한 마음

裘	부수 | 衣 총획 | 13
	갖옷 구

- 裘葛 (구갈) : 갖옷과 갈포옷. 겨울옷과 여름옷을 아울러 이르는 말
- 裘褐 (구갈) : 갖옷과 거친 털옷이라는 뜻으로, 겨울옷을 이르는 말

蕎	부수 | 艸(艹) 총획 | 16
	메밀 교

- 蕎麥 (교맥) : 메밀

鮫	부수 | 魚 총획 | 17
	상어 교

- 鮫魚 (교어) : 상어

姣	부수 | 女 총획 | 9
	예쁠 교

- 姣麗 (교려) : 용모가 아름다움

鉤	부수 | 金 총획 | 13
	갈고랑이 구

- 鉤勒法 (구륵법) : 동양화에서 물체의 윤곽을 가늘고 엷은 쌍선으로 그리고 그 가운데를 채색하는 기법.
- 鉤纓子 (구영자) : 지난날 벼슬아치의 갓끈을 다는 데 쓰던 고리
- 雙鉤法 (쌍구법) : 운필법(運筆法)의 한 가지. 엄지와 식지와 가운뎃 손가락으로 붓대를 잡고 쓰는 법. 글씨를 베낄 때에 가는 선으로 획의 가장자리만을 떠내는 일. 구륵법(鉤勒法)

毬	부수 | 毛 총획 | 11
	공, 둥근 물체 구

- 毛毬 (모구) : 고려, 조선 때 사구에 쓰던 공. 지름 28센티미터 가량의 공을 채로 걸어서 털가죽으로 싸고 고리를 달았으며, 고리에는 긴 끈을 꿰어 놓았음
- 射毬 (사구) : 지난날 호반이나 한량들이 즐기던 운동의 한 가지. 한 사람이 말을 타고 모구(毛毬)를 끌면서 달려가면, 뒤에서 여러 사람이 말을 타고 쫓아가면서 촉이 없는 화살로 모구를 쏘아 맞히던 운동

1-2 선정한자 익히기

勾 부수 | 勹 총획 | 4
굽을 구
- 勾股 (구고) : 직각 삼각형
- 勾股弦 (구고현) : 구(勾)와 고(股)와 현(弦), 곧 직각 삼각형의 세 변
- 勾股法 (구고법) : 피타고라스의 정리
- 勾當 (구당) : 일, 짓, 수작(주로 나쁜 의미로 쓰임)

衢 부수 | 行 총획 | 24
네거리 구
- 康衢 (강구) : 사방팔방으로 통하는 번화한 큰 거리
- 康衢煙月 (강구연월) : 태평한 시대의 큰 길거리에 보이는 안온한 풍경. 태평한 세월
- 衢街 (구가) : 대도시의 큰 길거리

扣 부수 | 手(扌) 총획 | 6
두드릴, 뺄 구
- 扣心 (구심) : 가슴을 침
- 扣刀 (구도) : 칼을 칼집에서 조금 뺌

瞿 부수 | 目 총획 | 18
놀라서 볼, 두려워할 구
- 瞿曇 (구담) : 출가(出家) 전까지의 석가여래의 본성(本姓)
- 瞿麥 (구맥) : 한방에서 패랭이꽃을 약재로 이르는 말

劬 부수 | 力 총획 | 7
수고로울 구
- 劬勞 (구로) : 자식을 낳아 기르는 수고

絿 부수 | 糸 총획 | 13
급박할 구
- 不絿 (불구) : 조급하지 않음

謳 부수 | 言 총획 | 18
노래할 구
- 謳歌 (구가) : 많은 사람이 입을 모아 칭송함. 행복한 처지나 기쁜 마음 따위를 거리낌없이 나타냄

廐 부수 | 广 총획 | 14
마구 구(= 廏)
- 廐肥 (구비) : 외양간에서 나는 두엄. 쇠두엄
- 馬廐間 (마구간) : 말을 기르는 곳

韭 부수 | 韭 총획 | 9
부추 구
- 韭菹 (구저) : 부추김치

呴 부수 | 口 총획 | 8
숨내쉴 구
- 呴噓 (구허) : 입을 열어 숨을 내쉼

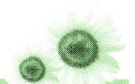

履	부수| 尸 총획|17
	신, 신을 **구**

- 履賤 (구천) : 신 값이 쌈.

璆	부수| 玉 총획|15
	아름다운 옥 **구**

- 璆琳 (구림) : 아름다운 옥

搆	부수| 手(扌) 총획|13
	이해못할, 이끌 **구**

- 搆兵 (구병) : 군대를 내어 싸움

臼	부수| 臼 총획|6
	절구, 방아확 **구**

- 杵臼之交 (저구지교) : '절굿공이와 절구통 사이의 사귐'이란 뜻으로 고용인들끼리의 교제를 뜻함. 즉 귀천을 가리지 않고 사귀는 일
- 井臼之役 (정구지역) : '우물물을 긷는 일과 절구질하는 일'이라는 뜻으로 살림살이에 관한 일
- 下顎脫臼 (하악탈구) : 아래턱이 삐어져 벗어나는 일

逑	부수| 辵(辶) 총획|11
	짝 **구**

- 君子好逑 (군자호구) : 학식과 덕행이 높은 사람의 좋은 짝

嶇	부수| 山 총획|14
	험할 **구**

- 崎嶇 (기구) : 산길이 험함. 사람의 세상살이가 순탄하지 못하고 가탈이 많음
- 崎嶇罔測 (기구망측) : 세상살이나 운수 등이 평탄하지 못하고 험난하기 짝이 없음

晷	부수| 日 총획|12
	그림자 **구**

- 短晷 (단구) : 짧은 낮. 짧은 해
- 晷儀 (구의) : 해시계의 일종. 천상(天象)을 그려 천체의 운행을 관측하는 기기

鞫	부수| 革 총획|18
	국문할 **국**

- 推鞫 (추국) : 의금부(義禁府)에서 특지(特旨)에 의하여 중죄인(重罪人)을 잡아다가 심문함. 죄상을 다스림
- 親鞫 (친국) : 임금이 중죄인(重罪人)을 친히 신문(訊問)함. 이때에는 시임대신, 원임대신, 의금부 당상관 사헌부 및 사간원의 관원, 좌우 포도청의 대장 등이 함께 자리를 하여 대신 중의 한 사람을 위관(委官)으로 명하여 국문함

麴	부수| 麥 총획|19
	누룩 **국**

- 麴先生傳 (국선생전) : 고려 때 이규보(李奎報)가 지은 가전체 작품. 술을 의인화하여 술과 인간과의 관계와 인간의 성쇠를 그린 내용
- 麴醇傳 (국순전) : 고려 중기에 임춘(林椿)이 지은 가전체(假傳體)작품. 술을 의인화(擬人化)하여 인간이 더러는 술로 말미암아 타락하는 경우가 있음을 풍자한 내용
- 淸麴醬 (청국장) : 장의 한 가지. 볶은 콩을 매에 갈아서 약간 삶아 더운 곳에서 푹 발효시켜 만듦

掬	부수| 手(扌) 총획|11
	움킬 **국**

- 掬飮 (국음) : 손으로 물을 움켜 마심

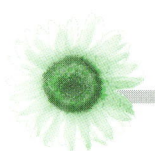

1-2 선정한자 익히기

窘	부수	穴 총획	12
	막힐, 군색할 군		

- 窘境 (군경) : 살기가 몹시 어려운 지경
- 窘塞 (군색) : 필요한 것이 없거나 모자라서 어렵고 답답함. 자유롭거나 자연스럽지 못하여 거북하고 어색함

裙	부수	衣(衤) 총획	12
	치마 군		

- 馬尾裙 (마미군) : 지난날 말총으로 짜 입던 바지 모양의 여자 옷
- 紅裙 (홍군) : 붉은 치마. 예기(藝妓)나 미인의 뜻
- 裙釵 (군차) : 치마와 비녀. 부녀자

芎	부수	艸(艹) 총획	7
	궁궁이, 천궁 궁		

- 芎藭 (궁궁) : 궁궁이. 미나리과의 여러해살이풀
- 芎歸湯 (궁귀탕) : 불수산(佛手散). 해산 전후에 쓰는 처방
- 川芎 (천궁) : 천궁이의 뿌리. 성질이 따뜻하고 신맛이 있으며 혈액 순환을 돕는 약재로 쓰임

穹	부수	穴 총획	8
	하늘 궁		

- 穹蒼 (궁창) : 높고 푸른 하늘
- 蒼穹 (창궁) : 창천(蒼天)

捲	부수	手(扌) 총획	11
	말 권		

- 捲線機 (권선기) : 철선이나 밧줄 따위를 감아들이거나 또는 풀어내는 기계 장치
- 捲土重來 (권토중래) : 한번 패하였다가 힘을 돌이켜 다시 쳐들어옴. 어떤 일에 실패한 뒤에 힘을 가다듬어 다시 시작함
- 雲捲天晴 (운권천청) : 구름이 걷히고 하늘이 맑게 갬. 병이나 근심 따위가 말끔히 사라짐을 비유하여 이르는 말

淃	부수	水(氵) 총획	11
	물도는 모양 권		

- 淃漣 (권련) : 물결이 굽이치는 모양

蕨	부수	艸(艹) 총획	16
	고사리 궐		

- 蕨菜 (궐채) : 고사리 또는 고사리 나물

獗	부수	犬(犭) 총획	15
	날뛸 궐		

- 猖獗 (창궐) : 좋지 못한 병이나 세력이 자꾸 퍼져서 걷잡을 수 없이 커짐

跪	부수	足(⻊) 총획	13
	꿇어앉을 궤		

- 跪伏 (궤복) : 무릎을 꿇고 엎드림

饋	부수	食 총획	21
	먹일 궤		

- 供饋 (공궤) : 음식을 줌
- 饋電線 (궤전선) : 발전소나 변전소에서 직접 전력 사용 지역으로 부설한 송전선

| 簣 | 부수 ㅣ 竹　　총획 ㅣ 18
삼태기 궤 | 几 | 부수 ㅣ 几　　총획 ㅣ 2
안석, 책상 궤 |

- 一簣(일궤) : 한 삼태기의 흙이라는 뜻으로 얼마 안 되는 분량을 이르는 말

- 几案(궤안) : 책상

| 簋 | 부수 ㅣ 竹　　총획 ㅣ 17
제기 이름 궤 | 櫃 | 부수 ㅣ 木　　총획 ㅣ 18
함 궤 |

- 簋豆(궤두) : 서직을 담는 대나무 제기와 고기를 담는 나무 제기

- 書櫃(서궤) : 책을 넣어 두는 궤짝. 아는 것이 많은 사람을 비유하여 이르는 말
- 時在櫃(시재궤) : 시잿돈(쓰고 남은 돈)을 넣어 두는 궤

| 匱 | 부수 ㅣ 匚　　총획 ㅣ 14
함, 삼태기 궤 | 竅 | 부수 ㅣ 穴　　총획 ㅣ 18
구멍 규 |

- 匱竭(궤갈) : 다하여 없어짐

- 七竅(칠규) : 사람 얼굴에 있는 귀, 눈, 코의 두 구멍과 입 한 구멍을 합해 모두 일곱 구멍을 일컫는 말
- 九竅(구규) : 사람이나 포유동물의 몸에 있는 아홉 개의 구멍. 칠규에 요도와 항문을 더한 아홉 구멍
- 毛竅出血(모규출혈) : 한방에서 온몸의 털구멍에서 피가 나오는 병을 이르는 말

| 硅 | 부수 ㅣ 石　　총획 ㅣ 11
규소 규 | 槻 | 부수 ㅣ 木　　총획 ㅣ 15
물푸레나무 규 |

- 硅素(규소) : 비금속 원소의 한 가지. 천연적으로는 단체(單體)로 존재하지 않고 산화물·규산염으로서 지각(地殼)에 많은 양이 존재함
- 硅藻類(규조류) : 민물과 바닷물에서 생활하는 단세포의 미소한 조류(藻類). 식물성 플랑크톤이 그 주요한 것으로 물고기의 먹이가 됨. 규산질로 된 단단한 껍질을 가지고 있음. 규조식물(硅藻植物)

- 槻木(규목) : 느티나무

| 跬 | 부수 ㅣ 足(⻊)　　총획 ㅣ 18
반걸음 규 | 刲 | 부수 ㅣ 刀(刂)　　총획 ㅣ 8
찌를, 벨 규 |

- 跬步(규보) : 반걸음

- 刲刳(규고) : 소·양 따위의 배를 가름

1-2 선정한자 익히기

赳	부수	走 총획	9
	헌걸찰, 용맹 **규**		

- 赳赳 (규규) : 씩씩하고 굳센 모양
- ※ 헌걸차다 : 매우 풍채가 좋고, 의기가 당당한 듯 하다

筠	부수	竹 총획	13
	대나무 **균**		

- 筠席 (균석) : 대오리를 결어 만든 자리

勻	부수	勹 총획	4
	적을, 고를 **균**		

- 勻旨 (균지) : 의정의 명령이나 지시
- 勻面 (균면) : 얼굴을 다듬음. 단장을 함

亟	부수	二 총획	9
	빠를 **극**		

- 亟近 (극근) : 친근함

郤	부수	邑(阝) 총획	10
	틈, 고을 이름 **극**		

- 郤地 (극지) : 양국 경계의 땅

芹	부수	艸(艹) 총획	8
	미나리 **근**		

- 芹誠 (근성) : 충성스런 농부가 임금에게 향기로운 미나리를 바쳤다는 고사에서 '정성어린 마음'을 이르는 말
- 芹菜 (근채) : 미나리
- 獻芹之誠 (헌근지성) : 정성을 다하여 올리는 마음. 옛날에 미나리를 임금에게 바쳤다는 데서 유래됨

慭	부수	心 총획	17
	은근할 **근**		

- 慇慭 (은근) : 겸손하고 정중함. 마음속으로 생각하는 정이 깊음. 드러나지 않음

堇	부수	艸(艹) 총획	12
	제비꽃 **근**		

- 堇花 (근화) : 제비꽃

觔	부수	角 총획	9
	힘줄, 근(=筋) **근**		

- 觔力 (근력) : 근육과 뼈의 힘

檎	부수	木 총획	17
	능금나무 **금**		

- 林檎 (임금) : 능금

擒	부수 | 手(扌) 총획 | 16
	사로잡을 **금**

- 七縱七擒 (칠종칠금) : 제갈량(諸葛亮)이 맹획(孟獲)을 일곱 번 사로잡았다가 일곱번 놓아주었다는 고사에서 온 말로 마음대로 잡았다 놓아주었다 함을 뜻함.

妗	부수 | 女 총획 | 7
	외숙모 **금**

- 妗母 (금모) : 외숙모 = 구모(舅母)

笒	부수 | 竹 총획 | 10
	① 첨대 ② 대이름 **❶금 ❷잠**

- 笒竹 (금죽) : 대로 만든 제비
- 大笒 (대금) : 우리나라의 전통 관악기 가운데 하나. 삼금 가운데 가장 큰 것으로, 묵은 황죽이나 쌍골죽으로 만든다.
- ※ 첨대 : 책장 사이에 끼워서 표하는데 쓰는 얇은 댓조각

芩	부수 | 艸(艹) 총획 | 8
	풀 이름 **금**

- 黃芩 (황금) : 꿀풀과의 여러해살이 풀

伋	부수 | 人(亻) 총획 | 6
	속일 **급**

- 伋詐 (급사) : 남을 속이는 모양

鬐	부수 | 髟 총획 | 20
	갈기 **기**

- 鬐興 (기흥) : 갈기를 세움

朞	부수 | 月 총획 | 12
	돌 **기**

- 朞年服 (기년복) : 일 년 동안 입는 상복
- 大朞 (대기) : 죽은 지 두 돌 되는 제사
- 杖朞 (장기) : 상장(喪杖)을 짚고 생베로 지은 상복을 일 년 동안 입는 거상(居喪). 또는 그 기간

鰭	부수 | 魚 총획 | 21
	등지느러미 **기**

- 鰭鬣 (기렵) : 지느러미의 가시

畸	부수 | 田 총획 | 13
	뙈기밭 **기**

- 畸形 (기형) : 유별난 모양. 이상한 모양. 생물체의 구조나 생김새 등이 비정상적인 모양

羈	부수 | 网(罒) 총획 | 24
	말굴레 **기**

- 羈旅 (기려) : 객지에 머물러 있는 나그네
- 羈束 (기속) : 얽어매어 묶음. 자유를 구속함
- 羈束處分 (기속처분) : 법률이나 명령 등을 집행할 때 행정청의 자유 재량이 인정되지 않는 처분
- 不羈 (불기) : 도덕이나 사회 관습 따위에 얽매이지 아니함

1-2 선정한자 익히기

| 覬 | 부수 | 見 | 총획 | 17 |
바랄 기

- 覬望 (기망) : 바람. 소망

| 機 | 부수 | 耒 | 총획 | 18 |
밭갈 기

- 機耕 (기경) : 밭가는 일

| 肌 | 부수 | 肉(月) | 총획 | 6 |
살 기

- 氷肌玉骨 (빙기옥골) : 매화의 깨끗함을 이르는 말. 살결이 곱고 깨끗한 미인을 이르는 말. 빙기(氷肌)
- 松肌 (송기) : 소나무 어린 가지의 속껍질

| 祁 | 부수 | 示 | 총획 | 8 |
성할 기

- 祁寒 (기한) : 큰 추위. 혹한

| 萁 | 부수 | 艸(艹) | 총획 | 12 |
콩깍지 기

- 萁豆 (기두) : 콩깍지와 콩, '형제'를 이름

| 跂 | 부수 | 足(𧾷) | 총획 | 11 |
육발 기

- 跂望 (기망) : 발돋음하여 먼 곳을 바라봄
※ 육발 : 발가락이 여섯 개 있는 일

| 夔 | 부수 | 夂 | 총획 | 20 |
조심할 기

- 夔鼓 (기고) : 기(夔)의 가죽으로 만들었다는 북. 소리가 오백 리까지 들렸다고 함
※ 기(夔) : 외발 달린 짐승의 이름

| 祇 | 부수 | 示 | 총획 | 9 |
토지의 신 기

- 祇園精舍 (기원정사) : 옛날 인도의 수달장자(須達長者)가 사위국(舍衛國)의 기타태자(祇陀太子)의 정원에 석가를 위하여 세운 절
- 阿增祇 (아증기) : 무량수(=阿僧祇(아승기))
- 天神地祇 (천신지기) : 천신과 지기 곧 하늘의 신령과 땅의 신령

| 暿 | 부수 | 日 | 총획 | 14 |
볕기운 기

- 暿勢 (기세) : 볕의 세기

| 姞 | 부수 | 女 | 총획 | 9 |
성, 삼갈 길

- 姞謹 (길근) : 삼가고 조심하는 모양

拿	부수	手　　총획	10
	붙잡을 나

- 拿鞫 (나국) : 죄인을 잡아다 국문(鞫問)함
- 拿入 (나입) : 죄인을 법정으로 잡아들이는 일
- 拿捕 (나포) : 죄인을 붙잡는 일. 한 나라의 선박이 봉쇄를 위반했거나 또는 금제품의 수송 등 국제적 범죄라고 인정되는 행위를 한 외국 선박을 해상에서 그 지배 하에 두고 점유하는 행위

儺	부수	人(亻)　　총획	21
	역귀쫓을 나

- 儺禮 (나례) : 고려 정종 이후 음력 섣달 그믐밤에 민가와 궁중에서 마귀와 사신을 쫓던 의식
- 大儺 (대나) : 관상감이 주장하여 제석 전날 밤 궁중에서 악귀를 쫓아내던 행사

糯	부수	米　　총획	20
	찰벼 나

- 糯餅 (나병) : 찹쌀로 만든 떡

煖	부수	火　　총획	13
	따뜻할 난 (=暖)

- 煖爐 (난로) : 몸이나 방안을 덥게 하기 위하여 방안에 놓는 기구나 장치. 장작 석탄 중유 가스 전기 등을 씀
- 坐席 未煖 (좌석미난) : '앉은 자리가 따뜻해질 겨를이 없다'는 뜻으로 이사를 자주 다니거나 일이 몹시 바쁜 형편임을 이르는 말

赧	부수	赤　　총획	12
	얼굴 붉힐 난

- 赧顔 (난안) : 부끄러워 얼굴이 붉어짐

枏	부수	木　　총획	8
	녹나무 남

- 枏木 (남목) : 녹나무

喃	부수	口　　총획	12
	재잘거릴 남

- 喃喃 (남남) : 낮은 목소리로 말함

衲	부수	衣(衤)　　총획	9
	기울 납

- 衲衣 (납의) : 중이 입는 검정 옷
- 老衲 (노납) : 노승(老僧). '노승(老僧)'의 자칭
- 馬頭衲采 (마두납채) : 재래식 혼례에서, 혼인하는 그 날 채단을 보내는 일. 또는 그 채단

曩	부수	日　　총획	21
	접때, 앞서 낭

- 曩日 (낭일) : 옛날. 지난번

迺	부수	辵(辶)　　총획	10
	이에, 너 내

- 迺者 (내자) : 요사이. 근간(近間)

1-2. 선정한자 익히기

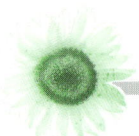
1-2 선정한자 익히기

撚 부수 | 手(扌)　총획 | 15
비틀 **년**
- 撚指 (연지) : 손가락을 튀김
- 撚紙 (연지) : 종이로 꼰 노끈

涅 부수 | 水(氵)　총획 | 10
개흙, 검을 **녈**
- 涅槃 (열반) : 일체의 번뇌에서 해탈한 불생불멸의 높은 경지. 해탈. 죽음. 특히 석가나 고승의 입적(入寂)을 이르는 말. 적멸(寂滅).멸도(滅度)
- 涅槃宗 (열반종) : 열반의 적극적인 해석을 종지로 삼는 불교의 한 종파. 우리나라에서는 신라 무열왕 때 보덕 화상이 개종하였음. 시흥종(始興宗)

捻 부수 | 手(扌)　총획 | 11
비틀 **념**
- 捻鼻 (염비) : 코를 쥠
- 捻出 (염출) : 생각해 냄, 돈을 짜냄

拈 부수 | 手(扌)　총획 | 8
집을 **념**
- 拈華微笑 (염화미소) : 문자나 말에 의하지 않고, 마음에서 마음으로 전하는 일. 석가모니가 연꽃을 따서 제자들에게 어떤 뜻을 암시했으나 아무도 모르고 다만 가섭(迦葉)만이 그 뜻을 알아 혼자 미소지었다는 고사에서 나온 말

濘 부수 | 水(氵)　총획 | 17
진흙 **녕**
- 濘泥 (영니) : 진흙

寗 부수 | 宀　총획 | 13
편안할, 차라리 **녕**
- 寗安 (영안) : 편안한 모양

獰 부수 | 犬(犭)　총획 | 17
모질 **녕**
- 獰惡 (영악) : 사납고 악착함
- 獰慝 (영특) : 영악하고 사특함

駑 부수 | 馬　총획 | 15
둔할 **노**
- 駑馬 (노마) : 걸음이 느린 말. 또는 둔한 말. 재능이 둔하고 남에게 빠지는 사람의 비유
- 駑馬十駕 (노마십가) : 느리고 둔한 말도 준마의 하룻길을 열흘에는 갈 수 있다는 뜻으로, 재주가 없는 사람도 열심히 하면 훌륭한 사람에 미칠 수 있음을 비유한 말

瑙 부수 | 玉　총획 | 13
마노 **노**
- 瑪瑙 (마노) : 석영의 한 가지. 흰빛이나 붉은빛이 나는데, 윤이 있고 아름다워 장식품을 만드는데 쓰임

弩 부수 | 弓　총획 | 8
쇠뇌 **노**
- 弓弩 (궁노) : 활과 쇠뇌
- 弩箭 (노전) : 쇠뇌의 화살

국가공인 한자자격시험 · 사범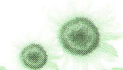

| 孥 | 부수ㅣ子　총획ㅣ8　자식, 종 노 |
- 孥輩 (노배) : 종들. 하인들

| 嫋 | 부수ㅣ女　총획ㅣ13　예쁠 뇨 |
- 嫋娜 (요나) : 부드럽고 가냘픈 모양

| 耨 | 부수ㅣ耒　총획ㅣ16　김맬, 없앨 누 |
- 耨耕 (누경) : 김을 매고 밭갈이 함

| 嫩 | 부수ㅣ女　총획ㅣ14　어릴, 예쁠 눈 |
- 嫩晴 (눈청) : 비가 오다가 개는 일

| 訥 | 부수ㅣ言　총획ㅣ11　말더듬을 눌 |
- 訥言 (눌언) : 더듬거리는 말
- 訥言敏行 (눌언민행) : 말은 느려도 실제의 행동은 민첩함
- 拙訥 (졸눌) : 재주가 무디고 말이 어눌함
- 語訥 (어눌) : 말을 더듬어 부드럽지 못함

| 杻 | 부수ㅣ木　총획ㅣ8　감탕나무 뉴 |
- 杻木 (유목) : 감탕나무의 상록 활엽 교목

| 你 | 부수ㅣ人(亻)　총획ㅣ7　너 니 |
- 你們 (이문) : 너희들

| 昵 | 부수ㅣ日　총획ㅣ9　친할 닐 |
- 昵近 (일근) : 가까이 지냄

| 爹 | 부수ㅣ父　총획ㅣ10　아비 다 |
- 爹爹 (다다) : 아버지의 속칭

| 彖 | 부수ㅣ彑　총획ㅣ9　단 단 |
- 彖傳 (단전) : 주역(周易)의 십익(十翼)의 하나. 단사(彖辭)를 해석해 놓은 것

1-2. 선정한자 익히기　87

1-2 선정한자 익히기

簞	부수 | 竹	총획 | 18
	대광주리 단	

- 簞食瓢飮 (단사표음) : '도시락밥과 표주박 물'의 뜻으로 소박한 생활의 비유
- 簞瓢陋巷 (단표누항) : 도시락·표주박과 누추한 마을. 곧 소박한 시골 살림

亶	부수 | 亠	총획 | 13
	믿음 단	

- 亶亶 (단단) : 평탄한 모양. 탄탄(坦坦)

蛋	부수 | 虫	총획 | 11
	새알 단	

- 蛋白質 (단백질) : 동식물·미생물 등 모든 생물의 세포의 주성분으로 생명의 기본적 구성 물질이며 사람의 3대 영양소의 하나인 유기 화합물

袒	부수 | 衣(衤)	총획 | 10
	웃통벗을 단	

- 肉袒負荊 (육단부형) : 맨살이 드러난 등에 태형(笞刑)에 쓰이는 형장(荊杖)을 지고 '이것으로 때려 달라'고 사죄의 뜻을 나타내는 행위
- 左袒 (좌단) : 남을 편듦. 남의 의견에 동의함. 찬성

鄲	부수 | 邑(阝)	총획 | 15
	조나라 서울 단	

- 邯鄲之夢 (한단지몽) : 당나라의 노생(盧生)이 한단 땅에서 여옹(呂翁)의 베개를 빌려서 잠을 잤더니 메조 밥을 짓는 사이에 팔십 년간의 영화로운 꿈을 꾸었다는 고사. 인생과 영화의 덧없음의 비유
- 邯鄲之步 (한단지보) : '한단의 걸음걸이'라는 뜻으로, 제 분수를 잊고 무턱대고 남을 흉내내다가 이것저것 다 잃음을 비유하여 이르는 말

闥	부수 | 門	총획 | 21
	문 달	

- 闥爾 (달이) : 빠른 모양

澾	부수 | 水(氵)	총획 | 16
	미끄러울 달	

- 澾然 (달연) : 미끄러운 모양

躂	부수 | 足(𧾷)	총획 | 20
	미끄러질 달	

- 躂然 (달연) : 발을 헛디뎌 넘어지는 모양

獺	부수 | 犬(犭)	총획 | 19
	수달 달	

- 獺祭魚 (달제어) : 시문을 지을 때 많은 서책을 벌여 놓고 참고함의 비유
- 山獺 (산달) : 담비. 검은담비. 너구리
- 水獺 (수달) : 족제비과의 짐승. 몸길이 60~70cm, 꼬리 길이 40~50cm. 족제비와 비슷하나 훨씬 크고 강기슭 또는 늪가에 굴을 파고 사는데 발가락 사이에 물갈퀴가 있어 수중 생활에 적합함. 물고기나 개구리·게 등을 잡아먹음. 털가죽은 목도리나 외투깃 등으로 애용됨

怛	부수 | 心(忄)	총획 | 8
	슬플 달	

- 怛悼 (달도) : 슬퍼서 마음이 아픔
- 怛惕 (달척) : 슬퍼하고 두려워함

韃	부수 | 革　　총획 | 22
	종족 이름 **달**

- 韃靼(달단) : Tatar의 음역. 몽고족의 한 갈래

聃	부수 | 耳　　총획 | 11
	귀바퀴 없을 **담**

- 聃周(담주) : 노담(老聃)과 장주(莊周) 곧, 노자와 장자

郯	부수 | 邑(阝)　　총획 | 11
	나라 이름 **담**

- 郯縣(담현) : 중국의 고을 이름

禫	부수 | 示　　총획 | 17
	담제 **담**

- 禫祭(담제) : 대상(大祥)을 지낸 그 다음 다음 달에 지내는 제사

啖	부수 | 口　　총획 | 11
	먹을 **담**

- 健啖(건담) : 잘 먹음. 먹새가 좋음
- 茶啖(다담) : 불가에서 손님 대접을 위해 내놓는 다과 따위

坍	부수 | 土　　총획 | 7
	무너질, 물이 언덕칠 **담**

- 坍江(담강) : 강물의 범람으로 전답이 매몰됨

湛	부수 | 水(氵)　　총획 | 12
	①즐길 ②가득히 찰 ③잠길　①담 ②잠 ③침

- 湛樂(담락) : 유락(遊樂)에 빠짐

氮	부수 | 气　　총획 | 12
	질소 **담**

錟	부수 | 金　　총획 | 16
	창 **담**

- 錟鏦(담총) : 창(槍)

憺	부수 | 心(忄)　　총획 | 16
	편안할 **담**

- 苦心慘憺(고심참담) : 어떤 일을 하거나 생각해 내기에 마음을 썩이며 몹시 애를 씀
- 慘憺(참담) : 괴롭고 슬픈 모양. 근심 걱정이 얼굴에 가득해 보임

1-2 선정한자 익히기

戇	부수 心 　 총획 28
	어리석을 당

- 戇朴 (당박) : 고지식하고 순박함

儻	부수 人(亻)　 총획 22
	빼어날, 갑자기 당

- 倜儻 (척당) : 다른 사물에 구속을 받지 않음. 뜻이 크고 기개가 있음

薘	부수 艸(艹)　 총획 16
	지모 답

- 薘草 (답초) : 지모과에 딸린 여러해살이풀

鐺	부수 金 　 총획 21
	쇠사슬, 북소리 당

- 鐺鐺 (당당) : 금속 소리의 형용

檔	부수 木 　 총획 17
	의자 당

- 檔冊 (당책) : 관공서의 문서철

醣	부수 酉 　 총획 17
	탄수화물 당

- 醣分 (당분) : 탄수화물

倘	부수 人(亻)　 총획 10
	혹시 당

- 倘然 (당연) : 문득 멈추는 모양

黛	부수 黑 　 총획 17
	눈썹먹 대

- 粉黛 (분대) : 분바른 얼굴과 먹으로 그린 눈썹. 화장. 화장한 아름다운 여자의 비유
- 靑黛 (청대) : 쪽으로 만든 검푸른 물감. 성질은 차고 열을 내리게 하므로 어린아이의 경풍(驚風)따위에 씀.
- 翠黛 (취대) : 눈썹을 그리는 데 사용하는 푸른 먹. 멀리 바라보이는 푸른 아지랑이가 어른거리는 산의 경치(景致)

坮	부수 土 　 총획 8
	집 대

- 墩坮 (돈대) : 평지보다 높은 땅

韜	부수 韋 　 총획 19
	감출, 활집 도

- 韜晦 (도회) : 자기의 재능·지위·형적 등을 갖춤
- 六韜三略 (육도삼략) : 중국 병서의 고전인 육도(六韜)와 상략·중략·하략으로 된 황석공(黃石公)의 삼략(三略)을 아울러 이르는 말

賭	부수 | 貝 　 총획 | 16
	걸 도

- 賭博 (도박) : 돈이나 재물을 걸고 서로 따먹기를 다투는 짓. 요행수를 바라고 위험한 일이나 가능성이 없는 일에 손을 대는 일

櫂	부수 | 木 　 총획 | 18
	노 도

- 櫂歌 (도가) : 뱃사공이 배를 저으며 부르는 노래

闍	부수 | 門 　 총획 | 17
	망루 도

- 闍牆 (도장) : 담. 울타리

滔	부수 | 水(氵) 　 총획 | 13
	물넘칠 도

- 滔騰 (도등) : 물이 넘쳐 오름

䅹	부수 | 禾 　 총획 | 18
	벼가릴 도

- 䅹則 (도칙) : 벼를 선별하는 규칙

覩	부수 | 見 　 총획 | 16
	볼 도(=睹)

- 覩聞 (도문) : 보는 일과 듣는 일
- 目覩 (목도) : 눈으로 봄

嶋	부수 | 山 　 총획 | 14
	섬 도(=島)

- 嶋嶼 (도서) : 크고 작은 섬

諂	부수 | 言 　 총획 | 17
	의심할 도

- 諂過 (도과) : 과실을 숨김

淘	부수 | 水(氵) 　 총획 | 11
	일 도

- 淘金 (도금) : 사금을 읾
- 自然淘汰 (자연도태) : 자연선택(自然選擇). '시대의 흐름에 따라가지 못하는 것은 저절로 없어지고 만다는 것'을 비유하여 이르는 말

叨	부수 | 口 　 총획 | 5
	탐낼, 함부로 도

- 叨沓 (도답) : 탐내어 게으름을 피움

1-2 선정한자 익히기

掉 부수 | 手(扌) 총획 | 11
흔들 **도**

- 尾大難掉 (미대난도) : '꼬리가 커서 흔들기가 어렵다'는 뜻으로, 일의 끝이 크게 벌어져서 처리하기가 힘듦. 미대부도(尾大不掉)
- 憫掉 (민도) : 민망하고 섧게 생각함

纛 부수 | 糸 총획 | 25
둑 **독**

- 纛旗 (독기>둑기) : 원수(元帥)의 대기(大旗)

櫝 부수 | 木 총획 | 19
함, 관 **독**

- 櫝丸 (독환) : 화살을 넣는 통. 전통(箭筒)

沌 부수 | 水(氵) 총획 | 7
어두울 **돈**

- 混沌 (혼돈) : 하늘과 땅이 아직 나뉘지 않은 상태. 사물의 구별이 확실하지 않은 상태
- 混沌世界 (혼돈세계) : 천지 개벽할 즈음에 사물의 구별이 판연(判然)하지 않은 판

僮 부수 | 人(亻) 총획 | 14
아이, 하인 **동**

- 僮幹 (동간) : 잡일을 하는 사람(문지기 따위)

禿 부수 | 禾 총획 | 7
대머리 **독**

- 禿頭病 (독두병) : 머리카락이 차츰 빠져서 대머리가 되는 병
- 禿山 (독산) : 벌거벗은 산
- 禿수리 (독수리) : 수릿과의 새

牘 부수 | 片 총획 | 19
편지 **독**

- 簡牘 (간독) : 옛날 중국에서 종이가 없었던 때에 글씨를 쓰는 데 사용하였던 대쪽과 얇은 나무쪽. 편지
- 書牘 (서독) : 편지
- 尺牘 (척독) : 길이가 한 자 가량 되는, 글을 적은 널빤지

旽 부수 | 日 총획 | 8
밝을 **돈**

- 旽然 (돈연) : 밝게 빛나는 모양

咄 부수 | 口 총획 | 8
꾸짖을 **돌**

- 咄呵 (돌가) : 혀를 참

胴 부수 | 肉(月) 총획 | 15
큰창자 **동**

- 鏡胴 (경동) : 망원경. 사진기 등의 몸통
- 救命胴衣 (구명동의) : 배나 비행기 등의 사고로 물에 빠졌을 때 입는 구명구의 한 가지. 조끼 모양으로 공기를 불어넣고 입으면 물에 뜨게 됨
- 胴體 (동체) : 물체의 중심을 이루는 부분

국가공인 한자자격시험 · 사범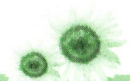

垌	부수ㅣ土 총획ㅣ9
	항아리 동

- 垌畓 (동답) : 간석지에 둑을 쌓고 바닷물을 퍼내어 일군 논

竇	부수ㅣ穴 총획ㅣ20
	구멍 두

- 竇窌 (두교) : 竇(두)는 타원형, 窌(교)는 방형(方形 : 네모)임

逗	부수ㅣ辵(辶) 총획ㅣ11
	머무를 두

- 逗留 (두류) : 한곳에 머물러 나아가지 아니 함

蠹	부수ㅣ虫 총획ㅣ24
	좀 두

- 蠹書 (두서) : 좀먹은 책. 책을 볕에 쬐거나 바람에 쐼
- 蠹國殘民 (두국잔민) : 나라와 국민에게 해독을 끼침

荳	부수ㅣ艸(艹) 총획ㅣ11
	콩 두

- 白荳蔲 (백두구) : 흰 육두구의 뿌리. 한방에서 위한(胃寒), 구토(嘔吐)에 약재로 씀
- 肉荳蔲 (육두구) : 육두구과의 상록 활엽 교목. 열대 식물로서 높이는 20m 가량 자람. 잎은 길둥글며 가장자리가 밋밋하고 두꺼움. 살구씨처럼 생긴 열매가 익으면 적황색 껍질이 갈라지는데, 씨는 건위제·강장제·향미료 등으로 쓰임

兜	부수ㅣ儿 총획ㅣ11
	투구 두

- 兜侵 (두침) : 백성의 세금을 서리가 착복하는 일
- 兜率歌 (두솔가▷도솔가) : 신라 경덕왕(景德王) 19년(760년)에 월명사(月明師)가 지은 사구체(四句體) 향가

遯	부수ㅣ辵(辶) 총획ㅣ15
	달아날, 둔괘 둔

- 遯世 (둔세) : 세상을 숨어 삶. 은거함
- 遯逸 (둔일) : 세상을 피하여 안일하게 삶

臀	부수ㅣ肉(月) 총획ㅣ17
	볼기 둔

- 露臀 (노둔) : 매질할 때 옷을 벗겨 볼기를 드러내는 것
- 大臀筋 (대둔근) : 궁둥이에 있는 큰 근육
- 臀部 (둔부) : 볼기 부분

	부수ㅣ艸(艹) 총획ㅣ8
	①채소 이름, 우장 ②어리석은 모양 ①둔 ②춘

- 芚兮 (둔혜) : 초목이 싹트는 모양
- 芚愚 (춘우) : 어리석음

嶝	부수ㅣ山 총획ㅣ15
	고개 등

- 嶝峴 (등현) : 나지막한 고개

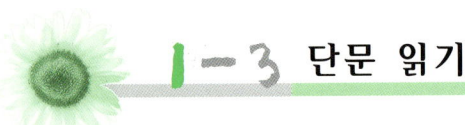 1-3 단문 읽기

溫故而知新이면 可以爲師矣니라

<論語> 옛 것을 익히고 새 것을 알면 스승이 될 수 있다.

默而識之하며 學而不厭이요 誨人不倦이니라

<論語> 묵묵히 기억하며 배우되 싫증내지 않으며 사람 가르치는 것을 게을리 하지 않는다.

言悖而出者는 亦悖而入하고 貨悖而入者는 亦悖而出이니라

<大學> 말이 도리에 어긋나게 나간 것은 또한 도리에 어긋나게 들어오고, 재물이 도리에 어긋나게 들어온 것은 또한 도리에 어긋나게 나가는 것이다.

見善如渴하고 聞惡如聾하라

<明心寶鑑> 착한 것을 보거든 목이 말라 물을 구하듯이 하고 나쁜 것을 들으면 귀머거리처럼 하라.

善始者實繁이나 克終者蓋寡라

<貞觀政要> 처음을 잘 하는 자는 실로 많으나 마침을 잘 하는 자는 대개 적다.

天行健하니 君子以自彊不息이니라 地勢坤하니 君子以厚德載物이니라

<周易>   하늘의 운행이 굳건하니, 군자는 이를 본받아 스스로 힘써 쉬지 않는다.
         땅의 성향은 유순 포용하는 것이니, 군자는 이를 본받아 두터운 덕으로 만물을 길러낸다.

過則勿憚改니라

<論語>   잘못이 있으면 고치는 것을 꺼리지 마라.

滿招損이요 謙受益이니라

<書經>   교만은 손해를 불러오고 겸손함은 이익을 얻는다.

多聞闕疑하고 愼言其餘則寡尤며 多見闕殆하고 愼行其餘則寡悔니라

<論語>   많이 듣고서 의심나는 것을 빼버리고 그 나머지를 신중히 말한다면 허물이 적어지며, 많이 보고서 위태로운 것을 빼버리고 그 나머지를 신중히 행한다면 후회하는 일이 적어질 것이다.

博學之하고 審問之하며 愼思之하고 明辨之하며 篤行之니라

<中庸>   널리 배우며, 자세히 물으며, 신중히 생각하고, 밝게 분별하며, 독실히 행하여야 한다.

1-3 단문 읽기

天作孼은 猶可違어니와 自作孼은 不可活이라

<孟子> 하늘이 만든 재앙은 오히려 피할 수 있거니와, 스스로 만든 재앙은 피하여 살 수 없다.

溫溫恭人이 維德之基라

<詩經> 온화하고 남을 공경하는 것이 덕의 기본이다.

禮與其奢也론 寧儉이요 喪與其易也론 寧戚이니라

<論語> 예는 사치하기보다는 차라리 검소하여야 하고, 상례는 형식적으로 잘 치르기보다는 차라리 슬퍼하여야 한다.

聖人常善救人이라 故無棄人이며 常善救物이라 故無棄物이니라

<老子> 성인은 늘 남을 잘 구원해주기 때문에 버려 둔 사람이 없고, 언제나 물건의 쓰임새를 잘 알기에 버려 둔 물건이 없다.

邦有道에 貧且賤焉이 恥也며 邦無道에 富且貴焉이 恥也니라

<論語> 나라에 도가 있을 때에 가난하고 천한 것은 부끄러운 일이며 나라에 도가 없을 때에 부하고 귀한 것 또한 부끄러운 일이다.

국가공인 한자자격시험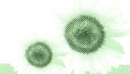

夫賢士之處世也는 譬若錐之處囊中이라

<史記> 　　무릇 어진 선비가 세상을 살아가는 것은 송곳이 자루 안에 있는 것과 같다.

舟覆乃見善游 馬奔乃見良御

<淮南子> 　　배가 뒤집혀야 헤엄을 잘 치는지 알고 말을 달려보아야 잘 모는지 안다.

博施於民하여 而能濟衆이라

<論語> 　　백성들에게 널리 사랑을 베풀어 민중을 어려움에서 구제한다.

老吾老하여 以及人之老하며 幼吾幼하여 以及人之幼하라

<孟子> 　　내 노인을 노인으로 섬겨서 남의 노인에게까지 미치며, 내 어린이를 어린이로 사랑해서 남의
　　　　　 어린이에게까지 미친다.

詩三百을 一言以蔽之하니 曰思無邪니라

<論語> 　　시경 3백 편의 뜻을 한 마디의 말로 대표할 수 있으니 '생각에 간사함이 없다'는 것이다.

1-3. 단문 읽기　97

1-4 한시 감상

大同江 (대동강)
— 鄭知常(정지상) —

雨歇長堤草色多하니	비 개인 긴 둑에 풀빛 더욱 푸른데
送君南浦動悲歌라	임 보내는 남포에는 슬픈 노래 울리네
大同江水何時盡고	대동강 물 언제 다 마를까
別淚年年添綠波라	이별의 눈물 해마다 푸른 물결 보태네

- **형식** 7언절구
- **성격** 애절하고 우수에 참
- **운자** 多, 歌, 波
- **주제** 임을 보내는 정한

久雨 (구우)
— 丁若鏞(정약용) —

窮居罕人事하고	궁벽하게 사노라니 사람 보기 드물고
恒日廢衣冠이라	항상 의관도 걸치지 않고 있네.
敗屋香娘墜하고	낡은 집엔 노래기 떨어져 기어가고,
荒畦腐婢殘이라	황폐한 들판엔 팥꽃이 남아 있네.
睡因多病減하고	병 많으니 따라서 잠마저 적어지고,
愁賴著書寬이라	글 짓는 일로 수심을 달래 보네
久雨何須苦아	비 오래 온다 해서 어찌 괴로워만 할 것인가
晴時也自歎을	날 맑아도 또 혼자서 탄식할 것을

- **형식** 5언율시
- **주제** 장마철 농촌의 궁핍한 삶
- **운자** 冠, 殘, 寬, 歎

*** ① 香娘: 향랑각시, 노래기   ② 腐婢: 팥꽃

絶句 (절구)
― 杜甫(두보) ―

江碧鳥逾白하니	강물이 푸르니 새는 더욱 희고
山靑花欲然이라	산이 푸르니 꽃은 불붙는 듯하네
今春看又過하니	올 봄도 또 지나가니
何日是歸年고	어느날이 돌아갈 해인가?

- **형식** 5언절구　**운자** 然, 年　**특징** 기구와 승구의 색채의 대조를 통한 시각적 이미지가 돋보임
- **표현** 대구법(기구와 승구)　**주제** 고향에 돌아가지 못하는 안타까움, 고향에 대한 그리움, 향수

山中問答 (산중문답)
― 李白(이백) ―

問余何事棲碧山하니	나더러 무슨 일로 푸른 산에 사냐길래
笑而不答心自閑이라	웃으며 답하지 않았지만 마음만은 한가롭네
桃花流水杳然去하니	복사꽃이 흐르는 물에 아득히 떠내려가니
別有天地非人間이라	인간 세상이 아니라 별천지라

- **형식** 7언절구　**운자** 山, 閑, 間　**표현** 이상적, 낭만적, 탈 세속적, 은둔적
- **성격** 서정적　**주제** 세속을 벗어난 자연 속의 한가로운 삶

田家 (전가)
― 朴趾源(박지원) ―

老翁守雀坐南陂하니	늙은이 새 지키려 언덕에 앉았건만
粟拖狗尾黃雀垂라	개꼬리 조 이삭에 참새가 대롱대롱
長男中男皆出田하니	큰아들 작은아들 모두다 들에 가고
田家盡日晝掩扉라	농가는 온 종일 사립이 닫혀 있네
鳶蹴鷄兒攫不得하니	솔개가 병아리를 채려다 못 채가니
群鷄亂啼匏花籬라	박꽃 핀 울 밑에선 놀란 닭들 요란하네
少婦戴棬疑渡溪하고	함지 인 며느리는 돌다리를 조심조심
赤子黃犬相追隨라	누렁이와 아이가 서로 뒤따르네

- **형식** 7언율시
- **주제** 농가의 閒情　**특징** 우리나라 농촌의 가을 풍경을 사실적으로 그림

1-5 고전 읽기

<檀君王儉>

昔에 有桓因庶子桓雄이 數意天下하여 貪求人世어늘 父知子意하고 下視三危太伯하니 可以弘益人間이라. 乃授天符印三個하여 遣往理之하다. 雄이 率徒三千하여 降於太伯山頂神檀樹下하니 謂之神市오 是謂桓雄天王也라 將風伯雨師雲師하여 而主穀主命主病主刑主善惡 凡主人間三百六十餘事하여 在世理化라 時有一熊一虎하여 同穴而居하니 常祈于神雄하여 願化爲人이라. 時神遺靈艾一炷 蒜二十枚曰 爾輩食之하고 不見日光百日하면 便得人形하리라하니 熊虎得而食之忌三七日에 熊得女身이러니 虎不能忌하여 而不得人身이라 熊女者無與爲婚이라 故每於檀樹下하여 呪願有孕러니 雄乃假化而婚之하여 孕生하니 號曰檀君王儉이라

『三國遺事』

해석 옛날에 환인의 아들 환웅이 있어 자주 천하에 뜻을 두고 인간 세상을 탐내어 구하였다. 아버지가 아들의 뜻을 알고 세 개의 높은 산 중에서 가장 높은 산을 내려다보니 널리 인간세상을 이롭게 할 만하였다. 이에 천부인 세 개를 주어 보내어 가서 이를 다스리게 하였다. 환웅이 무리 삼천을 거느리고 태백산 신단수 아래에 내려오니 그곳을 '신시'라 하고, 이분을 '환웅천왕'이라 이른다. 풍백·우사·운사를 거느리고 곡식·생명·질병·형벌·선악 등 인간 세상의 360여 가지 일을 주관하여 세상을 다스려 교화하였다.

그 당시 곰 한 마리와 호랑이 한 마리가 같은 굴 속에 살고 있었는데, 항상 환웅에게 사람이 되기를 기원하였다. 이때 환웅이 신령스런 쑥 한 다발과 달래 스무 개를 주면서 말하였다.

"너희가 이것을 먹되, 100일 동안 햇빛을 보지 않으면 곧 사람의 형상을 얻으리라."

곰과 호랑이는 그것을 받아먹으면서 삼칠일 동안 금기했는데, 곰은 여자의 몸이 되었지만, 호랑이는 금기를 지키지 못하여 사람의 몸이 되지 못하였다. 웅녀는 혼인할 상대가 없었으므로 매일 신단수 아래에서 아이를 가질 수 있게 해 달라고 빌었다. 환웅이 잠시 사람으로 변해 그녀와 혼인하여 아들을 낳았으니 단군왕검이라고 불렀다.

※ 蒜은 마늘로 쓰기도 하고 달래로 쓰기도 함. 大蒜(마늘), 小蒜(달래)

그래서 삼국유사에 나오는 단군 왕검을 한글로 풀이할 때 마늘을 쓰기도 하는데 이는 잘못임. 마늘은 단군 왕검이 나라를 세운 후 2000여년이 지난 기원 전후 시기에 한 나라를 통하여 서역으로부터 우리나라에 들어왔기 때문임.

<恒産과 恒心>

無恒産而有恒心者는 惟士爲能이어니와 若民則無恒産이면 因無恒心이라. 苟無恒心이면 放辟邪侈를 無不爲已니 及陷於罪然後에 從而刑之면 是는 罔民也라 焉有仁人在位하여 罔民을 而可爲也리오? 是故로 明君이 制民之産하되 必使仰足以事父母하며 俯足以畜妻子하여 樂歲에 終身飽하고 凶年에 免於死亡하나니 然後驅而之善이라 故로 民之從之也輕하나이다.

『孟子』

해 석   일정한 생업이 없으면서도 떳떳한 마음을 가지고 있는 자는 오직 선비만이 가능한 것이요, 백성으로 말하면 떳떳이 살 수 있는 생업이 없으면 인하여 떳떳한 마음이 없어지는 것이다. 만일 떳떳한 마음이 없어진다면 방탕하고 편벽되고 간사하고 사치함을 하지 않음이 없을 것이니, 그리하여 죄에 빠짐에 이른 뒤에 따라서 이들을 형벌한다면 이것은 백성을 그물질하는 것이다. 어찌 仁人이 지위에 있으면서 백성을 그물질하는 짓을 할 수 있겠는가?

  그러므로 현명한 군주는 백성의 생업을 제정해주되 반드시 위로는 족히 부모를 섬길 만하며, 아래로는 족히 처자를 기를 만하여 풍년에는 1년 내내 배부르고, 흉년에는 사망에서 면하게 하나니, 그런 뒤에야 백성들을 몰아서 선에 가게 한다. 그러므로 백성들이 명령을 따르기가 쉬운 것이다.

1-5 고전 읽기

<漁父辭>

屈原이 旣放에 游於江潭하여 行吟澤畔할새 顔色憔悴하고 形容枯槁러니 漁父見而問之曰 子非三閭大夫與아 何故至於斯오 屈原曰 擧世皆濁이어늘 我獨淸하고 衆人皆醉어늘 我獨醒이라 是以見放이로라. 漁父曰 聖人은 不凝滯於物하여 而能與世推移하나니 世人皆濁이어든 何不淈其泥而揚其波하며 衆人皆醉어든 何不餔其糟而歠其醨하고 何故深思高擧하여 自令放爲오. 屈原 曰 吾聞之하니 新沐者는 必彈冠이요 新浴者는 必振衣라하니 安能以身之察察로 受物之汶汶者乎아 寧赴湘流하여 葬於江魚之腹中이언정 安能以皓皓之白으로 而蒙世俗之塵埃乎아. 漁父 莞爾而笑하고 鼓枻而去하여 乃歌曰滄浪之水淸兮어든 可以濯吾纓이요 滄浪之水濁兮어든 可以濯吾足이로다 遂去하여 不復與言하니라.

＊枻(예)：노

『古文眞寶』

해 석 굴원이 쫓겨나 강담에서 노닐어 못가를 거닐면서 시를 읊조릴 적에 안색이 초췌하고 모습이 생기가 없었다. 어부가 그를 보고 묻기를 "그대는 삼려대부가 아닌가? 어쩌다가 이 지경에 이르렀는가?"하자, 굴원이 대답하기를 "온 세상이 모두 흐린데 나만이 홀로 깨끗하고, 온 세상이 모두 취하였는데 나만이 홀로 깨어 있으니, 이 때문에 추방을 당했노라."하였다. 어부가 이렇게 말하였다.

"성인은 사물에 막히거나 얽매이지 않고 세상을 따라 변하여 옮겨가니, 세상사람들이 모두 탁하거든 어찌하여 그 진흙을 휘젓고 그 흙탕물을 일으키지 않으며, 여러 사람들이 모두 취하였거든 어찌하여 술지게미를 먹고 묽은 술을 마시지 않고, 무슨 연고로 깊이 생각하고 고상하게 행동하여 스스로 추방을 당하게 한단 말인가."

이에 굴원이 답하였다.

"내가 들으니 '새로 머리를 감은 자는 반드시 갓을 털어서 쓰고 새로 목욕한 자는 반드시 옷을 털어서 입는다' 한다. 어찌 깨끗한 몸으로 남의 더러운 것을 받는단 말인가. 내 차라리 소상강 강물에 달려들어서 강 고기의 뱃속에 장사지낼지언정 어찌 희디흰 결백한 몸으로 세속의 먼지를 뒤집어 쓴단 말인가."

이에 어부는 빙그레 웃고는 돛대를 두드리고 떠나가면서 다음과 같이 노래하였다.

"창랑의 물이 맑으면 내 갓끈을 씻고 창랑의 물이 흐리면 내 발을 씻으리라."

그는 마침내 떠나가서 다시는 더불어 말하지 못하였다.

<出師表>

臣本布衣로 躬耕南陽하여 苟全性命於亂世하고 不求聞達於諸侯러니 先帝不以臣卑鄙하시고 猥自枉屈하사 三顧臣於草廬之中하시고 咨臣以當世之事하시니 由是感激하여 遂許先帝以驅馳러니 後値傾覆하여 受任於敗軍之際하고 奉命於危難之間이 爾來二十有一年矣니이다.

先帝知臣謹愼이라. 故로 臨崩에 寄臣以大事也하시니 受命以來로 夙夜憂嘆하여 恐託付不效하여 以傷先帝之明이라. 故로 五月渡瀘하여 深入不毛러니 今南方已定하고 兵甲已足하니 當獎率三軍하고 北定中原하여 庶竭駑鈍하여 攘除姦兇하고 興復漢室하여 還于舊都가 此臣所以報先帝而忠陛下之職分也니이다.

『古文眞寶』

해 석 신은 본래 평민으로서 몸소 남양 땅에서 농사를 지어 난세에 구차하게 성명을 보존하려 하였고 제후들에게 알려지거나 영달하기를 구하지 않았습니다. 선제께서는 신을 비루하다고 여기지 않으시고 외람되이 직접 왕림하시어 초려 가운데로 세 번이나 신을 찾아주시고 신에게 당세의 일을 자문하시니 신은 이 때문에 감격하여 마침내 선제께 구치(驅馳 : 국사에 분주함)할 것을 허락했습니다. 그후 경복(傾覆)을 만나 패군(敗軍)한 즈음에 임무를 맡고 위난(危難)한 때에 명령을 받든 지가 21년이 되었습니다.

　선제께서는 신의 근신함을 아셨기 때문에 돌아가실 때에 임하여 신에게 대사를 맡기시니, 신은 명령을 받은 이래로 밤낮으로 걱정하고 탄식하여, 부탁하신 것을 이루지 못해서 선제의 밝음을 손상시킬까 두려워하였습니다. 그러므로 5월에 노수(瀘水)를 건너 깊이 불모지에 쳐들어갔습니다. 이제 남만(南蠻)이 이미 평정되었고 무기와 갑옷도 이미 풍족하니 마땅히 삼군을 거느리고 북으로 중원을 정벌해야 한다. 바라건대 저의 노둔한 재주를 다하여, 간흉을 제거하고 한실(漢室)을 부흥시켜 옛 도읍으로 돌아가는 것이 신이 선제에게 보답하고 폐하에게 충성하는 직분입니다.

1-6 한문 문법 이해

문장의 형식

평서문 (平敍文)

어떤 사실을 있는 그대로 서술하여 나타내는 문장으로, 문장 끝에 '也', '矣', '也已', '焉' 등의 종결사를 사용하기도 한다.

- 淸風 徐來
  (맑은 바람은 천천히 불어온다.)

- 不敢毁傷 孝之始也
  (감히 훼손하여 다치지 않게 하는 것이 효의 시작이다.)

- 必因其材而篤焉
  (반드시 그 재질에 따라 돈독히 한다.)

- 可謂好學也已
  (가히 배움을 좋아한다고 할 수 있다.)

부정문 (否定文)

어떤 동작이나 상태 혹은 사물을 부정하는 뜻을 나타내는 문장으로, '不', '無', '非', '未', '莫' 등의 부정사를 사용한다.
또한 '無不', '非不', '莫不', '莫非', '不可不', '未嘗不', '不得不' 등과 같이 이중으로 부정하여, 강조 또는 강한 긍정의 뜻을 나타내기도 한다.

- 虎不知獸畏己而走也
  (호랑이는 짐승들이 자기를 두려워하여 달아나는 줄 몰랐다.)

- 人非生而知之
  (사람이 나면서부터 아는 것이 아니다.)

- 食無求飽
  (먹음에 배불리 먹기를 추구하지 않는다.)

- 聞者莫不傷歎
  (듣는 자가 아파하고 감탄하지 않는 사람이 없었다.)

- 又不可無名
  (또한 이름이 없을 수 없다.)

허자의 쓰임

而

'而'자는 주로 접속사로 '하고, 해서, 하나, 하되'의 뜻으로 쓰이며, 시간을 나타내는 부사와 결합하기도 하고 대명사로 쓰이기도 한다.

- 하고, 해서, 하면서
  言悖而出者 亦悖而入
  (말이 어그러져 나간 것은 또한 어그러져 들어온다.)

- 하나, 하되, 그런데도
  樂而不淫 哀而不傷
  (즐거워하되 지나치지 않으며 슬퍼하되 몸을 해치지 않는다.)

- 로서
  人而不仁 如禮何
  (사람으로서 어질지 않으면 예를 어떻게 하리오.)

- 시간의 경과
  宜兄宜弟而后 可以教國人
  (형에게 마땅하고 아우에게 마땅한 뒤에야 나라 사람을 가르칠 수 있는 것이다.)

- 너, 그대 (2인칭 대명사)
  而忘越人之殺而父耶
  (너는 월나라 사람이 너의 아버지를 죽인 것을 잊었는가?)

1-7 단원 정리 문제

◉ 다음 주어진 음·뜻의 한자를 <보기>에서 찾아 쓰세요.(1~15)

```
─ 보기 ─
藁 窠 諂 蠱 憺 呵 嫋
裙 擒 赧 怛 酣 鋸 轎 劤
```

1. 즐길 감   (   )
2. 톱 거   (   )
3. 독 고   (   )
4. 슬플 달   (   )
5. 셀 경   (   )
6. 마른나무 고   (   )
7. 보금자리 과   (   )
8. 꾸짖을/ 깔깔웃을 가   (   )
9. 가마 교   (   )
10. 편안할 담   (   )
11. 치마 군   (   )
12. 사로잡을 금   (   )
13. 얼굴붉힐 난   (   )
14. 예쁠 뇨   (   )
15. 의심할 도   (   )

◉ 다음 한자어의 독음을 쓰세요.(16~30)

16. 着枷嚴囚   (   )
17. 弩輩   (   )
18. 橄欖油   (   )
19. 龍盤虎踞   (   )
20. 眼瞼   (   )
21. 三一神誥   (   )
22. 箜篌引   (   )
23. 恝視   (   )
24. 罫線   (   )
25. 麴醇傳   (   )
26. 窘塞   (   )
27. 供饋   (   )
28. 蛋白質   (   )
29. 慘憺   (   )
30. 混沌   (   )

◉ 다음 중 나머지와 음이 다른 하나는?(31~40)

31. 蝎 叝 褐 齃 曷   (   )
32. 饉 鵠 攷 沽 苽   (   )
33. 顆 鍋 适 窠 裹   (   )
34. 皎 翹 紘 蕎 鮫   (   )
35. 裌 璬 勍 熲 綮   (   )
36. 袪 迲 裾 据 炬   (   )
37. 瞿 劬 尻 屨 璆   (   )

제1단원 학습

국가공인 한자자격시험 · 사범

38. 趁 刲 頢 櫬 噕　(　　　)

39. 圿 豙 竃 蜑 靣　(　　　)

40. 闇 咄 覯 謟 淘　(　　　)

● 다음 단어의 괄호에 알맞은 한자를 〈보기〉에서 찾아 쓰세요. (41~55)

― 보기 ―
涅 脛 訥 袒 黔 錮 羈 閻
乖 芹 轎 鉤 櫃 嵌 拿

41. 象(　　)

42. (　　)首

43. (　　)骨

44. 禁(　　)

45. (　　)外之臣

46. (　　)離

47. 駕(　　)

48. (　　)纓子

49. 書(　　)

50. (　　)誠

51. (　　)旅

52. (　　)捕

53. (　　)槃

54. (　　)言

55. 肉(　　)負荊

● 다음 단어 설명에 해당하는 성어를 한자로 쓰세요. (56~70)

56. 당나라의 노생(盧生)이 한단 땅에서 여옹(呂翁)의 베개를 빌려서 잠을 잤더니 매조 밥을 짓는 사이에 팔십 년간의 영화로운 꿈을 꾸었다는 고사. 인생과 영화의 덧없음의 비유
(　　　　　　)

57. '도시락밥과 표주박 물'의 뜻으로 소박한 생활의 비유. 구차한 생활
(　　　　　　)

58. 재주가 없는 사람도 열심히 하면 훌륭한 사람에 미칠 수 있음을 비유한 말
(　　　　　　)

59. 제갈량(諸葛亮)이 맹획(孟獲)을 일곱번 사로잡았다가 일곱번 놓아주었다는 고사에서 온 말로 마음대로 잡았다 놓아주었다 함
(　　　　　　)

60. 임금이 중죄인(重罪人)을 친히 신문(訊問)함. 이 때에는 시임대신, 원임대신, 의금부 당상관 사헌부 및 사간원의 관원, 좌우 포도청의 대장 등이 함께 자리를 하여 대신중의 한 사람을 위관(委官)으로 명하여 국문함
(　　　　　　)

61. 좋지 못한 병이나 세력이 자꾸 퍼져서 걷잡을 수 없이 커짐
(　　　　　　)

62. 한번 패하였다가 힘을 돌이켜 다시 쳐들어옴. 어떤 일에 실패한 뒤에 힘을 가다듬어 다시 시작함
(　　　　　　)

63. 태평한 시대의 큰 길거리에 보이는 안온한 풍경. 태평한 세월
(　　　　　　)

64. 모양이 뱀과 같고 넓적한 네발이 있다고 믿었던 상상의 동물. '때를 못만나 뜻을 이루지 못하는 영웅호걸'을 비유하여 이르는 말
(　　　　　　)

65. 주로 손아랫사람의 학식이나 재주 따위가 놀랍도록 향상된 경우에 이를 놀라워하는 뜻으로 쓰이어 눈을 비비고 다시 봄
(　　　　　　)

1-7 단원 정리 문제

66. 과녁의 한가운데가 되는 점. '목표 또는 핵심이 되는 것'을 비유하여 이르는 말
( )

67. 거적을 깔고 앉아 벌을 주기를 기다린다는 뜻으로 죄과에 대한 처벌을 기다림
( )

68. 다른 생각을 할 겨를이 없이 오로지 어떤 한 가지 일에만 파묻힘
( )

69. 손을 대거나 변경하지 않고 그대로 두는 것
( )

70. 적에 대하여 분개하는 마음
( )

● 다음 문장을 해석하세요.(71~80)

71. 溫故而知新이면 可以爲師矣니라 <논어>
: _____

72. 禮與其奢也론 寧儉이요 <논어>
: _____

73. 見善如渴하고 聞惡如聾하라 <명심보감>
: _____

74. 過則勿憚改니라 <논어>
: _____

75. 滿招損이요 謙受益이니라 <서경>
: _____

76. 仰不愧於天이요 <맹자>
: _____

77. 溫溫恭人이 維德之基라 <시경>
: _____

78. 博施於民하여 而能濟衆이라 <논어>
: _____

79. 言悖而出者는 亦悖而入이라 <대학>
: _____

80. 邦無道에 富且貴焉이 恥也니라 <논어>
: _____

● 다음 시를 읽고 물음에 답하세요.(81~85)

> 雨歇長堤草色多　送君南浦動悲歌
> 大洞江水何時盡　別淚年年添綠波

81. 위 시의 형식은?

82. 雨歇長堤의 독음을 쓰세요.

83. '草色多'의 의미는?

84. 이별의 슬픔이 과장적으로 표현된 구(句)는?

85. 위 시의 운자를 모두 찾아 쓰세요.

● 다음 글을 읽고 물음에 답하세요.(86~88)

> 臣本布衣로 躬耕南陽하여 苟全性命於亂世하고 不求聞達於諸侯러니 先帝不以臣卑鄙하시고 猥自枉屈하사 ㉮□□臣於□□之中하시고 咨臣以當世之事하시니 由是感激하여 遂許先帝以驅馳러니 後値傾覆하여 受任於敗軍之際하고 奉命於危難之間이 爾來二十有一年矣니이다.

86. 위글에서 '臣'과 '先帝'는 누구를 지칭하는지 쓰세요.

87. 문맥상 ㉮의 □□□□에 들어갈 말을 한자로 쓰세요.

88. '遂許先帝以驅馳'에서 '驅馳'가 의미하는 바를 쓰세요.

● 다음 글을 읽고 물음에 답하세요.(89~93)

> 屈原이 旣放에 游於江潭하여 行吟澤畔할새 顔
> 色憔悴하고 形容枯槁러니 漁父見而問之曰 子
> 非三閭大夫與아 何故至於斯오 屈原曰 擧世
> 皆濁이어늘 我獨㉮□하고 衆人皆醉어늘 我獨
> ㉯□이라 是以見放이로라 漁父曰 聖人은 不
> 凝滯於物하여 而能與世推移하나니 世人皆濁
> 이어든 何不淈其泥而揚其波하며 衆人皆醉어
> 든 何不餔其糟而歠其醨하고 何故深思高擧
> 하여 自令放爲오 屈原 曰 吾聞之하니 新沐
> 者는 必彈冠이요 新浴者는 必振衣라하니 安
> 能以身之察察로 受物之汶汶者乎아 寧赴湘流
> 하여 葬於江魚之腹中이언정 安能以皓皓之白
> 으로 而蒙世俗之塵埃乎아

89. '行吟澤畔'의 독음을 쓰세요.

90. '顔色憔悴'의 독음을 쓰세요.

91. ㉮와 ㉯에 들어갈 한자를 쓰세요.

92. 어부의 입장과 굴원의 입장을 나타내는 구절을 본문에서 찾아쓰세요.
    어부: _____ 굴원: _____

93. '新沐者는 必彈冠이요 新浴者는 必振衣라'를 해석하세요.

● 다음 시를 읽고 물음에 답하세요.(94~96)

> 老翁守雀坐南陂   粟拖拘尾黃雀垂
> 長男中男皆出田   田家盡日畫掩扉
> 鳶蹴鷄兒攫不得   群鷄亂啼飽花籬
> 少婦戴棬疑渡溪   赤子黃犬相追隨
>   - 朴趾源

94. 이 시의 공간적 배경이 되는 시어는?

95. '경련'은 어떤 상황을 묘사한 것인지 설명하세요.

96. 이 시의 형식은?

● 다음 글을 읽고 물음에 답하세요.(97~100)

> 若民則無恒産이면 因無恒心이라. 苟無恒心이
> 면 放辟邪侈를 無不爲已니 及陷於罪然後에
> 從而刑之면 是는 罔民也라 焉有仁人在位하여
> 罔民而可爲也리오?
>   <孟子>

97. '恒産'과 '恒心'은 무엇을 말하는지 쓰세요.

98. '放辟邪侈'의 독음과 뜻을 쓰세요.

99. '罔民'이 의미하는 바를 본문 속에서 찾아서 풀이하세요.

100. '焉有仁人在位'에서 '焉'의 뜻은?

단원 정리 문제 정답

1. 酎
2. 鋸
3. 蠱
4. 怛
5. 勣
6. 藁
7. 窊
8. 呵
9. 轎
10. 憎
11. 裙
12. 擒
13. 赧
14. 嫋
15. 諂
16. 착가엄수
17. 노배
18. 감람유
19. 용반호거
20. 안검
21. 삼일신고
22. 공후인
23. 괄시
24. 괘선
25. 국순전
26. 군색
27. 공궤
28. 단백질
29. 참담
30. 혼돈
31. 齦
32. 鵠
33. 适
34. 紘
35. 裌
36. 迯
37. 尻
38. 曇
39. 坍
40. 咄
41. 嵌
42. 黔
43. 脛
44. 錙
45. 閽
46. 乖
47. 轎
48. 鉤
49. 櫃
50. 芹
51. 羈
52. 拿
53. 涅
54. 訥
55. 袒
56. 邯鄲之夢
57. 簞食瓢飮
58. 駑馬十駕
59. 七縱七擒
60. 親鞫
61. 猖獗
62. 捲土重來
63. 康衢煙月
64. 蛟龍
65. 刮目相對
66. 正鵠
67. 席藁待罪
68. 汩沒
69. 据置
70. 敵愾心
71. 옛 것을 익히고 새 것을 알면 스승이 될 수 있다.
72. 예는 사치하기보다는 차라리 검소할 것이요.
73. 착한 것을 보거든 목이 말라 물을 구하듯이 하며 나쁜 것을 들으면 귀머거리처럼 하라.
74. 잘못이 있으면 고치는 것을 꺼리지 마라.
75. 교만은 손해를 불러오고 겸손함은 이익을 얻는다.
76. 우러러 하늘에 부끄럼이 없다.
77. 온화하고 남을 공경하는 것은 덕의 기본이다.
78. 백성들에게 널리 사랑을 베풀어 민중을 어려움에서 구제한다.
79. 말이 어그러져 나간 것은 또한 어그러져 들어온다.

80. 나라에 도가 없을 때에 부하고 귀한 것 또한 부끄러운 일이다.

81. 7언절구

82. 우혈장제

83. 풀빛이 푸르다

84. 전구(轉句), 결구(結句)

85. 多, 歌, 波

86. 제갈량, 유비

87. 三顧草廬

88. 국가의 일에 분주함

89. 행음택반

90. 안색초췌

91. 淸, 醒

92. 與世推移, 深思高擧

93. 새로 머리감은 자는 반드시 갓을 털고 새로 목욕한 자는 반드시 옷을 턴다.

94. 田家

95. 소리개가 병아리를 낚아채려다 실패하자 울 안에 있던 닭들이 놀람

96. 7언율시

97. 일정한 생업, 떳떳한 마음

98. 방벽사치, 방탕하고 편벽되고 간사하고 사치함

99. 죄에 빠짐에 따라 이른뒤에 따라서 이들을 형벌함

100. 어찌

국가공인 한자자격시험 사범 • 제 2단원

2-1. 선정한자 일람표

2-2. 선정한자 익히기

2-3. 단문 읽기

2-4. 한시 감상

2-5. 고전 읽기

2-6. 한문 문법 이해

2-7. 단원 정리 문제

2-1 선정한자 일람표

縢	나라 이름/물솟을	등	癘	염병	려	隴	고개 이름	롱
橙	등자나무	등	蠡	좀먹을/달팽이	려	壟	언덕	롱
喇	나팔	라	櫚	종려나무	려	朧	흐릿할	롱
蘿	담쟁이덩굴/무	라	儷	짝	려	誄	뇌사/조문	뢰
邏	순행할	라	荔	타래붓꽃	려	磊	돌무더기	뢰
駱	낙타	락	瀝	거를	력	罍	술독/대야	뢰
闌	가로막을	란	櫟	상수리나무	력	瀨	여울	뢰
欒	나무 이름	란	礫	조약돌	력	耒	쟁기	뢰
鸞	난새	란	殮	염할	렴	賚	줄/하사품	뢰
鑾	방울	란	鬣	말갈기	렵	牢	우리	뢰
欖	감람나무	람	翎	깃	령	廖	공허할	료
纜	닻줄	람	苓	도꼬마리	령	寮	벼슬아치	료
擥	모을	람	聆	들을	령	蓼	여뀌	료
嵐	아지랑이	람	岺	산으슥할	령	聊	즐길/애오라지	료
攬	잡을	람	羚	영양	령	燎	화톳불	료
蠟	밀	랍	獰	좋은 개	령	摟	끌어모을	루
瑯	고을이름/옥이름	랑	澧	강 이름	례	婁	별이름	루
螂	버마재비	랑	瀘	강 이름	로	瘻	부스럼	루
徠	올/위로할	래	潞	강 이름/고을 이름	로	鏤	새길	루
勑	위로할	래	櫓	방패	로	縷	실	루
粱	기장	량	鹵	소금/염전	로	蔞	쑥	루
藘	갈	려	輅	수레	로	旒	깃발	류
濾	거를	려	彔	나무깎을	록	瀏	맑을	류
蠣	굴	려	碌	돌모양	록	琉	면류관 드리움	류
驢	나귀	려	菉	조개풀	록	榴	석류나무	류
藜	명아주	려	簏	책상자	록	溜	처마물	류

瘤	혹	류	饅	만두	만	瑁	서옥	모
勒	굴레	륵	蠻	메	만	姆	여스승	모
廩	곳집/녹미	름	鰻	뱀장어	만	芼	풀우거질	모
稜	밭두둑/모	릉	輓	끌	만	鶩	집오리	목
纚	갓끈	리	抹	바를/지울	말	矇	소경	몽
螭	교룡	리	襪	버선	말	朦	풍부할	몽
詈	꾸짖을	리	芒	까끄라기	망	渺	아득할	묘
狸	너구리	리	陌	두렁	맥	妙	아름다울	묘
浬	다다를/물소리	리	驀	말탈	맥	眇	애꾸눈	묘
釐	다스릴	리	氓	백성	맹	杳	어두울	묘
醨	삼삼한 술	리	冪	덮을	멱	蕪	거칠어질	무
唎	소리	리	緬	가는 실/멀	면	誣	속일/무고할	무
灕	스며들	리	湎	물넘칠	면	繆	얽을	무
羸	여월	리	眄	애꾸눈	면	无	없을	무
鯉	잉어	리	暝	어두울	명	廡	집/처마	무
犁	쟁기/얼룩소	리	皿	그릇	명	楙	무성할/모과나무	무
厘	티끌	리	瞑	눈감을	명	雯	구름무늬	문
浬	해리	리	螟	마디충	명	們	들/무리	문
藺	골풀	린	蓂	명협	명	吻	입술	문
燐	도깨비불	린	茗	차싹	명	忞	어지러워질	문
砬	돌소리	립	椧	홈통	명	汶	아득할	물
媽	어미	마	袂	소매	몌	麋	고삐	미
麽	잘/어찌	마	眸	눈동자	모	黴	곰팡이	미
瘼	병들	막	耄	늙은이	모	梶	나무 끝	미
鏋	금	만	摹	베낄	모	媚	아첨할	미
彎	굽을	만	麰	보리	모	楣	문미	미

2-1. 선정한자 일람표

2-1 선정한자 일람표

湄	물가	미	撥	다스릴	발	劈	쪼갤	벽
糜	죽	미	醱	술괼/빚을	발	檗	황경나무	벽
弭	활고자	미	幇	곁들/도울	방	檗	황벽나무	벽
忞	힘쓸	민	枋	다목	방	抃	손뼉칠	변
忞	힘쓸	민	磅	돌 떨어지는 소리	방	籩	제기 이름	변
緡	낚싯줄	민	榜	매/방	방	騈	두필 나란히 할	변(병)
謐	고요할	밀	蚌	방합	방	鱉	자라	별
亳	땅이름	박	舫	배	방	瞥	언뜻볼	별
箔	발	박	髣	비슷할	방	鼈	자라	별
雹	우박	박	尨	삽살개	방	鉼	판금/가마솥	병
搏	잡을/칠	박	蒡	인동덩굴	방	洑	나루	보
粕	지게미	박	牓	패	방	黼	무늬/수놓은 옷	보
樸	통나무	박	焙	불에 쬘	배	湺	물막을	보
膊	포	박	褙	속적삼	배	珤	보배	보
盼	눈 예쁠	반	胚	아이밸	배	簠	제기 이름	보
攀	더위잡을	반	燔	구울	번	匐	길	복
礬	명반	반	幡	기	번	幞	두건	복
拌	섞을/버릴	반	藩	덮을	번	葍	무	복
蟠	서릴	반	樊	울	번	輻	바퀴살	복
斑	얼룩	반	杋	나무 이름	범	茯	복령	복
槃	쟁반	반	梵	범어	범	輹	복토	복
絆	줄	반	琺	법랑	법	宓	성	복
泮	학교	반	甓	벽돌	벽	鍑	아가리 큰 솥	복
瘢	흉터	반	擘	엄지손가락	벽	熢	연기자욱할	봉
胖	희생 반 쪽/갈비살	반	辟	임금/법	벽	駙	곁마	부
魃	가물귀신	발	癖	적병/버릇	벽	埠	부두	부

咐	분부할	부	髀	넓적다리	비	蓑	도롱이	사
鮒	붕어	부	霏	눈 펄펄내릴	비	姒	동서	사
俘	사로잡을/포로	부	篚	대광주리	비	槎	떼	사
仆	엎드릴	부	俾	더할	비	耜	보습	사
鳧	오리	부	毖	도울	비	梭	북	사
艀	작은배	부	裨	도울	비	駟	사마	사
缶	장군	부	圮	무너질	비	麝	사향노루	사
趺	책상다리 할	부	翡	물총새	비	㟝	산 이름	사
莩	풀 이름	부	砒	비상	비	柶	수저	사
祔	합사할	부	榧	비자나무	비	伺	엿볼	사
扮	꾸밀	분	痺	저릴	비	儍	잘게 부술	사
噴	뿜을,분부할	분	菲	엷을/무성할	비	乍	잠깐	사
賁	클	분	斐	오락가락할	비	些	적을	사
苯	풀 떨기로 날	분	妣	죽은 어미	비	渣	찌끼	사
盼	햇빛	분	秕	쭉정이	비			
彿	비슷할	불	粃	쭉정이	비			
黻	수	불	玭	구슬 이름	빈			
巿	슬갑	불	浜	갯고랑	병(빈)			
繃	묶을	붕	瀕	물가/임박할	빈			
硼	붕사	붕	檳	빈랑나무	빈			
棚	시렁	붕	鬢	살쩍/귀밑털	빈			
沘	강이름	비	殯	염할	빈			
憊	고달플	비	嚬	찡그릴	빈			
轡	고삐	비	騁	달릴	빙			
沸	끓을	비	娉	장가들	빙			
蜚	날/메뚜기	비	俟	기다릴	사			

2-2 선정한자 익히기

滕 부수 | 水(氵) 총획 | 15
나라 이름, 물솟을 **등**

- 滕六 (등륙) : 설신(雪神)의 이름
- 滕口 (등구) : 입을 열고 떠벌림

橙 부수 | 木 총획 | 16
등자나무 **등**

- 橙子 (등자) : 등자나무의 열매
- 橙赤色 (등적색) : 주홍빛

喇 부수 | 口 총획 | 12
나팔 **라**

- 喇叭 (나팔) : 옛날 악기의 한 가지. 쇠붙이로 긴 대통같이 만들되 위가 가늘고 끝이 퍼지게 되었음. 옛날 군중(軍中)에서 호령을 전할 적에 불었음
- 阿喇唎 (아라리) : 넓은 들에 사람의 기척이 없는 지경. 교만하여서 모든 사람을 업신여기는 마음

蘿 부수 | 艸(艹) 총획 | 23
담쟁이덩굴, 무 **라**

- 綠蘿 (녹라) : 푸른 담쟁이
- 松蘿 (송라) : 소나무 겨우살이

邏 부수 | 辵(辶) 총획 | 23
순행할 **라**

- 巡邏 (순라) : 순라군(巡邏軍)의 준말. 술래의 본디말
- 巡邏軍 (순라군) : 조선 때 도둑이나 화재 따위를 경계하기 위해 밤에 사람의 통행을 금하고 순찰을 돌던 군졸

駱 부수 | 馬 총획 | 16
낙타 **락**

- 駱駝 (낙타) : 낙타과에 속하는 단봉낙타와 쌍봉낙타의 통칭. 등에 큰 혹 모양의 육봉(肉峰)이 있고 사막 생활에 중요한 가축
- 駱山 (낙산) : 서울 종로구와 성북구의 경계를 이루고 있는 산. 원래는 타락산(駝駱山)

闌 부수 | 門 총획 | 17
가로막을 **란**

- 闌干 (난간) : 가로와 세로로 어지럽게 흩어지는 모양

欒 부수 | 木 총획 | 23
나무 이름 **란**

- 團欒 (단란) : 둥글고 원만한 모양

鸞 부수 | 鳥 총획 | 30
난새 **란**

- 靑鸞 (청란) : 꿩과에 속하는 새
- ※ 난새 : 중국 전설에 나오는 상상의 새

鑾 부수 | 金 총획 | 27
방울 **란**

- 鑾輅 (난로) : 난(鑾)과 화(和)가 달린 수레. 곧, 천자의 수레

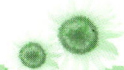

欖	부수 | 木　　총획 | 25
	감람나무 **람**

- 橄欖 (감람) : 감람나무의 열매. 맛이 좀 쓰고 떫음

纜	부수 | 糸　　총획 | 27
	닻줄 **람**

- 電纜 (전람) : 절연물로 포장한 전선. 또는 전선의 다발

擥	부수 | 手　　총획 | 18
	모을, 잡을 **람** (=攬)

- 擥轡 (남비) : 고삐를 잡음

嵐	부수 | 山　　총획 | 12
	아지랑이 **람**

- 翠嵐 (취람) : 먼 산에 낀 푸르스름한 아지랑이

攬	부수 | 手(扌)　　총획 | 24
	잡을 **람**

- 收攬 (수람) : 사람의 마음을 끌어 모음. 사태 따위를 수습함
- 延攬 (연람) : 끌어들여서 자기편으로 만듦. 발탁함. 등용함
- 總攬 (총람) : 권력 따위를 한 손에 잡고 다스림. 모든 사무를 통할하여 관할함

蠟	부수 | 虫　　총획 | 21
	밀 **랍**

- 白蠟 (백랍) : 백랍벌레의 집. 또는 백랍벌레의 수컷 유충이 분비한 물질을 가열, 용해하여 찬물로 식혀서 만든 물건으로 고약, 초 따위의 원료로 쓰임.
- 朱蠟 (주랍) : 지난날 편지 따위의 겉봉을 붙이는데 쓰던 붉은 밀

瑯	부수 | 玉　　총획 | 14
	고을이름, 법랑 **랑**

- 琺瑯 (법랑) : 금속기, 도자기 등의 표면에 구워 올려 윤이 나게 하는 광물을 원료로 한 유약

螂	부수 | 虫　　총획 | 16
	버마재비, 사마귀 **랑**

- 螳螂 (당랑) : 사마귀
- 螳螂拒轍 (당랑거철) : 제 분수도 모르고 강적에게 반항함. 당랑지부(螳螂之斧)

徠	부수 | 彳　　총획 | 11
	올, 위로할 **래** (=勑)

- 勞徠 (노래) : 수고스러움을 위로함

勑	부수 | 力　　총획 | 10
	①위로할 ②조서　①**래** ②**칙** (=敕)

- 勑書 (칙서) : 임금의 명령을 적은 문서

2-2 선정한자 익히기

| 梁 | 부수 | 米 | 총획 | 13 |

기장 량

- 粱米 (양미) : 좋은 쌀. 또는 기장과 쌀
- 高粱酒 (고량주) : 수수로 만든 술의 일종

| 厲 | 부수 | 厂 | 총획 | 15 |

갈 려

- 厲利 (여리) : 갈아서 날카롭게 함
- 厲民 (여민) : 백성을 괴롭힘. 백성을 몹시 가혹하게 다스림

| 濾 | 부수 | 水(氵) | 총획 | 18 |

거를 려

- 濾過 (여과) : 액체나 기체를 다공질(多孔質)의 물질에 받아서 먼지나 이물질을 걸러 내는 일

| 蠣 | 부수 | 虫 | 총획 | 21 |

굴 려

- 牡蠣 (모려) : 굴조개

| 驢 | 부수 | 馬 | 총획 | 26 |

나귀 려

- 吾君耳如驢耳 (오군이여여이) : '우리 임금님 귀는 당나귀 귀와 같다'
- ※『삼국유사』에 실린 신라 48대 경문대왕에 나옴

| 藜 | 부수 | 艸(艹) | 총획 | 19 |

명아주 려

- 燃藜室記述 (연려실기술) : 조선 정조(正祖) 때의 학자 이긍익(李肯翊)이 지은 책. 태조에서 현종에 이르기까지의 역사적 사실을 기록한 것. 52권 42책
- 靑藜杖 (청려장) : 명아주 대로 만든 지팡이

| 癘 | 부수 | 疒 | 총획 | 18 |

염병 려

- 癘疫 (여역) : 전염병. 돌림병

| 蠡 | 부수 | 虫 | 총획 | 21 |

좀먹을, 달팽이 려

- 蠡測 (여측) : '소라껍데기로 바닷물의 양을 헤아린다' 는 뜻으로, 좁은 식견으로 큰일을 헤아림을 비유하여 이르는 말

| 櫚 | 부수 | 木 | 총획 | 19 |

종려나무 려

- 棕櫚 (종려) : 종려나무

| 儷 | 부수 | 人(亻) | 총획 | 21 |

짝 려

- 騈儷文 (변려문) : 한문체의 한 가지. 주로 4자 또는 6자의 대구(對句)를 많이 써서 읽는 사람에게 미감(美感)을 주는 화려한 문체. 사륙문(四六文). 변문(騈文)
- 伉儷 (항려) : 짝. 남편과 아내. 배우(配偶)

荔	부수 ㅣ 艸(艹) 총획 ㅣ 10 타래붓꽃 **려**

- 荔枝 (여지) : 무환자과(無患子科)에 속하는 상록 교목. 남방이 원산지

瀝	부수 ㅣ 水(氵) 총획 ㅣ 19 거를 **력**

- 餘瀝 (여력) : 먹다 남은 음식. 손님에게 자기 집 음식을 겸손하게 이르는 말
- 披瀝 (피력) : 마음속에 먹은 바를 털어 놓고 말함
- 瀝靑 (역청) : 아스팔트

櫟	부수 ㅣ 木 총획 ㅣ 19 ①상수리나무 ②고을이름 ①**력** ②**약**

- 櫟散 (역산) : 쓸모 없는 재목. 산목(散木). 쓸모 없는 것의 비유
- 櫟翁稗說 (역옹패설) : 고려 말기 1342년에 이제현(李齊賢)이 지은 수필집

礫	부수 ㅣ 石 총획 ㅣ 20 조약돌 **력**

- 沙礫dam (사력댐) : 중앙에는 점토로, 주변에는 자갈과 모래로 다지고 돌을 쌓아 만든 댐 – 소양강댐이 대표적임
- 沙礫地 (사력지) : 모래와 자갈로 된 땅
- 火山礫 (화산력) : 화산이 분출할 때 터져 나온 콩알만한 용암의 조각

殮	부수 ㅣ 歹 총획 ㅣ 17 염할 **렴**

- 小殮 (소렴) : 장사(葬事)에서 시체를 다루는 염습(殮襲)의 처음 절차. 시체에 옷을 입혀 이불로 싸는 일
- 殮襲 (염습) : 죽은 사람의 몸을 씻긴 후 옷을 입히고 염포(殮布)로 묶는 일. 염(殮)

鬣	부수 ㅣ 髟 총획 ㅣ 25 말갈기 **렵**

- 鬣尾 (엽미) : 말갈기와 말총

翎	부수 ㅣ 羽 총획 ㅣ 11 깃 **령**

- 翎毛 (영모) : 깃털. 화가(畵家)가 금수(禽獸)를 가리켜 이르는 말
- 白翎島 (백령도) : 인천광역시 옹진군에 위치한 섬

苓	부수 ㅣ 艸(艹) 총획 ㅣ 9 도꼬마리 **령**

- 茯苓 (복령) : 불완전 균류의 버섯. 공 모양 또는 길 둥근 모양의 덩어리로, 땅 속에서 소나무 따위의 뿌리에 기생함. 한약재로 쓰임
- 白茯苓 (백복령) : 빛깔이 흰 복령. 한방에서 담증, 부증, 습증, 설사 따위에 씀

聆	부수 ㅣ 耳 총획 ㅣ 11 들을 **령**

- 聆風 (영풍) : 바람소리를 들음

岺	부수 ㅣ 山 총획 ㅣ 8 산으슥할, 재 **령**

- 岺嶙 (영린) : 돌소리

2-2 선정한자 익히기

羚	부수	羊 총획	11
	영양 **령**

- 羚羊 (영양) : 소과에 속하는 짐승. 염소와 비슷하며 암수 모두 뿔이 있음

狑	부수	犬(犭) 총획	8
	좋은 개 **령**

- 狑犬 (영견) : 좋은 개

澧	부수	水(氵) 총획	16
	강 이름 **례**

- 澧澧 (예례) : 물결소리. 파도소리

瀘	부수	水(氵) 총획	19
	강 이름 **로**

- 瀘水 (노수) : 중국의 강이름

潞	부수	水(氵) 총획	15
	강 이름, 고을 이름 **로**

- 潞川 (노천) : 산서성(山西省)에서 발원하는 강

櫓	부수	木 총획	19
	방패 **로**

- 樓櫓 (누로) : 성(城)의 망루

鹵	부수	鹵 총획	11
	소금, 염전 **로**

- 鹵簿 (노부) : 임금이 행차 할 때의 의장. 또는 의장을 갖춘 임금의 행렬
- 鹵田 (노전) : 소금기가 있는 메마른 땅
- 鹵獲 (노획) : 싸워서 적의 군용품을 빼앗는 것

輅	부수	車 총획	13
	수레 **로**

- 輅馬 (노마) : 커다란 말. 임금이 타는 말

彔	부수	彑(彐) 총획	8
	나무깎을 **록**

- 彔木 (녹목) : 나무를 깎는 모양

碌	부수	石 총획	13
	돌모양 **록**

- 阿碌碌 (아록록) : 이것저것 많기는 하나 쓸 만 한 것은 없다는 뜻
- 碌碌 (녹록) : 평범한 모양. 독립심이 없이 남을 붙좇는 모양

국가공인 한자자격시험·사범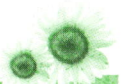

菉	부수 | 艸(⺿)　　총획 | 12
	조개풀 **록**

- 菉竹 (녹죽) : 푸른 대나무

籙	부수 | 竹　　총획 | 22
	책상자 **록**

- 籙圖 (녹도) : 역사에 관한 책

隴	부수 | 阜(阝)　　총획 | 19
	고개 이름 **롱**

- 得隴望蜀 (득롱망촉) : '롱(隴)' 땅을 얻고 나니 '촉(蜀)'을 갖고 싶다' 는 뜻으로 인간의 욕심은 끝이 없음을 이르는 말

壟	부수 | 土　　총획 | 19
	언덕 **롱**

- 丘壟 (구롱) : 산언덕. 조상의 산소
- 壟斷 (농단) : 깎아지른 듯이 높이 솟은 언덕. 이익을 혼자 독차지함

朧	부수 | 月　　총획 | 20
	흐릿할 **롱**

- 朧月 (농월) : 으스름 달
- 朦朧 (몽롱) : 무엇이 흐릿하고 희미하게 보임. 뚜렷하지 않고 흐릿함. 똑똑하지 않고 어렴풋한 의식 상태. 아는 것이 똑똑하지 않고 어렴풋한 상태

誄	부수 | 言　　총획 | 13
	뇌사, 조문 **뢰**

- 誄詞 (뇌사) : 죽은 사람의 명복을 비는 말이나 글. 죽은 이의 생전의 공덕(功德)을 칭송하며 문상하는 말이나 글

磊	부수 | 石　　총획 | 15
	돌무더기 **뢰**

- 磊聲 (뇌성) : 돌무너지는 소리
- 寬弘磊落 (관홍뇌락) : 마음이 너그럽고 활달하여 작은 일에 구애되지 아니함.

罍	부수 | 缶　　총획 | 21
	술독, 대야 **뢰**

- 罍觴 (뇌상) : 술단지와 술잔

瀨	부수 | 水(氵)　　총획 | 19
	여울 **뢰**

- 瀨上 (뇌상) : 여울이 흐르는 물가

耒	부수 | 耒　　총획 | 6
	쟁기 **뢰**

- 耒耜 (뇌사) : 쟁기. 농기구의 한 가지. 뢰(耒)는 쟁기자루, 사(耜)는 쟁기날

2-2 선정한자 익히기

賚	부수 | 貝	총획 | 15
	줄, 하사품 **뢰**	

- 賚賞 (뇌상) : 상을 내림

牢	부수 | 牛	총획 | 7
	우리, 옥 **뢰**	

- 亡羊補牢 (망양보뢰) : '양 잃고 우리를 고친다'는 뜻으로 이미 일을 그르친 뒤에 뉘우쳐도 소용없음을 이르는 말
- 周牢 (주뢰) : '주리'의 본디말
- ※ 주리 : 지난날 죄인을 심문할 때 두 다리를 한데 묶고 그 사이에 두 개의 주릿대를 끼워 비틀던 형벌

廖	부수 | 广	총획 | 14
	공허할 **료**	

- 寂兮廖兮 (적혜요혜) : 형체도 없고 소리도 없다는 뜻

寮	부수 | 宀	총획 | 15
	벼슬아치, 집 **료**	

- 學寮 (학료) : 학교의 기숙사

蓼	부수 | 艸(艹)	총획 | 15
	여뀌 **료**	

- 馬蓼 (마료) : 개여뀌. 여뀌는 마디풀과에 딸린 일년초

聊	부수 | 耳	총획 | 11
	즐길, 귀가울릴 **료**	

- 無聊 (무료) : 탐탁하게 어울리는 맛이 없음. 지루하고 심심함. 조금 부끄러운 생각이 있음

燎	부수 | 火	총획 | 16
	화톳불 **료**	

- 燎火 (요화) : 화톳불

摟	부수 | 手(扌)	총획 | 14
	끌어모을 **루**	

- 摟侯 (누후) : 제후를 끌어 모음

婁	부수 | 女	총획 | 11
	별이름 **루**	

- 婁星 (누성) : 28수(宿)의 16째 별자리에 있는 별들. 주성(主星)은 양자리의 베타성(β星)임

瘻	부수 | 疒	총획 | 16
	부스럼 **루**	

- 痔瘻 (치루) : 항문 또는 직장 부위에 농양이 저절로 터지면서 누공(瘻孔)이 생기고, 고름 따위가 나오는 치질의 하나. 치루(痔漏)

국가공인 한자자격시험·사범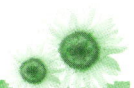

鏤	부수 | 金 총획 | 19
	새길 **루**

- 鏤金細工 (누금세공) : 금으로 정교한 장식품을 만드는 세공
- 彫心鏤骨 (조심누골) : '마음에 새겨지고 뼈에 사무친다'는 뜻으로 '몹시 고심함'을 비유하여 이르는 말

縷	부수 | 糸 총획 | 17
	실 **루**

- 不絶如縷 (부절여루) : 실같이 가늘면서도 끊어지지 아니하고 계속됨
- 一縷 (일루) : 몹시 미약하여 겨우 유지되는 정도의 상태를 비유하여 이르는 말

蔞	부수 | 艸(艹) 총획 | 15
	쑥 **루**

- 瓜蔞 (과루) : 하눌타리. 박과의 여러해살이 덩굴풀

旒	부수 | 方 총획 | 13
	깃발 **류**

- 旗旒 (기류) : 기드림. 지난날 군기(軍旗) 위에 함께 달던 좁고 긴 깃발
- 冕旒冠 (면류관) : 임금이 정복(正服)에 갖추어 쓰던 관

瀏	부수 | 水(氵) 총획 | 18
	맑을 **류**

- 瀏漂 (유표) : 서늘한 모양, 시원한 모양

瑬	부수 | 玉 총획 | 15
	면류관 드리움 **류**

- 瑬玉 (유옥) : 면류관에 드리운 옥

榴	부수 | 木 총획 | 14
	석류나무 **류**

- 石榴 (석류) : 석류나무의 열매. 한방에서 석류 껍질을 약재로 이르는 말. 찹쌀 가루를 반죽할 때 붉은빛을 들여 석류 모양으로 빚은 다음에 기름에 지져 얹음
- 手榴彈 (수류탄) : 손으로 던지는 근접 전투용의 소형 폭탄

溜	부수 | 水(氵) 총획 | 13
	처마물 **류**

- 蒸溜 (증류) : 액체를 가열하여 증기로 만들고, 그것을 식혀서 다시 액체로 만드는 일
- 蒸溜酒 (증류주) : 발효시켜 만든 술을 다시 증류하여 알코올 함유의 비율을 높인 술

瘤	부수 | 疒 총획 | 15
	혹 **류**

- 靜脈瘤 (정맥류) : 정맥의 일부가 혈행(血行) 장애로 말미암아 불룩하게 뭉쳐진 것

勒	부수 | 力 총획 | 11
	굴레 **륵**

- 彌勒菩薩 (미륵보살) : 미래에 미륵불로 나타나 중생을 건지리라는 보살
- 彌勒佛 (미륵불) : 미륵 보살의 후신으로 나타날 장래의 부처

2-2. 선정한자 익히기

2-2 선정한자 익히기

廩 부수 | 广 총획 | 16
곳집, 녹미 **름**
- 倉廩(창름) : 곳집
- 廩廩(늠름) : 위의(威儀)가 바름. 풍채(風采)가 있음
- 廩生(늠생) : 관에서 녹미(祿米)를 받는 학생

稜 부수 | 禾 총획 | 13
밭두둑, 모 **릉**
- 稜線(능선) : 산등성이를 따라 죽 이어진 선
- 斜稜(사릉) : 빗모서리. 각뿔이나 각뿔대의 두 이웃한 빗면이 만나는 모서리

纚 부수 | 糸 총획 | 25
①갓끈 ②머리싸개 ③떨어질 ①리 ②사 ③쇄
- 纚屬(사속) : 연이은 모양

螭 부수 | 虫 총획 | 17
교룡 **리**
- 螭魅(이매) : 산속에 산다는 괴물. 산도깨비
- 蛟螭(교리) : 이무기

詈 부수 | 言 총획 | 12
꾸짖을 **리**
- 詈罵(이매) : 모진 말로 욕하며 꾸짖음

狸 부수 | 犬(犭) 총획 | 10
너구리, 삵 **리**(貍)
- 巖狸(암리) : 바위너구리

浰 부수 | 水(氵) 총획 | 10
다다를, 물소리 **리**
- 浰政(이정) : 임금이 정사를 행함
- 浰浰(이리) : 여울을 흐르는 물소리

釐 부수 | 里 총획 | 18
다스릴 **리**
- 毫釐之差(호리지차) : 근소한 차이
- 毫釐千里(호리천리) : 처음의 근소한 차이가 나중에는 큰 차이가 됨

醨 부수 | 酉 총획 | 18
삼삼한 술 **리**
- 醨酒(이주) : 삼삼한 술. 묽은 술

唎 부수 | 口 총획 | 10
소리 **리**
- 阿唎唎(아리리) : ≪범어≫넓은 들에 사람의 기척이 없는 지경. 교만하여서 모든 사람을 업신여기는 마음

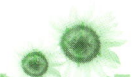

漓	부수 | 水(氵) 총획 | 14
	스며들 리

- 淋漓(임리) : 물이 뚝뚝 떨어지는 모양

羸	부수 | 羊 총획 | 19
	여윌 리

- 羸餒(이뇌) : 지치고 굶주림

鯉	부수 | 魚 총획 | 18
	잉어 리

- 鯉庭(이정) : 자식이 아버지의 교훈을 받는 곳. 공자(孔子)가 그 아들 리(鯉)가 추창(趨蹌)하여 뜰을 지나갈 때, 그를 불러 세우고 시(詩)와 예(禮)를 배워야 한다고 훈계한 고사에서 나온 말

犁	부수 | 牛 총획 | 12
	얼룩소, 쟁기 리(려)

- 犁牛(이우) : 얼룩소
- 犁老(이로) : 검버섯이 난 늙은이

厘	부수 | 厂 총획 | 9
	티끌, 다스릴 리

- 釐 [다스릴 리]의 속자(俗字), 廛 [가게 전]의 속자(俗字)
- 厘 (리) : 소수(小數)의 단위의 하나. '푼(分)'의 10분의 1

浬	부수 | 水(氵) 총획 | 10
	해리 리

- 尺浬(척리) : 해상의 거리를 잼. 1해리(海浬)는 1852m이며, 배의 속도를 나타낼 때에는 1해리를 1노트(knot)라고 함.

藺	부수 | 艸(艹) 총획 | 20
	골풀 린

- 馬藺(마린) : 꽃창포

燐	부수 | 火 총획 | 16
	도깨비불 린

- 鬼燐(귀린) : 도깨비불
- 燐酸(인산) : 오산화인이 여러 가지 방법으로 물과 작용하여 생기는 산을 통틀어 이르는 말

砬	부수 | 石 총획 | 10
	돌소리 립

- 砬聲(입성) : 돌 무너지는 소리

媽	부수 | 女 총획 | 13
	어미 마

- 媽媽(마마) : 어머니를 부르는 말

2-2 선정한자 익히기

麽 부수 | 麻 총획 | 14
잘, 어찌 마
- 麽陋 (마루) : 모습이 비천함
- 麽蟲 (마충) : 작은 벌레

瘼 부수 | 疒 총획 | 16
병들 막
- 瘼然 (막연) : 병든 모습

鏋 부수 | 金 총획 | 19
금 만
- 鏋金 (만금) : 金淨. 순수한 금

彎 부수 | 弓 총획 | 22
굽을 만
- 彎弓 (만궁) : 활을 당김
- 彎月 (만월) : 구붓하게 이지러진 달. 초승달이나 그믐달

饅 부수 | 食 총획 | 20
만두 만
- 饅頭 (만두) : 밀가루를 반죽하여 얇게 밀어 소를 넣고 둥글게 빚은 다음 삶거나 찌거나 기름에 튀겨서 만든 음식

巒 부수 | 山 총획 | 22
메 만
- 奇巒秀峯 (기만수봉) : 기묘하고 빼어난 산
- 巒嶂 (만장) : 병풍같이 직립한 연산(連山)

鰻 부수 | 魚 총획 | 22
뱀장어 만
- 鰻魚 (만어) : 뱀장어

輓 부수 | 車 총획 | 14
끌, 상여소리 만
- 輓歌 (만가) : 상여 소리. 죽은 이를 애도하는 시가
- 輓車 (만거) : 수레를 끎. 또는 끄는 수레.
- 輓章 (만장) : 죽은 이를 슬퍼하여 지은 글. 또는 그 글을 비단이나 종이에 적어 기(旗)처럼 만든 것

抹 부수 | 手(扌) 총획 | 8
바를, 지울 말
- 東塗西抹 (동도서말) : 동쪽에서 바르고 서쪽에서 지운다는 뜻으로, 이리저리 간신히 꾸며 대어 맞춤을 이르는 말
- 抹消 (말소) : 지워 없앰
- 一抹 (일말) : 약간. 조금

襪 부수 | 衣(衤) 총획 | 20
버선 말
- 洋襪 (양말) : 실로 떠서 맨발에 신는 서양식 버선

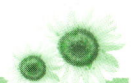

芒	부수 | 艸(⺾) 총획 | 7
	까끄라기 **망**

- 芒種 (망종) : 까끄라기가 있는 곡식. 24절기의 하나, 6월 6일 무렵
- 竹杖芒鞋 (죽장망혜) : 대지팡이와 짚신이라는 뜻으로, 먼 길을 떠날 때의 아주 간편한 차림을 이르는 말

陌	부수 | 阜(阝) 총획 | 9
	두렁 **맥**

- 阡陌 (천맥) : 밭사이의 길. 남북으로 난 것을 '천(阡)', 동서로 난 것을 '맥(陌)'이라 일컬음

驀	부수 | 馬 총획 | 21
	말탈 **맥**

- 驀進 (맥진) : 좌우를 돌아보지 않고 힘차게 나아감

氓	부수 | 氏 총획 | 8
	백성 **맹**

- 難化之氓 (난화지맹) : 교화시키기 어려운 백성
- 愚夫愚氓 (우부우맹) : 어리석은 백성들

冪	부수 | 冖 총획 | 16
	덮을 **멱**

- 冪數 (멱수) : 거듭제곱이 되는 수
- 冪冪 (멱멱) : 구름 따위가 덮여 있는 모양. 음산한 모양

緬	부수 | 糸 총획 | 15
	가는실, 멀 **면**

- 緬禮 (면례) : 무덤을 옮기어 장사를 다시 지내는 일
- 緬憶 (면억) : 아득히 지난 일을 회상함

沔	부수 | 水(氵) 총획 | 12
	물넘칠 **면**

- 沔沔 (면면) : 물의 흐름이 광대한 모양

眄	부수 | 目 총획 | 9
	애꾸눈 **면**

- 顧眄 (고면) : 돌아다 봄. 돌이켜 봄
- 左右顧眄 (좌우고면) : 이쪽저쪽을 돌아본다는 뜻으로, 앞뒤를 재고 망설임을 이르는 말

瞑	부수 | 日 총획 | 14
	어두울 **명** (=冥)

- 瞑途 (명도) : 어두운 길

皿	부수 | 皿 총획 | 5
	그릇 **명**

- 器皿 (기명) : 살림살이에 쓰는 온갖 그릇. 기물

2-2 선정한자 익히기

| 瞑 | 부수 | 目 | 총획 | 15 |
눈감을 명
- 瞑想 (명상) : 고요히 눈을 감고 깊이 생각함
- 死不瞑目 (사불명목) : 한이 깊이 맺혀 죽어도 눈을 감지 못함

| 螟 | 부수 | 虫 | 총획 | 16 |
마디충 명
- 螟蟲 (명충) : 마디충. 명충 나방의 준말

| 蓂 | 부수 | 艸(艹) | 총획 | 14 |
명협 명
- 蓂莢 (명협) : 瑞草(서초)의 이름. 중국 堯(요)임금 때 났었다는 전설 상의 상서로운 풀

| 茗 | 부수 | 艸(艹) | 총획 | 10 |
차싹 명
- 茗宴 (명연) : 차를 마시는 모임

| 梇 | 부수 | 木 | 총획 | 12 |
홈통 명
- 梇器 (명기) : 홈통. 물을 이끄는데 쓰는 길게 골이 진 물건

| 袂 | 부수 | 衣(衤) | 총획 | 9 |
소매 몌
- 袂口 (몌구) : 소맷부리
- 袂別 (몌별) : 섭섭히 헤어짐을 이르는 말

| 眸 | 부수 | 目 | 총획 | 11 |
눈동자 모
- 明眸皓齒 (명모호치) : '맑은 눈과 하얀 이' 라는 뜻으로 미인을 이르는 말
- 眸子 (모자) : 눈동자

| 耄 | 부수 | 老 | 총획 | 10 |
늙은이 모
- 耄老 (모로) : 아주 늙어 빠진 노인

| 摹 | 부수 | 手 | 총획 | 15 |
베낄 모(=摸)
- 摹印 (모인) : 한자의 팔체서의 한 가지. 옥새(玉璽) 글자에 쓰던 글씨체

| 麰 | 부수 | 麥 | 총획 | 17 |
보리 모
- 麰麥 (모맥) : 보리

국가공인 한자자격시험 · 사범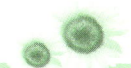

瑁	부수 | 玉　　총획 | 13
	서옥, 바다거북 모

• 玳瑁 (대모) : 거북과의 바다거북의 하나

姆	부수 | 女　　총획 | 8
	여스승 모

• 保姆 (보모) : 왕세자를 가르치고 보육하던 여자. 유치원의 여자 선생. 보육원 등의 아동 복지 시설에서 아동의 보육에 종사하는 여자

芼	부수 | 艸(艹)　　총획 | 8
	풀우거질 모

• 芼羹 (모갱) : 채소와 고기를 섞어서 끓인 국

鶩	부수 | 鳥　　총획 | 20
	집오리 목

• 山鷄野鶩 (산계야목) : 산 꿩과 들오리라는 뜻으로, 성미가 팔팔하여 다잡을 수 없는 사람을 비유하여 이르는 말

矇	부수 | 目　　총획 | 19
	소경 몽

• 矇瞍 (몽수) : 장님. 몽(矇)은 동자 있는 소경. 수(瞍)는 동자가 없는 소경

朦	부수 | 月　　총획 | 18
	풍부할, 흐릴 몽

• 朦朧 (몽롱) : 무엇이 흐릿하고 희미하게 보임. 뚜렷하지 않고 흐릿함

渺	부수 | 水(氵)　　총획 | 12
	아득할 묘

• 渺然 (묘연) : 아득히 넓은 모양. 끝이 없는 모양
• 渺渺 (묘묘) : 아득히 먼 모양

竗	부수 | 立　　총획 | 9
	아름다울, 땅이름 묘

※ 대법원 인명용 한자(2001. 1. 4 추가)

眇	부수 | 目　　총획 | 9
	애꾸눈 묘

• 眇忽 (묘홀) : 아득하여 분별하기 어려움
• 眇目 (묘목) : 애꾸눈. 흘겨봄.
• 眇視跛履 (묘시파리) : '애꾸눈이 잘 보려하고 절름발이가 먼 데를 가려고 한다' 는 뜻

杳	부수 | 木　　총획 | 8
	어두울 묘

• 杳冥 (묘명) : 아득하고 멂. 그윽하고 어두움
• 杳杳 (묘묘) : 멀고 아득함
• 杳然 (묘연) : 소식이 없어 행방을 알 수 없음

2-2 선정한자 익히기

蕪 부수 | 艸(艹) 총획 | 16
거칠어질 **무**
- 荒蕪地 (황무지) : 거칠어진 땅
- 蕪淺 (무천) : 학문·견식이 난잡하고 천박함

誣 부수 | 言 총획 | 14
속일, 무고할 **무**
- 誣告 (무고) : 없는 사실을 거짓으로 꾸며 남을 고발하거나 고소함
- 誣獄 (무옥) : 죄 없는 사람을 무고하여 일으킨 옥사(獄事)
- 惑世誣民 (혹세무민) : 세상 사람을 미혹하게 하여 속임

繆 부수 | 糸 총획 | 17
얽을 **무**
- 綢繆 (주무) : 미리미리 꼼꼼하게 챙겨 갖춤

无 부수 | 无 총획 | 4
없을 **무**
- 无妄卦 (무망괘) : 육십사괘의 하나. 건괘(乾卦)와 진괘(震卦)를 위아래로 놓은 괘. 천하에 우레가 행함을 상징함

廡 부수 | 广 총획 | 15
집, 처마 **무**
- 廡下 (무하) : 처마밑
- 東廡 (동무) : 조선 시대에, 문묘 안의 동쪽에 있던 행각. 여러 유현의 위패를 서무(西廡)와 나누어 모셨음

楙 부수 | 木 총획 | 13
무성할, 모과나무 **무**
- 楙盛 (무성) : 나무가 우거져 성함

雯 부수 | 雨 총획 | 12
구름무늬 **문**
- 雯華 (문화) : 구름의 아름다운 무늬

們 부수 | 人(亻) 총획 | 10
들, 무리 **문**
- 我們 (아문) : 우리

吻 부수 | 口 총획 | 7
입술 **문**
- 口吻 (구문) : 입술. 부리. 말투
- 吻合 (문합) : 입술이 딱 맞음. 사물이 서로 합치됨을 이름

忟 부수 | 心(忄) 총획 | 7
①어지러워질 ②힘쓸 ①문 ②민
- 忞[힘쓸 민]과 같은 글자

	부수 | 水(氵) 총획 | 7		부수 | 糸 총획 | 17
汒	아득할 **몽**	縻	고삐 **미**

• 汒漠(몽막) : 멀고 아득함

• 縻綆(미경) : 줄. 밧줄

	부수 | 黑 총획 | 23		부수 | 木 총획 | 11
黴	곰팡이 **미**	梶	나무 끝 **미**

• 黴菌(미균) : 곰팡이 또는 세균(細菌)

• 梶末(미말) : 나무 끝

	부수 | 女 총획 | 12		부수 | 木 총획 | 13
媚	아첨할 **미**	楣	문미 **미**

• 嬌媚(교미) : 아리따운 태도로 아양을 부림
• 諂媚(첨미) : 아첨하여 아양을 떰

• 門楣(문미) : 문 위에 가로 댄 나무

	부수 | 水(氵) 총획 | 12		부수 | 米 총획 | 17
湄	물가 **미**	糜	죽 **미**

• 湄邊(미변) : 물가

• 糜沸(미비) : 죽이 끓듯이 소란함

	부수 | 弓 총획 | 9		부수 | 攴(攵) 총획 | 9
弭	활고자 **미**	敃	힘쓸 **민**

• 弭口(미구) : 입을 다묾
※ 활고자 : 활의 양 끝 머리. 곧 시위를 매게 된 부분

※ 대법원 인명용 한자(1997.12.2 추가)

2-2 선정한자 익히기

| 忞 | 부수ㅣ心　총획ㅣ8
힘쓸, 어지러울 민 |

- 忞忞(민민) : 어두운 모양. 어지러운 모양
※ 忞은 忟과 동자(同字)

| 緡 | 부수ㅣ糸　총획ㅣ15
낚싯줄 민 |

- 緡錢(민전) : 엽전 따위를 꿰미에 꿴 돈

| 謐 | 부수ㅣ言　총획ㅣ17
고요할 밀 |

- 安謐(안밀) : 평안하고 조용하다
- 靜謐(정밀) : 고요하고 편안함

| 亳 | 부수ㅣ亠　총획ㅣ10
땅이름 박 |

- 亳州(박주) : 중국 지방의 한 이름

| 箔 | 부수ㅣ竹　총획ㅣ14
발 박 |

- 金箔(금박) : 금을 두드려 종이처럼 아주 얇게 늘인 물건
- 銀箔紙(은박지) : 은을 종이처럼 아주 얇게 늘인 것. 흔히 모조 은박이나 기타 금속박을 이용함. 은박(銀箔)

| 雹 | 부수ㅣ雨　총획ㅣ13
우박 박 |

- 雹霜害(박상해) : 우박이나 서리로 말미암은 농작물의 피해
- 雨雹(우박) : 주로 적란운에서 내리는 지름 5mm쯤의 얼음이나 얼음 덩어리. 또는 그것이 내리는 현상. 백우(白雨)
- 風飛雹散(풍비박산) : 사방으로 날아 흩어짐

| 搏 | 부수ㅣ手(扌)　총획ㅣ13
잡을, 칠 박 |

- 脈搏(맥박) : 심장의 박동에 따라 일어나는 동맥벽의 주기적인 파동
- 搏動(박동) : 맥박이 뜀
- 龍虎相搏(용호상박) : 힘이 강한 두 사람이 승부를 겨룸을 비유하여 이르는 말

| 粕 | 부수ㅣ米　총획ㅣ11
지게미 박 |

- 大豆粕(대두박) : 콩깻묵
- 糟粕(조박) : 재강. 학문·서화·음악 등에서 '옛 사람이 다 밝혀 내어 전혀 새로움이 없는 것'을 비유하여 이르는 말
- 酒粕(주박) : 지게미

| 樸 | 부수ㅣ木　총획ㅣ16
통나무 박 |

- 樸訥(박눌) : 꾸밈이 없이 소박하고 말주변이 없음
- 質樸(질박) : 꾸밈이 없이 수수함

| 膊 | 부수ㅣ肉(月)　총획ㅣ14
포 박 |

- 上膊(상박) : '위팔'을 전문적으로 이르는 말
- 二頭膊筋(이두박근) : 상박(上膊) 안쪽에 있는 굴근(屈筋). 팔을 굽혀 펴거나 뒤로 돌리는 데 작용함

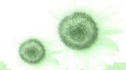

盼
- 부수 | 目　　총획 | 9
- 눈예쁠 **반**

• 盼倩 (반천) : 눈이 시원스럽고 입 언저리에 애교가 있음

攀
- 부수 | 手　　총획 | 19
- 더위잡을 **반**

• 攀龍 (반룡) : 세력 있는 사람의 도움으로 출세하는 일
• 攀龍附鳳 (반룡부봉) : '용을 끌어 잡고 봉황에게 붙는다'는 뜻으로 '세력 있는 사람을 의지하여 붙좇음'을 비유하여 이르는 말
• 攀緣植物 (반연식물) : 반연성(攀緣性)을 가진 덩굴 식물. 포도나무, 담쟁이, 완두 따위

礬
- 부수 | 石　　총획 | 20
- 명반 **반**

• 白礬 (백반) : 칼륨, 암모늄, 나트륨 따위의 1가(價) 금속의 황산염과 알루미늄, 크롬, 철 따위의 3가 금속의 황산염으로 이루어진 복염(複鹽)을 통틀어 이르는 말. 명반(明礬)

拌
- 부수 | 手(扌)　　총획 | 8
- 섞을, 버릴 **반**

• 攪拌 (교반) : 휘저어 한데 섞음
• 拌麵 (반면) : (삶은) 국수에 조미료와 그 밖의 부재료를 섞다
• 拌蚌 (반방) : 대합 조개를 쪼개어 구슬을 취함

蟠
- 부수 | 虫　　총획 | 18
- 서릴 **반**

• 蟠桃 (반도) : 삼천 년만에 한 번씩 열매를 맺는다는 전설상의 복숭아
• 蟠龍 (반룡) : 아직 하늘에 오르지 못하고 땅에 서리고 있는 용

斑
- 부수 | 文　　총획 | 12
- 얼룩 **반**

• 褐斑 (갈반) : 갈색의 반점
• 蒙古斑 (몽고반) : 황색 인종의 어린아이의 엉덩이에서 등에 걸쳐 나타나 있는 푸른 점
• 斑指 (반지) : 한 짝으로만 된 가락지
• 斑竹 (반죽) : 얼룩 무늬가 있는 대나무

槃
- 부수 | 木　　총획 | 14
- 쟁반 **반**

• 涅槃 (열반) : 일체의 번뇌에서 해탈한 불생불멸의 높은 경지. 해탈. 죽음. 특히 석가나 고승의 입적(入寂)을 이르는 말. 적멸(寂滅).멸도(滅度)
• 涅槃宗 (열반종) : 열반의 적극적인 해석을 종지로 삼는 불교의 한 종파. 우리나라에서는 신라 무열왕때 보덕 화상이 개종(改宗)하였음. 시흥종(始興宗)
• 槃才 (반재) : 큰 재능

絆
- 부수 | 糸　　총획 | 11
- 줄 **반**

• 羈絆 (기반) : 굴레. 굴레를 씌우듯 자유를 얽매는 일
• 絆瘡膏 (반창고) : 연고나 붕대 따위를 피부에 붙이기 위하여, 점착성 물질을 발라서 만든 헝겊이나 테이프 따위

泮
- 부수 | 水(氵)　　총획 | 8
- 학교 **반**

• 泮宮 (반궁) : 조선 시대 성균관(成均館)과 문묘(文廟)를 아울러 이르던 말
• 泮蛙 (반와) : '성균관(成均館) 개구리'란 뜻으로 아무 일도 하지 않고 자나깨나 책만 읽는 사람을 농조로 이르는 말
• 泮村 (반촌) : 지난날성균관(成均館) 근처에 있는 동네를 이르던 말

瘢
- 부수 | 疒　　총획 | 15
- 흉터 **반**

• 瘢痕 (반흔) : 상처나 부스럼 따위가 나은 자리에 남은 자국
• 紫瘢 (자반) : 상처가 아문 자리에 한동안 남는 자줏빛 흔적

2-2 선정한자 익히기

胖 | 부수 | 肉(月) 총획 | 9
희생 반 쪽, 갈비살 **반**

- 胖大 (반대) : 살이 쪄서 몸집이 크고 뚱뚱함

魃 | 부수 | 鬼 총획 | 15
가물귀신 **발**

- 炎魃 (염발) : 가물. 가물을 가져온다고 하는 귀신
- 旱魃 (한발) : 가뭄을 맡은 신. 가뭄

撥 | 부수 | 手(扌) 총획 | 15
다스릴 **발**

- 反撥 (반발) : 되받아 퉁겨짐. 상대에 대하여 언짢게 여겨 그에 반항하는 태도를 나타내는 일
- 擺撥 (파발) : 공문을 급히 보내기 위하여 마련한 역참(驛站)

醱 | 부수 | 酉 총획 | 19
술괼, 빚을 **발**

- 醱酵 (발효) : 효모, 세균, 곰팡이 등의 작용으로 유기물이 분해 또는 산화, 환원하여 알코올이나 탄산가스 등으로 변하는 현상
- 醱酵乳 (발효유) : 우유 따위에 유산균이나 효모를 섞어 발효 시켜 만든 유제품. 요구르트 따위

幇 | 부수 | 巾 총획 | 12
곁들, 도울 **방**

- 幇助 (방조) : 어떤 일을 거들어서 도와줌. 남의 범죄나 자살 등을 도와줌
- 自殺幇助罪 (자살방조죄) : 자살의 의사가 있는 사람에게 유형·무형의 편의를 제공하여 자살하게 함으로써 성립하는 죄

枋 | 부수 | 木 총획 | 8
다목 **방**

※ 다목 : 콩과에 속하는 작은 상록교목
- 門地枋 (문지방) : 드나드는 문에서 양쪽 문설주 아래에 가로 댄 나무
- 防風中枋 (방풍중방) : 바람을 막기 위하여 머름처럼 기둥 아래에 낀 중방

磅 | 부수 | 石 총획 | 15
돌 떨어지는 소리 **방**

- 磅磕 (방개) : 천둥 소리

榜 | 부수 | 木 총획 | 14
매, 방 **방**

- 榜目 (방목) : 지난날 과거에 급제한 사람의 성명을 적었던 책
- 榜文 (방문) : 여러 사람에게 널리 알리기 위하여 길거리나 사람이 많이 모이는 곳에 써 붙이는 글
- 司馬榜目 (사마방목) : 조선 때 새로 합격한 진사와 생원의 성명·연령·주소·본적 및 사조(四祖)를 기록한 책
- 春榜 (춘방) : 입춘서(立春書). 입춘대길(立春大吉)

蚌 | 부수 | 虫 총획 | 10
방합 **방**

- 蚌珠 (방주) : 진주(眞珠)
- 蚌鷸之爭 (방휼지쟁) : 방합(蚌蛤)과 도요새가 다투는데, 어부가 와서 방합과 도요새를 다 거두어 갔다는 고사에서 제삼자만 이롭게 하는 다툼을 이르는 말. 견토지쟁(犬兎之爭)

舫 | 부수 | 舟 총획 | 10
배 **방**

- 舫人 (방인) : 배의 주인, 뱃사공

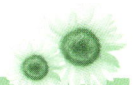

髣	부수 | 髟　　총획 | 14
	비슷할 **방**

- 髣髴(방불) : 매우 비슷한 모양. 희미하여 선명하지 않은 모양. 아득히 보이는 모양

尨	부수 | 尢　　총획 | 7
	삽살개 **방**

- 尨犬(방견) : 삽살개. 털이 북실북실한 개
- 尨大(방대) : 규모나 양이 매우 크거나 많음
- 尨眉皓髮(방미호발) : '반백(斑白)의 눈썹과 흰 머리' 라는 뜻으로, 노인을 이르는 말

蒡	부수 | 艸(艹)　　총획 | 14
	인동덩굴 **방**

- 牛蒡(우방) : 우엉

牓	부수 | 片　　총획 | 14
	패 **방**

- 牓子(방자) : 알현하기 위해 사유를 말하고 이름을 적어내는 서찰(書札)

焙	부수 | 火　　총획 | 12
	불에 쬘 **배**

- 焙籠(배롱) : 화로에 씌워 놓고 기저귀나 젖은 옷 따위를 얹어 말리는 기구

褙	부수 | 衣(衤)　　총획 | 14
	속적삼 **배**

- 褙子(배자) : 저고리 위에 입는 조끼 모양으로 생긴 덧저고리
- 初褙(초배) : 초벌로 하는 도배

胚	부수 | 肉(月)　　총획 | 9
	아이밸 **배**

- 胚(배) : 식물의 씨 속에서 자라 싹눈이 되는 부분. 배아(胚芽). 씨눈

燔	부수 | 火　　총획 | 16
	구울 **번**

- 燔玉(번옥) : 돌가루를 구워 만든 옥
- 燔銀(번은) : 품질이 아주 낮은 은

幡	부수 | 巾　　총획 | 15
	기 **번**

- 幡然開悟(번연개오) : 모르던 일을 갑자기 깨달음
- 幡信(번신) : 기(旗)를 써서 명령을 전함.

藩	부수 | 艸(艹)　　총획 | 19
	덮을 **번**

- 藩國(번국) : 제후의 나라. 번방(藩邦)
- 藩鎭(번진) : 중국 당나라 때의 군직(軍職). 주로 변경 지방의 수비 병정을 통할하였음

# 2-2 선정한자 익히기

樊	부수 | 木	총획 | 15
	울 **번**	

- 樊籬 (번리) : 울. 울타리
- 樊噲 (번쾌) : 한(漢) 고조(高祖)때의 무장. 홍문(鴻門)의 회합에서 고조를 구출하여 통일 후 좌승상에 이르고 무양후(舞陽侯)가 되었다

枫	부수 | 木	총획 | 7
	나무 이름 **범**	

※ 대법원 인명용 한자(1997.12.2 추가)

梵	부수 | 木	총획 | 11
	범어 **범**	

- 梵語 (범어) : 산스크리트어
- 梵鐘 (범종) : 절에서 사람을 모이게 하거나 시각을 알리기 위하여 치는 종
- 梵唄 (범패) : 부처님의 공덕(功德)을 찬양하는 노래

琺	부수 | 玉	총획 | 12
	법랑 **법**	

- 琺瑯 (법랑) : 금속기, 도자기 등의 표면에 구워 올려 윤이 나게 하는 광물을 원류로 한 유약

甓	부수 | 瓦	총획 | 18
	벽돌 **벽**	

- 甓甎 (벽록) : 벽돌

擘	부수 | 手	총획 | 17
	엄지손가락 **벽**	

- 巨擘 (거벽) : 학식이나 전문 기술이 아주 뛰어난 사람
- 雄文巨擘 (웅문거벽) : 웅문(雄文 : 생각이 깊고 기개가 뛰어난 글)에 능한 사람

辟	부수 | 辛	총획 | 13
	①임금, 법 ②피할 ③견줄 ①벽 ②피 ③비	

- 辟命 (벽명) : 임금의 부름. 군주의 소명(召命)
- 辟除 (벽제) : 귀인의 행차에 여러 사람의 통행을 금하여 길을 치우던 일
- 辟世 (피세) : 세상을 피함. 세상을 피해 은둔함

癖	부수 | 疒	총획 | 18
	적병, 버릇 **벽**	

- 怪癖 (괴벽) : 괴이한 버릇
- 盜癖 (도벽) : 남의 것을 훔치는 버릇
- 放浪癖 (방랑벽) : 정처 없이 떠돌아다니기를 좋아하는 버릇

劈	부수 | 刀	총획 | 15
	쪼갤 **벽**	

- 劈開 (벽개) : 쪼개지어 갈라짐. 결정체(結晶體)의 광물이 일정하게 결을 따라 쪼개짐
- 劈頭 (벽두) : 첫머리. 일이 시작된 맨 처음
- 劈破門閥 (벽파문벌) : 인재를 등용함에 있어서 문벌을 가리지 아니함

蘗	부수 | 艸(艹)	총획 | 21
	①황경나무 ②모질 ①벽 ②얼	

- 蘗芽 (벽아) : 그루터기에서 돋아난 싹
※ 황경나무 = 황벽나무. 蘗=檗

檗	부수	木　　총획	17
	황벽나무 **벽**	

- 檗木 (벽목) : 황벽나무. 운향과의 낙엽 교목

抃	부수	手(扌)　　총획	7
	손뼉칠 **변**	

- 抃踊 (변용) : 손뼉을 치며 기뻐 춤을 춤

籩	부수	竹　　총획	25
	제기 이름 **변**	

- 籩豆 (변두) : 제기의 이름
- 撤籩豆 (철변두) : 종묘나 문묘 따위의 제사에서, 그릇을 덮는 제사 차례

駢	부수	馬　　총획	18
	두 필 나란히 할 **변(병)**	

- 駢儷文 (변려문) : 한문체의 한 가지. 주로 4자 또는 6자의 대구(對句)를 많이 써서 읽는 사람에게 미감(美感)을 주는 화려한 문체

鱉	부수	魚　　총획	23
	자라 **별**	

- 鱉甲 (별갑) : 자라의 등딱지. 여자의 혈병(血病)이나 학질, 한열(寒熱) 등에 약재로 쓰임

瞥	부수	目　　총획	17
	언뜻볼 **별**	

- 瞥見 (별견) : 얼른 슬쩍 봄
- 瞥眼間 (별안간) : 눈 깜짝할 동안. 난데없이. 거연히. 갑자기
- 一瞥 (일별) : 한번 흘낏 봄

鼈	부수	黽　　총획	25
	자라 **별**	

- 魚鼈 (어별) : 물고기와 자라. 바다에 사는 동물을 통틀어 이르는 말
- 鼈主簿傳 (별주부전) : 조선후기 판소리계 소설. 토끼전

鈵	부수	金　　총획	16
	판금, 가마솥 **병**	

- 鈵盂 (병우) : 가마솥과 바리

浜	부수	水(氵)　　총획	10
	①갯고랑 ②물가 이름 ①**병** ②**빈**	

- 浜泊 (병박) : 배를 매두는 곳

洑	부수	水(氵)　　총획	9
	나루 **보, 복**	

- 洑 (보) : 논에 물을 대기 위하여 둑을 쌓고 냇물을 끌어들이는 곳
- 洑水稅 (보수세) : 봇물을 이용한 값으로 내는 돈이나 곡식
- 水中洑 (수중보) : 강 속에 물에 잠기게 설치한, 수량 유지를 위한 보

2-2 선정한자 익히기

黼	부수 ¦ 黹 총획 ¦ 19
	무늬, 수놓은옷 보

- 黼衣 (보의) : 도끼 모양의 수를 놓은 천자(天子)의 예복
- 黼帳 (보장) : 흑백(黑白)의 도끼 문양을 수놓은 천자의 휘장

洑	부수 ¦ 水(氵) 총획 ¦ 12
	물막을 보

- 民洑 (민보) : 민간의 힘으로 쌓아서 만든 논의 보

珤	부수 ¦ 玉 총획 ¦ 10
	보배 보

- 珤物 (보물) : 보배로운 물건

簠	부수 ¦ 竹 총획 ¦ 18
	제기 이름 보

- 簠簋 (보궤) : 제기의 이름

匐	부수 ¦ 勹 총획 ¦ 11
	길 복

- 匐枝 (복지) : 땅으로 뻗어 나가면서 곳곳에 새 뿌리를 내리며 자라는 줄기
- 匍匐 (포복) : 배를 땅에 대고 김

幞	부수 ¦ 巾 총획 ¦ 15
	두건 복

- 幞頭匠 (복두장) : 두건을 만드는 장인(匠人)

蔔	부수 ¦ 艸(艹) 총획 ¦ 15
	무 복

- 蔔匏 (복포) : 무와 박. 변변하지 못한 음식

輻	부수 ¦ 車 총획 ¦ 16
	바퀴살 복

- 輻射 (복사) : 열이나 전자기파(電磁氣波)가 물체로부터 바퀴살처럼 내쏘는 현상. 방사(放射)
- 輻射熱 (복사열) : 열복사(熱輻射)로서 방출된 전자기파가 물체에 흡수되어 그 물체를 덥게 하는 경우의 그 에너지. 방사열
- 輻輳 (복주 → 폭주) : 두레바퀴통에 바퀴살이 모이듯 한곳으로만이 몰려듦을 이르는 말

茯	부수 ¦ 艸(艹) 총획 ¦ 9
	복령 복

- 茯苓 (복령) : 불완전 균류의 버섯. 공 모양 또는 둥근 모양의 덩어리로 땅 속에서 소나무 따위의 뿌리에 기생함. 한약재로 쓰임
- 茯神 (복신) : 소나무의 뿌리에 난 복령(茯苓). 이뇨제로 쓰인다.

輹	부수 ¦ 車 총획 ¦ 16
	복토 복

- 輹兎 (복토) : 수레의 바닥 밑에 장치하여 수레와 굴대를 연결 고정하는 나무. 복토(伏兎)

宓	부수|宀	총획|8
	성 복	

- 宓義 (복희) : 중국 고대의 전설상의 제왕. 복희(伏羲)

鍑	부수|金	총획|17
	아가리큰솥 복	

- 鍑形 (복형) : 큰솥 모양

熢	부수|火	총획|15
	연기자욱할 봉	

- 熢氣 (봉기) : 불기운. 화기(火氣)

駙	부수|馬	총획|15
	곁마 부	

- 駙馬都尉 (부마도위) : 고구려, 고려, 조선 시대에 임금의 사위에게 주던 칭호. 국서(國壻)

埠	부수|土	총획|11
	부두 부	

- 埠頭 (부두) : 항구에 배를 대기 위하여 육지에서 바다로 달아 내어 쌓은 곳

咐	부수|口	총획|8
	분부할 부	

- 咐囑 (부촉) : 부탁하여 맡김. 청촉(請囑)
- 吩咐 (분부) : 아랫사람에게 명령을 내림. 분부(分付)

鮒	부수|魚	총획|16
	붕어 부	

- 鮒魚 (부어) : 붕어

俘	부수|人(亻)	총획|9
	사로잡을, 포로 부	

- 俘虜 (부로) : 전쟁때 사로잡은 적

仆	부수|人(亻)	총획|4
	엎드릴 부	

- 仆倒 (부도) : 넘어짐

鳧	부수|鳥	총획|13
	오리 부	

- 鳧燕難明 (부연난명) : '물오리와 제비를 분간하기 어렵다'는 뜻으로, 기러기가 하늘 높이 날고 있는 것을 보고, 어떤 사람은 물오리라 하고, 어떤 사람은 제비라고 한 고사에서 '그 진실을 분간하기 어려움'을 비유하여 이르는 말
- 鳧趨雀躍 (부추작약) : 기뻐서 덩실덩실 춤을 추는 일

2-2 선정한자 익히기

| 艀 | 부수 | 舟 | 총획 | 13 |
작은배 부

- 艀艇 (부정) : 거룻배

| 缶 | 부수 | 缶 | 총획 | 6 |
장군 부

- 缶 (부) : 진흙으로 구워 화로같이 만든 악기. 아홉 조각으로 쪼개진 대나무 채로 변죽을 쳐서 소리를 냄. 질장구의 속칭
- 缶器 (부기) : 배가 넓고 아가리가 좁게 된 질그릇의 하나

| 趺 | 부수 | 足(⻊) | 총획 | 11 |
책상다리 할 부

- 結跏趺坐 (결가부좌) : 앉는 법의 한 가지. 오른발을 왼편 넓적다리 위에 놓은 뒤, 왼발을 오른편 넓적다리 위에 놓고 앉음
- 龜趺 (귀부) : 거북 모양으로 만든 비석의 받침돌
- 石趺 (석부) : 부좌(趺坐)나 비석 받침 따위의 돌로 만든 받침대

| 莩 | 부수 | 艸(⺿) | 총획 | 11 |
풀 이름 부

- 莩甲 (부갑) : 싹이 남. 순이 돋음

| 祔 | 부수 | 示 | 총획 | 10 |
합사할 부

- 祔祭 (부제) : 3년상을 마친 뒤에 그 신주를 그의 조상의 신주곁에 모실 때 지내는 제사

| 扮 | 부수 | 手(扌) | 총획 | 7 |
꾸밀 분

- 扮飾 (분식) : 몸치장
- 扮裝 (분장) : 몸을 매만져 꾸밈

| 吩 | 부수 | 口 | 총획 | 7 |
뿜을, 분부할 분

- 嚴吩咐 (엄분부) : 엄한 분부. 엄칙(嚴飭)
- 吩咐 (분부) : 분부(分付)의 속자(俗字)

| 賁 | 부수 | 貝 | 총획 | 12 |
①클 ②꾸밀 ①분 ②비

- 賁墉 (분용) : 대궐의 담
- 賁鼓 (분고) : 길이가 팔척(八尺)인 큰 북

| 苯 | 부수 | 艸(⺿) | 총획 | 9 |
풀떨기로날 분

- 苯䔿 (분준) : 풀이 떨기로 남

| 盼 | 부수 | 日 | 총획 | 8 |
햇빛 분

- 盼光 (분광) : 햇빛

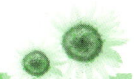

佛	부수 | 彳	총획 | 8
	비슷할 **불**	

- 彷佛 (방불) : 비슷함

黻	부수 | 黹	총획 | 17
	수 **불**	

- 黻冕 (불면) : 불(黻)은 가죽으로 만든 폐슬(蔽膝), 면(冕)은 관(冠). 제복(祭服)을 이름.
- 黻翣 (불삽) : 발인(發靷) 때 상여 앞뒤에 들고 가는 제구

市	부수 | 巾	총획 | 4
	슬갑 **불**	

- 市甲 (불갑) : 무릎 덮개. 앞치마

繃	부수 | 糸	총획 | 17
	묶을 **붕**	

- 繃帶 (붕대) : 상처나 부스럼에 감는 소독된 면포, 거즈 등의 좁고 길게 오린 조각
- 石膏繃帶 (석고붕대) : 깁스 붕대

硼	부수 | 石	총획 | 13
	붕사 **붕**	

- 硼砂 (붕사) : 붕산 나트륨의 백색 결정체. 방부제, 에나멜, 특수 유리의 원료로 씀
- 硼酸 (붕산) : 무색, 무취의 진주 광택이 나는 비늘 모양의 결정. 더운물에 잘 녹고 약한 산성을 띰. 방부제, 소독제로 씀

棚	부수 | 木	총획 | 12
	시렁 **붕**	

- 大陸棚 (대륙붕) : 대륙이나 큰 섬 주위의 바다 깊이가 200m까지의 완만한 경사면

沘	부수 | 水(氵)	총획 | 7
	강이름 **비**	

- 沘水 (비수) : 강이름

憊	부수 | 心	총획 | 16
	고달플 **비**	

- 困憊 (곤비) : 괴롭고 지침. 곤궁하고 피로함
- 憊眩 (비현) : 피곤하여 정신이 어지러움

轡	부수 | 車	총획 | 22
	고삐 **비**	

- 轡銜 (비함) : 고삐와 재갈

沸	부수 | 水(氵)	총획 | 8
	끓을 **비**	

- 沸騰 (비등) : 액체가 끓어오름. 물 끓듯 일어남
- 沸點 (비점) : 끓는점

2-2 선정한자 익히기

蜚	부수ㅣ虫 총획ㅣ14
	날, 메뚜기 **비**

- 三年不蜚 (삼년불비) : 삼년동안 한번도 날지 않는다는 뜻으로, 후일에 웅비(雄飛)할 기회를 기다림을 이르는 말
- 流言蜚語 (유언비어) : 아무 근거 없이 널리 퍼진 소문. 터무니없이 떠도는 말. 뜬소문. 도청도설(道聽塗說)

髀	부수ㅣ骨 총획ㅣ18
	넓적다리 **비**

- 髀肉之歎 (비육지탄) : '넓적다리를 보고 탄식한다'는 뜻으로, 영웅이 때를 만나지 못해 자신의 뜻을 이루지 못하는 것에 대한 탄식을 이르는 말

霏	부수ㅣ雨 총획ㅣ16
	눈 펄펄내릴 **비**

- 霏霏 (비비) : 비나 눈이 몹시 내리는 모양

篚	부수ㅣ竹 총획ㅣ16
	대광주리 **비**

- 篚筥 (비거) : 대 광주리

俾	부수ㅣ人(亻) 총획ㅣ10
	더할, 흘겨볼 **비**

- 俾倪 (비예) : 흘겨봄. 곁눈질하여 봄

毗	부수ㅣ比 총획ㅣ9
	도울 **비**(=毘)

- 毗盧遮那佛 (비로자나불) : 연화장(蓮華藏) 세계에 살며 그 몸은 법계(法界)에 두루 차서 큰 광명을 내비치어 중생을 제도하는 부처

裨	부수ㅣ衣(衤) 총획ㅣ13
	도울 **비**

- 寄與補裨 (기여보비) : 이바지하여 돕고 모자람을 보탬
- 裨益 (비익) : 보태고 늘여 도움이 되게 함
- 裨將 (비장) : 조선 시대의 관직. 감사(監司), 유수(留守), 병사(兵使), 수사(水使), 견외사신(遣外使臣)을 따라다니던 무관

圮	부수ㅣ土 총획ㅣ6
	무너질 **비**

- 圮缺 (비결) : 무너지고 이지러짐

翡	부수ㅣ羽 총획ㅣ14
	물총새 **비**

- 翡色 (비색) : 고려 청자와 같은 푸른 빛깔
- 翡翠 (비취) : 물총새, 자주호반새와 물총새의 병칭(竝稱). 짙은 초록색의 경옥(硬玉). 빛이 아름다워 보석으로 쓰임. 비취옥(翡翠玉)
- ※ 翡(비) : 물총새의 수컷. 翠(취) : 물총새의 암컷

砒	부수ㅣ石 총획ㅣ9
	비상 **비**

- 砒霜 (비상) : 비석(砒石)에 열을 주어 승화시켜서 얻은 결정체. 무서운 독이 있음
- 砒素 (비소) : 금속 광택이 나는 결정성(結晶性)의 무른 고체 원소

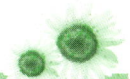

榧	부수 | 木 총획 | 14
	비자나무 비

- 榧子 (비자) : 비자나무의 열매. 촌충 약으로 효과가 있음

痺	부수 | 疒 총획 | 13
	저릴, 각기, 암 메추라기 비

- 痲痺 (마비) : 신경이나 근육이 정상적인 기능을 잃어 몸의 일부나 전부가 감각이 없어지는 상태. 어떤 사물이 본래의 기능을 잃어 제대로의 구실을 못 하게 되는 상태
- 腦性痲痺 (뇌성마비) : 태아기의 감염 발육 장애, 출생시의 뇌 손상, 신생아기의 중증 황달이나 수막염 등에 의해, 뇌의 운동 중추가 침범 당하여 운동 장애를 일으킨 것의 총칭

菲	부수 | 艸(艹) 총획 | 12
	엷을, 무성할 비

- 菲禮 (비례) : 변변하지 못한 예물
- 淺學菲才 (천학비재) : 배운 바가 얕고 재주가 없다는 뜻으로 자기의 학식을 겸손하게 이르는 말

斐	부수 | 女 총획 | 11
	오락가락할 비

- 斐斐 (비비) : 오락가락하는 모양

妣	부수 | 女 총획 | 7
	죽은 어미 비

- 考妣 (고비) : 죽은 아비와 죽은 어미

秕	부수 | 禾 총획 | 9
	쭉정이 비

- 秕糠 (비강) : 쭉정이와 겨. 남은 찌꺼기
- 秕政 (비정) : 국민을 괴롭히는 나쁜 정치. 악정(惡政)

粃	부수 | 米 총획 | 10
	쭉정이 비

- 粃糠 (비강) : 쭉정이와 겨. 하찮은 물건. 변변하지 못한 음식
- 粃糠疹 (비강진) : 피부에 생기는 쌀겨와 비슷한 비늘. 특히 머리 비듬을 이름

玭	부수 | 玉 총획 | 8
	구슬 이름 빈

- 玭玉 (빈옥) : 회수(淮水)에서 나는 아름다운 소리가 나는 돌

瀕	부수 | 水(氵) 총획 | 19
	물가, 임박할 빈

- 瀕死 (빈사) : 거의 죽을 지경에 이름
- 瀕海 (빈해) : 지역이 바다에 가까움

檳	부수 | 木 총획 | 18
	빈랑나무 빈

- 檳榔 (빈랑) : 빈랑나무. 빈랑나무의 열매. 성질은 온(溫)하며 심복통(心腹痛), 각기충심(脚氣衝心), 적취(積聚), 설사, 두통 등에 쓰며 구충제로도 씀

2-2 선정한자 익히기

鬢	부수 | 髟 총획 | 24
	살쩍, 귀밑털 빈

- 鬢毛 (빈모) : 살쩍. 귀밑털
- 鬢絲 (빈사) : 흰 살쩍. 노인의 백발을 이름

殯	부수 | 歹 총획 | 18
	염할 빈

- 殯宮 (빈궁) : 발인(發靷)할 때까지 왕세자나 세자비의 관을 모시던 곳
- 殯所 (빈소) : 상여가 나갈 때까지 관을 놓아두는 방

嚬	부수 | 口 총획 | 19
	찡그릴 빈

- 嚬蹙 (빈축) : 눈살을 찌푸리고 얼굴을 찡그림
- 一嚬一笑 (일빈일소) : 사람의 감정이나 표정이 때때로 변하는 것을 이르는 말

騁	부수 | 馬 총획 | 17
	달릴 빙

- 馳騁 (치빙) : 말을 타고 달림. 부산하게 이곳 저곳 돌아다님

娉	부수 | 女 총획 | 10
	장가들 빙

- 娉命 (빙명) : 혼인(婚姻)의 약속. 혼약(婚約)

俟	부수 | 人(亻) 총획 | 9
	기다릴 사

- 不俟 (불사) : 기다리지 아니함
- 靜而俟之 (정이사지) : 가만히 기다림

蓑	부수 | 艸(艹) 총획 | 14
	도롱이 사

- 綠蓑衣 (녹사의) : 도롱이

姒	부수 | 女 총획 | 8
	동서 사

- 姒婦 (사부) : 손아랫동서가 손윗동서를 이르는 말
- 姒娣 (사제) : 손윗동서와 손아랫동서

槎	부수 | 木 총획 | 14
	①떼 ②나무벨 ①사 ②차

耜	부수 | 耒 총획 | 11
	보습 사

- 耒耜 (뇌사) : 쟁기

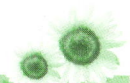

梭	부수ㅣ木　　총획ㅣ11
	북 사

- 梭杼 (사저) : 베짜는 북

麝	부수ㅣ鹿　　총획ㅣ21
	사향노루 사

- 麝鹿 (사록) : 사향노루
- 麝香 (사향) : 사향노루 수컷의 하복부에 있는 향낭을 쪼개어 말린 흑갈색의 가루

柶	부수ㅣ木　　총획ㅣ9
	수저 사

- 擲柶 (척사) : 윷. 윷놀이

僿	부수ㅣ人(亻)　　총획ㅣ15
	잘게 부술 사

- 星湖僿說 (성호사설) : 조선 숙종 때의 학자 성호(星湖) 이익(李瀷)이 지은 책. 천지·만물·인사(人事)·경사(經史)·시문(詩文) 등으로 나누어, 그의 해박한 실학적 논술을 모은 내용

些	부수ㅣ二　　총획ㅣ7
	적을 사

- 些略 (사략) : 사소하고 간략함
- 些少 (사소) : 하잘것없이 작거나 적음. 하찮음. 사세(些細)

駟	부수ㅣ馬　　총획ㅣ15
	사마 사

- 駟馬 (사마) : 네 필의 말이 끄는 수레 또는 그 네 필의 말
- 安車駟馬 (안거사마) : 네 필의 말이 끄는 호화로운 안거(安車)
- 駟不及舌 (사불급설) : '아무리 빠른 사마(駟馬)도 혀를 놀려 하는 사람의 말을 따르지 못한다' 는 뜻

佘	부수ㅣ人　　총획ㅣ7
	산 이름 사

- 佘山 (사산) : 중국 강소성에 있는 산

伺	부수ㅣ人(亻)　　총획ㅣ7
	엿볼 사

- 窺伺 (규사) : 기회를 엿봄. 눈치를 살핌
- 伺察 (사찰) : 은근히 엿보아 살핌
- 伺候 (사후) : 웃어른의 분부를 기다림. 웃어른을 뵙고 문안을 드림

乍	부수ㅣ丿　　총획ㅣ5
	잠깐 사

- 乍晴 (사청) : 오던 비가 그치고 잠깐 갬
- 猝乍間 (졸사간) : 갑작스러운 짧은 동안

渣	부수ㅣ水(氵)　　총획ㅣ12
	찌끼 사

- 渣滓 (사재) : 찌끼
- 殘渣 (잔사) : 잔재(殘滓)

2-3 단문 읽기

瓜田不納履하고 李下不整冠이라

<文選> 오이밭에서는 신을 고쳐 신지 말고 오얏나무 아래에서는 갓 끈을 고쳐 매지 마라.

勤爲無價之寶요 愼是護身之符라

<明心寶鑑> 근면함은 값으로 따질 수 없는 보배이고 신중함은 몸을 보호하는 부적이다.

陷之死地而後에 生하고 置之亡地而後에 存이라

<史記> 사지에 빠트린 뒤에야 살고 죽을 곳에 놓여진 뒤에야 생존한다.

虎不知獸畏己而走也하고 以爲畏狐也러라

<戰國策> 호랑이는 짐승들이 자기를 두려워하여 달아나는 줄 모르고 여우를 두려워한 것이라고 여겼다.

猫項에 誰能爲我懸鈴耶아

<古今笑叢> 고양이 목에 누가 우리를 위하여 방울을 달겠느냐.

罔談彼短하고 靡恃己長하라

<千字文> 다른 사람의 단점을 말하지 말고 자기의 장점을 믿지 말라.

天生蒸民하사 有物有則이로다

<詩經> 하늘이 많은 백성을 나게 하셨으니 일이 있으면 법칙이 있도다.

關雎는 樂而不淫하고 哀而不傷이라

<論語> 『시경』의 '관저' 편은 즐거우면서도 지나치지 않고, 슬프면서도 몸을 상하게 하지 않는다.

民欲與之偕亡이면 雖有臺池鳥獸나 豈能獨樂哉리잇고

<孟子> 백성들이 함께 망하기를 바란다면 비록 누대와 연못, 새와 짐승이 있다 하나 어찌 혼자서 즐길 수 있으리오.

生財有大道하니 生之者衆하고 食之者寡하며 爲之者疾하고 用之者舒하면 則財恒足矣리라

<大學> 재물을 생산함이 큰 도가 있으니, 생산하는 자가 많고 먹는 자가 적으며, 하기를 빨리 하고 쓰기를 느리게 하면 재물이 항상 풍족할 것이다.

2-3 단문 읽기

致中和면 天地位焉하며 萬物育焉이니라

<中庸> 중과 화를 지극히 하면 천지가 제자리를 편안히 하고 만물이 잘 자라게 될 것이다.
(희로애락은 정이요 이것이 發하지 않은 것은 바로 性이니, 편벽되고 치우친 바가 없으므로 中이라 이르며 발함에 절도에 맞는 것은 情의 올바름이니 어그러지는 바가 없으므로 和라고 한다)

身體髮膚는 受之父母라 不敢毁傷이 孝之始也요 立身行道하여 揚名於後世하여 以顯父母가 孝之終也라

<孝經> 몸과 머리털과 살갗은 부모에게 받았다. 감히 훼손하여 다치지 않게 하는 것이 효의 시작이다. 입신하여 도를 행하여 후세에 이름을 날려 부모를 드러나게 하는 것이 효의 마침이다.

質勝文則野요 文勝質則史니 文質이 彬彬然後에 君子니라

<論語> 質(본바탕)이 文(아름다운 외관)을 이기면 촌스럽고, 文이 質을 이기면 史(겉치레만 잘함)하니, 문과 질이 적당히 배합된 뒤에야 군자이다.

君子之道는 辟(譬)如行遠必自邇하며 辟如登高必自卑니라

<中庸> 군자의 도는 비유하면 먼 곳을 갈때는 반드시 가까운 데로부터 하며, 높은 데 오를 때는 반드시 낮은 데로부터 함과 같다.

天之生物이 必因其材而篤焉하나니 故栽者培之하고 傾者覆之라

<中庸> 하늘이 물건을 낼 적에는 반드시 그 재질을 따라 돈독히 한다. 그러므로 심은 것은 북돋워주고 기운 것은 엎어버리는 것이다.

今天下 車同軌하며 書同文하며 行同倫이니라

<中庸> 지금 천하에 수레는 수레바퀴의 치수가 같으며 글은 문자가 같으며 행동은 차례가 같다.

齒以强折하고 舌以柔存하니 柔能勝剛이요 弱能勝强이라

<老子> 이는 굳세기 때문에 부러지고 혀는 부드럽기 때문에 보존되니, 부드러운 것은 굳센 것을 이길 수 있으며 약한 것은 강한 것을 이길 수 있다.

擧直錯諸枉이면 能使枉者直이니라

<論語> 정직한 사람을 들어 쓰고 모든 부정한 사람을 버리면 부정한 자로 하여금 곧게 할 수 있는 것이다.

欲速則不達하고 見小利則大事不成이니라

<論語> 빨리 하려고 하면 제대로 하지 못하고 조그만 이익을 보면 큰 일을 이루지 못한다.

倚南窓以寄傲하니 審容膝之易安이라

<古文眞寶> 남쪽 창가에 기대어 자유스러움을 부치니 무릎을 용납할 만한 곳이 편안하기 쉬움을 알았노라

2-4 한시 감상

關雎 (관저)

關關雎鳩가	관관히 우는 저 구새
在河之洲로다	하수의 모래섬에 있도다
窈窕淑女는	요조한 숙녀
君子好逑로다	군자의 좋은 짝이로다
參差荇菜를	들쭉날쭉한 마름 나물을
左右流之로다	좌우로 물길따라 취하도다
窈窕淑女를	요조한 숙녀를
寤寐求之로다	자나깨나 구하도다
求之不得이라	구하여도 얻지 못하는지라
寤寐思服하여	자나깨나 생각하고 그리워하여
悠哉悠哉라	아득하고 아득해라
輾轉反側하노라	전전하며 반측하노라

감상 <관저>는 『詩經』의 《國風》<周南> 편 첫 머리에 나오는 시. 「毛序」에 '후비의 덕을 읊었고 風化의 시초이니 천하를 風動하고 부부를 바로 잡는 것이다.' 라고 하였으며, 공자는 '樂而不淫 哀而不傷'이라고 평하였다.

江村 (강촌)

―杜甫(두보)―

淸江一曲抱村流하니	맑은 강 한 굽이 마을을 끼고 흐르니
長夏江村事事幽라	긴 여름 강촌 일마다 한가하다
自去自來堂上燕이요	절로 가며 오는 것은 집 위 제비요
相親相近水中鷗라	서로 친하며 가까운 것은 물 가운데 갈매기로다
老妻畵紙爲碁局하고	늙은 아내는 종이 그려 장기판을 만들고
稚子敲針作釣鉤라	어린 아들은 바늘 두드려 낚싯바늘 만드네
多病所須唯藥物이니	숱한 병에 필요한 것은 오직 약물이니
微軀此外更何求리오	보잘 것 없는 몸 이 밖에 다시 무엇을 구하리오

형식 7언율시
표현 대조, 대구, 풍자, 상징법, 선경후정, 원근법 구성, 세태 풍자
운자 流, 幽, 鷗, 鉤, 求
주제 긴 여름 강촌의 삶, 지족(知足)의 삶(安分知足), 인간 생활의 세태 풍자

有客 (유객)

―金時習(김시습)―

有客淸平寺하며	나그네 청평사에 들렀네
春山任意遊라	봄 산에 자유로이 노니노라
鳥啼孤塔靜하고	산새 지저귀는데 외로운 탑은 고요하기만 하고,
花落小溪流라	꽃잎이 떨어져도 작은 시냇물 절로 흐르네.
佳菜知時秀하고	아름다운 나물은 때를 알아 돋아나고
香菌過雨柔라	향기로운 버섯은 비를 맞아 더욱 부드럽다
行吟入仙洞하니	흥얼거리며 선동으로 들어서니
消我百年憂라	나의 백년 근심이 사라진다

- **형식** 5언율시
- **수사법** 대구법
- **운자** 遊, 流, 柔, 憂
- **주제** 산 속에서 봄의 정취를 느낌

訪金居士野居 (방김거사야거)

―鄭道傳(정도전)―

秋陰漠漠四山空한대	가을 구름도 떠가고 온 산은 고요한데
落葉無聲滿地紅이라	나뭇잎 소리 없이 떨어지니 온 땅은 붉기만 하네
立馬溪橋問歸路하니	시냇가 다리 위에 말을 세우고 돌아가는 길을 물으니
不知身在畵圖中이라	모르겠구나, 이 몸이 한 폭의 그림 속에 있는지를

- **형식** 7언절구
- **운자** 空, 紅, 中
- **주제** 산골 가을의 아름다운 풍경
- **감상** 거사를 찾아가는 산골의 가을 풍경이 그림같이 아름다워 그 경치에 도취되었음을 읊은 것임

閨情 (규정)

―李玉峯(이옥봉)―

有約來何晩고	약속을 하고도 왜 이리 늦으시나
庭梅欲謝時라	뜨락의 매화도 시들려고 하는데
忽聞枝上鵲하고	문득 가지 위의 까치 소리를 듣고서
虛畵鏡中眉로다	부질없이 거울보며 눈썹 그려요

- **형식** 5언절구
- **운자** 時, 眉
- **주제** 오지 않는 님에 대한 기다림

2-5 고전 읽기

<師說>
−韓愈(한유)−

古之學者는 必有師니 師者는 所以傳道授業解惑也라. 人非生而知之者니 孰能無惑이리요. 惑而不從師면 其爲惑也는 終不解矣라. 生乎吾前하여 其聞道也가 固先乎吾면 吾從而師之요 生乎吾後라도 其聞道也가 亦先乎吾면 吾從而師之라. 吾師道也니 夫庸知其年之先後生於吾乎리요.

是故로 無貴無賤하고 無長無少요 道之所存이 師之所存也라.

嗟呼라. 師道之不傳也가 久矣니 欲人之無惑也가 難矣라. 古之聖人은 其出人也가 遠矣로대 猶且從師而問焉이어늘 今之衆人 其下聖人也가 亦遠矣로대 而恥學於師하니 是故로 聖益聖하고 愚益愚라, 聖人之所以爲聖과 愚人之 所以爲愚는 其皆出於此乎인저. 愛其子하여는 擇師而敎之로되 於其身也엔 則恥師焉하니 惑矣로다. 彼童子之師는 授之書而習其句讀者也니 非吾所謂傳其道解其惑者也라 句讀之不知와 惑之不解에 或師焉하고 或不焉하여 小學而大遺하니 吾未見其明也로라.

『古文眞寶』

해석 옛날 배우는 자들은 반드시 스승이 있었으니, 스승이란 도를 전하고 학업을 가르쳐주고 의혹을 풀어주는 것이다. 사람이 나면서부터 아는 자가 아닐진대 그 누가 의혹이 없겠는가? 의혹이 있으면서 스승을 따라 배우지 않는다면 그 의혹은 끝내 풀리지 않을 것이다. 나보다 앞에 태어나서 도를 들음이 진실로 나보다 먼저라면 나는 따라서 그를 스승으로 삼을 것이요, 나보다 뒤에 태어났더라도 도를 들음이 또한 나보다 먼저라면 내 따라서 그를 스승으로 삼을 것이다. 나는 도를 스승으로 삼으니, 대저, 어찌 그 나이가 나보다 먼저 태어나고 뒤에 태어남을 따지겠는가.

 이렇기 때문에 신분의 귀천도 없으며 나이의 많고 적음도 없고 도가 있는 곳은 스승이 있는 곳이다.

 아! 슬프다. 스승의 도가 전해지지 못한 지 오래되었으니, 사람들이 의혹함이 없게 하고자 하나 어려운 것이다. 옛날에 성인은 보통사람보다 뛰어남이 월등하였으나 오히려 스승을 좇아 물었는데, 지금의 중인들은 성인보다 낮음이 또한 월등하나 스승에게 배우기를 부끄러워한다. 이 때문에 성인은 더욱 성스러워지고 어리석은 사람은 더욱 어리석어지니, 성인이 성인이 되신 이유와 어리석은 사람이 어리석은 사람이 된 이유는 그 모두 여기에서 나온 것이다.

 그 자식을 사랑함에는 스승을 가려 가르치되 자기 자신에게 있어서는 스승삼기를 부끄러워하니, 이는 미혹된 것이다. 저 동자의 스승은 책을 가르쳐주어 구두를 익히게 하는 자이니, 내가 말하는 도를 전하고 의혹을 풀어준다는 자는 아니다. 구두를 알지 못함과 의혹을 풀지 못함에 혹은 스승삼고 혹은 스승삼지 아니하여 작은 것은 배우고 큰 것은 버리니, 나는 그 현명함을 보지 못하겠다.

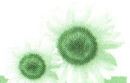

<通商惠工>

-朴齊家(박제가)-

我國은 國小而民貧하니 今耕田疾作하고 用其賢才하고 通商惠工하고 盡國中之利라도 猶患不足이요 又必通遠方之物而後라야 貨財殖焉이요 百用生焉이라 夫百車之載가 不及一船이오 陸行千里가 不如舟行萬里之爲便利也라 故通商者는 又必以水路爲貴라 我國은 三面이 環海하니 西距登萊가 直線六百餘里며 南海之南은 則吳頭楚尾之相望也라.

『北學議』

해석 우리나라는 나라가 작고 백성이 가난하니 지금 부지런히 농사를 짓고, 현명한 인재를 등용하며, 상업을 유통시키고 공업에 혜택을 주어 나라의 이익을 다 하더라도 오히려 부족할까 근심이다. 이에 또 반드시 먼 지방의 물자가 통한 이후라야 재화와 재물이 증식되고, 온갖 용품이 생겨난다. 무릇 백 수레의 싣는 양이 한 배에 미치지 못하고, 육지로 천리 가는 것이 배로 만 리를 가는 편리함만 못한 것이다. 때문에 통상하는 사람은 반드시 물길을 귀하게 여긴다. 우리나라는 3면이 바다로 둘러싸여 있으니 서쪽으로 등주(登州), 내주(萊州)와의 거리가 직선으로 600여 리이며 남해의 남쪽은 오(吳)의 머리, 초(楚)의 꼬리 부분과 서로 바라보고 있다.

2-5 고전 읽기

<春夜宴桃李園序>
-李白(이백)-

夫天地者는 萬物之逆旅요 光陰者는 百代之過客이라. 而浮生이 若夢하니 爲歡이 幾何오 古人秉燭夜遊가 良有以也로다. 況陽春은 召我以煙景하고 大塊는 假我以文章이라. 會桃李之芳園하야 序天倫之樂事하니 群季俊秀는 皆爲惠連이어늘 吾人詠歌는 獨慙康樂이라. 幽賞이 未已에 高談이 轉淸하야 開瓊筵以坐花하고 飛羽觴而醉月하니 不有佳作이면 何伸雅懷리오 如詩不成이면 罰依金谷酒數하리라.

『古文眞寶』

해석 무릇 천지는 만물의 나그네를 맞는 객사요, 세월은 백대의 지나가는 길손이다. 부평초같은 인생이 꿈과 같으니, 기쁨을 즐기는 것이 얼마나 되겠는가. 옛 사람이 촛불을 잡고 밤에 논 것은 진실로 이유가 있었도다. 더구나 화창한 봄이 나를 아지랑이 경치로 부르고, 천지가 나에게 아름다운 문장을 빌려주었다. 복사꽃과 오얏꽃이 핀 아름다운 동산에 모여 천륜(天倫)의 즐거운 일을 펴니, 준수한 여러 아우들은 모두 사혜련이 되었는데 나의 읊고 노래함은 홀로 강락(康樂) 사령운(謝靈運)에 부끄럽다. 그윽한 감상이 그치지 않음에 고상한 담론이 더욱 맑아진다. 아름다운 자리를 펴 꽃 앞에 앉고, 술잔을 날려 달 아래 취하니, 아름다운 문장이 있지 않다면 어찌 고상한 회포를 펴겠는가. 만일 시를 짓지 못한다면 벌주는 금곡(金谷)의 술잔 수를 따르리라.

** 群季俊秀 … 獨慙康樂 康樂은 東晋 때 강락후에 봉해진 謝靈運으로 그는 특히 文才가 뛰어난 族弟 惠連을 사랑하였다. 여기서는 이백이 '여러 아우들은 옛날 謝惠連과 같이 훌륭한데, 자신은 사령운과 같지 못하여 부끄럽다'는 뜻이다.

** 罰依金谷酒數 … 금곡은 晋나라 石崇의 동산으로, 석숭은 여기에서 손님들에게 잔치를 베풀면서 시부를 짓지 못하는 자에게는 벌주 세 말을 먹인 고사가 있다.

<擊蒙要訣>

-李 珥(이 이)-

凡讀書者 必端拱危坐하여 敬對方冊하여 專心致志하고 精思涵泳하여 深解義趣하고 而每句에 必求踐履之方이니 若口讀而心不體 身不行이면 則書自書 我自我니 何益之有리오. 先讀小學하여 於事親敬兄忠君弟長隆師親友之道에 一一詳玩而力行之할지니라. 次讀大學及或問하여 於窮理正心修己治人之道에 一一眞知而實踐之할지니라. 次讀論語하여 於求仁爲己涵養本源之功에 一一靜思而深體之할지니라. 次讀孟子하여 於明辨義利遏人慾存天理之說에 一一明察而擴充之할지니라. 次讀中庸하여 於性情之德과 推致之功과 位育之妙에 一一玩索而有得焉할지니라. 次讀詩經하여 於性情之邪正과 善惡之褒戒에 一一潛繹하여 感發而懲創之할지니라.

次讀禮經하여 於天理之節文과 儀則之度數에 一一講究而有立焉할지니라. 次讀書經하여 於二帝三王 治天下之大經大法에 一一領要而遡本焉할지니라. 次讀易經하여 於吉凶存亡進退消長之機에 一一觀玩而窮研焉할지니라. 次讀春秋하여 於聖人 賞善罰惡抑揚操縱之微辭奧義에 一一精研而契悟焉할지니라. 凡讀書에 必熟讀一冊하여 盡曉義聚貫通하여 無疑然後에 乃改讀他書니 不可貪多務得하여 忙迫涉獵也니라.

해 석 무릇 책을 읽는 자는 반드시 단정히 손을 모으고 무릎을 꿇고 앉아서 공경히 책을 대하여 마음을 오로지 하고 뜻을 다하며 자세히 생각하고 함영(涵泳)하여, 깊이 의취를 이해하고 구절마다 반드시 실천할 방법을 구해야 하니, 만일 입으로만 읽어서 마음에 체득하지 않고 몸으로 실행하지 않는다면 책은 책대로이고 나는 나대로일 것이니, 무슨 유익함이 있겠는가? 책은 먼저 〈小學(소학)〉을 읽어서 부모를 효도로 섬기고, 형을 공경으로 섬기며, 임금을 충성으로 섬기고, 어른을 공경으로 섬기며, 스승을 존경으로 섬기고, 벗을 친함으로써 사귀는 도리에 있어 하나하나 자세하게 익혀서 힘써 이것들을 실행할 것이다. 다음에는 〈大學(대학)〉과 〈大學或問(대학혹문)〉을 읽어서 사리를 깊이 연구하는 것, 마음을 바르게 갖는 것, 몸을 닦는 것, 남을 다스리는 도리 등에 하나하나 참되게 알고 성실히 실천할 것이다. 다음에는 〈論語(논어)〉를 읽어서 인(仁)을 구하는 것, 자기를 위하는 것, 본원(本源)의 학식을 넓혀서 심성(心性)을 닦는 공에 있어서 하나하나 세밀히 생각하여 깊이 이것을 체득할 것이다. 다음에는 〈孟子(맹자)〉를 읽어서 의리와 이익을 명확히 판별하고, 사람의 욕심을 막고 천리(天理)가 있다는 주장에 있어 하나하나 밝게 살펴서 이것을 더욱 확대 충실하게 할 것이다. 다음에는 〈中庸(중용)〉을 읽어서 성질과 심정의 덕과 사물의 이치를 추궁하는 공과, 천지가 제 위치에 있고 만물이 화육(化育)되는 미묘한 이치에 관하여 하나하나 글의 뜻을 곰곰히 생각하여 찾아서 얻는 것이 있도록 할 것이다. 다음에는 〈詩經(시경)〉을 읽어서, 성정(性情)의 사곡(邪曲)과 정직(正直)과 선악(善惡)의 칭찬과 징계(懲戒)에 관하여 일일이 깊이 생각하여 느낌을 일으키고 이를 징계할 것이다. 다음에는 〈禮記(예기)〉를 읽어서 천지 자연의 이치와 사리에 따라 정한 조리와 사람이 지켜야 할 법칙을 일일이 강구하여 이루어짐이 있게 할 것이다. 다음에는 〈書經(서경)〉을 읽어서 이제(二帝)와 삼왕(三王)이 천하를 다스린 대경대법(大經大法)에 대하여 일일이 요령을 터득하여 근본을 거슬러 올라가야 할 것이다. 다음에는 〈周易(주역)〉을 읽어서 길흉(吉凶), 존망(存亡), 진퇴(進退), 소장(消長)의 기미에 관하여 일일이 자세히 관찰하여 깊이 연구해서, 그것을 통하여 윤리와 도덕을 알아야 할 것이다. 다음에는 〈春秋(춘추)〉를 읽어서, 성인의 착한 행실을 한 사람에게는 상을 주고 악한 행실을 한 사람에게는 벌을 주며, 혹은 누르고 혹은 찬양하며, 마음대로 다루는 완곡한 말과 깊은 뜻에 관하여 일일이 자세히 연구해서 잘 깨닫도록 해야 할 것이다. 대개 글을 읽는 데에는 반드시 한 책을 익숙히 읽어 그 뜻을 모두 깨달아서 통달하여 의심이 없는 그 다음에 비로소 다른 책을 읽을 것이다. 많이 읽기를 탐하고, 그것에서 얻을 것을 힘써서 바쁘게 여러 책을 이것저것 읽어서는 안 될 것이다.

2-6 한문 문법 이해

문장의 형식

의문문 (疑問文)

상대방의 의사를 묻는 뜻을 나타내는 문장으로, '誰', '何', '孰' '安' 등의 의문사나 '乎', '也', '與', '耶' 등의 의문종결사를 사용하며, 두 가지를 함께 쓰기도 한다.

- 聖人在乎
  (성인이 살아계십니까?)

- 公之所讀者 何言耶
  (그대가 읽는 것은 무슨 말입니까?)

- 弟子孰爲好學
  (제자 중에 누가 학문을 좋아합니까?)

- 子將安之
  (그대는 장차 어디로 가려 하는가?)

반어문 (反語文)

어떤 사실을 강조하거나 동의를 구하기 위하여 반문(反問)하는 뜻을 나타내는 문장으로, '安', '豈', '何', '寧' 등을 사용하며, '哉', '乎', '耶' 등을 호응시키기도 하고, '不亦'이 '乎'와 호응되어 '어찌~겠는가' '또한~지 아니한가?' 등 반문의 형식을 통하여 강한 긍정의 뜻을 나타낸다.

- 豈可無聊獨保殘生
  (어찌 가히 무료히 홀로 살아 남은 목숨을 유지하리오.)

- 學而時習之 不亦說乎
  (배우고 때때로 익히면 또한 기쁘지 아니한가.)

- 王侯將相 寧有種乎
  (임금과 제후, 장군과 정승이 어찌 씨(혈통)가 있겠는가.)

가정문 (假定文)

어떤 조건을 전제로 가정하여, 그 예상되는 결과를 서술하는 문장으로, '若', '如', '苟', '使', '雖', '縱' 등의 부사나, '則' 등의 접속사를 사용하며, 두 가지를 함께 쓰기도 한다. 또, 이들 글자를 사용하지 않고도 의미상 가정의 뜻을 갖는 경우도 있다.

- 欲速則不達
  (빨리 하고자하면 이루지 못한다.)

- 若口讀而心不體身不行 則書自書 我自我 何益之有
  (만약 입으로만 읽고 마음에 체득하지 않고 몸으로 실행하지 않는다면 책은 책대로이고 나는 나대로일 것이니, 무슨 유익함이 있겠는가.)

- 苟非吾之所有 雖一毫而莫取
  (진실로 나의 것이 아니라면 비록 하나의 터럭이라도 취하지 말라.)

허자의 쓰임

之

'之' 자는 '의', '한', '이(가)', '을(를)' 등의 뜻으로 주로 사용되며, 동사나 대명사로 쓰이기도 한다.

- 의, 하는
  是誰之愆
  (이것은 누구의 잘못인가?)

- 이, 가
  鳥之將死 其鳴也哀
  (새가 죽으려 할 때 그 울음소리가 슬프다.)

- 을
  天命之謂性
  (하늘이 명한 것을 성(性)이라 이른다.)

- 그, 그것
  愛人者 人恒愛之
  (남을 사랑하는 사람은 남도 항상 그를 사랑한다.)

- 가다
  夫子之任 見季子 之齊 不見儲子
  (부자께서 임나라에 가서서는 계자를 만나보시고 제나라에 가서서는 儲子를 만나보지 않으셨다.)

2-7 단원 정리 문제

● 다음 주어진 음·뜻의 한자를 보기에서 찾아 쓰세요. (1~15)

보기

嵓 澧 埠 耜 覽 亳 圮 洑
虓 宓 秕 歔 藜 苯 鐕

1. 땅 이름 박   (   )
2. 아지랑이 람   (   )
3. 명아주 려   (   )
4. 강이름 례   (   )
5. 삽살개 방   (   )
6. 벽돌 벽   (   )
7. 나루 보   (   )
8. 성씨 복   (   )
9. 부두 부   (   )
10. 풀 떨기로 날 분 (   )
11. 수 불   (   )
12. 고삐 비   (   )
13. 무너질 비   (   )
14. 쭉정이 비   (   )
15. 보습 사   (   )

● 다음 한자어의 독음을 쓰세요. (16~30)

16. 巡邏   (   )
17. 鹵獲   (   )
18. 冕旒冠   (   )
19. 彌勒   (   )
20. 袂別   (   )
21. 眸子   (   )
22. 稍子   (   )
23. 藩國   (   )
24. 琺瑯   (   )
25. 繃帶   (   )
26. 裨盆   (   )
27. 翡翠   (   )
28. 翎毛   (   )
29. 礨䲀   (   )
30. 自殺幇助罪   (   )

● 다음 중 나머지와 음이 다른 하나는? (31~40)

31. 蘭 欒 鑾 厲   (   )
32. 寗 嵐 攬 蠟   (   )
33. 誅 耒 賫 廖   (   )
34. 鸁 犂 醨 碷   (   )
35. 瞑 皿 蓂 陌   (   )
36. 眇 杳 渺 繆   (   )
37. 黴 楣 糜 楸   (   )
38. 礬 蟠 泮 髆   (   )

160 제2단원 학습

39. 孵缶荸苯 (　　　　)

40. 圯砒秕玭 (　　　　)

● 다음 단어의 괄호에 알맞은 한자를 <보기>에서 찾아 쓰세요. (41~55)

보기
鰲 癖 絆 繃 瞥 牢 砒
蟠 稜 鯉 襪 劈 電 沸

41. (　　)桃

42. 盜(　　)

43. (　　)頭

44. (　　)眼間

45. (　　)衣

46. (　　)騰

47. (　　)霜

48. 毫(　　)之差

49. (　　)庭

50. (　　)線

51. 洋(　　)

52. (　　)瘡膏

53. 龍虎相(　　)

54. 風飛(　　)散

55. 亡羊補(　　)

● 다음 단어 설명에 해당하는 성어를 한자로 쓰세요. (56~70)

56. 제 분수도 모르고 강적에게 반항함
(　　　　　　　　)

57. '롱(隴)을 얻고 나니 촉(蜀)을 갖고 싶다'는 뜻으로 인간의 욕심은 끝이 없음을 이르는 말
(　　　　　　　　)

58. '동쪽에서 바르고 서쪽에서 지운다'는 뜻으로, 이리저리 간신히 꾸며 대어 맞춤을 이르는 말
(　　　　　　　　)

59. '이쪽저쪽을 돌아본다'는 뜻으로, 앞뒤를 재고 망설임을 이르는 말
(　　　　　　　　)

60. 세상 사람을 미혹하게 하여 속임
(　　　　　　　　)

61. 조선 시대 성균관(成均館)과 문묘(文廟)를 아울러 이르던 말
(　　　　　　　　)

62. 공문을 급히 보내기 위하여 마련한 역참(驛站)
(　　　　　　　　)

63. 하잘것없이 작거나 적음. 하찮음. 사세(些細)
(　　　　　　　　)

64. '소라껍데기로 바닷물의 양을 헤아린다'는 뜻으로, 좁은 식견으로 큰일을 헤아림을 비유하여 이르는 말
(　　　　　　　　)

65. 탐탁하게 어울리는 맛이 없음. 지루하고 심심함. 조금 부끄러운 생각이 있음
(　　　　　　　　)

66. '넓적다리를 보고 탄식한다'는 뜻으로, 영웅이 때를 만나지 못해 자신의 뜻을 이루지 못하는 것에 대한 탄식을 이르는 말
(　　　　　　　　)

2-7 단원 정리 문제

67. 앉는 법의 한 가지. 오른발을 왼편 넓적다리 위에 놓은 뒤, 왼발을 오른편 넓적다리 위에 놓고 앉음
( )

68. 방합(蚌蛤)과 도요새가 다투는데, 어부가 와서 방합과 도요새를 다 거두어 갔다는 고사에서 제삼자만 이롭게 하는 다툼을 이르는 말. 견토지쟁(犬兎之爭)
( )

69. 무엇이 흐릿하고 희미하게 보임. 뚜렷하지 않고 흐릿함. 똑똑하지 않고 어렴풋한 의식 상태. 아는 것이 똑똑하지 않고 어렴풋한 상태
( )

70. 마음속에 먹은 바를 털어 놓고 말함
( )

● 다음 문장을 해석하세요. (71~80)

71. 罔談彼短하고 靡恃己長하라
: _____

72. 天生蒸民하사 有物有則이로다
: _____

73. 猫項에 誰能爲我懸鈴耶아
: _____

74. 文質이 彬彬然後에 君子니라
: _____

75. 克終者蓋寡라
: _____

76. 爲之者疾하고 用之者舒하면 則財恒足矣라
: _____

77. 致中和면 天地位焉하며 萬物育焉이니라
: _____

78. 齒以强折하고 舌以柔存이라
: _____

79. 擧直錯諸枉이면 能使枉者直이니라
: _____

80. 倚南窓以寄傲하니 審容膝之易安이라
: _____

● 다음 글을 읽고 물음에 답하세요. (81~85)

> 我國은 國小而民貧하니 今耕田疾作하고 用其賢才하고 通商惠工하고 盡國中之利라도 猶患不足이요 又必通遠方之物而後라야 貨財殖焉이요 百用生焉이라 夫百車之載가 不及一船이오 陸行千里가 ㉮□□身行萬里之爲便利也라 故通商者는 又必㉯□水路□貴라
>
> <北學議 - 朴齊家>

81. '耕田疾作'의 뜻을 쓰세요.

82. '通商惠工'의 의미는?

83. 박제가가 해외 통상무역을 강조한 이유를 본문에서 찾아 쓰시오.

84. 비교형 문장이 되도록 ㉮□□에 알맞은 한자를 쓰시오.

85. '수로를 귀하게 여긴다'의 뜻이 되도록 ㉯의 빈칸을 채우시오.

● 다음 시를 읽고 물음에 답하세요. (86~90)

> 關關雎鳩가　　在河之洲로다
> 요조숙녀는　　君子好逑로다
> 參差荇菜를　　左右流之로다
> 요조숙녀를　　寤寐求之로다
> 求之不得이라　寤寐思服하여
> 悠哉悠哉라　　㉮□□□□하노라
>
> <關雎 - 詩經>

86. 다음 시구의 독음을 쓰세요.
關關雎鳩: _____ 參差荇菜: _____

162 제2단원 학습

87. 시의 흐름상 ㉮ □□□□에 들어갈 말로, '뒤척이며 잠을 이루지 못한다'는 의미를 가진 성어는?

88. '요조숙녀'를 한자로 쓰세요.

89. '求之不得이라 寤寐思服하여' 이 구를 풀이하세요.

90. 공자는 이 <關雎>편을 '樂而不淫 哀而不傷'이라고 평하였다. 이 문장을 해석하세요.

● 다음 글을 읽고 □□에 알맞은 책이름을 한자로 쓰세요. (91~93)

91. 次讀□□ 及或問하여 於窮理正心修己治人之道에 一一眞知而實踐之할지니라

92. 次讀□□하여 於求仁爲己涵養本源之功에 一一精思而深體之할지니라

93. 此讀□□하여 於天理之節文과 儀則之度數에 一一講究而有立焉할지니라 <擊蒙要訣 – 讀書章>

● 다음 시를 읽고 물음에 답하세요. (94~97)

```
有客淸平寺하니    春山任意遊라
鳥啼孤塔靜하니    花㉮□小溪流라
佳菜知時秀요     香菌過雨柔라
行吟入仙洞하여    消我百年憂라
```

94. 이 시의 형식과 운자를 쓰세요.

95. 대구법이 쓰인 것을 감안할 때 ㉮□에 들어갈 한자는?

96. '佳菜知時秀요 香菌過雨柔라' 시구를 풀이하시오.

97. 탈속적인 분위기를 느끼게 해주는 시어는?

● 다음 글을 읽고 물음에 답하세요. (98~100)

㉮ 生財有大道하니 生之者衆하고 食之者寡하며 爲之者疾하고 用之者舒하면 則財恒足矣리라.
㉯ □□□□는 受之父母라 不敢毁傷이 孝之始也요, 立身行道하여 揚名於後世하여 以顯父母가 孝之終也라
㉰ 古之學者는 必有師니 師者는 所以傳道授業解惑也라. 人非生而知之者니 孰能無惑이리오. 惑而不從師면 其爲惑也는 終不解矣라.

98. 재물이 항상 넉넉할 수 있는 방법을 본문에서 찾아 풀이하세요.

99. ㉯의 문맥상 빈칸에 들어갈 한자어를 쓰세요.

100. 스승의 역할 세 가지는 무엇인가?

단원 정리 문제 정답

1. 亳
2. 嵐
3. 藜
4. 澧
5. 厐
6. 礐
7. 犾
8. 宓
9. 埠
10. 苯
11. 皷
12. 彎
13. 圮
14. 秕
15. 耜
16. 순라
17. 노획
18. 면류관
19. 미륵
20. 몌별
21. 모자
22. 배자
23. 번국
24. 법랑
25. 붕대
26. 비익
27. 비취
28. 영모
29. 뇌상
30. 자살방조죄
31. 厲
32. 蠟
33. 廖
34. 砝
35. 陌
36. 繆
37. 橳
38. 膊
39. 苯
40. 玭
41. 蟠
42. 癖
43. 劈
44. 瞥
45. 黼
46. 沸
47. 砒
48. 鼙
49. 鯉
50. 稜
51. 襪
52. 絆
53. 搏
54. 雹
55. 牢
56. 螳螂拒轍
57. 得隴望蜀
58. 東塗西抹
59. 左右顧眄
60. 惑世誣民
61. 泮宮
62. 擺撥
63. 些少
64. 蠡測
65. 無聊
66. 髀肉之歎
67. 結跏趺坐
68. 蚌鷸之爭
69. 朦朧
70. 披瀝
71. 다른 사람의 단점을 말하지 말고 자기의 장점을 믿지 말라.
72. 하늘이 많은 백성을 나게 하셨으니 일이 있으면 법칙이 있도다.
73. 고양이 목에 누가 우리를 위하여 방울을 달겠느냐.
74. 문채와 바탕이 고루 어울린 다음에야 군자라 할 수 있다.
75. 끝맺음을 잘 하는 자는 대개 적다.
76. 하기를 빨리 하고 쓰기를 느리게 하면 재물이 항상 풍족할 것이다.
77. 중과 화를 지극히 하면 천지가 제자리를 편안히

하고 만물이 잘 자라게 될 것이다.

78. 이는 굳세기 때문에 부러지고 혀는 부드럽기 때문에 보존된다.

79. 정직한 사람을 들어쓰고 모든 부정한 사람을 버리면 부정한 자로 하여금 곧게 할 수 있는 것이다.

80. 남쪽 창가에 기대어 자유스러움을 부치니 무릎을 용납할 만한 곳이 편안하기 쉬움을 알았노라.

81. 부지런히 농사짓다

82. 상업을 유통시키고 공업에 혜택을 주다

83. 나라가 작고 백성이 가난하므로(國小而民貧)

84. 不如

85. 以, 爲

86. 관관저구, 참치행채

87. 輾轉反側

88. 窈窕淑女

89. 구하여도 얻지 못한지라 자나 깨나 생각하여

90. 즐거우면서도 지나치지 않고 슬프면서도 몸을 상하게 하지는 않는다.

91. 大學

92. 論語

93. 禮經

94. 5언율시, 遊, 流, 柔, 憂

95. 落

96. 아름다운 나물은 때를 아는 듯 돋아나고, 향기로운 버섯은 비를 맞아 부드럽노라.

97. 仙洞

98. 생산하는 자가 많고 먹는자가 적으며 하는 것을 빨리하고 쓰기를 천천히 해야한다.

99. 身體髮膚

100. 도를 전하고 일을 전수해주며 의혹을 풀어주는 것

국가공인 한자자격시험 사범 • 제 3 단원

3-1. 선정한자 일람표

3-2. 선정한자 익히기

3-3. 단문 읽기

3-4. 한시 감상

3-5. 고전 읽기

3-6. 한문 문법 이해

3-7. 단원 정리 문제

3-1 선정한자 일람표

篩	체	사	鰓	아가미	새	齧	물	설
莎	향부자	사	楝	가시목	색	挈	손에 들	설
鑠	녹일/빛날	삭	嗦	핥을	색	贍	넉넉할	섬
蒴	말오줌때	삭	黍	기장	서	躡	밟을/이를	섭
槊	창	삭	墅	농막	서	腥	비릴	성
刪	깎을	산	犀	무소	서	娍	아름다울/헌걸찰	성
蒜	달래	산	胥	서로	서	瑆	옥빛	성
疝	산증	산	絮	솜	서	笹	가는 대나무	세
霰	싸라기눈	산	噬	씹을	서	篠	조릿대	소
汕	오구	산	筮	점대	서	瀟	강 이름	소
繖	일산	산	鼠	쥐	서	招	나무 흔들릴	소
乷	땅이름	살	薯	참마	서	銷	녹일	소
煞	죽일/총괄할	살	鋤	호미	서	蕭	맑은대쑥/쓸쓸할	소
芟	벨	삼	鉐	놋쇠	석	宵	밤	소
滲	스밀	삼	秳	섬	석	艘	배	소
衫	적삼	삼	墡	백토	선	梳	빗	소
澁	떫을	삽	跣	맨발	선	甦	되살아날	소
颯	바람소리	삽	饍	반찬	선	瘙	종기	소
鈒	창/새길	삽	鐥	복자	선	塑	토우	소
孀	과부	상	癬	옴	선	簫	퉁소	소
塽	땅 높고 밝은 곳	상	蘚	이끼	선	贖	속 바칠	속
橡	상수리나무	상	敾	이름	선	謖	일어날	속
顙	이마	상	僊	춤출	선	洬	행굴	속
殤	일찍 죽을	상	屑	가루	설	飧	저녁밥	손
廂	행랑	상	媟	깔볼/친압할	설	蓀	향풀이름	손
賽	굿할	새	偰	맑을	설	瑣	자질구레할	쇄

국가공인 한자자격시험 · 사범

晬	돌	수	崧	우뚝솟을	숭	蟋	귀뚜라미	실
嗽	기침할	수	瑟	푸른진주	슬	芯	등심초	심
邃	깊을	수	褶	주름	습	諶	참	심
銹	녹슬	수	蠅	파리	승	鴉	갈까마귀	아
叟	늙은이/ 쌀 씻는 소리	수	諡	시호	시	俄	갑자기	아
藪	늪	수	偲	굳셀/ 똑똑할	시	鵝	거위	아
眸	바로 볼	수	翅	날개	시	蛾	나방	아
燧	부싯돌/ 횃불	수	豕	돼지	시	莪	지칭개	아
蓚	수산	수	屎	똥	시	喔	닭소리	악
鬚	수염	수	枲	모시풀/ 삼	시	渥	두터울	악
茱	수유	수	蒔	모종낼	시	鄂	땅 이름	악
漱	양치질할	수	匙	숟가락	시	鰐	악어	악
溲	오줌/ 반죽할	수	豺	승냥이	시	齷	악착할	악
璲	패옥	수	緦	시마복	시	顎	얼굴높을	악
脩	포	수	蓍	시초	시	鍔	칼날	악
倏	갑자기/ 빛날	숙	嘶	울	시	幄	휘장	악
橚	나무 줄지어설	숙	塒	홰	시	鮟	아귀	안
玊	옥 다듬는 장인	숙	簽	대밥그릇	식	遏	막을	알
菽	콩	숙	栻	점판	식	歹	부서진 뼈	알
栒	가름대나무	순	伈	걷는 모양	신	揠	뽑을	알
楯	난간	순	燼	깜부기불	신	唵	머금을	암
橓	무궁화	순	呻	끙끙거릴	신	嵒	바위/ 가파를	암
蓴	순채	순	蜃	무명조개	신	黯	어두울/ 검을	암
恂	정성	순	藎	조개풀	신	諳	욀	암
徇	주창할/ 따라죽을	순	宸	집/ 대궐	신	狎	익숙할	압
銶	돗바늘	술	矧	하물며	신	盎	동이	앙

3-1 선정한자 일람표

秧	모	앙	飫	포식할/물릴	어	髥	구레나룻	염
怏	원망할	앙	臆	가슴	억	冉	나아갈	염
靄	아지랑이	애	堰	방죽	언	焰	불당길	염
掖	겨드랑이/부축할	액	嫣	상긋웃을	언	苒	풀우거질	염
扼	누를	액	偃	쓰러질	언	嶸	가파를	영
縊	목맬	액	蘖	그루터기	얼	潁	강이름	영
阨	좁을/막힐	액	孼	서자	얼	籯	광주리	영
罌	양병	앵	儼	근엄할	엄	瀯	물 돌아나갈	영
椰	야자나무	야	淹	담글	엄	瀛	바다	영
揶	희롱할	야	渰	비구름일	엄	霙	진눈깨비	영
蒻	구릿대잎	약	茹	먹을/기를	여	蕊	꽃술	예
蒻	부들	약	艅	배이름	여	穢	더러울/거칠	예
鑰	자물쇠	약	礜	비상 섞인 돌	여	霓	무지개	예
恙	근심	양	轝	수레바탕	여	瘞	묻을/제터	예
瀼	내 이름	양	歟	어조사	여	汭	물굽이	예
驤	머리들/달릴	양	璵	옥	여	猊	사자	예
穰	볏대	양	閾	문지방	역	呭	수다스러울	예
痒	앓을	양	繹	풀어낼/실마리	역	倪	어린이	예
敭	오를	양	縯	길	연	詣	이를	예
禳	제사 이름	양	挻	늘일	연	瞖	일산/가릴	예
煬	쬘	양	吮	빨/핥을	연	忤	거스를	오
漾	출렁거릴	양	嚥	삼킬	연	澳	깊을	오
瑒	해돋이	양	椽	서까래	연	敖	놀	오
颺	흩날릴	양	鳶	솔개	연	鼯	다람쥐	오
齬	어긋날	어	涎	침/물흐를	연	襖	도포/웃옷	오
瘀	어혈질	어	剡	날카로울	염	塢	둑/언덕/마을	오

국가공인 한자자격시험 · 사범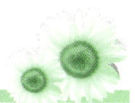

晤	맞이할	오	豌	완두	완	藕	연뿌리	우
筽	버들고리	오	娃	아름다울	왜	盱	클	우
熬	볶을	오	矮	키작을	왜	栯	산앵두	욱
珸	옥돌	오	巍	높을	외	稶	서직 무성할	욱
鼇	자라	오	嵬	높을	외	勖	힘쓸	욱
蜈	지네	오	徭	구실	요	橒	나무무늬	운
螯	집게발/ 차오(車螯)	오	橈	노	요	熉	노란 모양	운
懊	한할	오	拗	꺾을	요	隕	떨어질	운
圬	흙손	오	嶢	높을	요	壺	평지	운
醞	빚을	온	繞	두를	요	亐	땅이름	울
慍	성낼	온	邀	맞을	요	湲	물 흐를	원
瘟	염병	온	繇	역사	요	爰	이에	원
縕	헌솜	온	蟯	요충	요	黿	자라	원
兀	우뚝할	올	蓐	요	욕	鉞	도끼	월
顒	공경할	옹	縟	화문놓을	욕			
噰	기러기 짝지어 울	옹	慵	게으를	용			
饔	아침밥	옹	慂	권할	용			
癰	악창	옹	冗	번잡할	용			
蛙	개구리	와	聳	솟을	용			
蝸	달팽이	와	俑	허수아비	용			
窩	보금자리/ 숨길	와	甬	휘/ 길	용			
窪	웅덩이	와	紆	굽을	우			
宛	굽을	완	雩	기우제	우			
椀	그릇	완	祐	물이름	우			
琓	옥이름/ 나라이름	완	盂	바리	우			
盌	밥통	완	禑	복	우			

3-2 선정한자 익히기

| 篩 | 부수 | 竹 | 총획 | 16 |
체 사

- 篩骨 (사골) : 두개골의 일부. 두 눈구멍 사이에 있는 벌집같이 생긴 뼈

| 莎 | 부수 | 艸(艹) | 총획 | 11 |
향부자 사

- 金莎 (금사) : 금잔디
- 莎臺石 (사대석) : 능침(陵寢)의 병풍석 대신으로 쓰는 돌

| 鑠 | 부수 | 金 | 총획 | 23 |
녹일, 빛날 삭

- 鑠金 (삭금) : 달아서 열도가 높은 금. 또는 아름다운 황금
- 衆口鑠金 (중구삭금) : 뭇사람의 말은 쇠같이 굳은 물건도 녹인다는 뜻으로 여러 사람의 말은 무섭다는 말

| 蒴 | 부수 | 艸(艹) | 총획 | 14 |
말오줌때 삭

- 蒴藋 (삭조) : 넓은 잎 딱총나무

| 槊 | 부수 | 木 | 총획 | 14 |
창 삭

- 槊 (삭) : 자루가 주척(周尺)으로 1장(丈) 8척(尺)의 창

| 刪 | 부수 | 刀(刂) | 총획 | 7 |
깎을 산

- 刪改 (산개) : 글의 잘못된 곳을 지우고 고쳐서 바로잡음
- 刪削 (산삭) : 불필요한 글자나 글귀 따위를 지워버림. 산제(刪除)

| 蒜 | 부수 | 艸(艹) | 총획 | 14 |
달래 산

- 大蒜 (대산) : 마늘
- 野蒜 (야산) : 달래

| 疝 | 부수 | 疒 | 총획 | 8 |
산증 산

- 疝氣 (산기) : 산증(疝症)
- 疝症 (산증) : 한방에서 아랫배와 불알에 탈이 생겨 붓고 아픈 병을 이르는 말. 산병(疝病)

| 霰 | 부수 | 雨 | 총획 | 20 |
싸라기눈 산

- 霰彈 (산탄) : 폭발과 동시에 많은 잔 탄알이 한꺼번에 퍼져 나가게 된 탄환. 가까운 거리에 있는 새나 짐승 따위를 잡는데 효력이 있음 = 散彈(산탄)

| 汕 | 부수 | 水(氵) | 총획 | 6 |
오구 산

- 汕汕 (산산) : 오구로 물고기를 떠서 잡음. 물고기가 헤엄치는 모양
- ※ 오구 : 굵은 실을 용수 모양으로 뜨고 그물 아가리에 둥근 테를 메운 뒤에 '十'자 모양의 긴 자루를 맨 어구

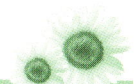

繖	부수 | 糸	총획 | 18
	일산 **산**	

- 繖蓋 (산개) : 비단으로 만든 일산
- 日繖 (일산) : 볕을 가리기 위해 세우는 우산처럼 생긴 물건

乷	부수 | 乙	총획 | 8
	땅 이름 **살**	

※ 대법원 인명용 한자(2001.1.4 추가)

煞	부수 | 火(灬)	총획 | 13
	죽일, 총괄할 **살**	

- 煞 (살) : 사람이나 물건 따위를 해치는 독하고 모진 기운. 곧 악한 귀신의 짓
- 急煞 (급살) : 운수가 사나운 별. 갑자기 닥치는 재액
- 元嗔煞 (원진살) : 부부 사이에 까닭 없이 서로 미워하는 한때의 액운. 궁합이 서로 꺼리게 되어 있다는 살(煞)

芟	부수 | 艸(艹)	총획 | 8
	벨 **삼**	

- 芟除 (삼제) : 풀을 베어 없앤다는 뜻으로 악인(惡人)·악폐(惡弊) 따위를 아주 없애 버림

滲	부수 | 水(氵)	총획 | 14
	스밀 **삼**	

- 滲出 (삼출) : 액체가 안에서 밖으로 스며나옴
- 滲透 (삼투) : 스며듦. 물질이 막을 통과하여 확산하는 현상

衫	부수 | 衣(衤)	총획 | 8
	적삼 **삼**	

- 鶯衫 (앵삼) : 조선 때, 나이 어린 사람이 생원시(生員試)나 진사시(進士試)에 급제했을 때 입던 연둣빛 예복
- 長衫 (장삼) : 검은 베로써 길이가 길고 품과 소매를 넓게 지은 중의 웃옷
- 紙油衫 (지유삼) : 기름을 먹인 종이로 만든 비옷

澁	부수 | 水(氵)	총획 | 15
	떫을 **삽**	

- 難澁 (난삽) : 어렵고 빡빡하여 순조롭지 않음

颯	부수 | 風	총획 | 14
	바람소리 **삽**	

- 颯辣 (삽랄) : 범할 수 없는 풍채(風采)가 있음을 이름
- 颯颯 (삽삽) : 바람 소리. 바람이 갑자기 불어옴의 형용

鈒	부수 | 金	총획 | 12
	창, 새길 **삽**	

- 鈒鏤 (삽루) : 가느다란 선으로 새김

孀	부수 | 女	총획 | 20
	과부 **상**	

- 孀婦 (상부) : 청상과부의 준말
- 靑孀寡婦 (청상과부) : 나이가 젊었을 때 된 과부. 젊은 과부

3-2 선정한자 익히기

| 堁 | 부수 | 土 | 총획 | 14 |
땅 높고 밝은 곳 상

※ 대법원 인명용 한자(1997.12.2)

| 橡 | 부수 | 木 | 총획 | 16 |
상수리나무 상

- 橡木 (상목) : 상수리나무
- 橡子茶食 (상자다식) : 상수리나 도토리를 갈아 무리를 내어 말려서 꿀과 반죽하여 판에 박은 다식

| 顙 | 부수 | 頁 | 총획 | 19 |
이마 상

- 顙汗 (상한) : 이마의 땀

| 殤 | 부수 | 歹 | 총획 | 15 |
일찍 죽을 상

- 殤服 (상복) : 여덟 살에서 열아홉 살 사이의 자녀가 죽었을 때에 입던 복제(服制)

| 廂 | 부수 | 广 | 총획 | 12 |
행랑 상

- 廂軍 (상군) : 임금의 거동 때 호위하던 군사

| 賽 | 부수 | 貝 | 총획 | 17 |
굿할 새

- 賽神 (새신) : 신에게 제사를 지내는 일. 굿 또는 푸닥거리
- 賽神萬明 (새신만명) : 굿하는 무당. 경솔하고 방정맞은 사람을 이르는 말

| 鰓 | 부수 | 魚 | 총획 | 20 |
①아가미 ②두려워할 ①새 ②시

- 鰓骨 (새골) : 아가미의 뼈

| 栜 | 부수 | 木 | 총획 | 10 |
가시목, 멧대추나무 색

- 栜栜 (색이) : 멧대추나무

| 嗇 | 부수 | 口 | 총획 | 13 |
핥을 색

| 黍 | 부수 | 黍 | 총획 | 12 |
기장 서

- 黍離之歎 (서리지탄) : 나라가 망하여 그 대궐 터에 기장이 무성함을 보고 탄식하였다는 고사에서 세상의 영고성쇠(榮枯盛衰)가 무상함을 탄식한다는 말. 맥수지탄(麥秀之嘆)
- 黍粟 (서속) : 기장과 조

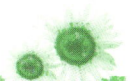

墅	부수 | 土　　총획 | 14
	농막 서

- 別墅 (별서) : 농장이나 들에 한적하게 따로 지은 집
- 山墅 (산서) : 산장(山莊)

胥	부수 | 肉(月)　　총획 | 9
	서로 서

- 胥動浮言 (서동부언) : 일부러 거짓말을 퍼뜨려 인심을 꼬드김
- 胥吏 (서리) : 아전(衙前)
- 華胥之夢 (화서지몽) : 낮잠, 선몽(善夢)

噬	부수 | 口　　총획 | 16
	씹을 서

- 噬犬不露齒 (서견불로치) : '사람을 무는 개는 이를 드러내지 않는다' 는 뜻으로, 남을 해치고자 하는 자는 먼저 부드러운 태도로 상대를 속임을 비유하여 이르는 말
- 噬臍莫及 (서제막급) : 이미 저지른 잘못에 대하여 후회하여도 소용이 없음을 이르는 말. 사람에게 잡힌 사향노루가 배꼽의 향내 때문에 잡혔다고 제 배꼽을 물어뜯었다는 데서 유래

鼠	부수 | 鼠　　총획 | 13
	쥐 서

- 飛鼠 (비서) : 박쥐
- 鼠肝蟲臂 (서간충비) : '쥐의 간이나 벌레의 팔' 이란 뜻으로 쓸모 없거나 하찮은 것을 비유하여 이르는 말
- 鼠生員 (서생원) : 쥐를 의인화하여 이르는 말

鋤	부수 | 金　　총획 | 15
	호미 서

- 鋤犁 (서려) : 호미와 쟁기
- 鋤除 (서제) : 김을 맴. 바뀌어 악한 사람을 없앰

犀	부수 | 牛　　총획 | 12
	무소 서

- 木犀 (목서) : 물푸레나무
- 犀角 (서각) : 무소의 뿔. 한방에서 무소의 뿔을 약재로 이르는 말. 뿔의 끝 부분을 가루로 만들어 해열제(解熱劑)로 씀
- 瓠犀 (호서) : 박의 속과 씨. 박의 속같이 희고 고운 치아(齒牙)를 일컬음

絮	부수 | 糸　　총획 | 12
	솜 서

- 飛絮 (비서) : 바람에 날리는 버들개지
- 柳絮 (유서) : 버들개지

筮	부수 | 竹　　총획 | 13
	점대 서

- 卜筮 (복서) : 길흉을 점침
- 筮書 (서서) : 점쟁이가 점을 치러 온 사람의 길흉을 적은 글장
- 筮竹 (서죽) : 무속에서 점치는 데 쓰는 댓개비

薯	부수 | 艸(艹)　　총획 | 18
	참마 서

- 馬鈴薯 (마령서) : 감자
- 薯童謠 (서동요) : 신라 진평왕 때 서동(薯童:뒷날의 백제 무왕)이 지었다는 우리나라 최초의 4구체 향가

鋂	부수 | 金　　총획 | 13
	놋쇠 석

- 鍮鋂 (유석) : 놋쇠. 구리와 아연과의 합금

3-2 선정한자 익히기

| 秴 | 부수 | 禾　　총획 | 10 |
| 섬 석 |

- 一秴(일석) : 무게의 단위. 120근

| 墠 | 부수 | 土　　총획 | 15 |
| 백토 선 |

- 墠土(선토) : 백토(白土)

| 跣 | 부수 | 足(𧾷)　　총획 | 13 |
| 맨발 선 |

- 跣足(선족) : 맨발
- 披髮徒跣(피발도선) : 부모상을 입었을 때 여자가 머리털을 풀고 버선을 벗던 일

| 饍 | 부수 | 食　　총획 | 21 |
| 반찬 선 |

- 饍服(선복) : 음식과 의복

| 鐥 | 부수 | 金　　총획 | 20 |
| 복자 선 |

- 鐥器(선기) : 기름을 될 때 쓰는 귀때가 붙어있는 쇠 그릇

| 癬 | 부수 | 疒　　총획 | 22 |
| 옴 선 |

- 疥癬蟲(개선충) : 옴벌레
- 癬瘡(선창) : 한방에서 버짐을 이르는 말

| 蘚 | 부수 | 艸(艹)　　총획 | 21 |
| 이끼 선 |

- 蘚苔(선태) : 이끼
- 蘚類(선류) : 선태류(蘚苔類) 중에서 잎과 줄기가 뚜렷한 종류를 통틀어 이르는 말

| 敾 | 부수 | 攴(攵)　　총획 | 16 |
| 이름 선 |

| 僊 | 부수 | 人(亻)　　총획 | 13 |
| 춤출 선 |

- 僊僊(선선) : 춤추는 모양

| 屑 | 부수 | 尸　　총획 | 10 |
| 가루 설 |

- 木屑(목설) : 톱밥
- 玉屑(옥설) : 한방에서 옥의 가루를 약재로 이르는 말. 시문(詩文)에서 특히 잘 지은 글귀를 기리어 이르는 말
- 竹頭木屑(죽두목설) : '대나무 조각과 나무 부스러기'라는 뜻으로 쓸모가 적은 물건을 비유하여 이르는 말

176　제3단원 학습

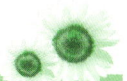

媟	부수 | 女 총획 | 12
	깔볼, 친압할 **설**

- 媟近 (설근) : 친압하여 무람없음

偰	부수 | 人(亻) 총획 | 11
	맑을 **설**

- 偰然 (설연) : 맑은 모양

齧	부수 | 齒 총획 | 21
	물 **설**

- 犬齧枯骨 (견설고골) : '개가 말라빠진 뼈를 핥는다'는 뜻으로 아무 맛도 없음을 이름
- 齧齒類 (설치류) : 포유류의 한 목(目). 대체로 몸이 작은데, 송곳니가 없고 앞니가 발달해 물건을 잘 갉아대며 꼬리가 긺. 초식성이며 번식력이 강함. 쥐·다람쥐·토끼 따위

挈	부수 | 手 총획 | 10
	손에 들 **설**

- 挈挈 (설설) : 급한 모양. 절박한 모양

贍	부수 | 貝 총획 | 20
	넉넉할 **섬**

- 富贍 (부섬) : 재물이 넉넉하고 풍족함. 지식이나 문재(文才)가 풍부함
- 司贍寺 (사섬시) : 조선 때 저화(楮貨)를 만들고, 지방 노비의 공포(貢布) 등에 관한 사무를 맡아보던 관청

躡	부수 | 足(𧾷) 총획 | 25
	밟을, 이를 **섭**

- 躡屩 (섭갹) : 짚신을 떠남. 여행을 떠남을 이르는 말

腥	부수 | 肉(月) 총획 | 13
	비릴 **성**

- 腥臭 (성취) : 비린내
- 腥風 (성풍) : 피비린내가 풍기는 바람. 몹시 살벌한 기운

娍	부수 | 女 총획 | 10
	아름다울, 헌걸찰 **성**

※ 대법원 인명용 한자(1997.12.2추가)

珹	부수 | 玉 총획 | 13
	옥빛 **성**

※ 대법원 인명용 한자(1997.12.2추가)

笹	부수 | 竹 총획 | 11
	가는 대나무 **세**

※ 대법원 인명용 한자(2001.1.4 추가)

3-2 선정한자 익히기

篠	부수ㅣ竹　　총획ㅣ17
	조릿대 소

- 篠屋 (소옥) : 조릿대로 지붕을 이은 작은 집

招	부수ㅣ木　　총획ㅣ9
	나무 흔들릴 소

- 招然 (소연) : 나무가 흔들리는 모양

蕭	부수ㅣ艸(艹)　　총획ㅣ17
	맑은대쑥, 쓸쓸할 소

- 蕭森 (소삼) : 나무가 빽빽이 들어선 모양
- 蕭墻之變 (소장지변) : 내부(집안)에서 일어난 변란
- 蕭寂 (소적) : 매우 호젓하고 쓸쓸함. 소조(蕭條)
- 蕭蕭 (소소) : 한가한 모양. 쓸쓸한 모양

艘	부수ㅣ舟　　총획ㅣ16
	배 소

- 艘楫 (소즙) : 배를 젓는 소리

甦	부수ㅣ生　　총획ㅣ12
	되살아날 소

- 甦生 (소생) : 다시 살아남

瀟	부수ㅣ水(氵)　　총획ㅣ20
	강 이름 소

- 瀟湘 (소상) : 중국 호남성의 동정호(洞庭湖) 남쪽에 있는 소수(瀟水)와 상수(湘水)를 아울러 이르는 말
- 瀟灑 (소쇄) : 상쾌함. 산뜻하고 깨끗함
- 瀟灑園 (소쇄원) : 전라남도 담양군(潭陽郡) 남면(南面) 지곡리(芝谷里)에 있는 조선 중기의 별서정원

銷	부수ㅣ金　　총획ㅣ15
	녹일 소

- 意氣銷沈 (의기소침) : 기운을 잃고 풀이 죽음. 의욕을 잃고 기가 꺾임
- 魂銷 (혼소) : 넋이 스러짐. 곧 생기가 없어져 정신을 못 차림. 몹시 놀람

宵	부수ㅣ宀　　총획ㅣ10
	밤 소

- 宵小輩 (소소배) : 간사하면서 소견이 좁은 사람들의 무리
- 宵衣旰食 (소의한식) : '새벽에 일어나 정복을 입고 밤 늦게야 저녁밥을 먹는다' 는 뜻으로 임금이 정사(政事)에 부지런함을 이르는 말

梳	부수ㅣ木　　총획ㅣ11
	빗 소

- 僧梳 (승소) : '중의 빗' 이란 뜻으로 쓸모없는 물건을 비유하여 이르는 말
- 月梳 (월소) : 얼레빗
- 晝寢夜梳 (주침야소) : '낮잠 자는 일과 밤에 하는 빗질' 이라는 뜻으로 위생에 해로운 일을 비유적으로 이르는 말

瘙	부수ㅣ疒　　총획ㅣ15
	종기 소

- 瘙瘻 (소루) : 부스럼

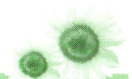

| 塑 | 부수 | 土 | 총획 | 13 |

토우 소

- 可塑性 (가소성) : 물질에 어떤 힘을 가하여도 깨지지 아니하고 그 형체만을 변하는 성질, 소성(塑性)
- 塑像 (소상) : 찰흙으로 만든 사람의 형상
- 彫塑 (조소) : 조각과 소상(塑像). 조각의 원형이 되는 소상을 만듦. 또는 그 소상

| 贖 | 부수 | 貝 | 총획 | 22 |

속바칠 속

- 納贖 (납속) : 죄를 면하고자 금전을 바침. 속전을 바침
- 贖錢 (속전) : 죄를 면하려고 바치는 돈. 속금(贖金)
- 贖罪 (속죄) : 금품이나 공로로 지은 죄를 씻음. 기독교에서 예수의 희생을 이르는 말

| 涑 | 부수 | 水(氵) | 총획 | 10 |

헹굴 속

- 涑水 (속수) : 강 이름

| 蓀 | 부수 | 艸(艹) | 총획 | 14 |

향풀이름 손

- 溪蓀 (계손) : 창포(菖蒲)의 한 가지. 꽃창포

| 晬 | 부수 | 日 | 총획 | 12 |

돌 수

- 晬宴 (수연) : 생일잔치

| 簫 | 부수 | 竹 | 총획 | 19 |

퉁소 소

- 短簫 (단소) : 국악기에 속하는 피리의 한 가지
- 太平簫 (태평소) : 나팔 모양으로 된 우리나라 고유의 관악기

| 謖 | 부수 | 言 | 총획 | 17 |

일어날 속

- 泣斬馬謖 (읍참마속) : '울면서 마속(馬謖)을 벤다'는 뜻으로, 군율을 세우기 위하여서는 사랑하고 아끼는 사람도 버림을 이르는 말

| 飧 | 부수 | 食 | 총획 | 11 |

저녁밥 손 (=餐)

- 飧食 (손식) : 밥을 물에 부어 먹음

| 瑣 | 부수 | 玉 | 총획 | 14 |

자질구레할 쇄

- 瑣屑 (쇄설) : 자질구레함

| 嗽 | 부수 | 口 | 총획 | 14 |

기침할 수

- 乾嗽 (건수) : 마른기침
- 嗽洗 (수세) : 양치질하고 세수함
- 咳嗽 (해수) : 기침

3-2 선정한자 익히기

邃	부수 辵(辶) 총획 18
	깊을 수

- 深邃 (심수) : 지형 따위가 깊숙하고 그윽함. 학문이나 예술 따위가 심오함
- 幽邃 (유수) : 그윽하고 깊숙함

銹	부수 金 총획 15
	녹슬 수

- 轉銹 (전수) : 기와나 검은빛의 토기(土器)를 불에 더 그슬려서 검은 광채가 나게 함. 또는 그 일
- 不銹鋼 (불수강) : 스테인리스강

叟	부수 又 총획 10
	늙은이, 쌀 씻는 소리 수

- 叟叟 (수수) : 쌀을 씻는 소리

藪	부수 艸(⺾) 총획 19
	늪 수

- 淵藪 (연수) : 사물이 모이는 곳을 비유하여 이르는 말
- 藪中荊曲 (수중형곡) : '덤불 속에 난 가시나무는 구부러진다'는 뜻으로, 나쁜 것이 좋지않은 환경에 더 나빠짐을 이르는 말

睟	부수 目 총획 13
	바로볼 수

- 睟然 (수연) : 윤기있는 모양

燧	부수 火 총획 17
	부싯돌, 횃불 수

- 烽燧臺 (봉수대) : 봉화대(烽火臺). 봉대(烽臺). 봉소(烽所). 봉홧둑
- 燧人氏 (수인씨) : 중국 고대의 삼황제(三皇帝)의 한 명. 전설상의 인물로 불과 음식 조리법을 전했다 함
- 燧火 (수화) : 횃불. 부싯돌로 일으킨 불

蓚	부수 艸(⺾) 총획 14
	수산 수

- 蓚酸 (수산) : 가장 간단한 화학 구조의 이염기성 유기산의 한 가지

鬚	부수 髟 총획 22
	수염 수

- 老翁鬚 (노옹수) : 인동(忍冬). 인동과의 반상록 덩굴성 식물

茱	부수 艸(⺾) 총획 10
	수유 수

- 山茱萸 (산수유) : 한방에서 산수유나무의 열매를 약재로 이르는 말
- 茱萸 (수유) : 수유나무의 열매. 불그스름한 자줏빛인데 기름을 짜서 머릿기름으로 씀

漱	부수 水(氵) 총획 14
	양치질할 수

- 養漱 (양수) : 양치질
- 含漱劑 (함수제) : 입안이나 목구멍에 병이 있을 때에 입에 머금어서 씻는 물약

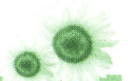

溲	부수 | 水(氵) 총획 | 13
	오줌, 반죽할 **수**

- 溲器 (수기) : 오줌을 받아내는 그릇

璲	부수 | 玉 총획 | 17
	패옥 **수**

- 佩璲 (패수) : 허리띠에 차는 옥

脩	부수 | 肉(月) 총획 | 11
	포 **수**

- 束脩 (속수) : 진상물(進上物)이나 선물로 바치던. 포개어지는 묶은 포(脯). 처음으로 스승에게 입문할 때 가지고 가던 예물
- 脩竹 (수죽) : 길게 자란 대. 밋밋하게 자란 대

倏	부수 | 人(亻) 총획 | 10
	갑자기, 빛날 **숙**

- 倏忽 (숙홀) : 갑자기. 극히 짧은 시간

橚	부수 | 木 총획 | 17
	나무 줄지어설 **숙**

- 橚矗 (숙촉) : 밋밋한 나무가 나란히 무성하게 서있는 모양

玊	부수 | 玉 총획 | 5
	옥 다듬는 장인 **숙**

- 玊人 (숙인) : 옥랑(玉郞). 옥을 다듬는 사람

菽	부수 | 艸(艹) 총획 | 12
	콩 **숙**

- 菽麥 (숙맥) : 콩과 보리. 숙맥불변의 준말
- 菽麥不辨 (숙맥불변) : '콩인지 보리인지를 구별하지 못한다'는 뜻으로 어리석고 못난 사람을 비유하여 이르는 말
- 菽水之供 (숙수지공) : 가난 속 에서도 부모를 정성껏 잘 섬기는 일

枸	부수 | 木 총획 | 10
	가름대나무 **순**

- 枸木 (순목) : 가름대나무. 종과 경쇠를 매다는 가름대 나무

楯	부수 | 木 총획 | 13
	난간 **순**

- 楯狀地 (순상지) : 대륙 지각 가운데서 매우 오랜 지층인 지역. 선캄브리아대의 것으로 완만한 경사지로 되어 있음
- 楯形 (순형) : 방패와 같은 형상

橓	부수 | 木 총획 | 16
	무궁화 **순**(=蕣)

- 橓木 (순목) : 무궁화나무

3-2 선정한자 익히기

| 蓴 | 부수 | 艸(艹)　　총획 | 15 |
| 순채 순 |

- 蓴菜 (순채) : 수련과(睡蓮科)의 다년초. 연못 등에 절로 나는데, 잎은 길둥근 방패 모양이며 물위에 뜸. 여름에 지름 2cm 가량의 어두운 홍자색 꽃이 물에 약간 잠긴 채로 핌

| 恂 | 부수 | 心(忄)　　총획 | 9 |
| 정성, 두려워할 순 |

- 恂恂 (순순) : 삼가고 삼가는 모양

| 徇 | 부수 | 彳　　총획 | 9 |
| 주창할, 따라죽을 순 |

- 徇國 (순국) : 나라를 위해 죽음. 순국(殉國)

| 鉥 | 부수 | 金　　총획 | 13 |
| 돗바늘 술 |

- 鉥針 (술침) : 돗바늘. 썩 길고 굵은 바늘

| 崧 | 부수 | 山　　총획 | 11 |
| 우뚝솟을 숭 |

- 崧高 (숭고) : 산이 높고 웅장한 모양

| 璹 | 부수 | 玉　　총획 | 17 |
| 푸른 진주 술 |

- 璹玉 (술옥) : 산뜻하고 깨끗한 옥

| 褶 | 부수 | 衣(衤)　　총획 | 16 |
| 주름 습 |

- 傾斜褶曲 (경사습곡) : 습곡축면이 경사지고 습곡축의 양측 지층의 경사도와 다른 각도를 이룬 습곡
- 褶曲 (습곡) : 지각(地殼)의 변동으로 말미암아 평평한 지층(地層)이 옆으로부터의 압력으로 주름이 져서 산이나 골짜기가 되는 일

| 蠅 | 부수 | 虫　　총획 | 19 |
| 파리 승 |

- 怒蠅拔劍 (노승발검) : '성가시게 구는 파리를 보고 화가 나서 칼을 뺀다' 는 뜻으로, 사소한 일에 화를 내거나 또는 작은 일에 어울리지 않게 커다란 대책을 세움을 비유적으로 이르는 말
- 蚊蠅 (문승) : 모기와 파리

| 諡 | 부수 | 言　　총획 | 16 |
| 시호 시 |

- 諡冊文 (시책문) : 제왕(帝王)이나 후비(后妃)의 시호를 상주할 때 그 생전의 덕행을 칭송하여 지은 글
- 諡號 (시호) : 현신(賢臣)이나 유현(儒賢)들이 죽은 뒤에 그 생전의 공덕을 기리어 임금이 추증(追贈)하던 이름. 선왕(先王)의 공덕을 기리어 붙인 이름

| 偲 | 부수 | 人(亻)　　총획 | 11 |
| 굳셀, 똑똑할 시 |

- 偲偲 (시시) : 서로 권면하며 격려하는 모양

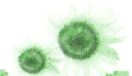

翅	부수 | 羽 총획 | 10
	날개 시

- 金翅雀(금시작) : 검은머리방울새
- 翅果(시과) : 열매 껍질 또는 열매 껍질의 일부가 발달하여 날개 모양을 하고 있는 열매

豕	부수 | 豕 총획 | 7
	돼지 시

- 遼東豕(요동시) : 견문이 좁아서 세상에 흔한 것을 모르고 혼자 득의양양함을 비유하여 이르는 말. 옛날 요동의 어떤 돼지가 머리가 흰 새끼를 낳자, 이를 신기하게 여긴 주인이 임금께 바치려고 하동(河東)으로 가지고 갔다가 그곳 돼지는 모두 머리가 흰 것을 보고 부끄러워서 돌아왔다는 데서 유래

屎	부수 | 尸 총획 | 9
	①똥 ②신음할 ①시 ②히

- 屎尿(시뇨) : 똥과 오줌. 분뇨(糞尿)

枲	부수 | 木 총획 | 9
	모시풀, 삼 시

- 枲麻(시마) : 삼(麻). 삼의 섬유

蒔	부수 | 艸(艹) 총획 | 14
	모종낼 시

- 蒔樹(시수) : 정원수를 옮겨 심음

匙	부수 | 匕 총획 | 11
	숟가락 시

- 揷匙(삽시) : 제사 때 숟가락을 밥그릇에 꽂는 일
- 匙箸(시저) : 숟가락과 젓가락. 수저
- 十匙一飯(십시일반) : '열 사람이 밥을 한술씩만 보태어도 한 사람이 먹을 밥은 된다'는 뜻으로 여러 사람이 힘을 합하면 한 사람쯤은 구제하기 쉽다는 말

豺	부수 | 豸 총획 | 10
	승냥이 시

- 豺狼(시랑) : 승냥이와 이리. 욕심이 많고 무자비한 사람. 또는 '간악하고 잔혹한 사람'을 비유하여 이르는 말
- 豺虎(시호) : 승냥이와 호랑이. 난폭한 사람을 비유하여 이르는 말

緦	부수 | 糸 총획 | 15
	시마복 시

- 緦麻服(시마복) : 석달 동안 입은 상복

蓍	부수 | 艸(艹) 총획 | 14
	시초 시

- 短蓍(단시) : 단점점. 간단히 점을 치다
- 短蓍占(단시점) : 솔잎 등을 뽑아서 간단하게 치는 점

嘶	부수 | 口 총획 | 15
	울 시

- 聲嘶症(성시증) : 한방에서 창병이나 후두 등의 이상으로 목이 쉬는 증세
- 嘶號(시호) : 울부짖음

3-2 선정한자 익히기

塒	부수 | 土 총획 | 13
	홰 시

- 塒木 (시목) : 횃대

梮	부수 | 木 총획 | 10
	점판 식

- 梮木 (식목) : 길흉을 점치는 데 쓰는 나무판

燼	부수 | 火 총획 | 18
	깜부기불 신

- 餘燼 (여신) : 타다 남은 불. 무슨 일이 끝난 뒤에도 부분적으로 남아 있는 것이나 영향을 비유하여 이르는 말
- 灰燼化 (회신화) : 송두리째 타 버려 재만 남음

蜃	부수 | 虫 총획 | 13
	무명조개 신

- 蜃氣樓 (신기루) : 온도나 습도의 영향으로 대기의 밀도가 층층이 달라졌을 때 빛의 이상 굴절로 말미암아 엉뚱한 곳에 물상이 나타나는 현상

宸	부수 | 宀 총획 | 10
	집, 대궐 신

- 宸念 (신념) : 임금의 마음 또는 걱정
- 御宸筆 (어신필) : 임금의 친필. 어필(御筆)

簹	부수 | 竹 총획 | 15
	대밥그릇 식

- 簹器 (식기) : 대밥그릇

侁	부수 | 人(亻) 총획 | 8
	걷는 모양 신

- 侁侁 (신신) : 여럿이 걷는 모양

呻	부수 | 口 총획 | 8
	끙끙거릴 신

- 呻吟 (신음) : 병으로 앓는 소리를 냄. 억압 등으로 고통에 허덕임

藎	부수 | 艸(艹) 총획 | 18
	조개풀 신

- 藎臣 (신신) : 충신. 충후(忠厚)한 신하

矧	부수 | 矢 총획 | 9
	하물며 신

- 矧笑 (신소) : 잇몸을 드러내고 크게 웃음

蟋	부수 | 虫	총획 | 17
	귀뚜라미 실	

- 蟋蟀(실솔) : 귀뚜라미

芯	부수 | 艸(艹)	총획 | 8
	등심초 심	

- 芯草(심초) : 등심초. 골풀

諶	부수 | 言	총획 | 16
	참 심	

- 諶言(심언) : 참된 말

鴉	부수 | 鳥	총획 | 15
	갈까마귀 아	

- 鴉片(아편) : 양귀비의 채 익지 않은 열매에 상처를 내어서 뽑아 낸 진을 말려서 굳힌 흑갈색 가루. 모르핀 등을 주성분으로 하는 마약으로서 진통제나 설사약 등에 쓰인다
- 鴉鬟蟬鬢(아환선빈) : 부녀자의 머리가 검고 아름다움을 이르는 말

俄	부수 | 人(亻)	총획 | 9
	갑자기 아	

- 俄館播遷(아관파천) : 대한제국 건양(建陽) 원년(1896)에 러시아가 그 세력을 우리나라에 펴기 위하여, 그 해 2월부터 약 1년 동안 고종과 황태자를 러시아 공사관에 옮겨서 거처하게 한 일
- 俄羅斯(아라사) : 러시아의 취음(음역어)
- 俄然(아연) : 갑자기

鵝	부수 | 鳥	총획 | 18
	거위 아	

- 白鵝(백아) : 거위
- 鵝眼(아안) : 중국 남조 송나라 때 주조한 구멍 뚫린 쇠돈

蛾	부수 | 虫	총획 | 13
	나방 아	

- 蛾眉(아미) : 누에나방의 눈썹처럼 아름다운 미인의 눈썹
- 靑蛾(청아) : 눈썹 먹으로 푸르게 그린 눈썹. 두보(杜甫)의 시에 나온 말로 미인을 달리 일컫는 말

莪	부수 | 艸(艹)	총획 | 11
	지칭개 아	

- 蓬莪茂(봉아술) : 생강과의 여러해살이풀
※ 지칭개 : 국화과의 두해살이풀

喔	부수 | 口	총획 | 12
	닭소리 악	

- 喔咿(악이) : 억지로 웃는 얼굴을 함

渥	부수 | 水(氵)	총획 | 12
	두터울 악	

- 渥丹(악단) : 진한 붉은 빛. 얼굴빛이 붉고 윤기가 도는 것
- 優渥(우악) : 은혜가 넓고 두터움

3-2 선정한자 익히기

鄂	부수	邑(阝) 총획	12
	땅 이름 악		

- 鄂鄂 (악악) : 엄격하게 말하는 모양
- 鄂 (악) : 중국 호북성(湖北省)의 별칭

鰐	부수	魚 총획	20
	악어 악		

- 鰐魚 (악어) : 악어류에 딸린 동물을 통틀어 일컬음. 생김새는 도롱뇽 비슷하나 몸집이 매우 크며, 몸은 각질의 비늘로 덮이고, 주둥이가 넓고 길다.
- 鰐魚皮 (악어피) : 악어가죽

齷	부수	齒 총획	24
	악착할 악		

- 齷齪 (악착) : 일을 해 나가는 태도가 매우 모질고 끈덕짐. 또는 그런 사람

顎	부수	頁 총획	18
	얼굴높을, 턱 악		

- 間顎骨 (간악골) : 위턱 앞부분의 한 쌍의 뼈
- 顎關節 (악관절) : 턱관절
- 下顎脫臼 (하악탈구) : 아래턱이 삐어져 벗어나는 일

鍔	부수	金 총획	17
	칼날 악		

- 鍔鍔 (악악) : 높은 모양

幄	부수	巾 총획	12
	휘장 악		

- 幄次 (악차) : 임금이 거둥할 때에 잠깐 머무를 수 있도록 장막을 둘러친 곳

鮟	부수	魚 총획	17
	아귀 안		

- 鮟鱇 (안강) : 아귀

遏	부수	辵(辶) 총획	13
	막을 알		

- 遏塞 (알색) : 막음. 차단함

歹	부수	歹 총획	4
	부서진 뼈 알		

- 歹骨 (알골) : 부서진 뼈. 파쇄(破碎)되어 남은 뼈

揠	부수	手(扌) 총획	12
	뽑을 알		

- 揠苗助長 (알묘조장) : 힘을 도와서 더 자라게 함. 조장(助長). 주로 부정적인 의미로 쓴다

唵	부수 | 口　　총획 | 11
	머금을 **암**

嵒	부수 | 山　　총획 | 12
	바위, 가파를 **암**

- 嵒峻 (암준) : 높고 가파른 모양

黯	부수 | 黑　　총획 | 21
	어두울, 검을 **암**

- 黯澹 (암담) : 어둠침침하고 깊숙함

諳	부수 | 言　　총획 | 16
	욀 **암**

- 諳誦 (암송) : 글을 보지 아니하고 입으로 욈

狎	부수 | 犬(犭)　　총획 | 8
	익숙할 **압**

- 狎昵 (압닐) : 아주 친하고 가까움. 압닐(狎暱)
- 狎褻 (압설) : 사이가 너무 가까워서 서로 허물이 없음
- 親狎 (친압) : 서로 흉허물이 없을 정도로 사이가 아주 친함

盎	부수 | 皿　　총획 | 10
	동이 **앙**

- 盎盆 (앙분) : 동이

秧	부수 | 禾　　총획 | 10
	모 **앙**

- 移秧 (이앙) : 모내기
- 移秧機 (이앙기) : 모내는 기계

怏	부수 | 心(忄)　　총획 | 8
	원망할 **앙**

- 怏宿 (앙숙) : 서로 미워하는 사이
- 怏心 (앙심) : 원한을 품고 앙갚음하기를 벼르는 마음
- 怏怏之心 (앙앙지심) : 매우 마음에 차지 아니하거나 야속하게 여기는 마음

靄	부수 | 雨　　총획 | 24
	아지랑이 **애**

- 朝靄 (조애) : 아침에 끼는 아지랑이
- 和氣靄靄 (화기애애) : 온화한 기색이 넘쳐흐르는 모양

掖	부수 | 手(扌)　　총획 | 11
	겨드랑이, 부축할 **액**

- 縫掖之衣 (봉액지의) : 예전에 선비가 입던 옆이 넓게 터진 도포(道袍)
- 誘掖 (유액) : 이끌어서 도와줌

3-2 선정한자 익히기

扼	부수	手(扌)　총획	7
	누를 **액**		

- 扼腕 (액완) : 한 손으로 자기 팔을 꽉 쥠
- 切齒扼腕 (절치액완) : 몹시 분하여 이를 갈고 팔을 걷어붙이며 벼름

縊	부수	糸　총획	16
	목맬 **액**		

- 自縊 (자액) : 스스로 목을 매어 죽음

阨	부수	阜(阝)　총획	7
	좁을, 막힐 **액**		

- 阨困 (액곤) : 괴로움. 고생(苦生)

罌	부수	缶　총획	20
	양병 **앵**		

- 罌粟 (앵속) : 양귀비

椰	부수	木　총획	13
	야자나무 **야**		

- 椰子樹 (야자수) : 야자나무
- 椰子油 (야자유) : 야자나무 열매의 배젖에서 짠 기름. 비누의 원료가 됨

揶	부수	手(扌)　총획	12
	희롱할 **야**		

- 揶揄 (야유) : 남을 빈정거리며 놀림. 또는 그런 말이나 짓

葯	부수	艸(艹)　총획	13
	구릿대 잎 **약**		

- 葯 (약) : 꽃밥. 약포
- 脚生葯 (각생약) : 수술의 줄기 끝에 곧게 붙어 있는 꽃밥

蒻	부수	艸(艹)　총획	14
	부들 **약**		

- 蒟蒻 (곤약) : 구약나물. 구약나물의 땅속줄기의 가루에 석회유(石灰乳)를 섞어 끓여서 만든 식품

鑰	부수	金　총획	25
	자물쇠 **약**		

- 鑰匣 (약갑) : 열쇠를 넣어두는 상자

恙	부수	心　총획	10
	근심 **양**		

- 無恙 (무양) : 몸에 탈이 없음
- 微恙 (미양) : 대수롭지 않은 병. 말하는 이가 자기의 병을 낮추어 이르는 말

188　제3단원 학습

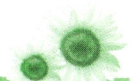

瀁	부수	水(氵) 총획	18

내 이름 **양**

- 瀁瀁 (양양) : 물이나 마음이 넓어 끝이 없음

| 驤 | 부수 | 馬 총획 | 27 |

머리들, 달릴 **양**

- 驤螭 (양리) : 교룡(蛟龍)이 승천함

| 穰 | 부수 | 禾 총획 | 22 |

볏대 **양**

- 早穰 (조양) : 제철보다 일찍 여무는 벼. 올벼
- 穰田 (양전) : 곡식이 잘 익도록 비는 일

| 瘍 | 부수 | 疒 총획 | 11 |

앓을 **양**

- 搔痒症 (소양증) : 한방에서 피부가 가려운 병증을 이르는 말
- 耳痒症 (이양증) : 귓속이 가려운 증세. 신경성과 염증성이 있음. 이양(耳痒)

| 敭 | 부수 | 攴(攵) 총획 | 13 |

오를 **양**

- 敭歌 (양가) : 소리 높이 노래를 부름

| 禳 | 부수 | 示 총획 | 22 |

제사 이름 **양**

- 祈禳 (기양) : 복은 들어오고 재앙은 물러가라고 신명(神明)에게 비는 일
- 禳禍求福 (양화구복) : 재앙을 물리치고 복을 구함

| 煬 | 부수 | 火 총획 | 13 |

찔 **양**

- 煬和 (양화) : 화기로 인하여 부드러워 짐

| 漾 | 부수 | 水(氵) 총획 | 14 |

출렁거릴 **양**

- 漾碧 (양벽) : 푸른 빛을 띠움. 푸른 물이 출렁이게 함

| 暘 | 부수 | 日 총획 | 13 |

해돋이 **양**

- 暘谷 (양곡) : 옛날 중국에서 해가 돋는 동쪽 끝 골짜기에 있다는 상상의 지역으로, 해가 돋는 곳을 이르는 말
- 暘烏 (양오) : 태양의 다른 이름

| 颺 | 부수 | 風 총획 | 18 |

흩날릴 **양**

- 颺言 (양언) : 소리를 높여 말함

3-2 선정한자 익히기

齬	부수 | 齒 총획 | 22
	어긋날 어

- 齟齬 (저어) : '이가 맞지 아니하다'는 뜻으로 사물이나 일이 잘 맞지 않고 어긋남

瘀	부수 | 疒 총획 | 13
	어혈질 어

- 瘀血 (어혈) : 무엇에 부딪히거나 타박을 입어 한곳에 퍼렇게 피가 맺혀 있는 증세. 또는 그 피. 적혈(積血)

飫	부수 | 食 총획 | 13
	포식할, 물릴 어

- 飫聞 (어문) : 싫증이 날 만큼 많이 들음

臆	부수 | 肉(月) 총획 | 17
	가슴 억

- 臆說 (억설) : 근거 없이 제멋대로 추측하거나 억지를 부려 하는 말. 추측이나 상상에 의한 일방적인 의견
- 臆測 (억측) : 제멋대로 짐작함. 또는 제멋대로 하는 짐작. 억탁(臆度)
- 胸臆 (흉억) : 가슴 속. 가슴속의 생각

堰	부수 | 土 총획 | 12
	방죽 언

- 堰塞湖 (언색호) : 사태나 화산 폭발 등으로 냇물이 가로막혀 이루어진 호수. 언지호(堰止湖). 폐색호(閉塞湖)
- 堤堰 (제언) : 물을 가두어 두기 위하여 하천이나 골짜기 따위에 쌓은 둑

嫣	부수 | 女 총획 | 14
	상긋웃을 언

- 嫣紅 (언홍) : 아리따운 붉은색

偃	부수 | 人(亻) 총획 | 11
	쓰러질 언

- 偃旗息鼓 (언기식고) : 전쟁터에서 군기를 누이고 북을 쉰다는 뜻으로 휴전함을 이르는 말
- 偃月刀 (언월도) : 반달 모양으로 된 중국의 칼. 청룡언월도(靑龍偃月刀)의 준말
- 偃草 (언초) : 바람의 방향에 따라 풀이 한곳으로 쓸리는 것처럼 백성을 교화(敎化)하는 일

蘖	부수 | 艸(艹) 총획 | 21
	그루터기 얼

- 分蘖 (분얼) : 식물의 땅 속에 있는 마디에서 가지가 나오는 일

孽	부수 | 子 총획 | 19
	서자 얼

- 庶孽 (서얼) : 서자와 그 자손. 일명(逸名). 초림(椒林)
- 遺孽 (유얼) : 죽은 뒤에 남은 서얼(庶孽). 뒤에 남은 나쁜 사물

儼	부수 | 人(亻) 총획 | 22
	근엄할 엄

- 儼存 (엄존) : 엄연히 존재함. 확실히 있음

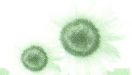

淹	부수 | 水(氵) 총획 | 11
	담글 **엄**

- 淹博 (엄박) : 학식이 매우 넓고 깊음
- 淹滯 (엄체) : 오래 지체함. 재능이 있으면서도 빛을 보지 못하고 파묻혀 있음. 또는 그런 사람

渰	부수 | 水(氵) 총획 | 12
	비구름일 **엄**

- 渰然 (엄연) : 비구름이 생기는 모양

茹	부수 | 艸(艹) 총획 | 10
	먹을, 기를 **여**

- 竹茹 (죽여) : 청대의 얇은 속껍질을 약재로 이르는 말

艅	부수 | 舟 총획 | 13
	배 이름 **여**

- 艅艎 (여황) : 아름답게 장식한 배

礖	부수 | 石 총획 | 19
	비상 섞인 돌 **여**

※ 대법원 인명용 한자(2001.1.4 추가)

轝	부수 | 車 총획 | 21
	수레바탕 **여**

- 轝駕 (여가) : 천자의 수레

歟	부수 | 欠 총획 | 18
	어조사 **여**

※ 대법원 인명용 한자(2001.1.4 추가)

璵	부수 | 玉 총획 | 18
	옥 **여**

- 璵璠 (여번) : 노(魯)의 보옥

閾	부수 | 門 총획 | 16
	문지방 **역**

- 履閾 (이역) : 문지방을 밟음

繹	부수 | 糸 총획 | 19
	풀어낼, 실마리 **역**

- 演繹法 (연역법) : 논리학에서 연역에 의하여 추리하는 방법을 이름. 연역적 방법
- 玩繹 (완역) : 글의 깊은 뜻을 생각하여 찾음
- 海東繹史 (해동역사) : 조선 후기 실학자 한치윤(韓致奫)이 지은 기전체 한국 역사책

3-2 선정한자 익히기

縯	부수 | 糸	총획 | 17
	길 연	

- 縯巾 (연건) : 기다란 천

挻	부수 | 手(扌)	총획 | 10
	늘일 연	

※ 대법원 인명용 한자(2001.1.4 추가)

吮	부수 | 口	총획 | 7
	빨, 핥을 연	

- 吮疽 (연저) : 종기를 빰

嚥	부수 | 口	총획 | 19
	삼킬 연	

- 嚥下 (연하) : 삼킴

椽	부수 | 木	총획 | 13
	서까래 연	

- 馬蹄椽 (마제연) : 말굽추녀. 안쪽 끝을 말굽 모양으로 만들어 추녀의 큰 서까래 양쪽에 붙이는 서까래 또는 그렇게 만든 추녀
- 方椽 (방연) : 모지게 만든 서까래. 굴도리 밑에 받치는 네모진 나무

鳶	부수 | 鳥	총획 | 14
	솔개 연	

- 鳶 (연) : 대오리로 뼈대를 만들어 종이를 바르고, 실을 매어서 하늘에 날리는 장난감. 지연(紙鳶). 풍연(風鳶). 풍쟁(風箏)
- 防牌鳶 (방패연) : 복판에 구멍이 있는 네모 반듯한 연
- 鳶色 (연색) : 다갈색

涎	부수 | 水(氵)	총획 | 10
	침, 물흐를 연	

- 痰涎 (담연) : 가래와 침
- 龍涎香 (용연향) : 향유고래에서 채취하는 송진 같은 향료. 사향과 비슷한 향기가 있음

剡	부수 | 刀(刂)	총획 | 10
	①날카로울 ②땅이름 ①염 ②섬	

- 剡削 (염삭) : 깎아냄
- 剡剡 (염염) : 번쩍번쩍 빛나는 모양. 또는 일어서는 모양

髥	부수 | 髟	총획 | 14
	구레나룻 염	

- 碧眼紫髥 (벽안자염) : '파란 눈과 검붉은 수염'이라는 뜻으로, 서양 사람의 모습을 이르는 말
- 鬚髥 (수염) : 성숙한 남자의 입가・턱・뺨에 나는 털. 나룻. 염(髥). 벼・보리・옥수수 등의 낱알 끝이나 상에 난 까끄라기나 털 모양의 것
- 蔡鬚髥 (채수염) : 숱은 많지 아니하나 퍽 긴 수염

冉	부수 | 冂	총획 | 5
	나아갈 염	

- 冉若 (염약) : 풀이 무성한 모양

焰	부수	火 총획	12
	불당길(=燄) **염**

- 氣焰 (기염) : 발언(發言) 따위에 나타나는 호기로운 기세. 대단한 호기(豪氣)
- 酸化焰 (산화염) : 겉불꽃. 연소(燃燒)가 완전하여 온도가 가장 높은 불꽃의 맨 바깥쪽 부분. 외염(外焰)
- 火焰 (화염) : 가연 가스가 연소할 때 열과 빛을 내는 부분

苒	부수	艸(⺿) 총획	9
	풀우거질 **염**

- 荏苒 (임염) : 차츰차츰 세월이 지나거나 일이 되어 감

嶸	부수	山 총획	17
	가파를 **영**

- 崢嶸 (쟁영) : 산이 높고 가파른 모양

潁	부수	水 총획	15
	강 이름 **영**

- 潁水隱士 (영수은사) : 요(堯)임금 때 영수(潁水) 가에 은거하였다는 허유(許由)를 이름

籝	부수	竹 총획	26
	광주리 **영**

- 籝金 (영금) : 돈 그릇 속의 돈

濚	부수	水(氵) 총획	17
	물 돌아나갈 **영**

- 濚濚 (영영) : 물이 빙 돌아 나가는 모양

瀛	부수	水(氵) 총획	19
	바다 **영**

- 瀛州山 (영주산) : 중국의 삼신산(三神山)의 하나. 제주도 한라산(漢拏山)을 달리 이르는 말

霙	부수	雨 총획	17
	진눈깨비 **영**

- 玉霙 (옥영) : 아름다운 눈을 비유함

蕊	부수	艸(⺿) 총획	16
	꽃술 **예**

- 蕊蕊 (예예) : 무더기로 더부룩하게 나 있는 풀

穢	부수	禾 총획	18
	더러울, 거칠 **예**

- 穢德先生傳 (예덕선생전) : 조선 영조·정조 때의 학자 박지원이 지은 한문 소설
- 穢心 (예심) : 불교에서 이르는 더러운 마음. 범부(凡夫)의 마음
- 穢土 (예토) : 불교에서 이르는 더러운 땅. 곧, 이승을 이르는 말

3-2 선정한자 익히기

| 霓 | 부수 | 雨 | 총획 | 16 |
무지개 예

- 雲霓 (운예) : 비가 내릴 징조를 이르는 말
- 虹霓 (홍예) : 무지개

| 瘞 | 부수 | 疒 | 총획 | 15 |
묻을, 제터 예

- 瘞埋 (예매) : 지신(地神)에게 제사지낸 제물을 땅에 묻는 의식

| 汭 | 부수 | 水(氵) | 총획 | 7 |
물굽이 예

- 汭水 (예수) : 중국 강서성(江西省)과 감숙성(甘肅省)을 흐르는 강이름

| 猊 | 부수 | 犬(犭) | 총획 | 11 |
사자 예

- 狻猊 (산예) : 신라 오기(五伎)의 하나. 사자탈을 쓰고 연출하는 연극
- 猊座 (예좌) : 부처가 앉는 자리. 고승(高僧)이 앉는 자리. 사자 자리
- 猊下 (예하) : 고승(高僧)의 경칭(敬稱)으로 쓰는 말. 중에게 편지를 보낼 때, 그 법명 아래 쓰는 말

| 呭 | 부수 | 口 | 총획 | 8 |
수다스러울 예

- 呭呭 (예예) : 수다스러운 모양

| 倪 | 부수 | 人(亻) | 총획 | 10 |
어린이 예

- 端倪 (단예) : 일의 시초와 끝. 추측하여 앎. 맨 끝

| 詣 | 부수 | 言 | 총획 | 13 |
이를 예

- 詣闕 (예궐) : 대궐에 들어감. 입궐(入闕)
- 造詣 (조예) : 학문이나 예술·기술 등 어떤 분야에 대한 깊은 지식이나 이해
- 參詣 (참예) : 신이나 부처 앞에 나아가 뵘

| 翳 | 부수 | 羽 | 총획 | 17 |
일산, 가릴 예

- 翳日 (예일) : 햇빛을 가림

| 忤 | 부수 | 心(忄) | 총획 | 7 |
거스를 오

- 忤逆 (오역) : 거스름. 배반함. 불효(不孝)

| 澳 | 부수 | 水(氵) | 총획 | 16 |
깊을 오

- 澳溟 (오명) : 깊고 어두움

| 敖 | 부수\|攴(攵) 총획\|11
놀 오 | 鼯 | 부수\|鼠 총획\|20
다람쥐 오 |

• 敖遊(오유) : 멋대로 놀며 지냄
• 鼯鼬(오유) : 날다람쥐와 족제비

| 襖 | 부수\|衣(衤) 총획\|18
도포, 웃옷 오 | 塢 | 부수\|土 총획\|13
둑, 언덕, 마을 오 |

• 襖衣(오의) : 웃옷. 웃저고리
• 塢壁(오벽) : 흙을 쌓아 만든 성채

| 俉 | 부수\|人(亻) 총획\|9
맞이할 오 | 筽 | 부수\|竹 총획\|13
버들고리 오 |

• 筽匣(오갑) : 고리버들의 가지나 대오리를 엮어서 만든 상자 비슷한 물건

| 熬 | 부수\|火(灬) 총획\|15
볶을 오 | 珸 | 부수\|玉 총획\|11
옥돌 오 |

• 熬煎(오전) : 볶음. 조림. 지짐
• 琨珸(곤오) : 아름다운 돌

| 鰲 | 부수\|黽 총획\|24
자라(=鼇) 오 | 蜈 | 부수\|虫 총획\|13
지네 오 |

• 鰲頭(오두) : 큰 바닷가의 자라. 장원(壯元)으로 급제한 사람
• 蜈蚣(오공) : 말린 지네를 약재로 이르는 말
• 蜈蚣鷄(오공계) : 내장을 들어낸 닭에 말린 지네를 넣어 곤 국

3-2 선정한자 익히기

| 螯 | 부수 | 虫 총획 | 17 |
| 집게발, 차오(車螯) 오 |

- 車螯 (차오) : 조개의 일종 대합과 비슷함

| 懊 | 부수 | 心(忄) 총획 | 16 |
| 한할 오 |

- 懊惱 (오뇌) : 뇌우쳐 한탄하고 괴로워함
- 懊悔 (오회) : 원망함. 뉘우치고 한탄함

| 圬 | 부수 | 土 총획 | 6 |
| 흙손 오 |

- 圬墁 (오만) : 벽을 바르는 일

| 醞 | 부수 | 酉 총획 | 17 |
| 빚을 온 |

- 醞酒 (온주) : 술을 빚음

| 慍 | 부수 | 心(忄) 총획 | 13 |
| 성낼 온 |

- 慍怒 (온노) : 성을 발칵냄

| 瘟 | 부수 | 疒 총획 | 15 |
| 염병 온 |

- 瘟疫 (온역) : 돌림병

| 縕 | 부수 | 糸 총획 | 16 |
| 헌솜 온 |

- 縕袍 (온포) : 묵은 솜을 둔 도포

| 兀 | 부수 | 儿 총획 | 3 |
| 우뚝할 올 |

- 羅兀 (나올) : '너울'의 잘못. '너울'을 한자로 빌려서 쓴 말

| 顒 | 부수 | 頁 총획 | 18 |
| 공경할 옹 |

- 顒然 (옹연) : 우러러보는 모양

| 嗈 | 부수 | 口 총획 | 13 |
| 기러기 짝지어 울 옹 |

- 嗈和 (옹화) : 새소리가 부드럽게 어울리는 모양

饔	부수|食 총획|22
	아침밥 **옹**

- 司饔 (사옹) : 조선 때 대궐 안의 음식을 만들던 사람

癰	부수|疒 총획|23
	악창 **옹**

- 癰 (옹) : 화농균이 옮아서 생기는 나쁜 혹의 한 가지
- 吮癰舐痔 (연옹지치) : '종기의 고름을 빨고 치질 앓는 밑을 핥는다' 는 뜻으로, 남에게 지나치게 아첨함을 이르는 말
- 齒癰 (치옹) : 잇몸이 붓고 곪는 병

蛙	부수|虫 총획|12
	개구리 **와**

- 泮蛙 (반와) : 성균관(成均館) 개구리란 뜻으로 아무 일도 하지 않고 자나깨나 책만 읽는 사람을 농조로 이르는 말
- 井底之蛙 (정저지와) : 우물 안 개구리

蝸	부수|虫 총획|15
	달팽이 **와**

- 蝸角之爭 (와각지쟁) : 사소한 일로 벌이는 다툼. 또는 작은 나라끼리 싸우는 일
- 蝸牛角上 (와우각상) : '달팽이의 뿔 위' 라는 뜻으로, 세상이 좁음을 비유적으로 이르는 말

窩	부수|穴 총획|14
	보금자리, 숨길 **와**

- 心窩 (심와) : 명치
- 燕窩 (연와) : 바다제비의 일종인 금사연(金絲燕)의 보금자리. 물고기나 바닷말을 물어다가 침을 발라서 만든 것으로 중국 요리의 최고급 국거리
- 窩窟 (와굴) : 소굴(巢窟)

窪	부수|穴 총획|14
	웅덩이 **와**

- 窪地 (와지) : 오목하게 패어 웅덩이가 된 땅

宛	부수|宀 총획|8
	굽을 **완**

- 宛然 (완연) : 마치. 흡사. 명료한 모양

碗	부수|石 총획|13
	그릇 **완**

- 大碗口 (대완구) : 조선 시대에 지름 30cm쯤 되는 쇠나 돌로 만든 둥근 탄알을 넣어 쏘던 큰 화포

琓	부수|玉 총획|11
	옥이름, 나라이름 **완**

- 琓夏 (완하) : 고대에 있었던 나라 이름

脘	부수|肉(月) 총획|11
	밥통 **완**

- 中脘 (중완) : 한방에서 침을 놓는 혈의 한 가지. 위(胃)가 있는 자리

3-2 선정한자 익히기

豌 부수 | 豆 총획 | 15
완두 완
- 豌豆(완두) : 콩과의 두해살이 덩굴풀. 높이는 2미터 정도이며, 잎은 겹잎이고 잎 끝이 덩굴손이 되어 지주를 감고 올라가면서 자란다.

娃 부수 | 女 총획 | 9
아름다울 왜
- 娃姣(왜교) : 아름다운 모양

矮 부수 | 矢 총획 | 13
키작을 왜
- 矮小(왜소) : 키가 작고 몸피가 작음
- 矮子看戲(왜자간희) : '키가 작은 사람이 큰 사람 틈에 끼여 구경은 못하고서 앞사람의 이야기만 듣고 자기가 본 체 또는 아는 체한다'는 뜻으로, 자신은 아무것도 모르면서 남이 그렇다고 하니까 덩달아서 그렇다고 하는 것

巍 부수 | 山 총획 | 21
높을 외
- 巍然(외연) : 높게 솟아 있는 모양. 빼어나게 위대한 모양. 외아(巍峨)
- 巍巍(외외) : 우뚝 솟아 높은 모양

嵬 부수 | 山 총획 | 13
높을 외
- 嵬崛(외굴) : 높고 큰 모양

徭 부수 | 彳 총획 | 13
구실 요
- 徭役(요역) : 나라에서 정남(丁男)에게 구실 대신으로 시키던 노동

橈 부수 | 木 총획 | 16
①노 ②굽을   ①요 ②뇨
- 橈橈(요요) : 휘는 모양. 또는 연약한 모양

拗 부수 | 手(扌) 총획 | 8
꺾을 요
- 拗音(요음) : 말소리가 편하게 나오지 아니하고 굴곡져 나오는 소리
- 執拗(집요) : 고집이 세고 끈질김

嶢 부수 | 山 총획 | 15
높을 요
- 嶢崎(요기) : 산이 구불구불 구부러진 모양

繞 부수 | 糸 총획 | 18
두를 요
- 攀繞植物(반요식물) : 반연성, 전요성이 있는 식물. 담쟁이덩굴, 포도나무, 나팔꽃, 칡 따위
- 圍繞(위요) : 혼인 때 가족으로서 신랑이나 신부를 데리고 가는 사람
- 纏繞(전요) : 덩굴 따위가 다른 나무에 친친 얽히어 감김

국가공인 한자자격시험 · 사범

邀	부수 | 辵(辶) 총획 | 17
	맞을 요

- 奉邀 (봉요) : 웃어른을 오시라고 청함
- 邀擊 (요격) : 공격해 오는 적을 도중에서 기다렸다가 맞받아 침

繇	부수 | 糸 총획 | 17
	역사 요

- 繇戍 (요수) : 백성을 징발하여 국경을 수비함

蟯	부수 | 虫 총획 | 18
	요충 요

- 蟯蟲 (요충) : 요충과의 기생충. 실처럼 희고 가늘며, 사람의 대장에 기생함. 특히, 어린이에게 많으며 소화 불량·신경증·불면증 등을 일으킴

褥	부수 | 衣(衤) 총획 | 15
	요 욕

- 産褥 (산욕) : 해산할 때에 산모가 까는 요
- 寢褥 (침욕) : 잠 잘 때에 까는 요

縟	부수 | 糸 총획 | 16
	화문놓을 욕

- 繁文縟禮 (번문욕례) : 번거롭고 까다로운 규칙과 예절

慵	부수 | 心(忄) 총획 | 14
	게으를 용

- 慵惰 (용타) : 게으름

慫	부수 | 心 총획 | 14
	권할 용

- 慫慂 (종용) : 달래어 권함. 꾀어서 하게 함

冗	부수 | 冖 총획 | 4
	번잡할 용

- 煩冗 (번용) : 번거롭고 자질구레한 일
- 冗官 (용관) : 직책이 없는 벼슬아치. 또는 한가한 벼슬

聳	부수 | 耳 총획 | 17
	솟을 용

- 聳動 (용동) : 두렵거나 놀라서 몸을 솟구쳐 뛰듯 움직임
- 聳上 (용상) : 역도 종목의 한 가지. 역기를 한 동작으로 가슴 위까지 올린 후 곧 그 반동으로 머리 위까지 추어올리는 것
- 聳出 (용출) : 우뚝 솟아남

俑	부수 | 人(亻) 총획 | 9
	허수아비 용

- 土俑 (토용) : 무덤의 부장용(副葬用)으로 만든 토제(土製)의 인물상(人物像)

3-2. 선정한자 익히기

3-2 선정한자 익히기

甬	부수	用 총획	7
	휘, 길 **용**

- 甬路 (용로) : 중앙의 통로가 높고 양쪽이 낮은 볼록한 모양의 길

紆	부수	糸 총획	9
	굽을 **우**

- 紆曲 (우곡) : 서로 얽혀 구부러져 있음

雩	부수	雨 총획	11
	기우제 **우**

- 舞雩祭 (무우제) : 기우제(祈雨祭)를 예스럽게 이르는 말

洰	부수	水(氵) 총획	8
	물 이름 **우**

- 洰水 (우수) : 강물 이름

盂	부수	皿 총획	8
	바리 **우**

- 腎盂 (신우) : 요관(尿管)이 신장(腎臟)에 이어지는 자루 모양의 부분. 신장에서 만들어진 오줌이 세뇨관을 통하여 이 곳에 모였다가 수뇨관을 통하여 방광으로 들어가게 됨
- 盂蘭盆 (우란분) : 불교에서 하안거의 끝날인 음력 칠월 보름을 앞뒤로 한 사흘간 지내는 행사. 아귀도(餓鬼道)에 떨어져 괴로워하는 망령을 위안하는 불사(佛事)임

禑	부수	示 총획	14
	복 **우**

※ 대법원 인명용 한자(2001.1.4 추가)

藕	부수	艸(艹) 총획	19
	연뿌리 **우**

- 蓮藕 (연우) : 연근(蓮根)

旴	부수	日 총획	7
	클 **우**

- 旴然 (우연) : 해돋는 모양

栯	부수	木 총획	10
	산앵두 **욱**

- 栯李 (욱리) : 산앵두나무

稶	부수	禾 총획	15
	서직 무성할 **욱**

- 稶然 (욱연) : 서직이 무성한 모양

勖	부수|力 총획|11
	힘쓸 욱

- 勖率 (욱솔) : 힘써 거느림

橒	부수|木 총획|16
	나무무늬 운

- 橒紋 (운문) : 나무의 무늬

熉	부수|火 총획|14
	노란 모양 운

- 熉書 (운서) : 겉표지가 노란 책

隕	부수|阜(阝) 총획|14
	떨어질 운

- 隕石 (운석) : 우주진(宇宙塵)이 떨어질 때, 지구의 대기 중에서 다 타버리지 못하고 땅 위에 떨어진 것. 별똥돌
- 隕星 (운성) : 유성(流星)

蕓	부수|艸(艹) 총획|16
	평지 운

- 蕓薹 (운대) : 평지. 겨자과에 딸린 두해살이 풀. 유채(油菜)

乯	부수|乙 총획|4
	땅 이름 울

※ 대법원 인명용 한자(2001.1.4 추가)

湲	부수|水(氵) 총획|12
	물 흐를 원

- 湲湲 (원원) : 물고기가 기운을 잃고 넘어지는 모양

爰	부수|爪 총획|9
	이에 원

- 爰居爰處 (원거원처) : 이곳 저곳으로 옮겨 다니며 사는 일
- 爰書 (원서) : 죄인의 공초(供招)를 적던 서류

黿	부수|黽 총획|17
	자라 원

- 黿鼎 (원정) : 큰 자라를 삶은 솥

鉞	부수|金 총획|13
	도끼 월

- 斧鉞 (부월) : 작은 도끼와 큰 도끼. 출정하는 대장에게 임금이 주살(誅殺)을 허락하는 뜻으로 주던 도끼. 정벌, 군기, 형륙(刑戮)을 뜻함
- 斧鉞之下 (부월지하) : 제왕(帝王)의 위엄을 가리키는 말

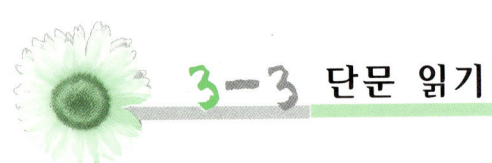 단문 읽기

心安茅屋穩하며 性定菜羹香이라

<明心寶鑑> 마음이 편안하면 띠로 지은 집이라 할지라도 편안하며, 성품이 안정되면 나물국이라 할지라도 향기롭다.

宜兄宜弟而后에 可以敎國人이니라

<大學> 형에게 마땅하고 아우에게 마땅한 뒤에야 나라 사람을 가르칠 수 있는 것이다.

上善若水하니 水善利萬物而不爭하며 處衆人之所惡라 故幾於道니라

<老子> 최상의 선은 물과 같으니 물은 만물을 잘 이롭게 하나 다투지 않으며 뭇 사람이 싫어하는 곳에 처한다. 그러므로 도에 거의 가깝다.

農夫는 餓死라도 枕厥種子라

<耳談續纂> 농부는 굶어 죽을지라도 그 종자(씨앗)를 베고 죽는다. (자신의 직업의식은 어떤 일이 있어도 버리지 못한다는 뜻)

衣服은 不可華侈니 禦寒而已요 飮食은 不可甘美니 救飢而已요 居處는 不可安泰니 不病而已라

<擊蒙要訣> 의복은 화려하거나 사치하게 할 것이 아니라 추위를 막을 뿐이요, 음식은 달고 아름답게 할 것이 아니라 굶주림을 구원할 뿐이요, 거처는 편안하게 할 것이 아니라 병들지 않게 할 뿐이다.

有官守者 不得其職則去하고 有言責者 不得其言則去라

<爭臣論> 관직을 맡음이 있는 자는 그 직책을 수행할 수 없으면 떠나가고, 말할 책임이 있는 자는 그 말을 할 수 없으면 떠나간다.

所謂誠其意者는 毋自欺也니 如惡惡臭하며 如好好色을 此之謂自謙이니 故로 君子는 必愼其獨也니라

<大學> 그 뜻을 정성스럽게 한다고 이르는 것은 스스로를 속이지 않는 것이니 악취를 미워하는 것 같이 하며 여색을 좋아하는 것과 같이 하는 것, 이것을 일러 자겸(스스로 만족함)이라 한다. 그러므로 군자는 반드시 혼자 있을 때를 삼간다.

金玉滿堂이면 莫之能守요 富貴而驕면 自遺其咎라

<老子> 금과 옥이 집에 가득할 만큼 많으면 그것을 지킬 수 없고, 부귀하여 교만하게 되면 스스로 화를 초래할 것이다.

責難於君을 謂之恭이오 陳善閉邪를 謂之敬이오 吾君不能을 謂之賊이라

<孟子> 임금에게 하기 어려운 일을 권면하고 책하는 것을 이것을 일러 진정한 공손이라 하고, 착한 것을 개진하고 사악한 것을 막는 것을 이것을 일러 공경스럽다고 하고, 우리 임금이 선왕의 선한 도를 해내지 못한다고 하는 것을 도적이라고 한다.

才俊人은 宜學恭謹하고 聰明人은 宜學沈厚니라

<象村集> 재주가 뛰어난 사람은 마땅히 공손함과 삼감을 배워야 하며, 총명한 사람은 마땅히 침잠함과 두터움을 배워야 한다.

3-3 단문 읽기

道千乘之國하되 敬事而信하며 節用而愛人하며 使民以時니라

<論語> 천승의 나라를 다스리되 일을 공경하여 믿음이 있게 하며, 쓰기를 절제하여 사람을 사랑하며, 백성을 부리기를 때(농번기를 피함)를 맞추어 할지니라.
** 4필의 말이 끄는 병거를 '乘(승)'이라 함. 천자는 만승지국(萬乘之國), 제후는 천승지국(千乘之國), 대부는 백승지국(百乘之國)임

古者에 言之不出은 恥躬之不逮也니라

<論語> 옛날에 말을 함부로 내지 않은 것은 몸소 실천함이 미치지 못할까 부끄러워해서였다.

飯疏食飮水하고 曲肱而枕之라도 樂亦在其中矣니 不義而富且貴는 於我에 如浮雲이니라

<論語> 거친 밥을 먹고 물을 마시고 팔을 굽혀 베더라도 즐거움은 또한 그 가운데 있으니, 의롭지 못하고서 부하고 또 귀함은 나에게 있어 뜬구름과 같으니라.

吾十有五而志于學하고 三十而立하고 四十而不惑하고 五十而知天命하고 六十而耳順하고 七十而從心所欲하여 不踰矩니라

<論語> 나는 열다섯 살에 배움에 뜻을 두었고, 서른 살에 자립하였고, 마흔 살에 의혹하지 않았고, 쉰 살에 천명을 알았고, 예순 살에 귀로 들으면 그대로 이해되었고, 일흔 살에 마음에 하고자 하는 바를 좇아도 법도에 넘지 아니하였다.

官怠於宦成하며 病加於小愈하며 禍生於懈惰하며 孝衰於妻子하나니 察此四者하여 愼終如始니 詩曰靡不有初나 鮮克有終이라하니라

<小學> 관리는 벼슬의 지위가 올라가는데 있어 직무수행에 게을러지며, 병은 조금 차도가 있는데 있어 병세가 더하게 되며, 재앙은 게으른데 있어 더욱 생기며, 효도는 처자가 있는데 있어 사랑에 빠져 쇠퇴하게 되나니, 이 네 가지를 살펴서 처음은 있되 마침은 없는 것이 되지 않도록 끝까지 조심하여 처음과 같이 한결같아야 한다. <시경>에 말하기를 '처음은 제대로 되어 있지 않음이 없으나 능히 끝이 제대로 되어 있는 것이 거의 없다' 하였다.

出門如見大賓하며 使民如承大祭니라

<小學> 대문을 나가서는 귀한 손님을 본 듯이 하며 백성을 부릴 때는 큰 제사를 받들 듯이 해야한다.

人之性은 惡이니 其善者는 僞也니라 今人之性은 生而有好利焉인데 順是故로 爭奪生하고 而辭讓亡焉이니라

<荀子> 사람의 본성은 악하니 선한 것은 거짓이다. 지금 사람의 본성은 태어나면서 이익을 좋아하는데, 이것을 따르기 때문에 다투어 빼앗음이 생기고 사양함이 없어진다.

大學之道는 在明明德하고 在親民하며 在止於至善이니라

<大學> 대학의 도는 밝은 덕을 밝히는 데 있고 백성을 새롭게 하는데 있으며 지극한 선에 머물게 하는 데 있다.
* 親民 : 新民의 의미임. '신민'으로 읽어야 함

輔車相依하며 脣亡齒寒이라

<左傳> 수레의 바퀴 덧방나무와 바퀴가 서로 의지하며, 입술이 없어지면 이가 시리다.

木受繩則直하고 金就礪則利라

<荀子> 나무는 먹줄을 입혀야 곧아지고, 쇠는 숫돌로 갈아야 날카로워진다.

3-4 한시 감상

泣別慈母 (읍별자모)
— 申師任堂(신사임당) —

慈親鶴髮在臨瀛한데	백발의 어머니 강릉에 계시온데
身向長安獨去情이라	이 몸 홀로 서울로 떠나네
回首北村時一望하니	고개 돌려 고향 마을 바라볼 제,
白雲飛下暮山靑이라	흰 구름 나는 아래 저무는 산만 푸르다

- **형식** 7언절구   **운자** 瀛, 情, 靑
- **감상** 이 시는 신사임당이 이원수(李元秀)와 결혼한 이후 강릉 친정을 다녀가면서 지은 것으로, 늙으신 어머니를 두고 떠나는 안타까운 심정이 나타나 있다. 율곡이 쓴 어머니의 행장기에 들어 있다.

花石亭 (화석정)
— 李珥(이이) —

林亭秋已晩하니	숲 속 정자에 가을 이미 깊어지니
騷客意無窮이라	시인의 뜻은 끝이 없도다
遠水連天碧하니	먼 곳의 물은 하늘에 맞닿아서 푸르고
霜楓向日紅이라	서리 맞은 단풍은 해를 향해 붉도다
山吐孤輪月이요	산은 외로운 둥근 달을 토해 내고
江含萬里風이라	강은 만리의 바람을 머금었도다
塞鴻何處去오	변방의 기러기는 어디로 가는가
聲斷暮雲中이라	울음 소리가 저녁 구름 속으로 사라지는구나

- **형식** 5언율시   **운자** 窮, 紅, 風, 中
- **표현** 시각 청각의 대비, 대구법   **주제** 늦가을의 풍경에 느껴지는 정취

浿江歌 (패강가)

― 林悌(임제) ―

浿江兒女踏春陽에	패강의 처녀 봄 햇살 밟을 제
江上垂楊正斷腸이라	강가의 수양이 애간장 끊누나
無限煙絲若可織이면	한없는 안개 속 버들가지 짤 수만 있다면
爲君裁作舞衣裳이라	님을 위해 춤옷을 짓기도 하련만

형식 7언절구　　**운자** 陽, 腸, 裳

*패강(浿江): 대동강. 일설에는 청천강이라고도 한다.　　*煙絲(연사): 아지랑이로 풀이하기도 함

春望 (춘망)

― 두보(杜甫) ―

國破山河在요	나라가 망하니 산하만 남았고
城春草木深이라	봄 깃든 성곽엔 초목만 무성하다
感時花濺淚요	시절이 슬퍼 꽃에 눈물을 뿌리고
恨別鳥驚心이라	이별이 아파 새 소리에 마음 놀라네
烽火連三月에	봉화가 석 달 동안 이어지니
家書抵萬金이라	집 소식은 만금에 해당하네
白頭搔更短하니	센 머리 긁어 더욱 짧아지니
渾欲不勝簪이라	온통 비녀조차 이기지 못하겠네

형식 5언율시　　**운자** 深, 心, 金, 簪
표현 대구　　**주제** 전란 속에서 고향을 그리워하는 애달픈 마음

睡起 (수기)

― 徐居正(서거정) ―

簾影深深轉이요	발그림자 깊숙이 옮겨 오고
荷香續續來라	연꽃향기 속속 풍겨오도다
夢回高枕上에	잠에서 깨어나니 높은 베개 위에
桐葉雨聲催라	오동잎에 빗소리가 재촉하도다

형식 5언절구　　**운자** 來, 催　　**표현** 대구　　**주제** 여름날의 정경

3-5 고전 읽기

<茶山>
― 黃玹(황현) ―

茶山의 姓은 丁氏요, 名은 若鏞이니, 正宗朝에 登科하여 官至承旨하니라. 嘗以抄啓文臣으로 入內閣하여 大被器賞하니, 由是로 忌疾者衆이라. 坐兄若鍾獄하여 流康津하여 十九年에 始還이라. 公이 謫居無事에 硏究古今하고 留心民生國計하여 討論著述이 窮源極委하니, 要爲有用之學하여 而皆可爲後世法이라. 若牧民心書·欽欽新書·經世遺表·田制考 等諸書가 是也라.

『梅泉野錄』

해석 다산의 성은 정씨요, 이름은 약용이니, 정종 조 때 과거에 합격하여 벼슬이 승지에 이르렀다. 일찍이 초계문신으로서 내각에 들어가 크게 훌륭한 인물로 인정을 받으니, (器賞: 훌륭한 인물로 상줄 만하다) 이로 말미암아 시기하고 미워하는 자가 많았다. 형 약종의 옥사에 연좌되어 강진에 유배되어 19년 만에 비로소 돌아왔다.

공이 귀양살이하여 일이 없음에 고금의 역사를 연구하고 백성들의 생활과 나라의 계획에 마음을 써서 토론과 저술이 근원을 연구하여 실용적인 학문을 중시하여 모두 후세의 법이 될 수 있었다. 『목민심서』·『흠흠신서』·『경세유표』·『전제고』 등과 같은 모든 책이 이것이다.

※ 정종 : 뒤에 왕호가 정조(正祖)로 바뀜

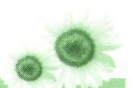

<赤壁賦>

-蘇軾 (소 식)-

壬戌之秋七月旣望에 蘇子與客으로 泛舟하여 遊於赤壁之下하니 淸風은 徐來하고 水波는 不興이라. 擧酒屬客하여 誦明月之詩하고 歌窈窕之章이러니 少焉에 月出於東山之上하여 徘徊於斗牛之間이라. 白露는 橫江하고 水光은 接天이라. 縱一葦之所如하여 凌萬頃之茫然하니 浩浩乎如馮虛御風而不知其所止하고 飄飄乎如遺世獨立하여 羽化而登仙이라. 於是에 飮酒樂甚하여 扣舷而歌之하니 歌曰 桂棹兮蘭槳으로 擊空明兮泝流光이로다. 渺渺兮予懷여 望美人兮天一方이로다.

『古文眞寶』

해 석 임술(壬戌) 가을 7월 기망(旣望)에 소자(蘇子)가 손[客]과 배를 띄워 적벽(赤壁) 아래 노니, 맑은 바람은 천천히 불어오고 물결은 일지 않더라. 술을 들어 손에게 권하며 명월(明月)의 시를 외고 요조(窈窕)의 장(章)을 노래하니, 이윽고 달이 동쪽 산 위에 솟아올라 북두성(北斗星)과 견우성(牽牛星) 사이를 서성이더라. 흰 이슬은 강에 비끼고, 물빛은 하늘에 이었더라. 한 잎의 갈대 같은 배가 가는 대로 맡겨, 일만 이랑의 아득한 물결을 헤치니, 넓고도 넓게 허공에 의지하여 바람을 타고 그칠 데를 알 수 없고, 가붓가붓 나부껴 인간 세상을 버리고 홀로 서서, 날개가 돋치어 신선(神仙)으로 돼 오르는 것 같더라. 이에 술을 마시고 흥취가 도도해 뱃전을 두드리며 노래를 하니, 노래에 이르기를 "계수나무 노와 목란(木蘭) 상앗대로 속이 훤히 들이비치는 물을 쳐 흐르는 달빛을 거슬러 오르도다. 아득한 내 생각이여, 미인(美人)을 하늘 한 가에 바라보도다."

 3-5 고전 읽기

<李生窺牆傳>
― 金時習 (김시습) ―

生亦悽惋不已曰 寧與娘子로 同入九泉이언정 豈可無聊獨保殘生이리오. 向者 傷亂之後에 親戚僮僕이 各相亂離하고 亡親骸 狼藉原野러니 儻非娘子면 誰能奠埋리오. 古人云 生事之以禮하고 死葬之以禮라하니 盡在娘子라 天性之純孝요 人情之篤厚也라. 感激無已하고 自愧可勝이라. 願娘子는 淹留人世하여 百年之後에 同作塵土라. 女曰 李郎之壽는 剩有餘紀하고 妾已載鬼籙하니 不能久視라. 若固眷戀人間하여 違犯條令이면 非唯罪我요 兼亦累及於君이라. 但妾之遺骸가 散於某處하니 倘若垂恩이라면 勿暴風日호라. 相視泣下數行하고 云 李郎珍重하소서 하니라. 言訖漸滅하고 了無踪迹이라. 生拾骨하고 附葬于親墓傍이라. 旣葬에 生亦以追念之故로 得病數月而卒이라. 聞者莫不傷歎하고 而慕其義焉이라.

『金鰲新話』

해 석 이생 역시 그 구슬픈 정경을 견딜수 없어 말하되,"내 차라리 낭자와 더불어 함께 죽어 저승으로 갈지언정, 어찌 가히 무료히 홀로 살아 남은 목숨을 유지하리오. 요즈음 난리를 치룬 뒤에 친척과 노복이 흩어지고, 돌아가신 어버이 해골이 들판에 버려졌던 것을, 그대가 아니었다면 누가 능히 장사 지내주었겠소. 옛 성인의 말씀에 어버이 계실 적에 예로 섬길 것이며 돌아가신 뒤에도 예로 장사지내야 한다 했는데, 이런 일을 모두 그대가 실천했소. 이는 그대의 천성이 순효하고 인정이 두터웠기 때문이오. 감격해 마지 않으며 스스로 부끄러움을 이기지 못하였소. 아무쪼록 당신이 인간 세상에 오래 남아 백년 낙을 누린 후에 함께 진토가 되어 묻혔으면 좋겠소."

"네! 당신 수명은 아직 남음이 있사오나 저의 목숨은 이미 끝장이 났나이다. 만일 굳이 인간에 미련을 갖는다면, 법령에 위반되어 제게만 죄책이 내려질 뿐 아니라 당신에게도 누가 미칠까 염려되옵니다. 다만 저의 깨진 해골이 아무 골짜기에 있으니 혹시 만일 은혜를 베풀어 비바람을 쐬지 않게 해주신다면 더욱 고맙겠나이다."

서로 부여 안고 울기를 수차례 하고 나서 최씨가 이생에게 "진중히 행동하십시오."라고 말하였다. 이윽고 그녀의 말소리는 점점 가늘어져 가고 그 형체는 점차로 자취가 사라져갔다. 이에 이생은 할 수 없이 아내의 지시대로 그 골짜기로 가서 여인의 흩어진 뼈를 모아 어버이 곁에 묻어 병을 얻어 두어 달 만에 일어나지 못하고 죽으니 듣는 이 그들을 감탄치 않는 사람 없으며 그 의를 사모하지 않는 이가 없었다.

<天道>

桓公讀書於堂上이러니 輪扁斲輪於堂下일새 釋椎鑿而上하여 問桓公曰 敢問컨대 公之所讀者何言邪오? 公曰 聖人之言也라. 曰 聖人在乎아! 公曰 已死矣라. 曰 然則君之所讀者는 故人之糟魄已夫인저! 桓公曰 寡人讀書에 輪人安得議乎아! 有說則可커니와 无說則死하리라. 輪扁曰

臣也 以臣之事觀之컨대 斲輪 徐則甘而不固하고 疾則苦而不入하니 不徐不疾하여 得之於手而應於心이요 口不能言하여 有數存焉於其間이니이다. 臣不能以喩臣之子요 臣之子亦不能受之於臣이라. 是以行年七十而老斲輪이니이다. 古之人與其不可傳也死矣라. 然則君之所讀者는 故人之糟魄已夫인저!

* 斲 : 깎을, 착

『莊子』

해 석 제나라 환공이 대청 위에서 책을 읽고 있을 때, 윤편이 뜰 아래에서 수레바퀴를 깎고 있다가 망치와 끌을 놓고 올라와서 환공에게 물었다.

"임금님께서 읽고 계신 것에는 무엇이 쓰여 있는지 알고 싶습니다." 환공이 말했다.

"성인의 말씀이시다." "성인은 살아 계신 분입니까?"

"이미 돌아가신 분이다."

"그렇다면 임금께서 읽고 계신 것은 옛사람의 찌꺼기이겠습니다." 환공이 화를 내며 말했다.

"내가 책을 읽고 있는 것에 대해 수레바퀴나 만드는 자가 어찌 거론하느냐? 올바른 근거가 있으면 모르지만 그렇지 않다면 죽여 버리겠다." 목수는 말했다.

"저는 제가 하는 일로 미루어 그 일도 관찰한 것입니다. 수레바퀴를 깎을 때, 느슨하게 깎으면 헐거워서 튼튼하지 않고, 꽉 끼게 깎으면 빡빡하여 들어가지 않습니다. 엉성하지도 않고 꼼꼼하지도 않게 하는 것은 손의 감각에 의해 마음의 호응으로 결정되는 것이지 입으로 말할 수는 없는 것입니다. 거기에 법도가 존재하기는 하지만 그것을 저의 아들에게 가르쳐 줄 수가 없고, 저의 아들은 그것을 저에게 배울 수가 없습니다. 그래서 나이 칠십이 되도록 수레바퀴를 깎고 있는 것입니다. 옛날 사람과 그의 전할 수 없는 정신은 함께 죽어버린 것입니다. 그러니 임금님께서 읽고 계신 것은 옛사람들의 찌꺼기일 것입니다."

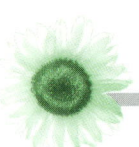

3-6 한문 문법 이해

문장의 형식

사 역 문 (使役文)

남에게 어떤 동작을 하게 하는 뜻을 나타내는 문장으로, '使', '令', '遣', '敎' 등의 동사를 사용한다.

- 乃授天符印三個 遣往理之
  (이에 천부인 세 개를 주어 가서 그곳을 다스리게 하였다.)

- 賢婦令夫貴
  (어진 아내는 남편을 귀하게 만든다.)

- 誰敎其人作此詩乎
  (누가 그 사람으로 하여금 이 시를 짓게 하였는가?)

피 동 문 (被動文)

어떤 사람(사물)이 다른 사람(사물)에 의해 어떤 동작을 받게 되는 뜻을 나타내는 문장으로, '見', '被' 등의 조동사나 '爲 所 …', '見 … 於' 등을 사용하며, 동사 뒤에 행위의 주동자를 나타내는 '於', '乎' 등을 사용하기도 한다.

- 匹夫見辱 拔劍而起
  (필부는 욕을 당하면 칼을 빼들고 일어난다.)

- 不信乎朋友 不獲乎上矣
  (벗에게 신임을 받지 못하면 윗사람에게 신임을 얻지 못한다.)

- 好憎人者 亦爲人所憎
  (남을 미워하기 좋아하는 사람은 역시 남들에게 미움을 받는다.)

- 吾嘗三仕 三見逐於君
  (내가 일찍이 세 번 벼슬했으나 세 번 다 임금에게 쫓겨났다.)

허자의 쓰임

於

'於' 자는 처소나 시간·대상·유래·비교·피동 등을 나타낼 때 주로 사용된다.

- ~에, ~에서, ~(으)로
  降於太白山頂神檀樹下
  (태백산 꼭대기 신단수 아래에 내려왔다.)

- ~보다
  德之流行 速於置郵而傳令
  (덕의 퍼짐은 역참에 파발마를 두고 명령을 전하는 것보다 빠르다)

- ~에게
  博施於民 而能濟衆
  (백성들에게 널리 베풀어 민중을 어려움에서 구제한다.)

- ~에서 (시간)
  千里之行 起於門前
  (천리의 여행도 문 앞에서(부터) 시작한다.)

- ~에게 …을 당하다
  小人役於物
  (소인은 사물에 부림을 당한다.)

3-7 단원 정리 문제

● 다음 주어진 음·뜻의 한자를 〈보기〉에서 찾아 쓰세요.(1~15)

보기
蒜 鋤 蓍 齬 橡 阮 俑 鑠
釰 瞻 隕 鬚 犀 恙 淹

1. 녹일 삭 (　　　　)
2. 달래 산 (　　　　)
3. 창 삽 (　　　　)
4. 무소 서 (　　　　)
5. 호미 서 (　　　　)
6. 넉넉할 섬 (　　　　)
7. 수염 수 (　　　　)
8. 시초 시 (　　　　)
9. 근심 양 (　　　　)
10. 어긋날 어 (　　　　)
11. 담글 엄 (　　　　)
12. 서까래 연 (　　　　)
13. 밥통 완 (　　　　)
14. 허수아비 용 (　　　　)
15. 떨어질 운 (　　　　)

● 다음 한자어의 독음을 쓰세요.(16~30)
16. 急煞 (　　　　)
17. 賽神 (　　　　)
18. 卜筮 (　　　　)
19. 烽燧臺 (　　　　)
20. 別墅 (　　　　)
21. 山茱萸 (　　　　)
22. 菽麥 (　　　　)
23. 匙箸 (　　　　)
24. 蜃氣樓 (　　　　)
25. 齷齪 (　　　　)
26. 偃月刀 (　　　　)
27. 防牌鳶 (　　　　)
28. 蔡鬚髯 (　　　　)
29. 巍然 (　　　　)
30. 聳動 (　　　　)

● 다음 중 나머지와 음이 다른 하나는?(31~40)
31. 疝霰颯汕 (　　　　)
32. 銷梳蹕瘙 (　　　　)
33. 蓴倏橚菽 (　　　　)
34. 矧諡枲豺 (　　　　)
35. 掖扼縊唈 (　　　　)
36. 敫窩禳颺 (　　　　)
37. 嶸吰潁籯 (　　　　)
38. 霓猊汭兀 (　　　　)
39. 飫拗嶢繞 (　　　　)
40. 盂雩栯紆 (　　　　)

● 다음 단어의 괄호에 알맞은 한자를 <보기>에서 찾아 쓰세요. (41~55)

보기
矮 鰐 昵 鋑 喝 孼 塑 嗽
穢 怏 秧 贖 隕 霓 臆

41. 可( )性 (   )
42. 納( ) (   )
43. 咳( ) (   )
44. ( )魚 (   )
45. 移( )機 (   )
46. ( )宿 (   )
47. ( )測 (   )
48. 狎( ) (   )
49. 庶( ) (   )
50. ( )土 (   )
51. 虹( ) (   )
52. 口眼( )斜 (   )
53. ( )小 (   )
54. ( )石 (   )
55. 斧( )之下 (   )

● 다음 단어 설명에 해당하는 성어를 한자로 쓰세요. (56~70)

56. 나이가 젊었을 때 된 과부. 젊은 과부
(   )
57. 쥐를 의인화하여 이르는 말
(   )
58. 얼레빗
(   )
59. '성가시게 구는 파리를 보고 화가 나서 칼을 뺀다'는 뜻으로, 사소한 일에 화를 내거나 또는 작은 일에 어울리지 않게 커다란 대책을 세움을 비유적으로 이르는 말
(   )
60. '견문이 좁아서 세상에 흔한 것을 모르고 혼자 득의 양양함'을 비유하여 이르는 말. 옛날 요동의 어떤 돼지가 머리가 흰 새끼를 낳자, 이를 신기하게 여긴 주인이 임금께 바치려고 하동(河東)으로 가지고 갔다가 그곳 돼지는 모두 머리가 흰 것을 보고 부끄러워서 돌아왔다는 데서 유래
(   )
61. 남을 빈정거리며 놀림. 또는 그런 말이나 짓
(   )
62. '이가 맞지 아니하다'는 뜻으로 사물이나 일이 잘 맞지 않고 어긋남
(   )
63. '파란 눈과 검붉은 수염'이라는 뜻으로, 서양 사람의 모습을 이르는 말
(   )
64. 발언(發言) 따위에 나타나는 호기로운 기세. 대단한 호기(豪氣)
(   )
65. 학문이나 예술·기술 등 어떤 분야에 대한 깊은 지식이나 이해
(   )
66. '종기의 고름을 빨고 치질 앓는 밑을 핥는다'는 뜻으로, 남에게 지나치게 아첨함을 이르는 말
(   )
67. 우물 안 개구리
(   )
68. 사소한 일로 벌이는 다툼. 또는 작은 나라끼리 싸우는 일
(   )
69. 번거롭고 까다로운 규칙과 예절
(   )
70. 달래어 권함. 꾀어서 하게 함
(   )

3-7 단원 정리 문제

● 다음 문장을 해석하세요.(71~80)

71. 富貴而驕면 自遺其咎라
    : _____

72. 心安茅屋穩하며 性定菜羹香이라
    : _____

73. 不義而富且貴는 於我에 如浮雲이니라.
    : _____

74. 上老老而民興孝라
    : _____

75. 木受繩則直하고 金就礪則利라
    : _____

76. 宜兄宜弟而后에 可以敎國人이니라 〈대학〉
    : _____

77. 衣服은 不可華侈니 禦寒而已요 〈격몽요결〉
    : _____

78. 責難於君을 謂之恭이오 〈맹자〉
    : _____

79. 出門如見大賓하며 使民如承大祭니라 〈소학〉
    : _____

80. 見賢思齊焉하며 見不賢而內自省也니라. 〈논어〉
    : _____

● 다음 시를 읽고 물음에 답하세요.(81~85)

> 林亭秋已晩하니, 騷客意無窮이라.
> 遠水連天碧이요, 霜楓向日紅이라.
> 山吐孤輪月이요, □□□□□이라.
> 塞鴻何處去오? 聲斷暮雲中이라.

81. 위 시에서 시인을 나타내는 한자어를 찾아 쓰세요.

82. 시각을 청각적 심상으로 변화있게 표현하고 있는 연(聯)은?

83. 색채의 대비가 선명하게 이루어진 연(聯)은?

84. 山吐孤輪月과 대구가 되도록 빈칸의 시구를 완성하세요.
    '강은 만리의 바람을 머금었도다'

85. '塞鴻何處去'의 시구를 해석하세요.

● 다음 글을 읽고 물음에 답하세요.(86~90)

> 壬戌之秋七月旣望에 蘇子與客 泛舟하여 遊於赤壁之下하니 ㉠淸風은 □□하고 水波는 □□이라. 擧酒屬客하여 誦明月之詩하고 歌窈窕之章이러니 少焉에 月出於東山之上하여 徘徊於斗牛之間이라 白露는 橫江하고 水光은 接天이라 縱一葦之所如하여 凌萬頃之茫然하니 ㉮□□乎如憑虛御風 而不知其所止하고 ㉯□□乎如遺世獨立하여 羽化而登仙이라 於是에 飮酒樂甚하여 扣舷而歌之하니 歌曰 桂棹兮蘭槳으로 擊空明兮泝流光이로다 ㉰□□兮余懷여 望美人兮天一方이로다

86. 旣望은 몇 일인가?

87. '縱一葦之所如하여 凌萬頃之茫然하니'를 해석하세요.

88. ㉮ - ㉰에 들어가기에 알맞은 첩어를 보기에서 찾아 차례대로 쓰세요.

    ─ 보기 ─
    飄飄 , 渺渺 , 浩浩

    ㉮   ㉯   ㉰

89. '擧酒屬客'과 '桂棹兮蘭槳'의 독음을 쓰세요.

90. '맑은 바람은 서서히 불어오고 파도는 일어나지 않는다'의 뜻이 되도록 ㉠의 빈칸을 채우세요.

91. 다음은 공자가 자신의 학문의 발전단계를 말한 것이다. 빈칸에 적당한 한자어를 쓰세요.

    > 吾十有五而志于學하고 三十而立하고 四十而㉮□□하고 五十而㉯□□□하고 六十而㉰□□하고 七十而從心所欲하여 不踰矩니라.

    ㉮   ㉯   ㉰

92. 빈칸에 알맞은 성어를 써서 문장을 완성하세요.

'輔車相依하며 □□□□이라'(수레의 바퀴 덧방나무와 바퀴가 서로 의지하며 입술이 없어지면 이가 시리다.)

● 다음 시를 읽고 물음에 답하세요.(93~97)

簾影深深轉이요 荷香續續來라
夢回高枕上에 桐葉雨聲催라

93. 위 시의 형식은 무엇인가?

94. 위 시의 운자를 모두 쓰세요.

95. 深深의 대구가 되는 표현의 한자어를 쓰세요.

96. 이 시의 주제는?

97. 시의 제목과 같은 뜻의 시구는 몇 번째 구인가?

● 다음 글을 읽고 물음에 답하세요.(98~100)

茶山의 姓은 丁氏요, 名은 若鏞이니, 正宗朝에 登科하여 官至承旨하니라. 嘗以初啓文臣으로 入內閣하여 大被器賞하니, 由是로 忌疾者衆이라. 坐兄若鍾獄하여 流康津하여 十九年에 始還이라. 公이 謫居無事에 硏究古今하고 留心民生國計하여 討論著述이 窮源極委하니, 要爲有用之學하여 而皆可爲後世法이라. 若『목민심서』·『흠흠신서』·『경세유표』· 田制考等諸書가 是也라. <梅泉野錄>

98. '器賞'과 '謫居'의 의미를 쓰세요.

99. '坐兄若鍾獄하여 流康津하여'를 해석하세요.

100. 『목민심서』·『흠흠신서』·『경세유표』를 한자로 바꿔 쓰세요.

단원 정리 문제 정답

1. 鑠	2. 蒜	47. 臆	48. 昵
3. 釸	4. 犀	49. 孼	50. 穢
5. 鋤	6. 贍	51. 霓	52. 喝
7. 鬚	8. 蓍	53. 矮	54. 隕
9. 恙	10. 鯃	55. 鈸	56. 靑孀寡婦
11. 淹	12. 椽	57. 鼠生員	58. 月梳
13. 腕	14. 俑	59. 怒蠅拔劍	60. 遼東豕
15. 隕	16. 급살	61. 揶揄	62. 齟齬
17. 새신	18. 복서	63. 碧眼紫髥	64. 氣焰
19. 봉수대	20. 별서	65. 造詣	66. 吮癰舐痔
21. 산수유	22. 숙맥	67. 井底之蛙	68. 蝸角之爭
23. 시저	24. 신기루	69. 繁文縟禮	70. 慫慂
25. 악착	26. 언월도		
27. 방패연	28. 채수염		
29. 외연	30. 용동		
31. 颯	32. 躡		
33. 薄	34. 矧		
35. 峊	36. 窩		
37. 吮	38. 兀		
39. 飫	40. 栯		
41. 塑	42. 贖		
43. 嗽	44. 鰐		
45. 秧	46. 快		

71. 부귀하여 교만하게 되면 스스로 화를 초래할 것이다.

72. 마음이 편안하면 띠로 지은 집이라 할지라도 편안하며, 성품이 안정되면 나물국이라 할지라도 향기롭다.

73. 의롭지 못하고 부하고 귀한 것은 나에게 뜬구름과 같으니라.

74. 윗사람이 늙은이를 늙은이로 대우함에 백성들이 효를 흥기한다.

75. 나무는 먹줄을 입혀야 곧아지고, 쇠는 숫돌로 갈아야 날카로워진다.

76. 형에게 마땅하고 아우에게 마땅한 뒤에야 나라 사람을 가르칠 수 있는 것이다.

77. 의복은 화려하거나 사치한 것은 옳지 않으니 추위를 막는 것뿐이다.

78. 임금에게 하기 어려운 일을 권면하고 책하는 것을 이것을 일러 진정한 공손이라 한다.

79. 대문을 나가서는 귀한 손님을 본 듯이 하며 백성을 부릴 때는 큰 제사를 받들 듯이 해야 한다.

80. 어진 사람을 보고는 그와 같아지기를 생각하며, 어질지 못한 사람을 보고는 안으로 스스로 반성해야 할 것이다.

81. 騷客
82. 尾聯
83. 頷聯
84. 江含萬里風
85. 변방 기러기는 어느 곳으로 가는가
86. 16일
87. 갈대만한 작은 배가 가는 대로 따라가 만경의 아득한 물결을 타니
88. 浩浩, 飄飄, 渺渺
89. 거주촉객, 계도혜란장
90. 徐來, 不興
91. 不惑, 知天命, 耳順
92. 脣亡齒寒
93. 5언절구
94. 來, 催
95. 續續
96. 여름날의 정경
97. 3구
98. 훌륭한 인물, 귀양살이
99. 형 약종의 옥사에 연좌되어 강진에 유배되어
100. 牧民心書 · 欽欽新書 · 經世遺表

국가공인 한자자격시험 **사범** • 제 **4** 단원

4-1. 선정한자 일람표

4-2. 선정한자 익히기

4-3. 단문 읽기

4-4. 한시 감상

4-5. 고전 읽기

4-6. 한문 문법 이해

4-7. 단원 정리 문제

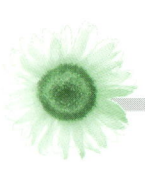

4-1 선정한자 일람표

한자	훈	음	한자	훈	음	한자	훈	음
葦	갈대	위	狺	으르렁거릴	은	恁	생각할	임
蝟	고슴도치	위	蔭	풀그늘/덮을	음	廿	스물	입
闈	대궐 작은문	위	挹	뜰	읍	芿	새풀싹	잉
萎	마를	위	揖	읍	읍	茨	가시나무	자
蔿	애기풀	위	蟻	개미	의	粢	기장/사곡식	자
葳	초목 무성한 모양	위	螠	도롱이벌레	의	觜	별이름/털뿔	자
揄	끌	유	艤	배댈	의	赭	붉은흙	자
逾	넘을	유	饐	쉴/밥썩을	의	蔗	사탕수수	자
鍮	놋쇠	유	薏	율무	의	孜	힘쓸	자
囿	동산	유	頤	턱	이	勺	구기	작
萸	수유	유	餌	먹이	이	綽	너그러울	작
諛	아첨할	유	迤	비스듬할	이	斫	벨/쪼갤	작
呦	울	유	痍	상처	이	嚼	씹을	작
釉	윤	유	飴	엿	이	潺	물 흐르는 소리	잔
襦	저고리	유	肄	익힐	이	棧	잔도	잔
壝	제단	유	苡	율무	이	孱	잔약할	잔
楢	졸참나무	유	靷	가슴걸이	인	岑	봉우리	잠
毓	기를	육	絪	기운	인	簪	비녀	잠
贇	예쁠	윤	茵	자리	인	醬	간장	장
聿	붓	율	湮	잠길	인	蔣	장초	장
瀜	물이 깊고 넓은 모양	융	蚓	지렁이	인	獐	노루	장
絨	융	융	靭	질길	인	檣	돛대	장
慇	괴로워할	은	婣	화할	인	仗	무기	장
誾	논쟁할	은	釖	둔할/무딜	일	漿	미음	장
嚚	어리석을	은	佚	편안할	일	檣	상앗대	장
听	웃을	은	荏	들깨	임	臟	장기	장

欌	장롱	장	詛	저주할	저	篆	전자	전
贓	장물	장	葅	채소절임	저	囀	지저귈	전
臧	착할/종/곳간	장	勣	공적/사업	적	筌	통발	전
賫	가져올	재	謫	귀양갈	적	箭	화살	전
纔	겨우/비로소	재	翟	꿩/꽁지긴 꿩	적	畑	화전	전
賫	집어줄	재	荻	물억새	적	浙	강이름	절
滓	찌끼	재	鏑	살촉	적	截	끊을	절
諍	간할/다툴	쟁	糴	쌀 사들일	적	癤	부스럼	절
筝	쟁	쟁	靚	아름다울	적	坫	경계	점
樗	가죽나무	저	狄	오랑캐	적	鮎	메기	점
氐	근본	저	輾	구를	전	岾	재	점
詆	꾸짖을	저	煎	달일	전	霑	젖을	점
猪	돼지(=豬)	저	腆	두터울	전	椄	접붙일	접
疽	등창	저	顫	떨릴	전	摺	접을	접
姐	맏누이	저	氈	모전	전	楪	평상	접
苧	모시(=紵)	저	癲	미칠	전	鞓	가죽띠	정
渚	물가	저	佃	밭갈	전	睛	눈동자	정
雎	물수리	저	畋	밭갈/사냥할	전	瀞	맑을	정
杵	방망이	저	塼	벽돌	전	淳	물괼	정
杼	북/베틀북	저	痊	병나을	전	菁	부추꽃	정
藷	사탕수수	저	鈿	비녀	전	檉	위성류	정
儲	쌓을/태자	저	鐫	새길/송곳	전	霽	갤	제
齟	어긋날	저	澱	앙금	전	薺	냉이	제
佇	우두커니	저	纏	얽힐	전	醍	맑은 술	제
狙	원숭이	저	顓	전단할/마음대로 할	전	臍	배꼽	제
這	이	저	餞	전별할	전	礓	검은 돌	제

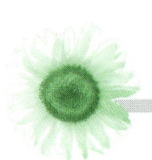

4-1 선정한자 일람표

娣	여동생	제	蛛	거미	주	畛	두렁길	진
躋	오를	제	侏	난쟁이	주	溱	많을	진
啼	울	제	紬	명주	주	瞋	부릅뜰	진
禔	편안할	제	綢	얽을	주	縉	붉은 비단/ 꽂을	진
徂	갈/ 비롯할	조	霔	장마	주	嗔	성낼	진
粗	거칠	조	籌	투호살	주	臻	이를	진
繰	야청 빛	조	粥	죽	죽	桭	평고대	진
雕	독수리	조	鬻	죽	죽	疹	홍역	진
藻	마름	조	逡	뒷걸음질칠	준	袗	홑옷	진
璪	면류관 드림옥	조	僔	모일	준	迭	갈마들	질
漕	배로 실어나를	조	蹲	웅크릴	준	蛭	거머리	질
蚤	벼룩/ 일찍/ 손톱	조	皴	주름/ 살틀	준	軼	번갈을	질
竈	부엌	조	喞	두런거릴	즉	膣	새살돋을	질
稠	빽빽할	조	葺	지붕일	즙	侄	어리석을	질
躁	성급할	조	拯	건질	증	礩	주춧돌/ 맷돌	질
糶	쌀 내어 팔	조	璔	옥모양	증	絰	질	질
胙	제 지낸 고기/ 복	조	繒	비단	증	桎	차꼬	질
殂	죽을	조	甑	시루	증	帙	책갑	질
皁	하인/ 마굿간	조	芷	구릿대	지	朕	나	짐
阻	험할	조	漬	담글	지	戢	그칠	집
簇	모일/ 조릿대	족	砥	숫돌	지	緝	길쌈할	집
猝	갑자기	졸	枳	탱자나무	지	釵	비녀	차
慫	권할	종	贄	폐백	지	侘	실의할	차
踵	발꿈치	종	榛	개암나무	진	箚	차자	차
蹤	자취/ 뒤쫓을	종	殄	다할/ 죽을	진	嗟	탄식할	차
挫	꺾을	좌	瘷	더위지기	진	鑿	뚫을	착

齪	악착할	착	寨	울짱	채	檐	처마	첨
窄	좁을	착	砦	울타리	채	疊	겹쳐질	첩
搾	짤	착	柵	울짱/울타리	책	輒	문득	첩
鄭	나라 이름	찬	萋	풀무성할	처	貼	붙을	첩
饌	반찬	찬	倜	대범할	척	堞	성가퀴	첩
篡	빼앗을	찬	擲	던질	척	睫	속눈썹	첩
竄	숨을	찬	蹠	밟을	척	淸	서늘할	청(정)
紮	감을/머물	찰	摭	주울	척	鯖	청어	청
扎	뺄	찰	坧	터	척	蔕	가시	체
驂	곁마/말네필	참	喊	경계할	천	涕	눈물	체
站	우두커니설	참	韆	그네	천	剃	머리깎을	체
僭	참람할	참	穿	뚫을	천	逮	성	체
讖	참서	참	擅	멋대로	천	禘	종묘제사 이름	체
譖	참소할/하소연할	참	舛	어그러질	천	悄	근심할	초
倡	광대/창도할	창	闡	열	천			
搶	닿을/이를	창	玔	옥고리	천			
娼	몸파는 여자	창	喘	헐떡일	천			
猖	미쳐날뜀	창	輟	그칠	철			
脹	배부를(창자 장)	창	歠	마실/먹을	철			
漲	불을	창	簽	농/쪽지	첨			
氅	새털	창	甛	달	첨			
艙	선창	창	忝	더럽힐/욕될	첨			
鬯	울창주/방향주	창	沾	젖을	첨			
槍	창	창	詹	소곤거릴	첨			
悵	한스러워할	창	覘	엿볼	첨			
踩	뛸	채	簷	처마	첨			

4-2 선정한자 익히기

葦	부수	艹(⺾) 총획	13
	갈대 위

- 蘆葦 (노위) : 갈대
- 石葦 (석위) : 고란초과의 다년생 상록 양치 식물. 바위나 고목 줄기에 붙어 자라는데, 관상용으로 심기도 함

蝟	부수	虫 총획	15
	고슴도치 위

- 蝟集 (위집) : 고슴도치의 털같이 사물이 한꺼번에 번잡하게 모여듦을 이르는 말

闈	부수	門 총획	17
	대궐 작은문 위

- 闈闥 (위달) : 왕궁(王宮)안의 작은문 또는 왕궁 안

萎	부수	艹(⺾) 총획	12
	마를 위

- 萎靡不振 (위미부진) : 시들고 약해져서 떨쳐 일어나지 못함
- 萎縮 (위축) : 마르거나 시들어서 오그라지고 쪼그라듦. 졸아들어서 펴지지 못하거나 자라지 못함

蔿	부수	艹(⺾) 총획	16
	애기풀 위

- 蔿子 (위자) : 가시연밥의 딴 이름

葳	부수	艹(⺾) 총획	13
	초목 무성한 모양 위

- 葳蕤 (위유) : 둥굴레 초목이 무성한 모양

揄	부수	手(扌) 총획	12
	끌 유

- 揶揄 (야유) : 남을 빈정거리며 놀림. 또는 그런 말이나 짓

逾	부수	辵(辶) 총획	13
	넘을 유

- 逾月 (유월) : 달을 넘김. 그믐을 지남

鍮	부수	金 총획	17
	놋쇠 유

- 木鍮檠 (목유경) : 나무로 만든 등잔 받침
- 鍮器 (유기) : 놋그릇
- 鍮尺 (유척) : 조선 때 쓰이던 한 자 한 치 길이의 표준 자. 놋쇠로 만들었는데, 주로 지방 수령이나 암행어사가 검시(檢屍)에 썼음

囿	부수	囗 총획	9
	동산 유

- 囿苑 (유원) : 새나 짐승을 기르는 동산

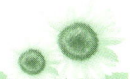

茰	부수 | 艸(艹) 총획 | 13
	수유 유

- 山茱萸 (산수유) : 한방에서 산수유나무의 열매를 약재로 이르는 말

諛	부수 | 言 총획 | 16
	아첨할 유

- 阿諛 (아유) : 알랑거림
- 阿諛傾奪 (아유경탈) : 지위나 권세가 있는 사람에게 아첨하여 남의 지위를 빼앗음
- 阿諛苟容 (아유구용) : 알랑거리며 구차스럽게 굶

呦	부수 | 口 총획 | 8
	울 유

- 呦咽 (유열) : 흐느낌. 개울물이 졸졸 흐르는 소리

釉	부수 | 釆 총획 | 12
	윤 유

- 多彩釉 (다채유) : 청자·백자의 단채(單彩)가 아니고 삼채·오채인 여러 색채의 유약
- 釉藥 (유약) : 잿물
- 靑釉 (청유) : 청자(靑瓷)를 만드는 데 사용하는 잿물

襦	부수 | 衣 총획 | 19
	저고리 유

- 襦袴 (유고) : 저고리와 바지

壝	부수 | 土 총획 | 19
	제단 유

- 壝宮 (유궁) : 토담에 둘러싸인 궁전

楢	부수 | 木 총획 | 13
	졸참나무 유

- 楢檀 (유단) : 졸참나무. 너도밤나무과의 낙엽 교목

毓	부수 | 毋 총획 | 14
	기를 육

- 毓物 (육물) : 사물을 기름

贇	부수 | 貝 총획 | 18
	예쁠 윤(빈)

- 美贇 (미윤) : 아름다운 모양

聿	부수 | 聿 총획 | 6
	붓 율

- 聿修 (율수) : 선인(先人)의 덕을 이어받아 닦음

4-2 선정한자 익히기

| 瀜 | 부수 \| 水(氵) 총획 \| 19
물이 깊고 넓은 모양 **융** |

- 沖瀜 (충융) : 물이 깊고 넓은 모양

| 絨 | 부수 \| 糸 총획 \| 12
융 **융** |

- 絨 (융) : 표면이 부드럽고 부풋부풋한 옷감의 하나
- 絨緞 (융단) : 모직물의 한 가지. 염색한 털로 그림이나 무늬를 놓아 짠 두꺼운 천
- 絨緞爆擊 (융단폭격) : 특정한 지역 안에 집중적으로 폭탄을 퍼붓는 일

| 慇 | 부수 \| 心 총획 \| 14
괴로워할 **은** |

- 慇懃 (은근) : 겸손하고 정중함. 마음속으로 생각하는 정이 깊음. 드러나지 않음
- 慇疹 (은진) : 한방에서 두드러기를 이르는 말

| 訔 | 부수 \| 言 총획 \| 10
논쟁할 **은** |

- 訔訔 (은은) : 시비(是非)를 논쟁함

| 嚚 | 부수 \| 口 총획 \| 18
어리석을 **은** |

- 嚚訟 (은송) : 말에 거짓이 많고 말다툼을 좋아함

| 听 | 부수 \| 口 총획 \| 7
웃을 **은** |

- 听然 (은연) : 입을 벌리고 벙글거리는 모습

| 狺 | 부수 \| 犬(犭) 총획 \| 10
으르렁거릴 **은** |

- 狺狺 (은은) : 개가 싸우는 소리

| 蔭 | 부수 \| 艸(艹) 총획 \| 15
풀그늘, 덮을 **음** |

- 茂蔭 (무음) : 무성한 나무의 그늘
- 蔭官 (음관) : 조상의 공덕으로 얻은 벼슬. 또는 음직(蔭職)의 벼슬아치
- 蔭職 (음직) : 고려·조선 때 부조(父祖)의 공으로 얻어 하던 벼슬. 생원·진사·유학으로서 하던 벼슬을 두루 이르던 말

| 挹 | 부수 \| 手(扌) 총획 \| 10
뜰 **읍** |

- 挹注 (읍주) : 길어다 부음
- 挹損 (읍손) : 자기 감정을 누르고 겸손하게 물러섬

| 揖 | 부수 \| 手(扌) 총획 \| 12
읍 **읍** |

- 揖 (읍) : 인사하는 예의 한 가지로 두 손을 맞잡아 얼굴 앞으로 들고 허리를 공손히 구부렸다가 펴면서 두 손을 내림
- 揖讓之風 (읍양지풍) : 읍양의 예를 잘 지키는 풍습
- 長揖不拜 (장읍불배) : 길게 읍만 할 뿐 엎드려 절하지는 않음

蟻	부수	虫 　　총획	19
	개미 의	

- 蜂蟻君臣 (봉의군신) : '벌과 개미에게도 임금과 신하의 구별이 있다'는 뜻으로, 신분 관계의 질서가 중요함을 이르는 말
- 羽蟻 (우의) : 교미기(交尾期)에 날개가 돋힌 여왕개미와 수개미를 일컬음
- 堤潰蟻穴 (제궤의혈) : '개미구멍으로 마침내 큰 둑이 무너진다'는 뜻으로, 소홀히 한 작은 일이 큰 화를 불러옴을 이르는 말

艤	부수	舟 　　총획	19
	배댈 의	

- 艤裝 (의장) : 배가 출항할 수 있도록 모든 장비를 갖춤. 또는 그 일

薏	부수	艸(艹) 　　총획	17
	율무 의	

- 薏苡 (의이) : 율무

餌	부수	食 　　총획	15
	먹이 이	

- 粉餌 (분이) : 가루로 된 모이
- 食餌療法 (식이요법) : 섭취하는 음식물의 품질, 성분, 분량 등을 조절하여 병을 치료하거나 예방하는 방법. 영양요법
- 香餌 (향이) : 냄새가 좋은 미끼. 사람의 마음을 유혹하는 이익 등의 비유

痍	부수	疒 　　총획	11
	상처 이	

- 滿身瘡痍 (만신창이) : 온몸이 성한 데가 없이 상처투성이임. 성한 데가 없을 만큼 결함이 많음
- 傷痍 (상이) : 전시(戰時)나 공무 수행 중에 몸에 입은 상처. 부상(負傷)

螠	부수	虫 　　총획	16
	도롱이벌레 의	

- 螠女 (의녀) : 도롱이 벌레

饐	부수	食 　　총획	21
	쉴, 밥썩을 의	

- 食饐 (사의) : 밥이 썩음

頤	부수	頁 　　총획	12
	①탈날 ②턱　①탈 ②이	

- 頤免 (탈면) : 특별한 사정이나 사고가 생겨서 맡았던 일의 책임을 면제 받음.
- 頤稟 (탈품) : 어떤 사정으로 말미암아 임시로 책임을 면제해 달라고 상사에게 청함.

迤	부수	辵(辶) 　　총획	9
	비스듬할 이	

- 迤衍 (이연) : 지세(地勢)가 비스듬히 광활한 모양
- 迤逦 (이연) : 겹겹이 이어짐

飴	부수	食 　　총획	14
	엿 이	

- 飴餹 (이당) : 엿

4-2 선정한자 익히기

| 肄 | 부수 | 聿 | 총획 | 13 |
익힐 이

- 肄武 (이무) : 무술을 익힘

| 苡 | 부수 | 艸(⺿) | 총획 | 9 |
율무 이

- 苡米 (이미) : 율무의 열매. 율무쌀

| 靷 | 부수 | 革 | 총획 | 13 |
가슴걸이 인

- 發靷 (발인) : 장사를 지낼 때 상여가 집에서 떠나는 일
- 發靷祭 (발인제) : 상여가 집을 떠날 때 상여 앞에서 지내는 제사

| 絪 | 부수 | 糸 | 총획 | 12 |
기운 인

- 絪縕 (인온) : 천지의 기운이 서로 합하여 왕성한 모양

| 茵 | 부수 | 艸(⺿) | 총획 | 10 |
자리 인

- 茵席 (인석) : 왕골이나 부들로 만든 돗자리
- 茵蔯 (인진) : 사철쑥

| 湮 | 부수 | 水(氵) | 총획 | 12 |
잠길 인

- 湮滅 (인멸) : 흔적도 없이 모조리 없어짐. 또는 없앰. 인몰(湮沒)
- 證據湮滅罪 (증거인멸죄) : 다른 사람의 형사 사건이나 징계 사건에 관한 증거를 인멸·은닉·위조·변조 하거나 위조·변조한 증거를 사용함으로써 성립하는 범죄

| 蚓 | 부수 | 虫 | 총획 | 10 |
지렁이 인

- 蚯蚓 (구인) : 지렁이

| 靭 | 부수 | 革 | 총획 | 12 |
질길 인

- 强靭 (강인) : 억세고 질김
- 靭帶 (인대) : 척추동물의 뼈와 뼈를 잇는 끈 모양의 결합 조직. 조개의 두 껍데기를 잇는 탄력성의 섬유 조직

| 姻 | 부수 | 女 | 총획 | 12 |
화할 인

- 姻和 (인화) : 화합하는 모양

| 釼 | 부수 | 金 | 총획 | 11 |
①둔할, 무딜 ②칼 ①일 ②검

- 刀釼 (도검) : 칼의 총칭

佚	부수	人(亻) 총획	7

편안할 일
- 奢佚 (사일) : 사치하고 놀기를 즐김
- 散佚 (산일) : 더러 흩어져서 빠져 없어짐

荏	부수	艸(艹) 총획	10

들깨 임
- 荏苒 (임염) : 세월이 흐름. 점차로 변화함
- 眞荏 (진임) : 참깨
- 黑荏子 (흑임자) : 검은 참깨를 한방에서 이르는 말. '검은깨'로 순화

恁	부수	心 총획	10

생각할 임
- 恁麽 (임마) : 어떻게, 이와같은

廿	부수	廾 총획	3

스물 입(=卄)
- 二廿 (이입) : 사십(40)

芿	부수	艸(艹) 총획	8

새풀싹 잉
- 藉芿 (자잉) : 묵은 풀을 벤 뒤에 난 싹

茨	부수	艸(艹) 총획	10

가시나무 자
- 茅茨 (모자) : 띠나 이엉 따위로 지붕을 인 초라한 집. 모옥(茅屋)
- 山茨菰 (산자고) : 까치무릇. 백합과의 여러해살이풀. 높이는 30cm정도이며, 잎은 선 모양

粢	부수	米 총획	12

기장, 사곡식 자
- 粢盛 (자성) : 예전에 나라의 큰 제사에 쓰는 기장과 피를 이르던 말

觜	부수	角 총획	12

①별이름, 털뿔 ②부리 ①자 ②취
- 觜宿 (자수) : 이십팔수(二十八宿)의 스무째 별자리

赭	부수	赤 총획	16

붉은흙 자
- 赭衣 (자의) : 붉은 옷. 죄수(罪囚)의 옷

蔗	부수	艸(艹) 총획	15

사탕수수 자
- 甘蔗 (감자) : 사탕수수
- 蔗糖 (자당) : 사탕수수, 사탕무 따위의 식물에 들어 있는 이당류(二糖類)

4-2 선정한자 익히기

| 孜 | 부수 | 子 | 총획 | 7 |
힘쓸 자

- 勤勤孜孜 (근근자자) : 부지런하고 정성스러움

| 勺 | 부수 | 勹 | 총획 | 3 |
구기 작

- 勺 (작) : 액체·씨앗 따위의 양을 되는 단위. 한 홉의 10분의 1. 지적(地積)을 나타내는 단위. 한 평(坪)의 100분의 1
- 勺水不入 (작수불입) : '한 모금의 물도 마시지 못한다'는 뜻으로 음식을 조금도 먹지 못함을 이르는 말
- 眞勺 (진작) : 고려(高麗) 때 속가(俗歌)의 가장 빠른 곡조를 이르던 말

| 綽 | 부수 | 糸 | 총획 | 14 |
너그러울 작

- 餘裕綽綽 (여유작작) : 서두르지 않고 느긋함
- 綽楔之典 (작설지전) : 충신·열녀·효자 등을 표창하기 위하여 정문(旌門)을 세워 주던 나라의 특전(特典)
- 綽約 (작약) : 몸매가 가냘프고 아리따움

| 斫 | 부수 | 斤 | 총획 | 9 |
벨, 쪼갤 작

- 斫刀 (작도) : 작두의 본디말. 풀·짚·약재 따위를 써는 연장
- 長斫 (장작) : 통나무를 잘라서 쪼갠 땔나무

| 嚼 | 부수 | 口 | 총획 | 21 |
씹을 작

- 咀嚼 (저작) : 음식물을 씹음
- 咀嚼器 (저작기) : 음식물을 씹는 작용을 맡은 기관

| 潺 | 부수 | 水(氵) | 총획 | 15 |
물 흐르는 소리 잔

- 潺潺 (잔잔) : 시냇물이 흐르는 소리. 비가 오는 소리

| 棧 | 부수 | 木 | 총획 | 12 |
잔도 잔

- 雲棧 (운잔) : 높은 산의 벼랑 같은 가파른 곳을 건너다니도록 만든 통로
- 棧道 (잔도) : 험한 벼랑에 나무로 선반처럼 내매어 만든 길
- 棧豆之戀 (잔두지련) : 말이 얼마 되지 않는 콩을 못 잊어 마구간을 떠나지 못한다는 뜻으로 사소한 이익에 집착함을 이르는 말

| 孱 | 부수 | 子 | 총획 | 12 |
잔약할 잔

- 孱骨 (잔골) : 약골
- 孱子 (잔혈) : 잔약하고 의지할 곳이 없음. 잔약하고 외로움

| 岑 | 부수 | 山 | 총획 | 7 |
봉우리 잠

- 岑樓 (잠루) : 높고도 뾰족한 누각
- 鯷岑 (제잠) : 옛날 중국에서 우리나라를 달리 이르던 말

| 簪 | 부수 | 竹 | 총획 | 18 |
비녀 잠

- 金簪 (금잠) : 금비녀
- 金簪草 (금잠초) : 민들레
- 簪纓 (잠영) : 왕조 때 관원이 쓰던 비녀와 갓끈. 높은 벼슬아치를 이르던 말
- 風簪 (풍잠) : 망건의 앞이마에 대는 장식품. 갓모자가 걸려서 바람이 불어도 뒤쪽으로 넘어가지 않음

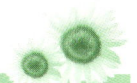

醬	부수 | 酉	총획 | 18
	간장 장	

- 魚醬 (어장) : 생선을 넣어 담근 장
- 炸醬麵 (자장면, Zhajiangmian) : 중국식 국수 요리의 한 가지. 고기와 채소를 넣고 볶은 중국식 된장에 국수를 비벼 먹는 음식. 炸의 원음은 '작'
- 淸麴醬 (청국장) : 장의 한 가지. 삶은 콩을 더운 방에 띄워 반쯤 찧다가 소금과 고추를 넣어 만드는데 주로 찌개를 끓여 먹는다.

萇	부수 | 艸(艹)	총획 | 12
	장초 장	

- 萇楚 (장초) : 양도(羊桃)의 딴이름

獐	부수 | 犬(犭)	총획 | 14
	노루 장	

- 獐角 (장각) : 노루의 굳은 뿔을 약재로 이르는 말
- 走獐落兎 (주장낙토) : '노루를 쫓다가 생각지도 않은 토끼가 걸렸다' 는 뜻으로 뜻밖의 이익을 얻음을 이르는 말

檣	부수 | 木	총획 | 17
	돛대 장	

- 檣竿 (장간) : 돛대
- 檣燈 (장등) : 배의 돛대 꼭대기에 달아 앞쪽을 비추는 흰빛의 항해등

仗	부수 | 人(亻)	총획 | 5
	무기 장	

- 器仗 (기장) : 병기(兵器)와 의장(儀杖)
- 儀仗隊 (의장대) : 의식 절차에 따른 예법을 익혀 의식 때에만 참렬(參列)하는 군대

漿	부수 | 水	총획 | 15
	미음 장	

- 筋漿 (근장) : 동물의 근육 속에 들어 있는 끈끈한 액체
- 漿果 (장과) : 살과 물이 많은 과실. 사과 · 배 따위

槳	부수 | 木	총획 | 15
	상앗대 장	

- 槳木 (장목) : 상앗대

瘴	부수 | 疒	총획 | 16
	장기 장	

- 瘴氣 (장기) : 열병(熱病)을 앓게 하는 산천(山川)의 나쁜 기운

欌	부수 | 木	총획 | 22
	장롱 장	

- 壁欌 (벽장) : 바람벽을 뚫어 작은 문을 내고 그 안에 물건을 넣게 된 곳
- 欌籠 (장롱) : 옷 따위를 넣어 두는 장과 농을 아울러 이르는 말
- 陳列欌 (진열장) : 상점 등에서 여러 사람이 볼 수 있게 상품을 죽 벌여 놓는 장
- 饌欌 (찬장) : 식기나 음식물을 넣어 두는 가구

贓	부수 | 貝	총획 | 21
	장물 장	

- 贓物 (장물) : 절도, 강도, 사기, 횡령 따위의 재산 범죄에 의하여 불법으로 가진 타인 소유의 재물

4-2 선정한자 익히기

臧 부수 | 臣 총획 | 14
착할, 종, 곳간 **장**
- 臧否 (장부) : 좋음과 좋지 않음. 선악(善惡)
- 臧獲 (장획) : 남자 종과 여자 종을 통틀어 이르는 말

齎 부수 | 齊 총획 | 21
가져올 **재**
- 齎來 (재래) : 어떤 결과를 가져옴

纔 부수 | 糸 총획 | 23
겨우, 비로소 **재**
- 纔方 (재방) : 가까스로. 간신히. 겨우

賷 부수 | 貝 총획 | 15
집어줄 **재**
- 賷用 (재용) : 일상 생활에 소요되는 물품이나 금전

滓 부수 | 水(氵) 총획 | 13
찌끼 **재**
- 鋼滓 (강재) : 제강할 때 생기는 광재
- 鑛滓 (광재) : 광물을 제련할 때 금속에서 분리된 찌꺼기

諍 부수 | 言 총획 | 15
간할, 다툴 **쟁**
- 諍臣 (쟁신) : 임금의 잘못을 직언(直言)으로 간하는 충신
- 諍亂 (쟁란) : 소란(騷亂)
- 諍友 (쟁우) : 친구의 잘못을 바른 말로 충고하는 벗

箏 부수 | 竹 총획 | 14
쟁 **쟁**
- 箏 (쟁) : 국악 현악기의 하나. 모양이 대쟁(大箏)과 같으며, 명주실로 된 열세 줄의 현이 걸려 있다
- 大箏 (대쟁) : 당악기에 속하는 현악기의 하나
- 牙箏 (아쟁) : 7현으로 된 우리나라 현악기의 하나

樗 부수 | 木 총획 | 15
가죽나무 **저**
- 萬福寺樗蒲記 (만복사저포기) : 조선 전기에 김시습(金時習)이 지은 한문 소설.『금오신화』중 한편.
- 樗櫟之材 (저력지재) : '가죽나무와 참나무재목'이라는 뜻으로, 아무 데도 쓸모없는 사람을 비유적으로 이르는 말
- 樗木 (저목) : 가죽나무

氐 부수 | 氏 총획 | 5
근본 **저**
- 氐羌 (저강) : 서역(西域)지방에 있었던 종족인 저(氐)와 강(羌)

詆 부수 | 言 총획 | 12
꾸짖을 **저**
- 詆辱 (저욕) : 꾸짖어 욕되게 함

국가공인 한자자격시험 · 사범

猪	부수 犬(犭)	총획 12
	돼지(=豬) 저	

- 山猪 (산저) : 멧돼지
- 猪突 (저돌) : 멧돼지처럼 좌우를 살핌이 없이 막무가내로 돌진함. 또는 실행함
- 猪突豨勇 (저돌희용) : 앞뒤를 생각지도 아니하고 함부로 날뛰는 일. 또는 그 사람. 중국 한(漢)나라 때에, 흉노(匈奴)의 침입을 막기 위하여 죄수나 가노(家奴) 등을 모아 조직한 군대

疽	부수 疒	총획 10
	등창 저	

- 壞疽病 (괴저병) : 신체 조직의 일부가 썩어 기능을 잃는 병
- 脾脫疽 (비탈저) : 탄저병(炭疽病)
- 炭疽病 (탄저병) : 탄저균으로 인하여 내장이 붓고 혈관에 균이 증식하는 병

姐	부수 女	총획 8
	맏누이 저	

- 小姐 (소저) : 지난날 '아가씨'의 뜻으로 젊은 여자를 대접하여 일컫던 말

苧	부수 艸(艹)	총획 9
	모시(=紵) 저	

- 白苧 (백저) : 빛깔이 하얗게 누인 모시. 눈모시
- 細苧 (세저) : 세모시

渚	부수 水(氵)	총획 12
	물가 저	

- 蘆渚 (노저) : 갈대가 우거진 물가. 노정(蘆汀)
- 沙渚 (사저) : 물가의 모래밭. 모래로 된 작은 섬

雎	부수 隹	총획 13
	물수리 저	

- 雎鳩 (저구) : 물수리. 징경이

杵	부수 木	총획 8
	방망이 저	

- 金剛杵 (금강저) : 밀교(密敎)에서 번뇌를 부수는 보리심을 상징하는 법구(法具)
- 相杵歌 (상저가) : 고려 속요의 한 가지. 촌부(村婦)의 방아 찧는 노래. 부모를 섬기는 효성을 노래한 내용. 작자와 연대 미상
- 杵臼之交 (저구지교) : 절굿공이와 절구통 사이의 사귐이란 뜻으로 고용인끼리의 교제. 즉 귀천을 가리지 않고 사귀는 일

杼	부수 木	총획 8
	북, 베틀북 저	

- 杼軸 (저축) : 베짜는 북, 피륙
- 杼首 (저수) : 긴목. 장수(長壽)의 상(相)

藷	부수 艸(艹)	총획 20
	①사탕수수 ②참마 ①저 ②서	

- 甘藷 (감저) : 감자의 원말. 고구마
- 南甘藷 (남감저) : 고구마

儲	부수 人(亻)	총획 18
	쌓을, 태자 저	

- 儲米 (저미) : 저축한 쌀
- 國儲 (국저) : 태자(太子)의 딴이름
- 東儲 (동저) : 임금의 자리를 이을 왕자. 왕세자(王世子)

4-2. 선정한자 익히기

4-2 선정한자 익히기

齟	부수	齒 총획	20
	어긋날 **저**

- 齟齬 (저어) : '이가 맞지 아니하다'는 뜻으로 사물이나 일이 잘 맞지 않고 어긋남

佇	부수	人(亻) 총획	7
	우두커니 **저**

- 佇立 (저립) : 우두커니 섬

狙	부수	犬(犭) 총획	8
	원숭이 **저**

- 狙公 (저공) : 원숭이를 기르는 사람
- 狙擊 (저격) : 어떤 대상을 겨냥하여 쏨

這	부수	辵(辶) 총획	11
	이 **저**

- 這間 (저간) : 그 동안. 요즈음
- 這番 (저번) : 요전의 그 때

詛	부수	言 총획	12
	저주할 **저**

- 詛盟 (저맹) : 맹세함. 서약함.
- 詛呪 (저주) : 미운 이에게 재앙이나 불행이 닥치기를 빌고 바람

菹	부수	艸(艹) 총획	12
	채소절임 **저**

- 蘿葍菹 (나복저) : 나박김치

勣	부수	力 총획	13
	공적, 사업 **적**

謫	부수	言 총획	18
	귀양갈 **적**

- 配謫 (배적) : 지난날 유배할 죄인을 귀양지로 보내던 일
- 謫居 (적거) : 귀양살이를 함
- 謫所 (적소) : 지난날 죄인이 귀양살이하던 곳

翟	부수	羽 총획	14
	꿩, 꽁지긴 꿩 **적**

- 翟衣 (적의) : 왕후가 입던, 청색 비단 바탕에 꿩을 수놓고 둘레에 용(龍)이나 봉(鳳)을 그린 붉은 선을 두른 옷
- 翟車 (적거) : 황후가 타는 수레

荻	부수	艸(艹) 총획	11
	물억새 **적**

- 蘆荻 (노적) : 갈대와 물 억새

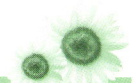

鏑	부수	金	총획	19
	살촉 **적**			

- 鳴鏑 (명적) : 우는 화살. 화살 끝에 나무때기로 만든 속이 빈 깍지를 달아 붙인 화살로 옛날 전쟁 때 사용하던 것으로 날아갈 때 소리가 남
- 鋒鏑 (봉적) : 창끝과 살촉
- 鏑銜 (적함) : 말의 입에 물리는 재갈

頔	부수	頁	총획	14
	아름다울 **적**			

- 頔然 (적연) : 아름다운 모습

輾	부수	車	총획	17
	구를 **전**			

- 輾轉反側 (전전반측) : 누운 채 이리 뒤척 저리 뒤척하며 잠을 이루지 못함. 전전불매(輾轉不寐)

腆	부수	肉(月)	총획	12
	두터울 **전**			

- 腆冒 (전모) : 뻔뻔한 모양

氈	부수	毛	총획	17
	모전 **전**			

- 毛氈 (모전) : 짐승 털의 섬유를 가열, 압축하여 넓은 직물처럼 만든 것
- 氈笠 (전립) : 조선 시대 병자호란 이후에 무관이나 사대부가 쓰던 돼지털을 깔아덮은 모자
- 靑氈舊物 (청전구물) : 대대로 전하여 내려오는 오래 된 물건을 일컫는 말

糴	부수	米	총획	22
	쌀 사들일 **적**			

- 糶糴 (조적) : 쌀을 팔고 사들임

狄	부수	犬(犭)	총획	7
	오랑캐 **적**			

- 蠻狄 (만적) : 오랑캐
- 北狄 (북적) : 중국 사람이 그 북쪽에 사는 족속들을 멸시하여 이르던 말
- 狄人 (적인) : 지난날 여진족(女眞族)을 이르던 말

煎	부수	火(灬)	총획	13
	달일 **전**			

- 煎 (전) : 생선이나 고기, 채소 따위를 얇게 썰거나 다져 양념을 한 뒤, 밀가루를 묻혀 기름에 지진 음식을 통틀어 이르는 말
- 酒煎子 (주전자) : 술이나 물 따위를 데우거나, 그것을 담아 잔에 따르게 된 그릇을 통틀어 이르는 말
- 花煎 (화전) : 꽃전

顫	부수	頁	총획	22
	떨릴 **전**			

- 舌顫音 (설전음) : 혀끝을 굴리듯 하여 내는 소리. 굴림소리
- 手顫症 (수전증) : 한방에서 물건을 잡거나 할 때 지나치게 손이 떨리는 증세를 이르는 말

癲	부수	疒	총획	24
	미칠 **전**			

- 癲狂 (전광) : 실없이 웃는 미친 병. 간질과 광기
- 癲疾 (전질) : 지랄병

4-2 선정한자 익히기

佃	부수	人(亻)　　총획	7
	밭갈 전		

- 佃客 (전객) : 남의 땅을 빌려서 농사짓는 사람. 소작인(小作人)
- 佃戶 (전호) : 소작하는 농가

畋	부수	田　　총획	9
	밭갈, 사냥할 전		

- 畋遊 (전유) : 사냥을 하며 놂

塼	부수	土　　총획	14
	벽돌 전		

- 塼塔 (전탑) : 벽돌로 쌓은 탑
- 模塼石塔 (모전석탑) : 돌을 벽돌 모양으로 깎아 쌓은 탑. 경주의 분황사 석탑이 대표적이다.

痊	부수	疒　　총획	11
	병나을 전		

- 痊愈 (전유) : 병이 나음. 건강이 완전히 회복됨

鈿	부수	金　　총획	13
	비녀 전		

- 螺鈿 (나전) : 광채가 나는 자개 조각을 여러 형상으로 박아 붙이어 장식한 공예품
- 鈿箜篌 (전공후) : 자개로 장식한 공후

鐫	부수	金　　총획	21
	새길, 송곳 전		

- 鐫刻 (전각) : 쇠붙이에 조각함

澱	부수	水(氵)　　총획	16
	앙금 전		

- 澱粉 (전분) : 식물의 씨·열매·뿌리·줄기 등에 들어 있는 탄수화물. 녹말
- 沈澱 (침전) : 액체 중에 있는 극히 작은 고체가 가라앉아서 바닥에 괴

纏	부수	糸　　총획	21
	얽힐 전		

- 纏頭 (전두) : 광대, 기생, 악공 등에게 그 재주를 칭찬하여 사례로 주는 돈이나 물건
- 纏繞 (전요) : 덩굴 따위가 다른 나무에 친친 얽히어 감김
- 纏足 (전족) : 여자의 발을 작게 만들기 위해 어릴 때부터 천으로 발을 옥죄어 자라지 못하게 하던 풍속. 또는 그렇게 만든 발

顓	부수	頁　　총획	18
	전단할, 마음대로 할 전		

- 顓兵 (전병) : 병권(兵權)을 마음대로 휘두름
- 顓頊 (전욱) : 중국 고대의 전설에 나오는 오제(五帝)의 한 명. 황제의 손자로 처음 고양에서 나라를 일으켰으므로 고양씨(高陽氏)라고 함
- 顓蒙 (전몽) : 어리석음

餞	부수	食　　총획	17
	전별할 전		

- 餞別 (전별) : 떠나는 이를 위하여 잔치를 베풀어 작별함
- 餞別金 (전별금) : 잔치를 베풀며 작별 할때에 떠나는 사람을 위로하는 뜻에서 주는 돈
- 餞春 (전춘) : 봄을 마지막으로 보냄

篆
부수 | 竹　총획 | 15
전자 **전**

- 小篆 (소전) : 한자의 팔체서(八體書)의 한 가지. 중국 진시황 때 이사(李斯)가 대전(大篆)을 약간 간략하게 만든 글씨체임
- 篆刻 (전각) : 나무나 돌·쇠붙이·옥 따위에 글자를 새김. 또는 그 글자
- 篆書 (전서) : 전자체(篆字體)로 쓴 글씨
- 彫蟲篆刻 (조충전각) : '벌레를 새긴다'는 뜻으로, 글을 지을 때 지나치게 글귀의 수식에만 치우치는 일

囀
부수 | 口　총획 | 21
지저귈 **전**

- 囀囀 (전전) : 지저귀는 모양

筌
부수 | 竹　총획 | 12
통발 **전**

- 筌蹄 (전제) : '고기를 잡는 통발과 토끼를 잡는 올가미'라는 뜻으로, 목적을 달성하기 위한 방편을 이르는 말

箭
부수 | 竹　총획 | 15
화살 **전**

- 暗箭 (암전) : 빗나가는 화살. 숨어서 남을 쏘는 화살. 남을 중상하는 것의 비유
- 柳葉箭 (유엽전) : 살촉이 버들잎처럼 생긴 화살
- 箭形 (전형) : 잎 모양의 한 가지. 화살처럼 끝이 뾰족하고, 잎 몸과 잎자루가 붙은 부분은 날카롭게 갈라져 있음

畑
부수 | 田　총획 | 9
화전 **전**

※ 대법원 인명용 한자(2001.1.4 추가)

浙
부수 | 水(氵)　총획 | 10
강 이름 **절**

- 浙江省 (절강성) : 중국 동부의 동중국해 연안에 있는 성(省)

截
부수 | 戈　총획 | 14
끊을 **절**

- 斷截 (단절) : 단절(斷切). 끊어짐. 잘라 버림
- 截取 (절취) : 잘라 냄
- 峻截 (준절) : 산이 깎아지른 듯함. 매우 위엄 있고 정중함

軼
부수 | 車　총획 | 12
①번갈을 ②앞지를 ③바퀴홈 ①질 ②일 ③철

- 軼群 (일군) : 여럿 중에서 뛰어 남
- 軼蕩 (질탕) : 지나치게 방탕한 모양

癤
부수 | 疒　총획 | 20
부스럼 **절**

- 軟癤 (연절) : 피부에 생기는 화농성 염증의 한 가지. 작은 멍울이 자꾸 생기어 좀처럼 낫지 않음

坫
부수 | 土　총획 | 8
경계 **점**

- 垓坫 (해점) : 벼랑. 경계

4-2 선정한자 익히기

鮎	부수 魚	총획 16
	메기 점	

- 鮎魚 (점어) : 메기

岾	부수 山	총획 8
	재 점	

- 岾峴 (점현) : 재. 고개

霑	부수 雨	총획 16
	젖을 점	

- 均霑 (균점) : 이익이나 혜택을 고르게 얻거나 받음. 국제법상 다른 나라와 똑같은 혜택을 받음
- 霑潤 (점윤) : 비나 이슬에 젖어서 불음

椄	부수 木	총획 12
	접붙일 접	

- 椄槢 (접습) : 옛날의 형구(刑具)이름. 고랑, 차꼬, 칼 따위

摺	부수 手(扌)	총획 14
	접을 접	

- 摺紙 (접지) : 종이를 접음. 또는 접은 종이. 책을 꾸밀 때, 인쇄된 종이를 페이지의 차례대로 접는 일
- 摺帖 (접첩) : 접을 수 있도록 만든 서화첩(書畵帖)
- 摺寢牀 (접침상) : 접었다 폈다 할 수 있게 만든 침상

楪	부수 木	총획 13
	평상 접	

- 楪子 (접자) : 접어서 포갬

鞓	부수 革	총획 16
	가죽띠 정	

- 鞓帶 (정대) : 가죽 혁대

睛	부수 目	총획 13
	눈동자 정	

- 眼睛 (안정) : 눈동자
- 畫龍點睛 (화룡점정) : 무슨 일을 하는 데에 가장 중요한 부분을 완성함을 비유적으로 이르는 말

瀞	부수 水(氵)	총획 19
	맑을 정	

- 瀞澄 (정징) : 맑은 모양

渟	부수 水(氵)	총획 12
	물괼 정	

- 渟水 (정수) : 괴어 있는 물

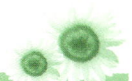

菁	부수 艸(艹)　총획 12
	①부추꽃, 순무 ②우거질 ①정 ②청

- 蔓菁 (만청) : 순무
- 菁根 (청근) : 무
- 菁華 (정화) : 사물의 아름답고 순수한 부분

檉	부수 木　총획 17
	위성류 정

- 檉柳 (정류) : 위성류(渭城柳) 능수버들
※ 위성류 : 노송나무의 일종

霽	부수 雨　총획 22
	갤 제

- 光風霽月 (광풍제월) : 비가 갠 뒤의 맑게 부는 바람과 밝은 달. 마음이 넓고 쾌활하여 아무 거리낌이 없는 인품을 비유적으로 이르는 말
- 霽天 (제천) : 맑게 갠 하늘

薺	부수 艸(艹)　총획 18
	냉이 제

- 薺菜 (제채) : 냉이

醍	부수 酉　총획 16
	맑은 술 제

- 醍醐 (제호) : 우유에 갈분을 타서 마음같이 쑨 죽

臍	부수 肉(月)　총획 18
	배꼽 제

- 噬臍莫及 (서제막급) : 이미 저지른 잘못에 대하여 후회하여도 소용이 없음을 이르는 말. 사람에게 잡힌 사향노루가 배꼽의 향내 때문에 잡혔다고 제 배꼽을 물어뜯었다는 데서 유래
- 臍帶 (제대) : 탯줄
- 臍帶血 (제대혈) : 탯줄혈액. 산모가 아기를 출산할 때 분출되는 태반과 탯줄에 남아 있는 혈액

碇	부수 石　총획 17
	검은 돌 제

- 碇石 (제석) : 비단을 물들이는데 쓰는 검은 돌

娣	부수 女　총획 10
	여동생 제

- 娣婦 (제부) : 시동생의 아내. 손아랫 동서

躋	부수 足　총획 21
	오를 제

- 躋攀 (제반) : 높은 곳을 더위잡아 오름

啼	부수 口　총획 12
	울 제

- 啼哭 (제곡) : 큰소리로 욺
- 啼泣 (제읍) : 소리를 높이어 욺

4-2. 선정한자 익히기　241

4-2 선정한자 익히기

禔	부수	示　　총획	14
	①편안할 ②복 ①제 ②지		

- 禔身 (지신) : 몸에 복을 받음

徂	부수	彳　　총획	8
	갈, 비롯할 조		

- 徂征 (조정) : 정벌하러 감

粗	부수	米　　총획	11
	거칠 조		

- 粗鋼 (조강) : 압연(壓延)·단조(鍛造) 따위의 가공이 되지 않은 제강로(製鋼爐)에서 나온 그대로의 강철
- 粗衣粗食 (조의조식) : 허름한 옷과 변변찮은 음식. 또는 그런 옷을 입고 그런 음식을 먹음
- 粗雜 (조잡) : 생각이나 일 따위가 거칠고 엉성함
- 粗筆 (조필) : 남에 대하여 자기의 필적을 낮추어 이르는 말. 졸필(拙筆)

繰	부수	糸　　총획	19
	①야청빛 ②고치켤 ①조 ②소		

- 繰綿 (소면) : 목화의 씨를 앗아 틀어 솜을 만듦. 또는 그렇게 만든 솜
- 繰出 (소출) : 고치를 삶아 실을 켜냄
- 繰藉 (조자) : 옥그릇을 매는 감색비단과 옥기의 받침

雕	부수	隹　　총획	6
	독수리 조		

- 雕蟲 (조충) : 세공(細工)을 함. 시문을 짓는데 교묘하게 미사여구(美辭麗句)로 수식하는 일. 잔재주의 비유
- 雕蟲篆刻 (조충전각) : 벌레의 모양이나 전서(篆書)를 조각하듯이 문장의 자구를 수식하는 일. 조충전각(彫蟲篆刻)
- 雕悍 (조한) : 독수리가 빠르고 모질 듯, 강하고 사나움의 비유

藻	부수	艸(艹)　총획	20
	마름 조		

- 藻類 (조류) : 은화식물(隱花植物)에 딸린 수초(水草)를 통틀어 이르는 말
- 綠藻類 (녹조류) : 엽록소를 가지고 있어 녹색을 띠는 조류의 총칭
- 硅藻土 (규조토) : 규조가 쌓여서 된 퇴적물. 빛깔은 백색·황색·회색 등으로 가볍고 무름
- 海藻 (해조) : 바다 속에서 나는 조류(藻類)의 총칭

璪	부수	玉　　총획	17
	면류관 드림옥 조		

- 璪玉 (조옥) : 면류관에 드리운 옥

漕	부수	水(氵)　총획	14
	배로 실어나를 조		

- 兵漕船 (병조선) : 평시에는 짐을 나르고 전시(戰時)에는 전투용으로 쓰던 배
- 漕運 (조운) : 배로 물건을 실어 나르는 일
- 漕艇 (조정) : 정해진 거리에서 보트를 저어 스피드를 겨루는 경기

蚤	부수	虫　　총획	10
	벼룩, 일찍, 손톱 조		

- 蚤暮 (조모) : 아침과 저녁
- 蚤牙之士 (조아지사) : 발톱이나 어금니 조수(鳥獸)를 보호하듯이 임금을 지키는 선비라는 뜻으로, '보필하는 신하'를 비유함

竈	부수	穴　　총획	21
	부엌 조		

- 竈神 (조신) : 부뚜막의 신. 오사(五祀)의 하나. 조왕(竈王)

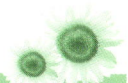

稠	부수 ǀ 禾	총획 ǀ 13
	빽빽할 조	

- 稠林 (조림) : 나무가 빽빽한 산림
- 稠密 (조밀) : 들어선 것이 촘촘하고 빽빽함
- 稠人廣座 (조인광좌) : 많은 사람이 빽빽하게 모인 넓은 자리

躁	부수 ǀ 足(𧾷)	총획 ǀ 20
	성급할 조	

- 躁急 (조급) : 성격이 참을성이 없이 매우 급함
- 躁鬱病 (조울병) : 정신이 상쾌하고 흥분된 상태와 우울하고 억제된 상태가 교대로 나타나거나 둘 가운데 한쪽이 주기적으로 번갈아 나타나는 병. 양극성우울증(兩極性憂鬱症)

糶	부수 ǀ 米	총획 ǀ 25
	쌀 내어 팔 조	

- 糶米 (조미) : 쌀을 내어 팖

胙	부수 ǀ 肉(月)	총획 ǀ 9
	제 지낸 고기, 복 조	

- 胙俎 (조조) : 주인용(主人用)의 적대(炙臺)

殂	부수 ǀ 歹	총획 ǀ 9
	죽을 조	

- 殂落 (조락) : 임금의 죽음. 시들어 떨어짐

皁	부수 ǀ 白	총획 ǀ 7
	하인, 마굿간 조	

- 皁人 (조인) : 하인

阻	부수 ǀ 阜(阝)	총획 ǀ 8
	험할 조	

- 積阻 (적조) : 두 사람 사이에 오랫동안 소식이 막힘
- 阻隔 (조격) : 막혀서 통하지 못함
- 阻隘 (조애) : 길이 험하고 좁음

簇	부수 ǀ 竹	총획 ǀ 17
	모일, 조릿대 족	

- 簇子 (족자) : 글씨나 그림 따위를 표구하여 벽에 걸게 만든 물건

猝	부수 ǀ 犬(犭)	총획 ǀ 11
	갑자기 졸	

- 猝富 (졸부) : 벼락부자
- 猝地 (졸지) : 갑작스러운 판. 느닷없이 벌어진 판

慫	부수 ǀ 心	총획 ǀ 15
	권할 종	

- 慫慂 (종용) : 달래어 권함. 꾀어서 하게 함

4-2 선정한자 익히기

| 踵 | 부수 | 足(⻊) 총획 | 16 발꿈치 종 |

- 接踵 (접종) : '앞사람의 발꿈치에 뒷사람의 발끝이 닿는다' 는 뜻으로 사람들이 잇달아 오고 감. 일이 잇달아 일어남

| 蹤 | 부수 | 足(⻊) 총획 | 18 자취, 뒤좇을 종 |

- 蹤跡 (종적) : 발자국. 사람이 간 뒤의 행방

| 挫 | 부수 | 手(扌) 총획 | 10 꺾을 좌 |

- 頓挫 (돈좌) : 기세·사업 등이 중도에서 갑자기 꺾이거나 틀어짐
- 捻挫 (염좌) : 관절을 삐는 일. 곧 관절에 무리한 힘이 가해져 관절 내부나 주위의 조직에 일어난 손상(損傷)
- 挫折 (좌절) : 뜻이나 기운 따위가 꺾임. 어떤 계획이나 일이 헛되이 끝남

| 蛛 | 부수 | 虫 총획 | 12 거미 주 |

- 蛛絲 (주사) : 거미줄
- 蜘蛛 (지주) : 거미

| 侏 | 부수 | 人(亻) 총획 | 8 난쟁이 주 |

- 侏儒 (주유) : 난쟁이. 따라지. 지난날 궁중에 있던 배우

| 紬 | 부수 | 糸 총획 | 11 명주 주 |

- 明紬 (명주) : 명주실로 무늬 없이 짠 피륙
- 紬緞 (주단) : 명주와 비단 따위를 통틀어 이르는 말
- 紬亢羅 (주항라) : 명주실로 짠 항라

| 綢 | 부수 | 糸 총획 | 14 얽을 주 |

- 綢繆 (주무) : 미리미리 꼼꼼하게 챙겨 갖춤

| 霔 | 부수 | 雨 총획 | 16 장마 주 |

- 霔雨 (주우) : 장마비

| 籌 | 부수 | 竹 총획 | 20 투호살 주 |

- 籌 (주) : 산가지를 놓아 셈을 치는 것
- 牙籌 (아주) : '상아로 만든 산가지' 란 뜻으로 주판을 일컫는 말
- 籌板 (주판) : 셈을 놓는 데 쓰는 기구의 하나
- 籌備 (주비) : 어떤 일을 하기 위하여 미리 계획하고 준비함

| 粥 | 부수 | 米 총획 | 12 죽 죽 |

- 粥 (죽) : 곡식을 푹 끓여 훌훌하게 만든 음식
- 全鰒粥 (전복죽) : 전복과 쌀로 쑨 죽
- 朝飯夕粥 (조반석죽) : '아침에는 밥, 저녁에는 죽을 먹는다'는 뜻으로 몹시 가난한 살림을 이르는 말

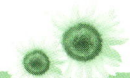

鬻	부수 鬲 　총획 22
	①죽 ②팔 ①죽 ②육

- 鬻賣 (육매) : 팖

逡	부수 辵(辶) 　총획 11
	뒷걸음질칠 준

- 逡巡 (준순) : 조금씩 뒤로 물러섬

寯	부수 宀 　총획 16
	모일, 준걸 준

蹲	부수 足(䟣) 　총획 19
	웅크릴 준

- 蹲踞 (준거) : 웅크리고 앉음. 무릎을 세우고 앉음

皴	부수 皮 　총획 12
	주름, 살틀 준

- 皴皮 (준피) : 주름진 피부
- 皴法 (준법) : 동양화에서 산악, 암석 따위의 입체감을 표현하기 위하여 쓰는 기법

喞	부수 口 　총획 12
	두런거릴 즉

- 喞喞 (즉농) : 두런거리는 소리

葺	부수 艸(艹) 　총획 13
	지붕일 즙

- 修葺 (수즙) : 지붕이나 바람벽 등의 허술한 데를 이고 손질함
- 瓦葺 (와즙) : 기와로 지붕을 임

拯	부수 手(扌) 　총획 9
	건질 증

- 拯米 (증미) : 물에서 건져낸 젖은 쌀
- 拯救 (증구) : 구제함. 구원함

璔	부수 玉 　총획 16
	옥모양 증

- 璔貌 (증모) : 옥 생김새

繒	부수 糸 　총획 18
	비단 증

- 繒綵 (증채) : 빛깔이 고운 비단

4-2 선정한자 익히기

甑 부수 | 瓦 총획 | 17
시루 증
- 歲時甑 (세시증) : '설날에 먹는 떡을 찌는 시루'라는 뜻으로, 여러 사람이 같은 행사 때에 쓰려고 찾는 물건을 이르는 말
- 甑餠 (증병) : 시루떡
- 甑山敎 (증산교) : 조선 고종 때 증산(甑山) 강일순(姜一淳)을 교조로 전라북도 정읍에서 생긴 종교
- 破甑 (파증) : '깨어진 시루'라는 뜻으로, 이러쿵저러쿵 말하여 보았자 아무 소용이 없음을 이르는 말

芷 부수 | 艸(艹) 총획 | 8
구릿대 지
- 白芷 (백지) : 구릿대의 뿌리. 감기로 말미암은 두통, 요통, 비연(鼻淵) 따위에 씀

漬 부수 | 水(氵) 총획 | 14
담글 지
- 藥漬酒 (약지주) : 여러 가지 약재를 넣어 빚은 술
- 浸漬 (침지) : 어떤 물질을 물속에 담가 적심

砥 부수 | 石 총획 | 10
숫돌 지
- 砥石 (지석) : 숫돌
- 革砥 (혁지) : 면도칼의 날을 세우는 데 쓰는 가죽으로 된 띠

枳 부수 | 木 총획 | 9
탱자나무 지
- 枳實 (지실) : 덜 익은 탱자를 썰어 말린 약재

贄 부수 | 貝 총획 | 18
폐백 지
- 執贄 (집지) : 제자가 스승을 처음으로 대할 때, 예폐(禮幣)를 가지고 가서 경의를 나타내는 일

榛 부수 | 木 총획 | 14
개암나무 진
- 榛子 (진자) : 개암. 모양은 도토리 비슷하며 껍데기는 노르스름하고 속살은 젖빛이며 맛은 밤 맛과 비슷하나 더 고소함

殄 부수 | 歹 총획 | 9
다할, 죽을 진
- 殄殲 (진섬) : 무찔러 싹 없애 버림
- 暴殄天物 (포진천물) : 물건을 아까운 줄 모르고 마구 써 버리거나 아껴 쓰지 아니하고 함부로 버림

蔯 부수 | 艸(艹) 총획 | 15
더위지기 진
- 茵蔯 (인진) : 사철쑥. 사철쑥의 어린 잎을 약재로 이르는 말

畛 부수 | 田 총획 | 10
두렁길 진
- 畛崖 (진애) : 경계. 끝

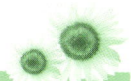

溱	부수 | 水(氵)	총획 | 13
	많을 진	

- 溱溱 (진진) : 많은 모양. 퍼지는 모양. 성한 모양

瞋	부수 | 目	총획 | 15
	부릅뜰 진	

- 瞋怒 (진노) : 성내어 노여워함
- 瞋恚 (진에) : 노여움. 분노. 불교에서 이르는 삼독(三毒)의 하나. 자기 뜻에 어긋남에 대하여 성내는 일

縉	부수 | 糸	총획 | 16
	붉은 비단, 꽂을 진	

- 內外縉紳案 (내외진신안) : 조선 말기의 내직과 외직 관리의 명단과 봉급표를 관청별로 구분하고, 각 관청은 다시 관직별로 세분하여 성명과 품계를 기록하였음

嗔	부수 | 口	총획 | 13
	성낼 진	

- 牛嗔馬不耕 (우진마불경) : 원진살의 한 가지. 궁합에서, 소띠는 말띠를 꺼린다는 말
- 元嗔煞 (원진살) : 부부 사이에 까닭없이 서로 미워하는 한때의 액운. 궁합이 서로 꺼리게 되어 있다는 살(煞)
- 嗔責 (진책) : 성내어 꾸짖음

臻	부수 | 至	총획 | 16
	이를 진	

- 輻輳幷臻 (폭주병진) : '수레의 바퀴통에 바퀴살이 모이듯 한다'는 뜻으로 한곳으로 많이 몰려듦을 이르는 말

桭	부수 | 木	총획 | 11
	평고대 진	

疹	부수 | 疒	총획 | 10
	홍역 진	

- 疹 (진) : 피부나 점막에 생기는 이상 물질
- 發疹 (발진) : 열병 따위로 말미암아 피부나 점막(粘膜)에 좁쌀만한 종기가 돋는 일. 또는 그 종기
- 濕疹 (습진) : 피부의 표면에 생기는 염증. 가렵고 수포(水疱)나 고름 따위가 생김

袗	부수 | 衣(衤)	총획 | 10
	홑옷 진	

- 袗衣 (진의) : 수놓은 옷

迭	부수 | 辵(辶)	총획 | 9
	갈마들 질	

- 迭起 (질기) : 번갈아 일어남
- 更迭 (경질) : 어떤 직위의 사람을 갈고 딴 사람을 임용함

蛭	부수 | 虫	총획 | 12
	거머리 질	

- 水蛭 (수질) : 거머리

4-2 선정한자 익히기

| 膣 | 부수 | 肉(月) 총획 | 15 |
새살돋을 **질**
- 膣 (질) : 자궁과 외음부 사이에 있는 관 모양의 여성 생식기
- 膣炎 (질염) : 질에 생기는 염증

| 佚 | 부수 | 人(亻) 총획 | 8 |
어리석을 **질**
- 佚人 (질인) : 어리석은 사람

| 礩 | 부수 | 石 총획 | 20 |
주춧돌, 맷돌 **질**
- 礙礩 (애질) : 가로 막히는 모양

| 絰 | 부수 | 糸 총획 | 12 |
질 **질**
- 絰 (질) : 상복을 입을 때 머리 등에 두르는 짚으로 삼아 껍질을 두른 테
- 絰帶 (질대) : 수질(首絰)과 요질(腰絰)

| 桎 | 부수 | 木 총획 | 10 |
차꼬 **질**
- 桎梏 (질곡) : 차꼬와 수갑이라는 뜻으로 자유를 가질 수 없게 몹시 속박하는 일

| 帙 | 부수 | 巾 총획 | 8 |
책갑 **질**
- 帙 (질) : 여러 권으로 된 책의 한 벌
- 完帙 (완질) : 빠진 책이 없이 완전히 갖추어져 있는 일. 또는 그 책
- 全帙 (전질) : 한 질(帙)로 된 책의 온 질(帙)

| 朕 | 부수 | 月 총획 | 10 |
나 **짐**
- 朕 (짐) : 황제(皇帝)가 '나' 라는 뜻으로 자기를 일컫던 말
- 兆朕 (조짐) : 어떤 일이 일어날 징조

| 戢 | 부수 | 戈 총획 | 13 |
①그칠 ②거둘 ❶집 ❷즙
- 戢兵 (즙병) : 전쟁을 그침

| 緝 | 부수 | 糸 총획 | 15 |
길쌈할, 밝을 집(즙)
- 緝績 (집적) : 길쌈을 함
- 緝熙 (집희) : 빛이 밝은 모양

| 釵 | 부수 | 金 총획 | 11 |
비녀 **차**
- 釵釧 (차천) : 비녀와 팔찌

侘	부수 人(亻) 총획 8 실의할 **차**

- 侘傺(차제) : 실의(失意)한 모양

箚	부수 竹 총획 14 차자 **차**

- 箚子(차자) : 신하가 임금에게 올리던 간단한 서식의 상소문
- 連名箚子(연명차자) : 여러 사람이 연명하여 임금에게 올리는 글

嗟	부수 口 총획 13 탄식할 **차**

- 鴇羽之嗟(보우지차) : 백성이 싸움터에 나가 있어 그 어버이를 봉양하지 못함을 한탄함
- 嗟歎(차탄) : 탄식하고 한탄함. 몹시 한탄함

鑿	부수 金 총획 28 뚫을 **착**

- 耕田鑿井(경전착정) : '밭을 갈고 우물을 판다'는 뜻으로, 백성들이 생업에 종사하며 평화롭게 삶을 비유적으로 이르는 말
- 掘鑿機(굴착기) : 땅을 파거나 바위 등을 뚫는데 쓰는 기계
- 穿鑿(천착) : 구멍을 뚫음. 파고들어 알려고 하거나 연구함. 꼬치꼬치 캐묻거나 억지로 이치에 맞지 않는 말을 함

齪	부수 齒 총획 22 악착할 **착**

- 齷齪(악착) : 일을 해 나가는 태도가 매우 모질고 끈덕짐, 또는 그런 사람

窄	부수 穴 총획 10 좁을 **착**

- 食道狹窄(식도협착) : 식도의 일부가 좁아져서 음식물을 삼키기 어렵게 되는 증상
- 狹窄(협착) : 공간이 좁음

搾	부수 手(扌) 총획 13 짤 **착**

- 壓搾(압착) : 기계 따위로 세게 눌러 짬
- 搾取(착취) : 계급 사회에서 생산 수단을 소유한 사람이 생산 수단을 갖지 않은 직접 생산자로부터 그 노동의 성과를 무상으로 취득함. 또는 그런 일. 동물의 젖이나 식물의 즙을 꼭 누르거나 비틀어서 짜냄

酇	부수 邑(阝) 총획 22 나라 이름 **찬**

- 酇國(찬국) : 한대(漢代) 제후의 나라

饌	부수 食 총획 21 반찬 **찬**

- 飯饌(반찬) : 밥에 곁들여 먹는 음식. 부식(副食). 식찬(食饌)
- 珍羞盛饌(진수성찬) : 맛이 좋고 푸짐하게 차린 음식
- 饌盒(찬합) : 반찬이나 술안주 따위를 담는 여러 층으로 된 그릇 또는 그 그릇에 담은 반찬이나 술안주

篡	부수 竹 총획 16 빼앗을 **찬**(=簒)

- 篡奪(찬탈) : 임금의 자리를 빼앗음

4-2 선정한자 익히기

| 竄 | 부수 | 穴 총획 | 18
숨을 **찬**

- 極邊遠竄 (극변원찬) : 중심이 되는 곳에서 아주 멀리 떨어져 있는 변경으로 귀양을 보냄
- 竄入 (찬입) : 도망쳐 들어감. 잘못되어 뒤섞여 들어감
- 抱頭鼠竄 (포두서찬) : 무서워서 머리를 싸쥐고 얼른 숨음

紮 부수 | 糸 총획 | 11
감을, 머물 **찰**

- 紮營 (찰영) : 군대를 주둔시킴
- 紮縛 (찰박) : 묶음

扎 부수 | 手(扌) 총획 | 4
뺄 **찰**

- 扎扎 (찰찰) : 베 짜는 소리의 형용

驂 부수 | 馬 총획 | 21
곁마, 말네필 **참**

- 驂御 (참어) : ① 어자(御者) ② 시종(侍從)의 직

站 부수 | 立 총획 | 10
우두커니설 **참**

- 站 (참) : 일을 하다가 쉬는 짬. 일하다가 일정하게 쉬는 짬에 먹는 음식
- 兵站 (병참) : 군사 작전에 필요한 병원(兵員)과 군수품의 보충, 운반 등을 담당하는 기능
- 中火站 (중화참) : 길을 가다가 중도에서 점심을 먹거나 잠깐 쉬는 일. 또는 그 곳
- 層階站 (층계참) : 층층대의 중간에 있는 약간 넓은 곳

僭 부수 | 人(亻) 총획 | 14
참람할 **참**

- 僭濫 (참람) : 하는 짓이 분수에 지나침. 참월(僭越)
- 僭位 (참위) : 스스로 자기 분수에 넘치는 군주(君主)의 자리에 앉음. 또는 그 자리
- 僭稱 (참칭) : 자기 분수에 맞지 않게 칭호를 스스로 일컬음. 또는 그 칭호

讖 부수 | 言 총획 | 24
참서 **참**

- 讖書 (참서) : 참언(讖言)을 모아 기록한 책
- 讖言 (참언) : 앞 일에 대한 예언
- 讖緯說 (참위설) : 고대 중국에서, 음양오행설에 의하여 인간 사회의 길흉화복을 예언하던 학설

譖 부수 | 言 총획 | 19
참소할, 하소연할 **참**

- 譖訴 (참소) : 남을 헐뜯어서 윗사람에게 꾸며 바치는 일

倡 부수 | 人(亻) 총획 | 10
광대, 창도할 **창**

- 倡道 (창도) : 앞장서서 외침. 또는 솔선하여 말하거나 주장함
- 率倡 (솔창) : 과거에 급제한 사람이 광대를 앞세우고 피리를 불며 귀향하던 일
- 倡夫 (창부) : 남자광대
- 倡義 (창의) : 국난을 당하여 의병을 일으킴

搶 부수 | 手(扌) 총획 | 13
닿을, 이를 **창**

- 搶地 (창지) : 땅에 닿음 엎드려 애걸(哀乞)함을 이르는 말

娼	부수 | 女　　총획 | 11
	몸파는 여자 **창**

- 私娼 (사창) : 당국의 허가 없이 매음(賣淫)하는 여자
- 娼妓 (창기) : 노래와 춤과 몸을 파는 기생

猖	부수 | 犬(犭)　　총획 | 11
	미쳐날뛸 **창**

- 猖獗 (창궐) : 좋지 못한 병이나 세력이 자꾸 퍼져서 걷잡을 수 없이 커짐
- 猖披 (창피) : 체면이 손상될 일을 당하여 부끄러움. 모양이 사나움

脹	부수 | 肉(月)　　총획 | 12
	①배부를 ②창자 ①창 ②장

- 腹脹症 (복창증) : 배가 더부룩해지는 병
- 膨脹 (팽창) : 부풀어 커짐. 고체·액체·기체의 부피가 커지는 현상

漲	부수 | 水(氵)　　총획 | 14
	불을 **창**

- 漲溢 (창일) : 물이 범람하여 넘침. 의욕이 왕성하게 일어남
- 川渠漲溢 (천거창일) : 비가 많이 와서 개천물이 넘쳐 흐름

氅	부수 | 毛　　총획 | 16
	새털 **창**

- 氅服 (창복) : 도사(道士)가 입는 옷

艙	부수 | 舟　　총획 | 16
	선창 **창**

- 船艙 (선창) : 물가에 다리처럼 만들어 배를 댈 수 있게 마련한 곳

鬯	부수 | 鬯　　총획 | 10
	울창주, 방향주 **창**

- 鬱鬯酒 (울창주) : 튤립을 넣어서 빚은 향기나는 술
- 鬯茂 (창무) : 초목이 무성함

槍	부수 | 木　　총획 | 14
	창 **창**

- 槍 (창) : 옛날 무기의 한 가지로 긴 나무 자루 끝의 양쪽에 칼날이 있는 뾰족한 쇠가 달렸음
- 竹槍 (죽창) : 대로 만든 창. 죽장창(竹杖槍)의 준말
- 槍劍 (창검) : 창과 검
- 鏢槍 (표창) : 던져서 적을 공격하는 창의 하나. 창끝이 호리병박 모양으로 가운데가 잘록함

悵	부수 | 心(忄)　　총획 | 11
	한스러워할 **창**

- 悵望 (창망) : 슬프게 바라봄

踩	부수 | 足(⻊)　　총획 | 15
	뛸 **채**

4-2 선정한자 익히기

寨 부수 | 宀 총획 | 14
울짱 **채**
- 木寨 (목채) : 울짱. 울타리. 목책(木柵)

柵 부수 | 木 총획 | 9
울짱, 울타리 **책**
- 柵 (책) : 나무나 쇠의 말뚝으로 둘러 막은 우리 또는 울타리
- 木柵 (목책) : 울짱. 울타리
- 防柵 (방책) : 말뚝을 박아서 만든 적을 막기 위한 울타리
- 鐵柵 (철책) : 쇠살로 만든 우리

倜 부수 | 人(亻) 총획 | 10
대범할 **척**
- 倜儻 (척당) : 뜻이 크고 기개(氣槪)가 있음
- 倜儻不羈 (척당불기) : 뜻이 크고 기개가 있어서 남에게 구속을 받거나 굽히지 않음

蹠 부수 | 足 총획 | 18
밟을 **척**
- 對蹠 (대척) : 어떤 일에 정반대가 됨
- 對蹠點 (대척점) : 지구 표면상의 한 지점에 대하여 반대측의 지구 표면의 지점

坧 부수 | 土 총획 | 8
터 **척**
※ 대법원 인명용 한자(1997.12.2)

砦 부수 | 石 총획 | 10
울타리 **채**
- 山砦 (산채) : 산에 돌이나 목책을 둘러서 만든 성채(城砦). 산적들의 소굴
- 城砦 (성채) : 성과 요새. 성새(城塞)

萋 부수 | 艸(艹) 총획 | 12
풀무성할 **처**
- 萋斐 (처비) : 문채(紋綵)가 아름다운 모양

擲 부수 | 手(扌) 총획 | 18
던질 **척**
- 乾坤一擲 (건곤일척) : 운명과 흥망을 걸고 단판 걸이로 승부나 성패를 겨룸
- 擲柶 (척사) : 윷. 윷놀이
- 快擲 (쾌척) : 금품을 마땅히 쓸 자리에 시원스럽게 내놓는 것
- 投擲 (투척) : 던짐

摭 부수 | 手(扌) 총획 | 14
주울 **척**
- 摭拾 (척습) : 주움

蔵 부수 | 艸(艹) 총획 | 16
경계할 **천**
- 蔵備 (천비) : 갖추어 준비함

252 제4단원 학습

| 鞦 | 부수 \| 革 총획 \| 24
그네 **천** |

- 鞦韆 (추천) : 그네

| 穿 | 부수 \| 穴 총획 \| 9
뚫을 **천** |

- 穿孔 (천공) : 구멍을 뚫거나 구멍이 뚫림. 막(膜)이나 벽이 상하여 구멍이 생김
- 穿鑿 (천착) : 구멍을 뚫음. 파고들어 알려고 하거나 연구함. 꼬치꼬치 캐묻거나 억지로 이치에 맞지 않는 말을 함

| 擅 | 부수 \| 手(扌) 총획 \| 16
멋대로 **천** |

- 擅權 (천권) : 권력을 마음대로 행사함
- 擅斷 (천단) : 자기 단독 의견대로 일을 함부로 처리함. 또는 그러한 처단
- 擅橫 (천횡) : 아무 거리낌없이 제 마음대로 함

| 舛 | 부수 \| 舛 총획 \| 6
어그러질 **천** |

- 舛誤 (천오) : 어그러져서 그릇됨
- 舛訛 (천와) : 글자나 말이 잘못됨

| 闡 | 부수 \| 門 총획 \| 20
열 **천** |

- 大闡 (대천) : 문과 급제
- 闡揚 (천양) : 드러내 밝혀서 널리 퍼지게 함

| 玔 | 부수 \| 玉 총획 \| 7
옥고리 **천** |

※ 대법원 인명용 한자(2001.1.4 추가)

| 喘 | 부수 \| 口 총획 \| 12
헐떡일 **천** |

- 痰喘 (담천) : 가래가 끓어서 숨이 참
- 喘息 (천식) : 기관지에 경련이 일어나는 병. 숨이 가쁘고 기침이 나며 가래가 심하다
- 風寒喘 (풍한천) : 감기가 들어서 호흡이 곤란하고 기침이 나는 병

| 輟 | 부수 \| 車 총획 \| 15
그칠 **철** |

- 輟朝 (철조) : 임금의 고뇌(苦惱). 또 임금이 대신의 죽음을 슬퍼하여 조정(朝廷)을 임시 폐하는 일

| 歠 | 부수 \| 欠 총획 \| 19
마실, 먹을 **철** |

- 歠飮 (철음) : 마시는 모양

| 簽 | 부수 \| 竹 총획 \| 19
농, 쪽지 **첨** |

- 簽書 (첨서) : 서명함
- 簽字 (첨자) : 문서에 서명함. 첨명(簽名)

4-2 선정한자 익히기

| 甜 | 부수 | 甘   총획 | 11
달 첨 (=甜)

- 甜菜 (첨채) : 사탕무우
- 甜酒 (첨주) : 맛이 단 술

| 沾 | 부수 | 水(氵)   총획 | 8
젖을 첨

- 沾濕 (첨습) : 물기에 젖음
- 汗出沾背 (한출첨배) : 몹시 부끄럽거나 무서워서 흐르는 땀이 등을 적심

| 覘 | 부수 | 見   총획 | 12
엿볼 첨

- 覘邏 (첨라) : 탐색하여 봄

| 檐 | 부수 | 木   총획 | 17
처마 첨

- 檐階 (첨계) : 댓돌
- 檐端 (첨단) : 처마 끝

| 輒 | 부수 | 車   총획 | 14
문득 첨

- 逢人輒說 (봉인첩설) : 사람을 만나는 대로 이야기하여 널리 소문을 퍼뜨림
- 應口輒對 (응구첩대) : 묻는 대로 거침없이 대답함
- 一覽輒記 (일람첩기) : 한번 보면 잊지 아니함

| 忝 | 부수 | 心   총획 | 8
더럽힐, 욕될 첨

- 忝辱 (첨욕) : 욕되게 함

| 詹 | 부수 | 言   총획 | 13
소곤거릴 첨

- 詹諸 (첨저) : 두꺼비. 달의 딴 이름

| 簷 | 부수 | 竹   총획 | 19
처마 첨

- 簷際 (첨제) : 처마 끝
- 簷牙高啄 (첨아고탁) : '추녀가 어금니처럼 튀어나왔다'는 뜻으로 건물이 몹시 큼을 이름

| 疊 | 부수 | 田   총획 | 22
겹쳐질 첩

- 重疊 (중첩) : 거듭 겹쳐지거나 겹침
- 疊疊山中 (첩첩산중) : 여러 산이 겹치고 겹친 산 속
- 波瀾重疊 (파란중첩) : 일의 진행에 여러 가지 변화와 난관이 많음

| 貼 | 부수 | 貝   총획 | 12
붙을 첩

- 貼 (첩) : 약봉지에 싼 약의 뭉치를 세는 말
- 粉貼 (분첩) : 분을 묻히어 바르는데 쓰는 물건

254 제4단원 학습

堞	부수 | 土　　총획 | 12
	성가퀴 **첩**

• 城堞 (성첩) : 성가퀴. 성 위에 낮게 쌓은 담

睫	부수 | 目　　총획 | 13
	속눈썹 **첩**

• 目睫 (목첩) : 거리 상으로 아주 가까운 곳. 또는 시간적으로 바싹 닥쳤음을 이르는 말
• 睫毛 (첩모) : 속눈썹

淸	부수 | 氵　　총획 | 10
	서늘할 **청(정)**

• 溫淸 (온정) : 따뜻하고 서늘함. 冬溫夏淸(동온하정)의 준말. 겨울에는 따뜻하게, 여름에는 서늘하게 한다는 뜻으로 부모님을 잘 섬기어 효도함을 이르는 말

鯖	부수 | 魚　　총획 | 19
	청어 **청**

• 鯖魚 (청어) : 고등어

蔕	부수 | 艸(艹)　　총획 | 15
	가시 **체**

• 蔕芥 (체개) : 작은 가시와 티끌

涕	부수 | 水(氵)　　총획 | 10
	눈물 **체**

• 伏地流涕 (복지유체) : 땅에 엎드리어 눈물을 흘리며 욺
• 涕泣 (체읍) : 소리를 내지 않고 눈물을 흘리면서 슬피 욺
• 破涕 (파체) : 슬픔을 기쁨으로 돌리어 생각하는 마음
• 哀號涕泣 (애호체읍) : 슬피 울부짖고 눈물을 흘리며 욺

剃	부수 | 刀(刂)　　총획 | 9
	머리깎을 **체**

• 開剃 (개체) : 머리의 변두리는 깎고 정수리 부분만 남기어 땋아 늘임. 몽고에서 들어온 풍속으로 고려말에 성행하였음
• 剃髮 (체발) : 머리털을 바싹 깎음

逮	부수 | 辵(辶)　　총획 | 13
	성 **체**

禘	부수 | 示　　총획 | 14
	종묘제사 이름 **체**

• 禘嘗 (체상) : 임금이 신곡(新穀)을 종묘(宗廟)에 올리는 제사

悄	부수 | 心(忄)　　총획 | 10
	근심할 **초**

• 悄愴 (초창) : 걱정스럽고 슬픔

 단문 읽기

弟子入則孝하고 出則弟하며 謹而信하며 汎愛衆하되 而親仁이니 行有餘力이어든 則以學文이니라.

<論語> 제자가 들어가서는 효도하고 나와서는 공손하며, (행실을) 삼가고 (말을) 신중하게 하며, 널리 사람들을 사랑하되 어진 이를 친히 해야 하니, 이것을 행하고 여력이 있거든 글을 배워야 한다.

君子는 食無求飽하며 居無求安하며 敏於事而愼於言이요 就有道而正焉이면 可謂好學也已니라

<論語> 군자는 먹음에 배부름을 구하지 않으며, 거처할 때 편안함을 구하지 않으며, 일을 민첩히 하고 말을 삼가며, 도가 있는 이에게 찾아가서 자기 잘못을 바로잡으면 학문을 좋아한다고 이를 만하다.

避色如避讐하고 避風如避箭하라

<明心寶鑑> 여색 피하기를 원수 피하듯이 하고 바람 피하기를 화살 피하듯이 하라

有田不耕하면 倉廩虛하고 有書不敎하면 子孫愚니라

<勸學文> 밭이 있는데도 경작하지 않으면 창고가 비고, 책이 있는데도 가르치지 않으면 자손이 어리석어진다.

燕雀安知鴻鵠之志哉리오

<十八史略> 제비와 참새가 어찌 높이 나는 큰 새의 뜻을 알리오.

桃李不言이나 下自成蹊라

<史記> 복숭아 오얏나무가 말을 하지 않더라도 그 아래에는 저절로 지름길이 생긴다.

婚娶而論財는 夷虜之道也라

<明心寶鑑> 시집가고 장가드는 데 재물을 논하는 것은 오랑캐들의 도이다.

人有三不祥하니 幼而不肯事長하며 賤而不肯事貴하며 不肖而不肯事賢이 是人之三不祥也니라

<小學> 사람에게 세 가지 불길한 것이 있나니, 어리면서 어른 섬기기를 싫어하며 천한 신분이면서 귀한 사람 섬기기를 싫어하며, 어질지 못하면서 어진이 섬기기를 싫어함이 바로 사람의 세 가지 불길한 것이다.

里仁이 爲美하니 擇不處仁이면 焉得知리오

<論語> 마을의 인심이 어진 것이 아름다우니 어진 마을을 골라서 살지 않으면 어찌 지혜롭다 하리오!

朽木은 不可雕也며 糞土之墻은 不可杇也라

<論語> 썩은 나무는 조각할 수 없으며, 썩은 흙의 담장은 흙손질하지 못할 것이다.

4-3 단문 읽기

君子之道는 造端乎夫婦나 及其至也하여는 察乎天地니라

<中庸> 군자의 도는 단서가 부부에서 시작되니, 그 지극함에 미쳐서는 천지에 밝게 드러난다.

君子有三樂而王天下는 不與存焉이니 父母俱存하며 兄弟無故가 一樂也요 仰不愧於天하고 俯不怍於人이 二樂也요 得天下英才而敎育之가 三樂也라.

<孟子> 군자가 세 가지 즐거움이 있는데, 천하에 왕노릇함은 여기에 들어있지 않다. 부모가 모두 생존해 계시며 형제가 아무 탈 없는 것이 첫째 즐거움이요, 위로는 하늘에 부끄럽지 않으며 아래로는 인간에 부끄럽지 않은 것이 둘째 즐거움이요, 천하의 영재를 얻어 교육하는 것이 셋째 즐거움이다.

合抱之木도 生於毫末하며 九層之臺도 起於累土하며 千里之行도 始於足下라

<老子> 아름드리 나무도 털끝에서 생기며 구층의 누대도 쌓인 흙에서 시작하며 천리 길도 발 밑에서 시작된다.

禍福無門이라 唯人所召라

<左傳> 화와 복은 문이 없다. 오직 사람이 불러들이는 것이다.

窮人之事는 齜亦破鼻라

<耳談續纂> 궁한 사람의 일은 자빠져도 코가 깨진다.

人之性惡하니 必將待師法然後正하고 得禮義然後治니라

<荀子> 사람의 본성은 악하니 반드시 장차 스승의 가르침을 받은 뒤에 바르게 되고 예의가 갖추어진 뒤에 (악한 본성이) 다스려진다.

以道佐人主者는 不以兵强天下니 其事이 好還일새니라

<老子> 道로써 인주를 돕는 자는 병력으로 천하를 강제하지 않으니 그 일이 잘 돌아오기 때문이다.(보복당하기 쉽다)

利人之言은 暖如綿絮하고 傷人之言은 利如荊棘이라

<明心寶鑑> 사람을 이롭게 하는 말은 따뜻하기가 솜 같고 상처주는 말은 날카롭기가 가시 같다

節義廉退는 顚沛匪虧라

<千字文> 절의와 청렴과 물러남은 어려운 가운데에서도 이지러뜨릴 수 없다.

篤初誠美하고 愼終宜令이라

<千字文> 처음을 독실하게 함이 진실로 아름답고 마무리를 삼가서 마땅히 좋게 하라

4-4 한시 감상

鄭瓜亭 (정과정)
―李齊賢(이제현)―

憶君無日不霑衣니	님 그려 옷 적시지 않는 날이 없으니
政似春山蜀子規라	바로 봄산의 자규와 비슷하도다
爲是爲非人莫問하라	옳거니 그르거니 사람들아 묻지 마오
只應殘月曉星知리라	응당 새벽달과 별이 알 것이로다

- **시형** 소악부(중국의 악부를 볼 때, 우리나라의 민간 가요에서 제재를 취하여 이제현이 7언절구의 형식으로 지은 한시)
- **주제** 님을 그리워함

飮酒 (음주)
―陶淵明(도연명)―

結廬在人境하니	변두리에 오두막 짓고 사니
而無車馬喧이라	수레와 말의 시끄러운 소리 하나 없네
問君何能爾오	묻노니, 어찌 이럴 수 있는가
心遠地自偏이라	마음이 욕심에서 멀어지니, 사는 곳도 구석지다네
採菊東籬下하니	동쪽 울타리 아래 국화꽃 따며
悠然見南山이라	편안히 남산을 바라본다
山氣日夕佳하고	산기운은 저녁 햇빛에 더욱 아름답고
飛鳥相與還이라	나는 새들도 서로 더불어 둥지로 돌아오네
此間有眞意하니	이러한 자연 속에 참다운 삶의 뜻이 있으니
欲辨已忘言이라	말로 표현하려해도 할 말을 잊었네

- **시형** 잡시　　**형식** 5언 고시　　**주제** 전원 생활의 즐거움

絶命詩 (절명시)
― 黃玹(황현) ―

鳥獸哀鳴海岳嚬하니	새 짐승도 슬피 울고 강산도 찡그리니
槿花世界已沈淪이라	무궁화 온 세상이 이젠 망해 버렸어라
秋燈掩卷懷千古하니	가을 등불 아래 책 덮고 지난 날 생각하니
難作人間識字人이라	인간 세상에 글 아는 사람 노릇하기 어렵구나

- **형식** 7언절구
- **제재** 국권의 피탈(被奪)
- **성격** 저항적, 우국적, 고백적
- **주제** 국권을 강탈당하는 위기에 처한 지식인의 고뇌

農家歎 (농가탄)
― 鄭來僑(정내교) ―

白骨之徵何慘毒고	백골에까지 세금을 매기다니 어찌 그리도 참혹한가
同隣一族橫罹厄이라	한 마을에 사는 한 가족이 모두 횡액을 당하였네
鞭撻朝暮嚴科督하니	아침 저녁 채찍으로 치며 엄하게 재촉하니
前村走匿後村哭이라	앞마을에선 달아나 숨고 뒷마을에선 통곡하네
鷄狗賣盡償不足인대	닭과 개를 다 팔아도 꾼 돈을 갚기엔 부족한데
悍吏索錢錢何得고	사나운 아전들은 돈 내놓으라 닦달하지만 돈이 어디 있는가
父子兄弟不相保하고	아버지와 아들, 형과 아우 사이에도 서로 보살피지 못하고
皮骨半死就凍獄이라	가죽과 뼈가 들러붙어 반쯤 죽은 채로 얼어붙은 감옥에 갇혀 있다네

- **형식** 7언율시
- **성격** 현실 비판적, 고발적, 사실적
- **특징** 당시 사회 현실에 비판적 태도를 취함
- **주제** 가혹한 세금으로 인한 농민의 고통

4-5 고전 읽기

送元二使安西 (안서로 사신 가는 원이를 보내며)
— 王維(왕 유) —

渭城朝雨浥輕塵하니	위성의 아침 비 가벼운 먼지를 적시니
客舍青青柳色新이라	여관 앞에는 파릇파릇 버들 빛이 새롭구나
勸君更進一杯酒하노니	그대에게 다시 한 잔의 술을 권하노니
西出陽關無故人이라	서쪽으로 양관을 나서면 친구도 없으리

형식 7언절구   **운자** 塵, 新, 人
주제 벗을 떠나 보내는 마음

** 渭城(위성) : 당나라 때 수도인 장안의 서쪽이며 실크로드로 들어가는 출발점이다. 보통 渭橋(위교)에서 전별의 자리를 갖곤 했다.

4-5 고전 읽기

국가공인 한자자격시험·사범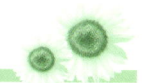

鏡說

-李奎報(이규보)-

居士有鏡一枚러니 塵埃侵蝕하여 掩掩如月之翳雲이라. 然朝夕覽觀에 似若飾容貌者러라.

客見而問曰 鏡所以鑑形이니 不則君子對之에 以取其淸이어늘 今吾子之鏡은 濛如霧如하여 旣不可鑑其形이요 又無所取其淸이라. 然吾子尙炤不已하니 豈有理乎아.

居士曰 鏡之明也는 姸者喜之하고 醜者忌之라. 然이나 姸者少하고 醜者多라. 若一見이면 必破碎後已니 不若爲塵所昏이라. 塵之昏은 寧蝕其外언정 未喪其淸이라. 萬一遇姸者而後에 磨拭之라도 亦未晩也라. 噫라. 古之對鏡은 所以取其淸이나 吾之對鏡은 所以取其昏이니 子何怪哉아.

客이 無以對러라.

『東國李相國集』

해석 거사가 거울 하나를 갖고 있었는데 먼지가 끼어서 마치 구름에 가려진 달빛처럼 희미하였다. 그러나 아침 저녁으로 거울을 들여다보며 얼굴을 단장하는 사람처럼 하였다. 한 나그네가 보고 물었다.
"거울이란 얼굴을 비추어 보는 물건이든지, 아니면 군자가 거울을 보고 그 맑은 것을 취하는 것으로 알고 있는데, 지금 거사의 거울은 안개가 낀 것처럼 흐려서, 이미 얼굴을 비칠 수가 없고 또 그 맑은 것을 취할 수도 없습니다. 그런데 그대는 오히려 거울에 얼굴을 비춰 보고 있으니 그것은 무슨 까닭입니까?"
거사는 이렇게 대답했다.
"거울이 밝으면 잘생긴 사람은 기뻐하지만 못생긴 사람은 꺼려하네. 그러나 잘생긴 사람은 수효가 적고, 못생긴 사람은 수효가 많네. 만일 못생긴 사람이 한 번 들여다보게 된다면 반드시 깨뜨리고야 말 것이네. 그러니 먼지가 끼어서 희미한 것만 못하네. 먼지가 흐리게 한 것은 그 겉만을 흐리게 할지언정 그 맑은 것은 잃게 하지 못하니, 만일 잘생긴 사람을 만난 뒤에 닦여져도 시기가 역시 늦지 않네. 아, 옛날 거울을 대한 사람은 그 맑은 것을 취하기 위한 것이었지만 내가 거울을 대하는 것은 그 희미한 것을 취하기 위함인데, 그대는 무엇을 괴이하게 여기는가?" 하였더니 손은 대답이 없었다.

 4-5 고전 읽기

種樹郭橐駝傳
-柳宗元(유종원)-

郭橐駝는 不知始何名이라. 病僂하여 隆然伏行하여 有類橐駝者라. 故로 鄕人號之曰駝라. 駝聞之曰甚善하다 名我固當이로다 하고 因捨其名하고 亦自謂橐駝云이라. 其鄕曰豊樂鄕이니 在長安西라.

駝業種樹하니 凡長安豪家富人과 爲觀遊及賣果者가 皆爭迎取養이라. 視駝所種樹와 或移徙하면 無不活이오 且碩茂蚤實以蕃이라. 他植者가 雖窺伺傚慕나 莫能如也러라.

有問之하니 對曰橐駝非能使木壽且孳也오 以能順木之天하여 以致其性焉爾라. 凡植木之性이 其本欲舒하고 其培欲平하고 其土欲故하고 其築欲密이라. 旣然已어든 勿動勿慮하고 去不復顧라 其蒔也若子하고 其置也若棄면 則其天者全而其性得矣라. 故로 吾不害其長而已오 非有能碩而茂之也라. 不抑耗其實而已이오 非有能蚤而蕃之也라.

他植者則不然하니 根拳而土易하고 其培之也 若不過焉이면 則不及焉이오 苟有能反是者인댄 則又愛之太恩하고 憂之太勤하여 旦視而暮撫하며 已去而復顧라. 甚者는 爪其膚하여 以驗其生枯하며 搖其本하여 以觀其疎密하니 而木之性이 日以離矣라. 雖曰愛之나 其實害之요 雖曰憂之나 其實讐之라. 故로 不我若也라. 吾又何能爲矣哉리오.

問者曰以子之道로 移之官理可乎아. 駝曰我知種樹而已오 理非吾業也라. 然吾居鄕하여 見長人者好煩其令하여 若甚憐焉이로되 而卒以禍라. 旦暮吏來而呼曰官命促爾耕하고 勗爾植하며 督爾穫하며 蚤繰而緖하며 蚤織而縷하며 字而幼孩하며 遂而鷄豚이라하여 鳴鼓而聚之하고 擊木而召之라. 吾小人은 具饔飧以勞吏者라도 且不得暇어늘 又何以蕃吾生而安吾性邪아.

故로 病且怠하니 若是則與吾業者로 其亦有類乎인저 問者喜曰不亦善夫아. 吾問養樹라가 得養人術이로다. 傳其事하여 以爲官戒也하노라.

**橐전대, 탁

『古文眞寶』

해석 곽탁타는 원래의 이름이 무엇인지 알 수 없고 곱사병을 앓아 등이 높이 솟아나와 구부리고 다니기에 낙타와 비슷하였다. 그러므로 마을 사람들이 그를 탁타라고 부르니, 탁타는 이말을 듣고 "참 좋구나, 나를 이름함이 정말 꼭 맞아!" 하고는, 원래의 이름을 버리고 또한 자신도 탁타라고 했다. 그 마을은 풍악향이라 하는데, 장안의 서쪽에 있었다.

   탁타는 나무 심는 것을 직업으로 하여 모든 장안의 세도가와 부자들 및 정원을 관상하며 노는 사람들과 과실을 파는 사람들이 모두 다투어 그를 맞이하여 나무를 키우고 돌보게 하려 했다. 탁타가 심은 것과 간혹 옮겨 심은 것을 보면 살지 않는 것이 없었고 무성히 잘 자라서 빨리 열매가 많이 열렸다. 다른 나무 심는 자들이 비록 몰래 엿보고 모방하여도 같게 할 수 없었다.

   어떤 사람이 그 까닭을 묻자 그는 다음과 같이 대답하였다.

   "내가 나무로 하여금 오래 살게 하고 잘 자라게 하는 방법이 있는 것이 아니예요. 나는 나무의 천성을 순히 하여 그 본성을 다하게 할 뿐입니다. 무릇 나무의 본성은 그 뿌리는 뻗어나가기를 바라고 그 북돋움은 고르기를 바라며, 그 흙은 옛 것을 바라고 다짐은 치밀하기를 바랍니다. 이미 그렇게 하고 나면 건드려도 안 되며 걱정해서도 안 되고 떠나가서 다시 돌아보지 않아야 합니다. 처음에 심을 때는 자식을 돌보듯 하고 심고 나서는 내버린 듯이 하면 그 천성이 온전해지고 그 본성이 얻어집니다. 그러므로 나는 나무의 자람을 방해하지 않을 따름이지 나무를 크고 무성하게 할 수 있는 것이 아닙니다. 나무의 열매맺음을 억제하고 감소시키지 않을 따름이지 열매를 일찍 많이 열리게 할 수 있는 것이 아닙니다.

   다른 나무 심는 자들은 그렇게 하지 않습니다. 뿌리가 구부러지고 흙은 다른 것으로 바꾸며 그것을 북돋음에는 지나치지 않으면 모자랍니다. 또한 이와 반대로 할 수 있는 자도 있으니 또 그것을 사랑함에 지나치게 은혜롭고 그것을 걱정함에 지나치게 부지런합니다. 아침에 보고 저녁에 어루만지며 이미 떠난 후에 다시 와서 돌보지요. 심한 자는 그 껍질을 긁어서 그것이 살았는지 죽었는지를 시험해보고 그 근간을 흔들어서 심어진 상태가 성긴지 치밀한지를 봅니다. 그래서 나무의 본성이 날로 멀어지는 것이지요. 비록 그것을 사랑한다고 하지만 사실은 그것을 해치는 것이요, 비록 그것을 걱정한다 하지만 사실은 나무와 원수가 되는 것이지요. 그러므로 나와 같을 수가 없는 것입니다. 내가 그 밖에 또 무엇을 할 수 있겠습니까?"

   묻는 자가 말하기를 "그대의 방법을 관청의 다스림에 옮겨보면 괜찮겠소?"하니, 탁타가 다음과 같이 대답하였다.

   "나는 나무를 심을 줄만 알 뿐이요, 관청의 다스림은 나의 업이 아닙니다. 그러나 내가 마을에 살면서 고을 관청의 우두머리 된 자들이 명령을 번거롭게 하기를 좋아하여, 백성을 심히 사랑하는 듯하나, 끝내는 화를 끼침을 보았습니다. 아침 저녁으로 관리가 와서 고함치기를 '관의 명령으로 너희들이 밭가는 것을 재촉하고 너희들이 심는 것을 열심히 하게 하며 너희들이 거두는 것을 감독하게 하며 빨리 고치에서 실을 뽑게 하고 빨리 실을 짜서 옷감을 내게 하며, 자식을 낳아 잘 키우게 하고 너의 개와 닭을 잘 키우라' 하여, 북을 울려 백성을 모으고 딱따기를 두드려 그들을 부르니, 우리 소인배는 아침 저녁으로 음식을 갖추어 관리들을 위로하기에도 겨를이 없으니, 또 어떻게 우리 삶을 번성케 하고 우리 본성을 편하게 하겠니까. 그래서 병들고 게을러집니다. 이와 같다면 나의 직업과 또한 유사함이 있을 것입니다."

   묻는 자가 기뻐하며 말하기를 "매우 훌륭하지 않은가? 나는 나무를 기르는 방법을 물어 백성을 기르는 방법을 배웠다."하고는 그 일을 전하여 관원의 경계로 삼았다.

 ## 4-5 고전 읽기

言 箴
— (程) 정이 —

人心之動이 因言以宣하나니 發禁躁妄이라사 內斯靜專이라. 矧是樞機니 興戎出好하나니 吉凶榮辱이 惟其所召니라. 傷易則誕이오 傷煩則支하고 己肆物忤하고 出悖來違하나라. 非法不道하여 欽哉訓辭하라.

※ 忤 : 거스를, 오

『近思錄』

해 석   마음의 움직임은 말로 인하여 베풀어지니, 말을 할 때에 조급하고 경망함을 금하여야 마음이 고요하고 전일하게 된다. 하물며 말은 중요한 계기여서 전쟁을 일으키기도 하고 좋음을 내기도 하니, 길함과 흉함, 영화와 욕됨도 오직 말이 불러들이는 것이다. 너무 지나치게 쉬우면 불성실하게 되고, 너무 지나치게 번잡하면 지루하며, 자기가 함부로 하면 남도 거슬르고, 나가는 말이 거칠면 돌아오는 말도 도리에 어그러지니, 법이 아니면 말하지 말아 훈계 말씀을 공경히 받들지어다.

※ 言箴(언잠)은 四勿箴 가운데 하나이다. 四勿은 非禮勿視 非禮勿聽 非禮勿言 非禮勿動을 가리킨다. 공자는 仁을 묻는 안연에게 극기복례를 말하고 그 조목으로 四勿을 말씀하셨고, 程頤(호:伊川)는 이것을 근거로 視·聽·言·動에 대한 箴을 지었다. 箴은 경계하는 말을 적은 글로 銘과 함께 韻이 있는 것이 특징이다.

寄淵兒 (유배지에서 보낸 편지)
― 丁若鏞(정약용) ―

不愛君憂國이면 非詩也요 不傷時憤俗이면 非詩也요 非有美刺勸懲之義면 非詩也니 故로 志不立하고 學不純하며 不聞大道하여 不能有致君澤民之心者는 不能作詩니 汝其勉之하라.

-중략-

全不用事하고 吟風詠月하며 譚棋說酒하여 拘能押韻者는 此三家村裏村夫子之詩也니라. 此後所作에 須以用事爲主나 我邦之人은 動用中國之事하니 亦是陋品이니라.

<與猶堂全書>

해 석 임금을 사랑하고 나라를 근심하지 않으면 시가 아니요, 시절을 아파하지 아니하고 세속에 분노하지 않으면 시가 아니요, 찬미와 풍자와 권선과 징악의 뜻이 아니면 시가 아니니, 그런 까닭으로 뜻이 세워지지 아니하고, 배움이 순수하지 못하며, 큰 도를 깨닫지 못하여, 성군을 이루고 백성에게 혜택을 주는 마음이 능히 있지 못한 사람은 시를 지을 수 없으니, 너는 힘쓰도록 하여라. -중략-

전혀 역사적 사실을 인용하지 아니하고, 바람이나 읊고 달이나 읊어대며, 바둑이나 이야기하고 술타령이나 하면서 능히 압운에만 구애되는 것은, 서너집 촌구석의 촌선생의 시이니라. 이후로 짓는 것은 모름지기 역사적 사실을 위주로 하여야 하나, 우리나라 사람들은 걸핏하면 중국의 역사적 사실을 인용하니, 역시 이것도 보잘 것 없는 품격이니라.

4-6 한문 문법 이해

문장의 형식

한정문 (限定文)

어떤 사물이나 행위의 범위 또는 정도를 한정하는 뜻을 나타내는 문장으로, '唯', '但', '獨', '特', '直' 등 한정을 나타내는 부사나, '耳', '而已' 등의 종결사를 사용하며, 두 가지를 함께 쓰기도 한다.

- 唯仁者 能好人 能惡人
  (오직 어진 사람만이 사람을 좋아할 수 있고 미워할 수 있다.)

- 直不百步耳 是亦走也
  (다만 백 보가 아닐 뿐이지 이도 역시 달아난 것이다.)

- 學問之道 無他 求其放心而已矣
  (학문의 도는 다름이 아니라 잃어 버린 마음을 찾는 것일 따름이다.)

- 我知種樹而已
  (나는 나무 심는 것만을 알 뿐이다.)

비교문 (比較文)

어떤 것을 다른 것과 비교하여, 그 상태나 성질의 정도 또는 우열(優劣)을 나타내는 문장으로, '如', '若', '於', '乎' 등을 사용하며, '不', '莫' 등의 부정사와 함께 쓰기도 한다.
'與其~不如(不若, 孰若, 寧)' 등의 구문을 사용하여 비교 선택의 뜻을 나타내기도 한다.

- 上善若水
  (최상의 善은 물과 같다.)

- 靑出於藍而靑於藍
  (푸른 물감은 쪽풀에서 나왔지만 쪽풀보다 더 푸르다.)

- 其聞道也 固先乎吾 吾從而師之
  (그가 도를 들은 것이 진실로 나보다 먼저라면 나는 그를 따라 스승으로 섬길 것이다.)

- 陸行千里 不如舟行萬里之爲便利也
  (육지로 천리를 가는 것이 배로 만 리를 가는 편리함만 못한 것이다.)

- 禮與其奢也론 寧儉이오
  (예는 사치하기보다는 차라리 검소한 것이 낫다.)

국가공인 한자자격시험 · 사범

허자의 쓰임

以

'以' 자는 도구·수단·방법·원인·이유·시간·자격 등을 나타낼 때 주로 사용하며, 대상을 이끌기도 하며 접속사로 쓰이기도 한다.

- ~로서, ~의 자격으로서
  嘗以抄啓文臣 入內閣
  (일찍이 초계문신으로서 내각에 들어갔다.)

- ~로써, ~을 가지고서
  道之以政 齊之以刑
  (백성을 인도하되 정사로써 하고 백성을 가지런히 하기를 형벌로써 하다.)

- ~이므로, ~때문에
  齒以强折 舌以柔存
  (이는 굳세기 때문에 부러지고 혀는 부드럽기 때문에 보존된다.)

- ~에, ~동안
  高句麗常以春三月三日 祭天及山川神
  (고구려는 항상 봄 삼월 삼짇날에 하늘 및 산천의 신에게 제사를 지냈다.)

- ~하여
  登東皐以舒嘯
  (동쪽 언덕에 올라가서 노래 부르다.)

- ~라고 여기다
  先帝不以臣卑鄙
  (선제께서 신을 비루하다고 여기지 않으셨다.)

4-7 단원 정리 문제

● 다음 주어진 음·뜻의 한자를 <보기>에서 찾아 쓰세요.(1~15)

보기
釰 斫 蚤 侏 貼 偞 葦 狄
窄 擅 饐 癤 詆 坧 枳

1. 갈대 위 (   )
2. 쉴, 밥쌕을 의 (   )
3. 둔할, 무딜 일 (   )
4. 벨, 쪼갤 작 (   )
5. 꾸짖을 저 (   )
6. 오랑캐 적 (   )
7. 부스럼 절 (   )
8. 벼룩, 일찍 조 (   )
9. 난쟁이 주 (   )
10. 탱자나무 지 (   )
11. 좁을 착 (   )
12. 대범할 척 (   )
13. 터 척 (   )
14. 멋대로 천 (   )
15. 붙을 첩 (   )

● 다음 한자어의 독음을 쓰세요.(16~30)

16. 絨緞 (   )
17. 發靷 (   )
18. 咀嚼 (   )
19. 簪纓 (   )
20. 淸麴醬 (   )
21. 狙擊 (   )
22. 手顫症 (   )
23. 稠密 (   )
24. 阻隘 (   )
25. 革砥 (   )
26. 瞋恚 (   )
27. 穿鑿 (   )
28. 讖言 (   )
29. 喘息 (   )
30. 哀號涕泣 (   )

● 다음 중 나머지와 음이 다른 하나는?(31~40)

31. 楕 稊 勖 煩 (   )
32. 萎 蔦 葳 杻 (   )
33. 慭 旨 罵 贄 (   )
34. 茵 湮 嬾 釰 (   )
35. 槳 瘴 欌 孜 (   )
36. 睢 杵 杼 滓 (   )
37. 腆 顚 氈 頓 (   )

국가공인 한자자격시험·사범

38. 浙 截 瘤 篆 (   )

39. 拯 瑠 甑 漬 (   )

40. 償 寒 砦 柵 (   )

● 다음 단어의 괄호에 알맞은 한자를 〈보기〉에서 찾아 쓰세요.(41~55)

― 보기 ―
箏 篆 柵 齟 勺 臍 輾 霽
簷 猖 詭 拯 餌 櫼 簒

41. 阿(　)傾奪   (   )
42. 食(　)療法   (   )
43. (　)水不入   (   )
44. 饌(　)   (   )
45. 牙(　)   (   )
46. (　)轉反側   (   )
47. 彫蟲(　)刻   (   )
48. 光風(　)月   (   )
49. 噬(　)莫及   (   )
50. (　)米   (   )
51. 齷(　)   (   )
52. (　)奪   (   )
53. (　)披   (   )
54. 鐵(　)   (   )
55. (　)牙高啄   (   )

● 다음 단어 설명에 해당하는 성어를 한자로 쓰세요.(56~70)

56. 마르거나 시들어서 오그라지고 쪼그라듦. 졸아들어서 펴지지 못하거나 자라지 못함
(   )

57. 벌과 개미에게도 임금과 신하의 구별이 있다는 뜻으로, 신분 관계의 질서가 중요함을 이르는 말
(   )

58. 흔적도 없이 모조리 없어짐. 또는 없앰. 인몰(湮沒)
(   )

59. 의식 절차에 따른 예법을 익혀 의식 때에만 참렬(參列)하는 군대
(   )

60. 앞뒤를 생각지도 아니하고 함부로 날뛰는 일. 또는 그 사람. 중국 한(漢)나라 때에, 흉노(匈奴)의 침입을 막기 위하여 죄수나 가노(家奴) 등을 모아 조직한 군대
(   )

61. '절굿공이와 절구통 사이의 사귐'이란 뜻으로 고용인끼리의 교제, 즉 귀천을 가리지 않고 사귀는 일
(   )

62. 지난날 중국에서, 여자의 발을 작게 만들기 위해 어릴 때부터 천으로 발을 옥죄어 자라지 못하게 하던 풍속. 또는 그렇게 만든 발
(   )

63. 무슨 일을 하는 데에 가장 중요한 부분을 완성함을 비유적으로 이르는 말
(   )

64. 관절을 삐는 일. 곧 관절에 무리한 힘이 가해져 관절 내부나 주위의 조직에 일어난 손상(損傷)
(   )

65. '수레의 바퀴통에 바퀴살이 모이듯 한다'는 뜻으로, 한곳으로 많이 몰려듦을 이르는 말
(   )

66. 어떤 직위의 사람을 갈고 딴 사람을 임용함
(   )

4-7. 단원 정리 문제 271

4-7 단원 정리 문제

67. 어떤 일이 일어날 징조
( )

68. 자기 분수에 맞지 않게 칭호를 스스로 일컬음. 또는 그 칭호
( )

69. 던져서 적을 공격하는 창의 하나. 창끝이 호리병박 모양으로 가운데가 잘록하다
( )

70. 운명과 흥망을 걸고 단판 걸이로 승부나 성패를 겨룸
( )

● 다음 문장을 해석하세요.(71~80)

71. 避色如避讐하고 避風如避箭하라
 :

72. 燕雀安知鴻鵠之志哉리오
 :

73. 合抱之木도 生於毫末이라
 :

74. 節義廉退는 顚沛匪虧라
 :

75. 有田不耕하면 倉廩虛하고 有書不敎하면 子孫愚니라
 :

76. 婚娶而論財는 夷虜之道也라
 :

77. 朽木은 不可雕也며 糞土之墻은 不可圬也라
 :

78. 利人之言은 暖如綿絮하고 傷人之言은 利如荊棘라
 :

79. 桃李不言이나 下自成蹊라
 :

80. 禍福無門이라 唯人所召라
 :

● 다음 시를 읽고 물음에 답하세요.(81~83)

絶命詩 - 黃玹
鳥獸哀鳴海岳嚬
槿花世界已沈淪
秋燈掩卷懷千古
難作人間識字人

81. '槿花世界已沈淪'의 의미는? ( )

82. '鳥獸哀鳴海岳嚬'의 독음을 쓰세요. ( )

83. '秋燈掩卷懷千古'을 해석하세요. ( )

● 다음 시구를 해석하세요.(84~85)

84. 憶君無日不霑衣 政似春山蜀子規
 :

85. 此間有眞意 欲辨已忘言
 :

● 다음 글을 읽고 물음에 답하세요.(86~90)

不愛君憂國이면 非詩也요 不傷時憤俗이면 非詩也요 非有美刺勸懲之義면 非詩也니 故로 志不立하고 學不純하며 不聞大道하여 不能有致君澤民之心者는 不能作詩니 汝其勉之하라
—중략—
全不用事하고 ㉮□□□□하며 譚棋說酒하여 拘能押韻者는 此三家村裏村夫子之詩也니라 此後所作에 須□用事□나 我邦之人은 勤用中國之事하니 亦是陋品이니라

86. 지은이가 생각하는 시의 기능 세 가지를 쓰세요.

국가공인 한자자격시험 · 사범

87. '用事'란 무엇인가?

88. ㉮에 들어갈 말로 '바람과 달을 읊조린다'는 의미를 지닌 한자어를 쓰세요.

89. '須□用事□主'의 빈칸에 들어갈 한자를 쓰세요.

90. '譚棋說酒하여 拘能押韻者는'를 해석하세요.

91. 다음 문장의 문맥상 빈칸에 들어갈 말을 쓰세요.

> 人心之動이 因□以宣하나니 發禁躁妄이라사
> 內斯靜專이라 矧是樞機니 興戎出好요

92. 맹자가 말한 '君子三樂'이 무엇인지 내용을 한글로 쓰세요.

● 다음 시를 읽고 물음에 답하세요.(93~97)

> 白骨之徵何慘毒고　同隣一族橫罹厄이라
> 鞭撻朝暮嚴科督하니　前村走匿後村哭이라
> 鷄狗賣盡償不足인대　悍吏索錢錢何得고
> 父子兄弟不相保하고　皮骨半死就凍獄이라

93. 위 시의 형식과 운자를 찾아 쓰세요.

94. '白骨之徵'은 무엇인가?

95. 아래 감상에서 빈칸에 들어갈 한자어를 쓰세요.

> 이 시는 조선 후기의 가혹한 세무(稅務) 정책을 고발하고, 이로 인해 고통을 받는 농민의 삶을 사실적으로 그려 낸 작품이다. 당시 지방관들의 苛□□□ 와 조선 후기의 농촌 현실을 날카롭게 비판하고 있다.

96. '鞭撻朝暮嚴科督'의 독음을 쓰세요.

97. '鷄狗賣盡償不足'을 해석하세요.

● 다음 글을 읽고 물음에 답하세요.(98~100)

> 居士曰 "鏡之明也는 妍者喜之하고 醜者忌之라. 然이나 妍者少하고 醜者多라. 若一見이면 必破碎後已니 不若爲塵所昏이라 塵之昏은 寧蝕其外언정 未喪其淸이라 萬一遇妍者而後에 磨拭之라도 亦未晩也라 噫. 古之對鏡, □□取其淸, 吾之對鏡, □□取其昏, 子何怪哉?"
> 客이 無以對러라

98. '必破碎後已니 不若爲塵所昏이라'를 해석하세요.

99. 빈칸에 공통으로 들어갈 '위함이다'의 뜻을 갖는 한자어를 쓰세요.

100. 거사가 거울의 흐림을 취하는 이유를 본문에서 찾아 쓰세요.

단원 정리 문제 정답

1. 葦	2. 饐	47. 簒	48. 霯
3. 釰	4. 斫	49. 臍	50. 拯
5. 詆	6. 狄	51. 鯹	52. 簒
7. 癎	8. 蚤	53. 猖	54. 柵
9. 侏	10. 枳	55. 簹	56. 萎縮
11. 窄	12. 偶	57. 蜂蟻君臣	58. 湮滅
13. 坫	14. 擅	59. 儀仗隊	60. 猪突豨勇
15. 貼	16. 융단	61. 杵臼之交	62. 纏足
17. 발인	18. 저작	63. 畵龍點睛	64. 捻挫
19. 잠영	20. 청국장	65. 輻輳幷臻	66. 更迭
21. 저격	22. 수전증	67. 兆朕	68. 僭稱
23. 조밀	24. 조애	69. 鏢槍	70. 乾坤一擲
25. 혁지	26. 진에		
27. 천착	28. 참언		
29. 천식	30. 애호체읍		
31. 煩	32. 杻		
33. 贇	34. 釰		
35. 孜	36. 滓		
37. 頓	38. 簒		
39. 漬	40. 柵		
41. 諛	42. 餌		
43. 勻	44. 櫬		
45. 箏	46. 輾		

71. 여색 피하기를 원수 피하듯이 하고 바람 피하기를 화살 피하듯이 하라.

72. 제비와 참새가 어찌 높이 나는 큰 새의 뜻을 알리오.

73. 아름드리 나무도 털끝에서 생긴다.

74. 절의와 청렴과 물러남은 어려운 가운데에서도 이지러뜨릴 수 없다.

75. 밭이 있는데도 경작하지 않으면 창고가 비고, 책이 있는데도 가르치지 않으면 어리석어진다.

76. 시집가고 장가드는 데 재물을 논하는 것은 오랑캐들의 도이다.

77. 썩은 나무는 조각할 수 없으며, 썩은 흙의 담은 흙손질을 못할 것이다.

78. 사람을 이롭게 하는 말은 따뜻하기가 솜 같고 상처주는 말은 날카롭기가 가시 같다.

79. 복숭아 오얏나무가 말을 하지 않더라도 그 아래에는 저절로 지름길이 생긴다.

80. 화와 복은 문이 없다. 오직 사람이 불러들이는 것이다.

81. 국권의 피탈

82. 조수애명해악빈

83. 가을 등불 아래 책 덮고 지난 날 생각하니

84. 님 그려 옷 적시지 않는 날이 없으니, 바로 봄산의 자규와 비슷하도다.

85. 이 속에 참다운 뜻이 있으니, 말로 표현하려해도 할 말을 잊었네.

86. ① 임금을 사랑하고 나라를 근심하는 시

② 시대의 현실을 아파하고 분노하는 시

③ 찬미하고 풍자하며 권선징악하는 뜻이 있는 시

87. 시를 지을 때 고사를 인용하는 것

88. 吟風詠月

89. 以, 爲

90. 바둑이나 이야기하고 술타령이나 하면서 능히 압운에만 구애되는 것은

91. 흠

92. ① 부모가 모두 생존해 계시며 형제가 아무 탈 없는 것

② 위로는 하늘에 부끄럽지 않으며 아래로는 인간에 부끄럽지 않은 것이

③ 천하의 영재를 얻어 교육하는 것

93. 7언율시, 毒, 厄, 哭, 得, 獄

94. 죽은 사람에게 人頭稅를 부과하는 것

95. 斂誅求

96. 편달조모엄과독

97. 개나 닭을 다 팔아도 갚기에 부족하다

98. 반드시 깨어 부순 뒤에 그만두니 먼지에 의해 흐려지는 것만 못하다.

99. 所以

100. 먼지에 의해 밖이 침식당할지라도 그 거울의 본성인 맑음은 잃지 않기 때문에

국가공인 한자자격시험 사범 · 제 5 단원

5-1. 선정한자 일람표

5-2. 선정한자 익히기

5-3. 단문 읽기

5-4. 한시 감상

5-5. 고전 읽기

5-6. 한문 문법 이해

5-7. 단원 정리 문제

5-1 선정한자 일람표

愀	근심할/ 정색할	초	驄	총이말	총	膵	췌장	췌
誚	꾸짖을	초	蔥	파/ 부들	총	悴	파리할	췌
剿	끊을	초	撮	찍을	촬	贅	혹	췌
梢	나무끝	초	啐	맛볼	쵀	驟	달릴	취
鈔	노략질할/ 베낄	초	摧	꺾을	최	嘴	부리	취
苕	능소화	초	麤	거칠	추	鷲	수리	취
髫	다박머리	초	鞦	그네	추	厠	뒷간	측
貂	담비	초	芻	꼴	추	儭	두드러지게 할	츤
迢	멀	초	諏	꾀할	추	緇	검은 비단	치
稍	벼줄기 끝	초	瘳	나을	추	淄	검은빛	치
炒	볶을	초	湫	다할/늪/웅덩이	추	幟	기	치
椒	산초나무	초	酋	두목	추	寘	둘/ 받아들일	치
綃	생사(生絲)	초	騶	말 먹이는 사람	추	緻	밸	치
軺	수레/ 영구차	초	鰍	미꾸라지	추	鴟	솔개/ 올빼미	치
憔	수척할	초	雛	병아리	추	蚩	어리석을	치
礁	숨은 바윗돌	초	萩	사철쑥	추	嗤	비웃을	치
醋	식초	초	鎚	쇠망치	추	錙	저울눈	치
硝	초석	초	椎	몽치	추	輜	짐수레	치
鞘	칼집	초	惆	실심할/ 슬퍼할	추	梔	치자나무	치
鏃	살촉	촉	皺	주름살	추	痔	치질	치
矗	우거질	촉	漱	깊고 맑을/ 빠를	축	飭	신칙할	칙
邨	마을	촌	蹙	대지를	축	柒	옻	칠
忖	헤아릴	촌	筑	악기 이름	축	砧	다듬잇돌	침
摠	모두	총	顣	찡그릴	축	忱	정성	침
冢	무덤/ 사직단	총	賰	부유할	춘	夬	나눌	쾌
悤	바쁠	총	朮	차조	출	拖	끌	타

제5단원 학습

駝	낙타	타	筒	대롱	통	徧	두루/돌	편
朶	늘어질	타	慟	서럽게 울	통	翩	빨리날	편
陀	비탈질	타	腿	넓적다리	퇴	騙	속일	편
陏	비탈질	타	槌	던질	퇴	貶	떨어뜨릴	폄
隋	오이/열매	타	頹	무너질	퇴	萍	부평초	평
舵	키	타	褪	바랠	퇴	斃	넘어질	폐
馱	실을	타	偸	훔칠	투	嬖	사랑할	폐
柝	열	탁	慝	사특할	특	吠	짖을	폐
啄	쪼을	탁	闖	말이 문을 나오는 모양	틈	苞	그령/나무밑동	포
坼	터질	탁	爬	긁을	파	匍	길	포
殫	다할/두루	탄	葩	꽃	파	逋	달아날	포
綻	옷터질	탄	怕	두려울/아마	파	袍	두루마기	포
榻	걸상	탑	擺	열릴	파	匏	박	포
搨	베낄	탑	跛	절뚝발이	파	蒲	부들/창포	포
搭	탈	탑	鈑	금박	판	庖	부엌	포
帑	금고	탕	瓣	외씨	판	晡	신시(申時)	포
宕	방탕할/탕건	탕	辦	힘쓸	판	咆	으르렁거릴	포
盪	씻을	탕	捌	깨뜨릴	팔	圃	채마밭	포
迨	미칠	태	叭	입벌릴	팔	疱	천연두	포
笞	볼기칠	태	孛	살별/혜성	패	炮	통째로 구울	포
駄	짐 실을	태	悖	어그러질	패	脯	포	포
樘	기둥/지주	탱	狽	이리	패	曝	쬘	폭
撑	버팀목/버틸	탱	唄	찬불	패	慓	날쌜	표
攄	펼	터	稗	피	패	瓢	박	표
菟	새삼(藥草)	토	膨	부풀	팽	剽	빠를/빼앗을	표
啍	느릿한 모양	톤	愎	괴팍할	퍅	飇	회오리바람	표

5-1 선정한자 일람표

俵	흩을	표	廨	관아	해	叶	화합할	협
陂	비탈	피	孩	어린아이	해	鎣	줄	형
蹕	길치울	필	咳	어린아이 웃을/기침	해	烱	밝을	형
佖	점잖을	필	瀣	이슬기운	해	桁	도리	형
鉍	창자루	필	醢	젓갈	해	逈	멀	형
涸	마를	학	垓	지경	해	瀅	물이름	형
瘧	학질	학	劾	캐물을	핵	滎	실개천/물이름	형
犴	개 싸우는 소리	한	覈	핵실할/엄할	핵	憓	사랑할	혜
罕	드물	한	荇	마름	행	嵇	산이름	혜
扞	막을/세찰	한	餉	건량	향	鞋	신	혜
悍	사나울	한	嚮	향할/지난번	향	醯	초	혜
喊	고함지를	함	噓	불	허	蝴	나비	호
檻	우리	함	歇	쉴	헐	葫	마늘	호
銜	재갈/직함	함	爀	붉을/밝을	혁	縞	명주	호
諴	화할	함	絢	무늬	현	滸	물가	호
蛤	대합조개	합	舷	뱃전	현	岵	산	호
闔	문짝	합	眩	어지러울	현	蒿	쑥	호
哈	마실, 웃음소리	합	俔	염탐할	현	芦	지황	호
盍	어찌아니할	합	衒	팔/자랑할	현	瓠	표주박	호
閤	쪽문	합	頁	머리	혈	琿	아름다운 옥	혼
盒	합	합	孑	외로울	혈	笏	홀	홀
杭	건널	항	夾	낄/부축할	협	銾	돌쇠뇌	홍
伉	짝/굳셀	항	頰	뺨	협	哄	떠들썩할	홍
肛	항문	항	篋	상자	협	汞	수은	홍
缸	항아리	항	鋏	집게	협	譁	시끄러울	화
蟹	게	해	莢	풀열매	협	鑊	가마솥	확

碻	굳을	확	宖	집울림	횡	鷸	도요새	휼
攉	붙잡을	확	殽	뒤섞일	효	洶	물살세찰	흉
廓	클	확	肴	안주	효	忻	기뻐할	흔
寰	기내(畿內)	환	梟	올빼미	효	很	어길	흔
圜	두를	환	哮	으르렁거릴	효	俒	완전할	흔
宦	벼슬	환	爻	효	효	吃	말더듬을	흘
鐶	쇠고리	환	酵	효모/술괼	효	訖	이를	흘
豁	소통할	활	篌	공후(비파종류악기명)	후	紇	질 낮은 명주실	흘
蝗	누리	황	帿	과녁	후	歆	받을	흠
堭	당집	황	煦	따뜻하게 할	후	譆	감탄할	희
篁	대숲	황	嗅	맡을	후	爔	불빛	희
肓	명치끝	황	朽	썩을	후	呬	쉴/휴식	희
愰	밝을	황	珝	옥 이름	후	囍	쌍희	희
晄	밝을	황	吼	울	후	忔	두려워할	힐
慌	어렴풋할	황	詡	자랑할	후			
媓	어머니	황	彙	무리	훈			
潢	웅덩이	황	薨	죽을	훙			
貺	줄/하사할	황	烜	빛날	훤			
湟	해자	황	喙	부리	훼			
幌	휘장	황	卉	풀	훼			
蛔	거위	회	諱	꺼릴	휘			
獪	교활할	회	麾	대장기/지휘할	휘			
匯	물돌	회	煇	빛날	휘			
茴	약 이름	회	畦	밭두둑	휴			
膾	회	회	鑴	솥/큰종	휴			
澮	흐물흐물할/물 이름	회	恤	구휼할	휼			

5-2 선정한자 익히기

| 愀 | 부수 | 心(忄) 총획 | 12 |
근심할, 정색할 초

- 愀然 (초연) : 얼굴빛이 변하는 모양
- 愀如 (초여) : 삼가는 모양

| 誚 | 부수 | 言 총획 | 14 |
꾸짖을 초

- 誚責 (초책) : 꾸짖어 나무람

| 剿 | 부수 | 刀(刂) 총획 | 13 |
끊을 초

- 剿滅 (초멸) : 도적 떼를 무찔러 없앰
- 剿討 (초토) : 도둑의 무리를 쳐서 물리침

| 梢 | 부수 | 木 총획 | 11 |
나무끝 초

- 末梢 (말초) : 나뭇가지 끝. 나뭇가지 끝으로 갈려 나간 잔가지
- 末梢的 (말초적) : 근본적인 것이 아닌 것
- 梢頭 (초두) : 나무의 잔가지 끝
- 梢魚 (초어) : 낙지

| 鈔 | 부수 | 金 총획 | 12 |
노략질할, 베낄 초

- 鈔錄 (초록) : 베껴씀 . 필요한 부분만을 뽑아서 적음

| 苕 | 부수 | 艸(艹) 총획 | 9 |
능소화 초

- 苕華 (초화) : 완두(豌豆)의 꽃

| 髫 | 부수 | 髟 총획 | 15 |
다박머리 초

- 髫年 (초년) : 다박머리의 어린 나이

| 貂 | 부수 | 豸 총획 | 12 |
담비 초

- 狗尾續貂 (구미속초) : '담비의 꼬리가 모자라 개꼬리로 잇는다' 는 뜻으로, 벼슬을 함부로 줌을 비유하여 이르는 말. 훌륭한 것에 보잘것없는 것이 잇닿음을 이름
- 扇貂 (선초) : 부채 고리에 매어 늘어뜨린 장식. 선추(扇錘)
- 貂毛筆 (초모필) : 담비의 털로 맨 붓

| 迢 | 부수 | 辵(辶) 총획 | 9 |
멀 초

- 迢遙 (초요) : 아득히 멂

| 稍 | 부수 | 禾 총획 | 12 |
벼줄기 끝 초

- 稍勝 (초승) : 수준이나 역량 따위가 조금 나음
- 稍蠶食之 (초잠식지) : 조금씩 침노하여 먹어 들어감

炒	부수 | 火　　총획 | 8
	볶을 **초**

- 炒 (초) : 노릇노릇하게 불에 약간 볶음
- 炒醬 (초장) : 볶은 장

椒	부수 | 木　　총획 | 12
	산초나무 **초**

- 唐椒 (당초) : 고추
- 山椒魚 (산초어) : 도롱뇽
- 椒林 (초림) : 서얼(庶孼)

綃	부수 | 糸　　총획 | 13
	생사(生絲) **초**

- 綃頭 (초두) : 머리에 둘러매는 띠. 머리띠

軺	부수 | 車　　총획 | 12
	수레, 영구차 **초**

- 軺軒 (초헌) : 가벼운 수레. 고관이 타는 수레

憔	부수 | 心(忄)　　총획 | 15
	수척할 **초**

- 憔悴 (초췌) : 파리하고 해쓱함

礁	부수 | 石　　총획 | 17
	숨은 바윗돌 **초**

- 珊瑚礁 (산호초) : 산호 군체의 분비물이나 뼈 따위가 쌓여서 이루어진 석회질의 암초
- 暗礁 (암초) : 물 속에 숨어 있어 항행에 방해가 되는 바위. 초석. 뜻밖에 부닥치는 어려움을 비유하여 이르는 말
- 礁標 (초표) : 뱃길의 안전을 위해 암초가 있는 곳임을 나타내는 표지

醋	부수 | 酉　　총획 | 15
	①식초 ②술권할　①초 ②작

- 醋 (초) : 조미료의 일종. 시고 약간 단맛이 있는 액체. 식초(食醋)
- 氷醋酸 (빙초산) : 수분이 거의 없는 순도 높은 초산
- 醋醬 (초장) : 초를 타고 양념을 한 간장

硝	부수 | 石　　총획 | 12
	초석 **초**

- 硝酸 (초산) : 질산(窒酸)
- 硝石 (초석) : 질산칼륨

鞘	부수 | 革　　총획 | 16
	칼집 **초**

- 鞘尾 (초미) : 칼집 끝에 씌운 두겁

鏃	부수 | 金　　총획 | 19
	살촉 **촉(족)**

- 石鏃 (석촉) : 돌로 만든 화살촉

5-2 선정한자 익히기

矗	부수ㅣ目　　총획ㅣ24
	우거질 촉

- 矗立 (촉립) : 우뚝 솟음
- 矗石樓 (촉석루) : 진주시 본성동에 있는 누각. 남강에 면한 벼랑 위에 세워진 단층 팔작의 웅장한 건물로, 진주성의 주장대(主將臺)이다.

邨	부수ㅣ邑(阝)　　총획ㅣ7
	마을 촌

- 邨落 (촌락) : 마을. 부락

忖	부수ㅣ心(忄)　　총획ㅣ6
	헤아릴 촌

- 忖度 (촌탁) : 남의 마음을 미루어서 헤아림

摠	부수ㅣ手(扌)　　총획ㅣ14
	모두 총

- 都摠管 (도총관) : 조선 때 오위 도총부에서 군무를 총괄하던 정이품 벼슬
- 摠監 (총감) : 대한 제국 때에 둔. 교육부의 으뜸 벼슬

冢	부수ㅣ冖　　총획ㅣ10
	무덤, 사직단 총

- 冢塋 (총영) : 무덤
- 冢中枯骨 (총중고골) : 무덤 속에 있는 백골이란 뜻으로, 무능한 사람을 비유하여 이르는 말

悤	부수ㅣ心(忄)　　총획ㅣ14
	바쁠(=悤) 총

- 悤侗 (총통) : 바삐 뛰어다님. 뜻을 얻지 못한 모양

驄	부수ㅣ馬　　총획ㅣ21
	총이말 총

- 驄馬 (총마) : 총이말 (갈기와 꼬리가 파르스름하게 흰 말)

蔥	부수ㅣ艸(艹)　　총획ㅣ15
	파, 부들 총

- 白飯蔥湯 (백반총탕) : '쌀밥과 파국'이란 뜻으로, 반찬이 변변찮은 검소한 음식을 뜻하는 말
- 蔥擾 (총요) : 바쁘고 부산함
- 蔥蔥 (총총) : 나무 숲이 배고 무성한 모양

撮	부수ㅣ手(扌)　　총획ㅣ15
	찍을 촬

- 撮影 (촬영) : 어떤 형상을 사진이나 영화로 찍음
- 撮土 (촬토) : 한줌의 흙

啐	부수ㅣ口　　총획ㅣ11
	①맛볼 ②쪼을　①쵀 ②줄

- 啐飮 (쵀음) : 제사를 올린 뒤 제사에 쓴 술을 마시는 일

摧	부수	手(扌)　　총획	14
	꺾을 **최**		

- 摧陷 (최함) : 기를 꺾어 함정에 빠뜨림

麤	부수	鹿　　총획	33
	거칠 **추**		

- 麤惡 (추악) : 거칠고 나쁨, 변변찮음
- 麤服 (추복) : 누추한 옷

鞦	부수	革　　총획	18
	그네 **추**		

- 鞦韆 (추천) : 그네

芻	부수	艸　　총획	10
	꼴 **추**		

- 反芻 (반추) : 소나 염소 따위가 한번 삼킨 먹이를 다시 게워 내어 씹음. 어떤 일을 되풀이하여 음미하거나 생각함
- 芻蕘者 (추요자) : 꼴을 베는 사람과 땔나무를 하는 사람을 아울러 이르는 말

諏	부수	言　　총획	15
	꾀할 **추**		

- 諏吉 (추길) : 길일(吉日)을 택함

瘳	부수	疒　　총획	16
	나을 **추**		

- 瘳愈 (추유) : 병이 치유됨. 완쾌함

湫	부수	水(氵)　　총획	12
	다할, 늪, 웅덩이 **추**		

- 龍湫 (용추) : 용소(龍沼)
- 湫盡 (추진) : 다함. 끝이 남

酋	부수	酉　　총획	9
	두목 **추**		

- 群酋 (군추) : 여러 괴수. 두목들
- 酋長 (추장) : 원시 사회에서 생활 공동체를 통솔하고 대표하던 우두머리

騶	부수	馬　　총획	20
	말 먹이는 사람 **추**		

- 騶從 (추종) : 상전을 따라다니는 하인. 추복(騶僕)
- 騶虞 (추우) : 성인(聖人)의 덕에 감응하여 나타난다는 서수(瑞獸). 생물을 먹지 않으며 생초(生草)를 밟지 않는다고 한다

鰍	부수	魚　　총획	20
	미꾸라지 **추**		

- 泥鰍 (이추) : 미꾸라지
- 鰍湯 (추탕) : 미꾸라지를 넣고 끓인 국. 추어탕(鰍魚湯)

5-2 선정한자 익히기

雛	부수	佳 총획	18

병아리 **추**

- 奴雛 (노추) : 종이 낳은 아이
- 鳳雛 (봉추) : '봉황의 새끼'라는 뜻으로, 지략이 뛰어난 젊은이를 비유적으로 이르는 말. 아직 세상에 드러나지 아니한 영웅을 비유적으로 이르는 말

萩	부수	艸(艹) 총획	13

사철쑥 **추**

※ 대법원 인명용 한자(2001.1.4 추가)

鎚	부수	金 총획	18

쇠망치 **추**

- 鎚鍛 (추단) : 금속을 망치질하여 단련함

椎	부수	木 총획	12

몽치 **추**

- 腰椎 (요추) : 허리등뼈
- 脊椎 (척추) : 등골뼈로 이루어진 등마루

惆	부수	心(忄) 총획	11

실심할, 슬퍼할 **추**

- 惆然 (추연) : 슬퍼하고 한탄하는 모양. 실망하고 슬퍼하는 모양
- 惆愴 (추창) : 비통함. 구슬픔

皺	부수	皮 총획	15

주름살 **추**

- 耐皺性 (내추성) : 옷감에 구김이 잘 가지 않는 성질
- 皺面 (추면) : 주름살이 잡힌 얼굴
- 皺胃 (추위) : 주름위. 반추 동물에 있는 넷째 밥통으로 많은 주름으로 되어 있으며 겹 주름 위에서 온 것으로 화학적으로 소화한다.

潚	부수	水(氵) 총획	16

깊고 맑은, 빠를 **축**

- 潚潚 (축축) : 빠른모양

蹙	부수	足 총획	18

대지를 **축**

- 嚬蹙 (빈축) : 눈살을 찌푸리고 얼굴을 찡그림
- 蹙頞 (축알) : 괴롭고 귀찮아서 눈살을 찌푸림

筑	부수	竹 총획	12

악기 이름 **축**

- 筑 (축) : 거문고와 비슷한, 대나무로 만든 악기

顣	부수	頁 총획	20

찡그릴 **축**

- 顣頞 (축알) : 콧마루를 찡그림

賰	부수 | 貝	총획 | 16
	부유할 춘	

- 賰富 (춘부) : 재물이 많음

朮	부수 | 木	총획 | 5
	차조 출	

- 白朮 (백출) : 삽주의 덩이줄기를 말린 약재
- 蒼朮 (창출) : 삽주의 뭉치지 않은 뿌리
※ 삽주 : 국화과의 여러해살이 풀

膵	부수 | 肉	총획 | 16
	췌장 췌	

- 膵臟 (췌장) : 위(胃)의 뒤쪽에 있는 길이 약 15cm의 어두운 황색의 기관(器官)
- 膵液 (췌액) : 췌장(膵臟)에서 생성(生成)되는 소화액(消化液)

悴	부수 | 心(忄)	총획 | 11
	파리할 췌	

- 傷悴 (상췌) : 마음이 상하여 얼굴이 파리하고 몸이 축남
- 盡悴 (진췌) : 지쳐서 쓰러질 때까지 마음과 힘을 다함
- 憔悴 (초췌) : 파리하고 해쓱함

贅	부수 | 貝	총획 | 18
	혹 췌	

- 贅客 (췌객) : 사위를 그의 처가에 상대하여 일컫는 말
- 贅壻 (췌서) : 예전에 중국에서 신부의 친정에 재화(財貨)를 주는 대신에 노역(勞役)을 하던 데릴사위.
- 贅言 (췌언) : 쓸데없는 군더더기 말. 췌담(贅談)

驟	부수 | 馬	총획 | 24
	달릴 취	

- 驟躐 (취렵) : 등급을 뛰어넘어 높은 벼슬자리에 오름
- 驟步 (취보) : 뛰어감
- 驟雨 (취우) : 소나기

嘴	부수 | 口	총획 | 15
	부리 취	

- 嘴 (취) : 생(笙)과 같은 악기를 불 때에 쓰는, 대나무나 나무로 만든 부리. 여기에 입김을 불어 넣어 소리를 낸다
- 砂嘴 (사취) : 해안에서 바다 가운데로 부리처럼 길게 뻗어 나간 모래톱

鷲	부수 | 鳥	총획 | 23
	수리 취	

- 靈鷲山 (영취산) : 중인도(中印度) 마갈타국의 왕사성 동북쪽에 있는 산. 석가여래가 이 곳에서 법화경과 무량수경을 강(講)하였다 함
- 鷲窟 (취굴) : 석가가 거주한 곳. 석가가 영취산(靈鷲山) 속의 정사(精舍)에 거주하면서 불법(佛法)을 설파(說破)했다고 전해짐
- 鷲瓦 (취와) : 대마루 양 끝에 세우는 장식 기와. 망새. 취두(鷲頭)

厠	부수 | 厂	총획 | 11
	뒷간(=廁) 측	

- 厠間 (측간) : 뒷간. 변소
- 厠鼠 (측서) : '뒷간의 쥐'라는 뜻으로, 지위를 얻지 못한 사람을 조롱하여 이르는 말

儭	부수 | 人(亻)	총획 | 18
	①두드러지게 할 ②어버이 ①츤 ②친	

- 儭錢 (친전) : 불교를 수도하는 사람이 중에게 주는 돈

5-2 선정한자 익히기

| 緇 | 부수 | 糸 총획 | 14
검은 비단 치

- 緇衣 (치의) : 검은 물을 들인, 중이 입는 옷

| 淄 | 부수 | 水(氵) 총획 | 11
검은빛 치

- 淄蠹 (치두) : 검은 빛과 좀. 또는 그것들에 의해 더러워지고 상한 곳. 붕괴(崩壞)함을 비유

| 幟 | 부수 | 巾 총획 | 15
기 치

- 旗幟 (기치) : 기(旗). 군중(軍中)에서 쓰는 기. 어떤 일에 대한 분명한 태도 또는 주의나 주장
- 標幟 (표치) : 표지

| 寘 | 부수 | 宀 총획 | 13
둘,받아들일 치

- 寘耳 (치이) : 남의 말을 들어 줌

| 緻 | 부수 | 糸 총획 | 16
밸 치

- 細緻 (세치) : 자세하고 빈틈이 없음
- 緻密 (치밀) : 자세하고 빈틈 없이 꼼꼼함. 세밀(細密)

| 鴟 | 부수 | 鳥 총획 | 16
솔개, 올빼미 치

- 鴟目 (치목) : 올빼미의 눈. 간악(奸惡)한 인상의 비유

| 蚩 | 부수 | 虫 총획 | 10
어리석을 치

- 蚩眩 (치현) : 업신여기어 속임

| 嗤 | 부수 | 口 총획 | 13
비웃을 치

- 嗤侮 (치모) : 비웃고 업신여김
- 嗤笑 (치소) : 빈정거려 비웃음

| 錙 | 부수 | 金 총획 | 16
저울눈 치

- 錙銖 (치수) : 얼마 안되는 무게. 하찮은 물건의 비유

| 輜 | 부수 | 車 총획 | 15
짐수레 치

- 輜重 (치중) : 치(輜)는 의복 따위의 가벼운 물건, 중(重)은 무기(武器) 따위의 무거운 물건을 뜻함. 말이나 수레 등에 실은 짐. 군대의 여러 가지 군수물품, 탄약, 식량, 장막(帳幕), 피복 등의 총칭

梔	부수	木　　총획	11

치자나무 **치**

- 梔子 (치자) : 치자나무의 열매. 치자나무는 꼭두서닛과의 상록 활엽 관목
- 山梔 (산치) : 산치자나무

| 痔 | 부수 | 疒　　총획 | 11 |

치질 **치**

- 痔疾 (치질) : 항문의 안팎에 나는 외과(外科)에 속하는 병의 총칭. 치루(痔漏), 치핵(痔核), 치열(痔裂) 따위가 있음
- 吮癰舐痔 (연옹지치) : '종기의 고름을 빨고 치질 앓는 밑을 핥는다' 는 뜻으로, 남에게 지나치게 아첨함을 이르는 말

| 飭 | 부수 | 食　　총획 | 13 |

신칙할 **칙**

- 申飭 (신칙) : 단단히 타일러 삼가게 함
- 嚴飭 (엄칙) : 엄하게 훈계함. 엄분부

| 柒 | 부수 | 木　　총획 | 9 |

옻(=漆) **칠**

- 柒扇 (칠선) : 종이에 옻칠을 한 부채

| 砧 | 부수 | 石　　총획 | 10 |

다듬잇돌 **침**

- 砧石 (침석) : 다듬잇돌
- 砧聲 (침성) : 다듬이질 소리

| 忱 | 부수 | 心(忄)　　총획 | 7 |

정성 **침**

- 忱恂 (침순) : 정성스럽고 참됨

| 夬 | 부수 | 大　　총획 | 4 |

나눌 **쾌**

- 夬夬 (쾌쾌) : 결단하는 모양. 결단하여 의심하지 않는 모양

| 拖 | 부수 | 手(扌)　　총획 | 8 |

끌 **타**

- 拖過 (타과) : 이 핑계 저 핑계로 기한을 끌어 나감

| 駝 | 부수 | 馬　　총획 | 15 |

낙타 **타**

- 駱駝 (낙타) : 낙타과에 속하는 단봉낙타와 쌍봉낙타의 통칭. 등에 큰 혹 모양의 육봉(肉峰)이 있고 사막 생활에 중요한 가축
- 駝酪餅 (타락병) : 우유와 꿀과 밀가루를 한데 반죽하여 둥글 납작하게 반대기를 지어 꽃모양으로 만들어 인을 찍고 화로 위에 얹어 익힌 떡

| 朶 | 부수 | 木　　총획 | 6 |

늘어질 **타**

- 白雲朶 (백운타) : 국화의 한 종류. 꽃이 희며 꽃판이 크고 두꺼움
- 耳朶 (이타) : 귓불

5-2 선정한자 익히기

陀 부수 | 阜(阝) 총획 | 8
비탈질 타
- 南無阿彌陀佛 (나무아미타불) : '아미타불에 귀의한다'는 뜻으로 염불하는 소리
- 佛陀 (불타) : 부처의 원말
- 阿彌陀 (아미타) : 서방정토에 있다는 부처 이름. 모든 중생을 제도하겠다는 큰 원을 품었다고 하며, 이 부처를 염하면 죽어서 극락세계에 간다고 한다

隋 부수 | 阜(阝) 총획 | 9
오이, 열매 타(라)
- 果蓏 (과라) : 열매의 총칭

陊 부수 | 阜(阝) 총획 | 8
①비탈질, 험할 ②무너질 ①타 ②치
- 陊堵 (치도) : 무너져 떨어짐

舵 부수 | 舟 총획 | 11
키 타
- 方向舵 (방향타) : 방향키. 비행기의 방향을 조정하는 장치. 수직 꼬리날개 뒤쪽에 붙어 있음
- 操舵 (조타) : 배가 나아가게 키를 조종함
- 舵輪 (타륜) : 배의 키를 조정하는 손잡이가 달린 바퀴

駄 부수 | 馬 총획 | 13
실을 타(태)(=馱)
- 駄馬 (태마) : 짐 싣는 말

柝 부수 | 木 총획 | 9
열 탁
- 柝居 (탁거) : 세간을 남. 분가(分家)

啄 부수 | 口 총획 | 11
①쪼을 ②부리 ①탁 ②주
- 啄啄 (탁탁) : 새가 나무 따위를 쪼는 소리. 문을 두드리는 소리

坼 부수 | 土 총획 | 8
터질 탁
- 開坼 (개탁) : '봉한 편지나 서류를 뜯어보라'는 뜻으로, 아랫사람에게 보내는 편지 겉봉에 쓰는 말. 개봉(開封)
- 坼甲 (탁갑) : 씨의 껍질이 터져서 싹이 틈

殫 부수 | 歹 총획 | 16
다할, 두루 탄
- 殫竭 (탄갈) : 남김없이 다함

綻 부수 | 糸 총획 | 14
옷터질 탄
- 破綻 (파탄) : 찢어지고 터짐. 또는 결단 남. 어떤 사업이나 목적 또는 계획 따위가 원만하게 해결되거나 이루어지지 못하고 깨어짐
- 綻露 (탄로) : 비밀이 드러남

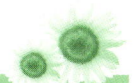

榻	부수 | 木　　총획 | 14
	걸상 탑

- 榻(탑) : 길고 좁게 만든 평상
- 禪榻(선탑) : 참선(參禪)할 때 앉는 의자

搨	부수 | 手(扌)　　총획 | 13
	베낄 탑

- 搨本(탑본) : 비석등에서 글자를 찍어 냄

搭	부수 | 手(扌)　　총획 | 13
	탈 탑

- 搭乘(탑승) : 배·비행기 등에 올라 탐
- 搭載量(탑재량) : 탑재할 수 있는 짐의 분량

帑	부수 | 巾　　총획 | 8
	금고 탕

- 內帑庫(내탕고) : 임금의 개인 재물을 넣어 두는 창고
- 內帑金(내탕금) : 내탕고(內帑庫)에 넣어 둔 돈. 또는 임금이 개인적으로 가지고 있는 돈. 내탕전(內帑錢)

宕	부수 | 宀　　총획 | 8
	방탕할, 탕건 탕

- 巾宕(건탕) : 망건과 탕건
- 跌宕(질탕) : 놀음놀이 같은 것이 한껏 흐드러져 방탕에 가까움
- 豪宕不羈(호탕불기) : 기개가 세차서 속박을 안 받음

盪	부수 | 皿　　총획 | 17
	씻을 탕

- 盪滅(탕멸) : 적을 쳐 없앰
- 盪胸(탕흉) : 앞을 씻음. 갑옷의 가슴받이

迨	부수 | 辵(辶)　　총획 | 9
	미칠 태

- 迨及(태급) : 미침. 다달음

笞	부수 | 竹　　총획 | 11
	볼기칠 태

- 鞭笞(편태) : 채찍. 회초리

馱	부수 | 馬　　총획 | 14
	짐실을 짐 태(타)

- 馱背(태배) : 등에 짐. 짊어짐

樘	부수 | 木　　총획 | 16
	기둥, 지주 탱

- 樘柱(탱주) : 기둥

5-2 선정한자 익히기

撑	부수 | 牙 총획 | 12
	버팀목, 버틸 **탱**

- 撑拒 (탱거) : 버팀

攄	부수 | 手(扌) 총획 | 18
	펼 **터**

- 攄得 (터득) : 스스로 생각하거나 연구하여 깨달아 알아냄

菟	부수 | 艸(艹) 총획 | 12
	새삼(藥草) **토**

- 菟絲 (토사) : 새삼과에 속하는, 일년생 기생만초(寄生蔓草)

啍	부수 | 口 총획 | 11
	느릿한 모양 **톤**

- 啍啍 (톤톤) : 동작이 느린 모양. 자기 생각대로 가르치는 모양

筒	부수 | 竹 총획 | 12
	대롱 **통**

- 汽筒 (기통) : 실린더(cylinder)
- 算筒 (산통) : 장님이 점칠 때 쓰는 산가지를 넣는 조그마한 통
- 煙筒 (연통) : 양철 따위로 둥글게 만든 굴뚝
- 筆筒 (필통) : 붓이나 연필 따위 필기도구를 넣어 가지고 다니는 기구

慟	부수 | 心(忄) 총획 | 14
	서럽게 울 **통**

- 慟哭 (통곡) : 매우 슬퍼서 큰소리로 욺. 통곡(痛哭)
- 慟絶 (통절) : 너무 슬퍼서 기절함

腿	부수 | 肉(月) 총획 | 14
	넓적다리 **퇴**

- 大腿 (대퇴) : 넓적다리
- 大腿筋 (대퇴근) : 넓적다리에 달린 근육

槌	부수 | 木 총획 | 14
	던질 **퇴**

- 角槌 (각퇴) : 편종, 편경 따위의 악기를 치는 뿔 방망이
- 鐵槌 (철퇴) : 쇠로 만든 몽둥이. 예전의 병장기의 하나

頹	부수 | 頁 총획 | 16
	무너질 **퇴**

- 頹廢的 (퇴폐적) : 도덕·기풍 등이 문란해서 불건전한 것
- 敗頹 (패퇴) : 쇠폐하여 퇴폐함
- 頹落 (퇴락) : 낡아서 무너지고 떨어짐

褪	부수 | 衣 총획 | 15
	바랠 **퇴**

- 褪色 (퇴색) : 빛이나 색이 바램. 무엇이 낡거나 몰락하면서 그 존재가 희미해지거나 볼품없이 됨을 비유적으로 이르는 말. 퇴색(退色)

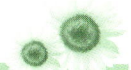

偸	부수 | 人(亻) 총획 | 11
	훔칠 **투**

- 苟安偸生 (구안투생) : 한때의 편안을 꾀하며 헛되이 살아감
- 忙中偸閑 (망중투한) : 바쁜 가운데서도 짬을 얻어 한가로운 마음을 즐김
- 鼠竊狗偸 (서절구투) : '쥐나 개처럼 가만히 물건을 훔친다'는 뜻으로 좀도둑을 욕으로 이르는 말

慝	부수 | 心 총획 | 15
	사특할 **특**

- 奸慝 (간특) : 간사하고 악함. 간특(姦慝)
- 邪慝 (사특) : 못되고 악함
- 怨慝 (원특) : 원한을 품어 요사스럽고 악함

闖	부수 | 門 총획 | 18
	말이 문을 나오는 모양 **틈**

- 闖入 (틈입) : 기회를 타서 느닷없이 함부로 들어감

爬	부수 | 爪 총획 | 8
	긁을 **파**

- 搔爬 (소파) : 기구를 사용하여 몸의 조직의 일부를 긁어내는 일
- 爬蟲類 (파충류) : 파충강(爬蟲綱)의 동물을 일상적으로 통틀어 이르는 말

葩	부수 | 艸(艹) 총획 | 13
	꽃 **파**

- 葩經 (파경) : 시경(詩經)의 딴 이름. 한유(韓愈)의 진학해(進學解)에서 '詩正而葩(시정이파)'라고 한데서 온 말

怕	부수 | 心(忄) 총획 | 8
	두려울, 아마 **파**

- 怕婦 (파부) : 질투심이 강한 아내를 두려워함

擺	부수 | 手(扌) 총획 | 18
	열릴 **파**

- 擺撥 (파발) : 공문을 급히 보내기 위하여 마련한 역참(驛站)
- 擺脫 (파탈) : 구속이나 예절 등으로부터 벗어남

跛	부수 | 足(𧾷) 총획 | 12
	절뚝발이 **파**

- 跛行 (파행) : 절뚝거리며 걸음. 일이나 계획 따위가 순조롭지 못하고 이상하게 진행됨을 비유적으로 이르는 말

鈑	부수 | 金 총획 | 12
	금박 **판**

- 鈑金 (판금) : 금박(金箔). 얇팍한 판자모양의 황금

瓣	부수 | 瓜 총획 | 19
	외씨 **판**

- 蓮瓣 (연판) : 연꽃잎
- 瓣膜 (판막) : 심장이나 혈관 속에서 피가 거꾸로 흐르는 것을 막는 막
- 瓣香 (판향) : 모양이 꽃잎 비슷한 향

5-2 선정한자 익히기

辦 부수 | 辛　총획 | 16
힘쓸 **판**
- 買辦 (매판) : 외국 자본의 앞잡이가 되어 활동함으로써 사리를 취하며, 자기 나라의 이익을 돌보지 않는 일
- 辦公費 (판공비) : 공무를 처리하는 데 드는 비용

捌 부수 | 手(扌)　총획 | 10
깨뜨릴 **팔**
- 捌格 (팔격) : 싸움을 중재함. 格은 싸운다는 뜻.
- 捌相殿 (팔상전) : 속리산 법주사에 있는 법당. 국보 제55호로 석가모니의 팔상을 봉안함

叭 부수 | 口　총획 | 5
입벌릴 **팔**
- 喇叭 (나팔) : 나발. 옛날 악기의 한 가지. 쇠붙이로 긴 대통같이 만들되, 위가 가늘고 끝이 퍼지게 되었음.
- 起床喇叭 (기상나팔) : 군대 등에서 아침에 일어날 시각을 알리기 위하여 부는 나팔

孛 부수 | 子　총획 | 7
살별, 혜성 **패**
- 孛彗 (패혜) : 살별. 혜성. 이 별의 출현은 난리가 일어날 조짐이라 함

悖 부수 | 心(忄)　총획 | 10
어그러질 **패**
- 淫談悖說 (음담패설) : 음탕하고 덕의(德義)에 벗어나는 상스러운 이야기
- 悖倫 (패륜) : 인륜에 어그러짐
- 行悖 (행패) : 체면에 어그러지도록 버릇없는 짓을 함

狽 부수 | 犬(犭)　총획 | 10
이리 **패**
- 狼狽 (낭패) : 일이 실패로 돌아가 매우 딱하게 됨

唄 부수 | 口　총획 | 10
찬불 **패**
- 梵唄 (범패) : 부처님의 공덕(功德)을 찬양하는 노래

稗 부수 | 禾　총획 | 13
피 **패**
- 櫟翁稗說 (역옹패설) : 고려 공민왕 때의 학자 이제현(李齊賢)이 엮은 설화집. 역사상 알려지지 않은 이문(異聞)·기사(奇事)·시문(詩文)·인물명 등을 수록
- 稗官 (패관) : 옛날에 임금이 민간의 풍속이나 정사를 알기 위하여 세상의 풍설과 소문을 수집 정리하여 기록시키던 벼슬아치. 이야기를 짓는 사람
- 稗官雜記 (패관잡기) : 조선조 명종 때의 사람 어숙권(魚叔權)이 지은 우리나라 각종 설화 시화들을 모아 해설을 붙인 책

膨 부수 | 肉(月)　총획 | 16
부풀 **팽**
- 膨脹 (팽창) : 부풀어서 부피가 커짐.
- 斷熱膨脹 (단열팽창) : 단열 상태에서 물체의 부피가 팽창하는 일

愎 부수 | 心(忄)　총획 | 12
괴팍할 **퍅**
- 剛愎 (강퍅) : 성미가 까다롭고 고집이 셈
- 乖愎 (괴퍅) : 남에게 붙임성이 없이 꽤 까다롭고 강퍅함

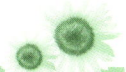

| 徧 | 부수 \| 彳 | 총획 \| 12 |

두루, 돌 편

- 徧讀 (편독) : 책을 두루 읽음
- 徧覜 (편조) : 천자(天子)가 순수(巡狩)하는 삼 년째에 사신을 시켜 널리 제후(諸侯)를 성찰(省察)하게 한 예(禮)

| 翩 | 부수 \| 羽 | 총획 \| 15 |

빨리날 편

- 翩翩 (편편) : 가볍게 나부끼거나 훨훨 나는 모양

| 騙 | 부수 \| 馬 | 총획 \| 19 |

속일 편

- 騙馬 (편마) : 말 위에서 재주놀이를 하는 유희
- 騙取 (편취) : 속이어 재물이나 이익을 빼앗음

| 貶 | 부수 \| 貝 | 총획 \| 12 |

떨어뜨릴 폄

- 貶下 (폄하) : 치적이 좋지 못한 원을 하등으로 폄함
- 貶毀 (폄훼) : 남을 깎아내려 헐뜯음
- 褒貶 (포폄) : 칭찬함과 나무람. 시비선악을 평정(評定)함

| 萍 | 부수 \| 艸(⺾) | 총획 \| 12 |

부평초 평

- 浮萍草 (부평초) : 개구리밥
- 萍水 (평수) : 물 위에 뜬 개구리밥이라는 뜻으로, 이리저리 떠돌아 다니는 신세를 비유적으로 이르는 말

| 斃 | 부수 \| 攴 | 총획 \| 18 |

넘어질 폐

- 病斃 (병폐) : 병사(病死)
- 斃死 (폐사) : 쓰러져 죽음
- 疲斃 (피폐) : 기운이 지쳐 죽음

| 嬖 | 부수 \| 女 | 총획 \| 16 |

사랑할 폐

- 內嬖 (내폐) : 임금에게 총애를 받는 여자
- 房嬖 (방폐) : 지난날 감사(監司)나 수령(守令)등의 사랑을 받는 기생을 이르던 말
- 嬖妾 (폐첩) : 아양을 부리어 굄을 받는 첩

| 吠 | 부수 \| 口 | 총획 \| 7 |

짖을 폐

- 犬吠 (견폐) : 개가 짖음. 또는 그 소리
- 吠日之怪 (폐일지괴) : 중국의 촉(蜀), 현재 사천성(四川省) 지방은 비가 오는 날이 많아 해를 보는 날이 드문 까닭에 개가 해를 보면 괴이하게 여겨 짖는다는 뜻으로, 신기한것을 보고 놀람을 비유하여 이르는 말

| 苞 | 부수 \| 艸(⺾) | 총획 \| 9 |

그령, 나무밑동 포

- 苞 (포) : 꽃대의 밑이나 꽃자루의 밑을 받치고 있는 녹색 비늘 모양의 잎. 꽃턱잎

| 匍 | 부수 \| 勹 | 총획 \| 9 |

길 포

- 匍匐 (포복) : 땅에 배를 깔고 김. 포복(匍伏)
- 匍匐莖 (포복경) : 기는줄기. 땅 위로 기어서 뻗는 줄기

5-2 선정한자 익히기

逋	부수	辵(辶) 총획	11
	달아날 포

- 不食自逋 (불식자포) : 사사로이 떼어먹지 않았는데도 공금 따위가 저절로 축남
- 逋脫 (포탈) : 도망하여 면함. 바쳐야 할 세금을 모면하여 내지 않음
- 逋欠 (포흠) : 관청의 물품을 사사로이 써 버림

匏	부수	勹 총획	11
	박 포

- 無口匏 (무구포) : 아가리가 없는 박이라는 뜻으로, 입을 꼭 다물고 아무 말도 하지 않음을 비유적으로 이르는 말
- 匏繫 (포계) : 열리기는 하나 먹지 못하는 박. 쓸모없는 사람을 비유하여 이르는 말
- 匏湯 (포탕) : 박국

庖	부수	广 총획	8
	부엌 포

- 庖丁 (포정) : 옛날 이름난 요리인. 소를 잡아 뼈와 살을 발라내는 데 솜씨가 뛰어났다. 바뀌어 요리하는 사람을 이름
- 庖丁解牛 (포정해우) : 요리사가 소의 뼈와 살을 발라낸다는 뜻으로, 기술이 묘함을 칭찬하는 말
- 庖廚 (포주) : 부엌. 주방

咆	부수	口 총획	8
	으르렁거릴 포

- 咆虎陷浦 (포호함포) : '으르렁대기만 하는 범이 개펄에 빠진다' 는 뜻으로 큰소리만 치고 일은 이루지 못함을 이르는 말
- 咆哮 (포효) : 사나운 짐승이 크게 울부짖음

疱	부수	疒 총획	10
	천연두 포

- 膿疱 (농포) : 피부병에서의 고름 집의 총칭
- 水疱 (수포) : 살가죽이 부풀어 올라 속에 물이 잡힌 것. 꽈리. 물집

袍	부수	衣 총획	10
	두루마기 포

- 袍 (포) : 옛 옷의 한 가지. 아래위가 하나로 된 겉옷. 홍포(紅袍), 백포(白袍) 따위
- 袞龍袍 (곤룡포) : 왕조 때 임금이 입던 정복. 곤복(袞服)

蒲	부수	艸(艹) 총획	14
	부들, 창포 포

- 菖蒲 (창포) : 천남성과의 여러해살이풀. 높이는 70~100cm이며, 온몸에 향기가 있다
- 萬福寺樗蒲記 (만복사저포기) : 조선 초기에 김시습이 지은 한문 소설
- 蒲團 (포단) : 부들로 둥글게 틀어 만든 방석. 이불

晡	부수	日 총획	11
	신시(申時) 포

- 晡夕 (포석) : 해가 질 무렵. 저녁 때

圃	부수	囗 총획	10
	채마밭 포

- 農圃 (농포) : 농작물, 특히 약초 소채류 등을 가꾸는 밭
- 三圃式農法 (삼포식농법) : 농지를 셋으로 나누고 매년 3분의 1씩을 번갈아 가며 휴경지(休耕地)로 하여 지력(地力)을 회복시키는 농사법
- 治圃 (치포) : 채소를 가꿈

炮	부수	火 총획	9
	통째로 구울 포

- 炮烙之刑 (포락지형) : 불에 달군 쇠로 살을 지지는 형벌. 은(殷)의 주왕(紂王)이 구리 기둥에 기름을 발라 숯불에 걸쳐 달군 후, 그 위로 죄인을 맨발로 건너가게 했는데, 건너다가 미끄러져 불에 떨어져 죽게 한 참혹한 형벌

脯	부수|肉(月)　　총획|11
	포 포

- 乾脯 (건포) : 쇠고기, 생선 등을 저며서 말린 포
- 肉脯 (육포) : 쇠고기를 얇게 저며서 말린 포
- 脯肉 (포육) : 얇게 저며 양념해 말린 고기 조각. 포(脯)
- 脯醢 (포해) : ①포와 젓 ②사람을 죽여 포뜨고 젓 담그던 옛날의 잔혹한 형벌

慓	부수|心(忄)　　총획|14
	날쌜 표

- 慓毒 (표독) : 성질이 사납고 독살스러움
- 慓悍 (표한) : 날쌔고 사나움

剽	부수|刀(刂)　　총획|13
	빠를, 빼앗을 표

- 剽掠 (표략) : 협박하여 빼앗음. 표탈(剽奪)
- 剽竊 (표절) : 남의 시가, 문장, 학설 따위를 자기 것으로 발표하는 일

俵	부수|人(亻)　　총획|10
	흩을 표

- 分俵 (분표) : 흉년이 든 논밭의 세금을 덜어 줌
- 俵災 (표재) : 흉년 든 때에 조세를 감함

蹕	부수|足　　총획|18
	길치울 필

- 蹕路 (필로) : 길을 치워 깨끗이 함. 또는 임금이 거둥하던 길

曝	부수|日　　총획|19
	쬘 폭

- 十寒一曝 (십한일폭) : '열흘 춥고 하루 볕을 쬔다'는 뜻으로 일을 꾸준히 하지 못하고 중단됨이 많음을 비유하여 이르는 말
- 被曝 (피폭) : 핵 폭발이나 방사선 물질의 이용 등으로 방사능을 쐼

瓢	부수|瓜　　총획|16
	박 표

- 簞食瓢飮 (단사표음) : '도시락밥과 표주박 물'의 뜻으로 소박한 생활의 비유. 구차한 생활
- 簞瓢陋巷 (단표누항) : 도시락·표주박과 누추한 마을. 곧 소박한 시골 살림
- 佩瓢 (패표) : 쪽박을 참. 빌어먹음을 비유
- 佩瓢捉風 (패표착풍) : '바가지를 차고 바람을 잡는다'는 뜻으로, 일이 이루어지지 아니할 것을 뻔히 알면서도 헛되이 하려 함을 비유적으로 이르는 말

飇	부수|風　　총획|21
	회오리바람 표

- 飇馳 (표치) : 폭풍처럼 달림

陂	부수|阜(阝)　　총획|8
	비탈 피

- 陂塘 (피당) : 둑. 제방

佖	부수|人(亻)　　총획|7
	점잖을 필

- 佖然 (필연) : 점잖은 모양

 ## 5-2 선정한자 익히기

| 鉍 | 부수 | 金 | 총획 | 13 |
| 창자루 필 |

- 槍鉍(창필) : 창자루

| 涸 | 부수 | 水(氵) | 총획 | 11 |
| 마를 학 |

- 涸轍鮒魚(학철부어) : '수레바퀴가 지나간 자리에 괸 물에 있는 붕어'라는 뜻으로, 곤궁에 다다른 사람을 비유하여 이르는 말. 철부지급(轍鮒之急). 학부(涸鮒)

| 瘧 | 부수 | 疒 | 총획 | 15 |
| 학질 학 |

- 瘧疾(학질) : 일정한 간격을 두고 오한발열(惡寒發熱)이 번갈아 일어나는 병

| 狠 | 부수 | 犬(犭) | 총획 | 9 |
| 개 싸우는 소리 한 |

- 狠戾(한려) : 성질이 비뚤어지고 사나움

| 罕 | 부수 | 网 | 총획 | 7 |
| 드물 한 |

- 罕古(한고) : 옛적부터 드묾
- 罕例(한례) : 드문 전례(前例)
- 稀罕(희한) : 매우 드묾

| 扞 | 부수 | 手(扌) | 총획 | 10 |
| 막을, 세찰 한 |

- 扞邊(한변) : 국경을 지킴
- 扞愎(한팍) : 성질이 매우 사납고 고약함

| 悍 | 부수 | 心(忄) | 총획 | 10 |
| 사나울 한 |

- 慓悍(표한) : 날쌔고 사나움
- 悍馬(한마) : 성질이 사나운 말

| 喊 | 부수 | 口 | 총획 | 12 |
| 고함지를 함 |

- 鼓角喊聲(고각함성) : 고각의 소리와 아우성 소리. 옛날 적과 싸울 때, 사기를 돋우려고 북을 치고 나팔을 불며 아우성을 침
- 高喊(고함) : 크게 외치는 목소리
- 喊聲(함성) : 여럿이 높이 지르는 고함 소리

| 檻 | 부수 | 木 | 총획 | 18 |
| 우리 함 |

- 圈檻(권함) : 짐승을 가두어 기르는 곳. 우리. 권뢰(圈牢)
- 椽檻(연함) : 서까래 끝의 암키와를 받기 위하여 평고대 위에 덧대는 나무

| 銜 | 부수 | 金 | 총획 | 14 |
| 재갈, 직함(=啣) 함 |

- 馬銜(마함) : 재갈
- 名銜(명함) : 성명이나 주소, 근무처, 신분 등을 적은 종이쪽
- 姓銜(성함) : 성명(姓名)을 높이어 이르는 말
- 銜字(함자) : 남의 이름을 존경하여 일컫는 말

諴	부수ㅣ言　총획ㅣ16
	화할 함

- 諴和 (함화) : 화합하는 모양

蛤	부수ㅣ虫　총획ㅣ12
	대합조개 합

- 大蛤 (대합) : 참조개과의 조개
- 蚌蛤 (방합) : 방합과(蚌蛤科)의 민물조개
- 紅蛤 (홍합) : 홍합과의 조개. 껍데기의 길이는 13cm, 높이는 6cm 정도이고 쐐기 모양이며, 겉은 검은 갈색, 안쪽은 진주 빛이고 살은 붉은빛을 띤다

闔	부수ㅣ門　총획ㅣ18
	문짝 합

- 闔眼 (합안) : 남의 허물을 보고도 모르는 체함. 눈감아 줌

哈	부수ㅣ口　총획ㅣ9
	마실, 웃음소리 합

- 哈哈 (합합) : 웃는 소리

盍	부수ㅣ皿　총획ㅣ10
	어찌아니할 합

- 盍各 (합각) : 이것저것이 다 같음

閤	부수ㅣ門　총획ㅣ14
	쪽문 합

- 閨閤 (규합) : 규중(閨中)
- 雙分閤門 (쌍분합문) : 두 짝으로 여닫게 된 분합문
- 閤夫人 (합부인) : 남의 아내에 대한 공대말

盒	부수ㅣ皿　총획ㅣ11
	합 합

- 盒 (합) : 음식을 담는 그릇
- 粉盒 (분합) : 분을 담는 작은 합
- 饌盒 (찬합) : 반찬이나 술안주 따위를 담는 여러 층으로 된 그릇. 또는 그 그릇에 담은 반찬이나 술안주

杭	부수ㅣ木　총획ㅣ8
	건널 항

- 杭絶 (항절) : 배로써 물을 건넘
- 杭打機 (항타기) : 무거운 쇠달구를 말뚝 머리에 떨어뜨려 그 힘으로써 말뚝을 땅 속에 때려 박는 기계
- 杭打基礎 (항타기초) : 땅에 박은 말뚝 위에다가 다른 물건을 올릴 수 있도록 한 기초

伉	부수ㅣ人(亻)　총획ㅣ6
	짝, 굳셀 항

- 伉儷 (항려) : 짝. 곧 남편과 아내. 배우(配偶)

肛	부수ㅣ肉(月)　총획ㅣ7
	항문 항

- 肛門 (항문) : 고등 포유 동물의 똥구멍. 소화기의 말단

5-2 선정한자 익히기

缸 부수|缶 총획|9
항아리 **항**
- 附缸 (부항) : 부항단지에 불을 넣어 공기를 희박하게 만든 다음 부스럼 자리에 붙여 부스럼의 고름이나 독혈을 빨아내는 일
- 魚缸 (어항) : 금붕어나 열대어 따위의 관상용 물고기를 기르는 데 쓰는 유리 항아리

廨 부수|广 총획|16
관아 **해**
- 廨舍 (해사) : 관아의 건물

咳 부수|口 총획|9
어린아이 웃을, 기침 **해**
- 嗽咳 (수해) : 기침. 해수 (咳嗽)
- 鎭咳劑 (진해제) : 기침을 내는 신경 중추에 작용하여 기침을 멎게 하는 약제
- 咳嗽病 (해수병) : 기침병

醢 부수|酉 총획|17
젓갈 **해**
- 醢醯 (해혜) : 젓갈

劾 부수|力 총획|8
캐물을 **핵**
- 彈劾 (탄핵) : 죄상을 들어서 책망함
- 彈劾訴追權 (탄핵소추권) : 고급 공무원의 위법을 탄핵 소추할 수 있는 국회의 권리

蟹 부수|虫 총획|19
게 **해**
- 魚蟹 (어해) : 물고기와 게
- 蟹網俱失 (해망구실) : '게와 그물을 모두 잃었다' 는 뜻으로, 일을 꾀하다가 도리어 밑천까지 잃음을 가리키는 말
- 蟹行 (해행) : 게처럼 옆으로 걸어감

孩 부수|子 총획|9
어린아이 **해**
- 兒孩 (아해) : 아이

瀣 부수|水(氵) 총획|19
이슬기운 **해**
- 瀣氣 (해기) : 찬 이슬이 내리는 밤기운

垓 부수|土 총획|9
지경 **해**
- 垓 (해) : 십진수 단위의 하나. 경(京)의 만 곱절. 자의 만 분의 일
- 垓子 (해자) : 성 밖으로 둘러 판 못
- 垓心 (해심) : 경계의 한가운데

覈 부수|襾 총획|19
핵실할, 엄할 **핵**
- 覈論 (핵론) : 일의 실상을 조사하여 논박함
- 覈實 (핵실) : 자세히 캐어 물음

국가공인 한자자격시험 · 사범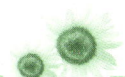

| 荇 | 부수 艸(艹) 총획 10 마름 **행** |

- 荇菜(행채) : 마름. 바늘꽃과에 딸린 일년생 수초(水草)

| 餉 | 부수 食 총획 15 건량 **향** |

- 軍餉米(군향미) : 군대의 식량으로 쓰는 쌀
- 餉穀(향곡) : 군량(軍糧)으로 쓰는 곡식
- ※ 건량(乾糧) : 여행하는 사람이나 들에서 일하는 사람에게 보내는 음식

| 嚮 | 부수 口 총획 19 향할, 지난번 **향** |

- 嚮導(향도) : 길을 인도함. 또는 그 사람
- 嚮往(향왕) : 마음이 언제나 어느 사람 또는 고장으로 향하여 감

| 噓 | 부수 口 총획 15 불 **허** |

- 吹噓(취허) : 남의 잘한 것을 풍을 쳐서 칭찬하여 천거함

| 歇 | 부수 欠 총획 13 쉴 **헐** |

- 間歇(간헐) : 일정한 시간을 두고 되풀이하여 쉬었다 일어났다 함
- 間歇溫泉(간헐온천) : 일정한 기간을 두고 주기적으로 분출하는 온천
- 歇價放賣(헐가방매) : 싼값으로 마구 팔아 버림
- 歇后(헐후) : 대수롭지 않음

| 爀 | 부수 火 총획 11 붉을, 밝을 **혁** |

- 爀爀(혁혁) : 불빛이 붉은 모양

| 絢 | 부수 糸 총획 12 무늬 **현** |

- 絢爛(현란) : 눈이 부시도록 찬란(燦爛)함

| 舷 | 부수 舟 총획 11 뱃전 **현** |

- 舷(현) : 뱃전
- 船舷(선현) : 뱃전. 우현(右舷), 좌현(左舷) 따위

| 眩 | 부수 目 총획 10 어지러울 **현** |

- 迷眩(미현) : 정신이 헷갈려 어지럽고 어수선함
- 眩氣(현기) : 어지러운 기운
- 眩惑(현혹) : 어지러워져 홀림. 어지럽게 하여 홀리게 함

| 俔 | 부수 人(亻) 총획 9 엿탐할, 두려워하는 모양 **현** |

- 俔俔(현현) : 두려워 하는 모양. 현현(睍睍)

5-2. 선정한자 익히기 301

5-2 선정한자 익히기

衒	부수	行 총획	11
	팔, 자랑할 **현**	

- 衒能 (현능) : 제 재능을 드러내어 자랑함
- 衒學 (현학) : 학식을 뽐냄
- 衒學者 (현학자) : 학문·지식을 뽐내는 자

頁	부수	頁 총획	9
	머리 **혈**	

- 頁巖 (혈암) : 점토(粘土)가 굳어져 이루어진 수성암(水成巖)

孑	부수	子 총획	3
	외로울 **혈**	

- 孤孑單身 (고혈단신) : 혈육이 없는 외로운 몸
- 孱孑 (잔혈) : 잔약하고 의지할 곳이 없음. 잔약하고 외로움
- 孑孑單身 (혈혈단신) : 아주 외로운 홀몸

夾	부수	大 총획	7
	낄, 부축할 **협**	

- 西夾門 (서협문) : 궁궐이나 관아의 삼문(三門) 가운데 서쪽에 있는 문
- 夾路 (협로) : 큰길에서 갈라진 좁은 길
- 夾室 (협실) : 안방에 딸려 붙은 방

頰	부수	頁 총획	16
	뺨 **협**	

- 玉頰 (옥협) : 미인의 볼
- 豊頰 (풍협) : 살이 두둑한 뺨

篋	부수	竹 총획	15
	상자 **협**	

- 篋笥 (협사) : 문서나 의복 등을 넣는 상자

鋏	부수	金 총획	15
	집게 **협**	

- 鋏刀 (협도) : 가위

莢	부수	艸(艹) 총획	11
	풀열매 **협**	

- 藥莢 (약협) : 총이나 포의 탄환에서 화약을 넣은 놋쇠로 된 통
- 皁莢 (조협) : 쥐엄나무의 열매를 말린 한약재

叶	부수	口 총획	5
	화합할 **협**	

- 叶韻 (협운) : 어떤 운의 문자가 다른 운에 통용됨

鎣	부수	金 총획	18
	줄 **형**	

- 鎣鎚 (형추) : 줄과 쇠망치

| 炯 | 부수 | 火 | 총획 | 11 |
| 밝을 형(=烱) |

- 炯眼 (형안) : 예리한 눈

| 桁 | 부수 | 木 | 총획 | 10 |
| 도리 형 |

- 桁梧 (형오) : 도리와 기둥

| 逈 | 부수 | 辵(辶) | 총획 | 10 |
| 멀 형(=迥) |

- 逈別 (형별) : 아주 동이 뜨게 다름

| 瀅 | 부수 | 水(氵) | 총획 | 21 |
| 물이름 형 |

※ 대법원 인명용 한자(2001.1.4 추가)

| 滎 | 부수 | 水 | 총획 | 14 |
| 실개천, 물이름 형 |

- 滎澤 (형택) : 수량이 적은 물

| 憓 | 부수 | 心(忄) | 총획 | 15 |
| 사랑할 혜 |

- 愛憓 (애혜) : 사랑하는 모양

| 嵇 | 부수 | 山 | 총획 | 12 |
| 산이름 혜 |

- 嵇山 (혜산) : 하남성(河南省)에 있는 산

| 鞋 | 부수 | 革 | 총획 | 15 |
| 신 혜 |

- 芒鞋 (망혜) : 미투리
- 女鞋 (여혜) : 여자가 신는 가죽신
- 竹杖芒鞋 (죽장망혜) : 대지팡이와 짚신이라는 뜻으로 먼 길을 떠날 때의 아주 간편한 차림을 이르는 말
- 草鞋 (초혜) : 짚신

| 醯 | 부수 | 酉 | 총획 | 19 |
| 초 혜 |

- 食醯 (식혜) : 쌀밥에 엿기름 가루를 우린 물을 부어 삭힌 것에 생강과 설탕을 넣고 끓여 식힌 다음, 건져 둔 밥알을 띄운 음료
- 酒果脯醯 (주과포혜) : 술과 과실과 포와 식혜라는 뜻으로 간소하게 차린 제물
- 脯醯 (포혜) : 포육과 식혜

| 蝴 | 부수 | 虫 | 총획 | 15 |
| 나비 호 |

- 蝴蝶 (호접) : 나비
- 蝴蝶夢 (호접몽) : 장자(莊子)가 꿈에 나비가 되어 즐기는 동안 피아(彼我)의 구별을 잊은 고사에서 '꿈'을 이르는 말

5-2 선정한자 익히기

葫 | 부수 | 艸(艹) | 총획 | 13
마늘 호
- 葫蒜 (호산) : 마늘

縞 | 부수 | 糸 | 총획 | 16
명주 호
- 魯縞 (노호) : 중국 노(魯)나라에서 나던 고운 비단
- 縞素 (호소) : 흰 빛깔의 비단
- 縞衣玄裳 (호의현상) : 온 몸이 희고 날개 끝과 꼬리 끝이 검고 아름답다는 뜻. 흰옷과 검은 치마

滸 | 부수 | 水(氵) | 총획 | 14
물가 호
- 水滸傳 (수호전) : 중국 명(明)나라 때의 장편소설. 수호(水滸)는 물가란 뜻으로, 송강(宋江) 등이 양산박(梁山泊)이라는 호수를 근거지로 삼았다는 데서 유래했다

岵 | 부수 | 山 | 총획 | 8
산 호
- 岵山 (호산) : 초목이 우거진 산

蒿 | 부수 | 艸(艹) | 총획 | 14
쑥 호
- 白蒿 (백호) : 산흰쑥. 국화과의 두해살이풀

芐 | 부수 | 艸(艹) | 총획 | 8
지황 호(=苄)
- 芐苄 (호하) : 지황(地黃)

瓠 | 부수 | 瓜 | 총획 | 11
표주박 호
- 瓠犀 (호서) : 박의 속과 씨. 박의 속같이 희고 고운 치아(齒牙)를 일컬음

琿 | 부수 | 玉 | 총획 | 13
아름다운 옥 혼
- 琿玉 (혼옥) : 아름다운 옥

笏 | 부수 | 竹 | 총획 | 10
홀 홀
- 笏 (홀) : 조선 시대에 벼슬아치가 조현(朝見)할 때 조복(朝服)에 갖추어 손에 쥐던 패. 홀기(笏記)
- 象笏 (상홀) : 상아로 만든 홀
- 簪笏 (잠홀) : 벼슬아치가 관(冠)에 꽂던 잠(簪)과 손에 쥐던 홀(笏)

銾 | 부수 | 金 | 총획 | 14
돌쇠뇌 홍
- 銾器 (홍기) : 돌쇠뇌. 돌을 쏘는 큰 활

哄	부수 | 口　　총획 | 9
	떠들썩할 홍

- 哄動 (홍동) : 여러 사람이 지껄이며 떠듦
- 哄然 (홍연) : 큰 웃음을 터뜨리는 모양
- 哄然大笑 (홍연대소) : 크게 껄껄 웃음

汞	부수 | 水　　총획 | 7
	수은 홍

- 甘汞 (감홍) : 염화 제일 수은
- 雷汞 (뇌홍) : 수은을 녹인 질산수은 용액에 에탄올을 작용하게 하여 얻는 백색 바늘 모양의 유독성 결정

譁	부수 | 言　　총획 | 19
	시끄러울 화

- 譁然 (화연) : 여러 사람이 떠들썩하게 지껄이는 모양. 또는 그 소리
- 喧譁 (훤화) : 지껄여서 떠듦

鑊	부수 | 金　　총획 | 22
	가마솥 확

- 鑊烹 (확팽) : 가마에 넣어서 삶아 죽임. 또는 그런 형벌

碻	부수 | 石　　총획 | 15
	①굳을 ②성(城)이름　①확 ②교

- 碻論 (확론) : 확실한 이론

攫	부수 | 手(扌)　　총획 | 23
	붙잡을 확

- 一攫 (일확) : 한 웅큼. 힘들이지 않고 손쉽게 얻음
- 一攫千金 (일확천금) : 단번에 천금을 움켜쥔다는 뜻으로, 힘들이지 아니하고 단번에 많은 재물을 얻음을 이르는 말

廓	부수 | 广　　총획 | 14
	클 확

- 廓落 (확락) : 마음이 너그럽고 넓은 모양
- 廓然 (확연) : 넓고 텅 빈 모양
- 恢廓 (회확) : 도량이 큼. 마음이 넓음

寰	부수 | 宀　　총획 | 16
	기내(畿內) 환

- 寰區 (환구) : 봉건 시대에 있어서 천자(天子)의 직할 구역이란 뜻으로, 넓은 경계 안 또는 천하, 천지를 이르는 말
- 寰內 (환내) : 임금이 다스리는 영토 전체라는 뜻으로, 천하 또는 세계를 이르는 말. 환우(寰宇). 기내(畿內)

圜	부수 | 囗　　총획 | 16
	①두를 ②둥글　①환 ②원

- 圜流 (환류) : 빙 돌아 흐름
- 圜丘壇 (환구단) : 고려시대부터 하늘과 땅에 제사를 드리기 위하여 쌓은 단. 지금 서울의 조선 호텔 안에 그 일부가 남아 있는데 사적 제157호로 지정되어 있음

宦	부수 | 宀　　총획 | 9
	벼슬 환

- 內宦 (내환) : 내시(內侍)
- 宦官 (환관) : 내시
- 宦海風波 (환해풍파) : 벼슬살이에서 겪는 온갖 험한 일

5-2 선정한자 익히기

鐶	부수 | 金 　　　총획 | 21
	쇠고리 환

- 鐶鈕(환뉴) : 손잡이

谿	부수 | 谷 　　　총획 | 17
	소통할 활

- 空豁(공활) : 텅 비고 너르다
- 眼豁(안활) : 시야가 훤히 터져 있음
- 豁達(활달) : 도량이 넓고 큰 모습
- 豁達大度(활달대도) : 너그럽고 커서 작은 일에는 구애하지 않는 도량

蝗	부수 | 虫 　　　총획 | 15
	누리 황

- 蝗蟲(황충) : 누리. 벼메뚜기. 논밭을 팔아먹고 사는 못난 자제(子弟)를 비유

堭	부수 | 土 　　　총획 | 12
	당집 황

- 堭堂(황당) : 당집

篁	부수 | 竹 　　　총획 | 15
	대숲 황

- 篁篠(황소) : 황죽과 화살대

肓	부수 | 肉 　　　총획 | 7
	명치 끝 황

- 膏肓(고황) : 사물의 고치기 어려운 병폐
- 泉石膏肓(천석고황) : 산수를 사랑함이 지극하여 마치 불자의 병에 걸린 것 같이 되었음을 이르는 말. 연하고질(煙霞痼疾).

慌	부수 | 心(忄) 　　　총획 | 13
	밝을 황

- 恍懩(황양) : 마음이 가라앉지 않고 들뜸

晄	부수 | 日 　　　총획 | 10
	밝을 황

- 晄朗(황랑) : 밝은 모양

慌	부수 | 心(忄) 　　　총획 | 13
	어렴풋할 황

- 恐慌(공황) : 근거 없는 두려움이나 공포로 갑자기 생기는 심리적 불안 상태
- 經濟恐慌(경제공황) : 경제계가 급격한 혼란 상태에 빠져 산업이 침체하고 금융이 핍박하여 파산자가 속출하는 현상
- 慌忙(황망) : 바빠서 어리둥절함

媓	부수 | 女 　　　총획 | 12
	어머니 황

- 媓女(황녀) : 어머니

潢	부수 | 水(氵) 총획 | 15 웅덩이 **황**

- 粧潢 (장황) : 서책 · 서화첩 따위를 보기 좋게 꾸미어 만듦

貺	부수 | 貝 총획 | 12 줄, 하사할 **황**

- 貺祐 (황우) : 복을 줌. 또는 주는 복

湟	부수 | 水(氵) 총획 | 12 해자 **황**

- 湟潦 (황료) : 우묵하게 팬 땅에 괸 물

幌	부수 | 巾 총획 | 13 휘장 **황**

- 幌幕 (황막) : 수레위에 덮어 놓은 포장

蛔	부수 | 虫 총획 | 12 거위 **회**

- 蛔 (회) : 회충(蛔蟲)의 준말
- 安蛔 (안회) : 회충으로 인한 배앓이를 치료함
- 蛔蟲 (회충) : 회충과의 기생충

獪	부수 | 犬(犭) 총획 | 16 교활할 **회**

- 獪猾 (회활) : 교활하고 간악함

匯	부수 | 匚 총획 | 13 물돌(=滙) **회**

- 匯水 (회수) : 빙빙 돌아 흐르는 물

茴	부수 | 艸(艹) 총획 | 10 약 이름 **회**

- 茴香 (회향) : 미나리과에 속하는 이년초
- 蒴茴香 (소회향) : 회향(茴香)의 한 가지. 산증·요통 따위에 약재로 쓰임

膾	부수 | 肉(月) 총획 | 17 회 **회**

- 膾 (회) : 고기나 물고기 또는 푸성귀를 날로 잘게 썬 음식
- 肉膾 (육회) : 소의 살코기를 얇고 가늘게 썰어 갖은 양념을 한 회
- 膾炙 (회자) : '회와 구운 고기'라는 뜻으로, 칭찬을 받으며 사람의 입에 자주 오르내림을 이르는 말

湏	부수 | 水(氵) 총획 | 12 흐물흐물할, 물 이름 **회**

- 湏水 (회수) : 강 이름

5-2 선정한자 익히기

宖 부수 | 宀 총획 | 8
①집울림 ②클 ①횡 ②홍
- 宖響 (횡향) : 바람 등으로 집이 울리는 일

淆 부수 | 水(氵) 총획 | 11
뒤섞일 효
- 玉石混淆 (옥석혼효) : 좋은 것과 나쁜 것, 또는 훌륭한 것과 그렇지 않은 것이 다같이 화를 당함을 비유하여 이르는 말
- 混淆 (혼효) : 뒤섞음. 또는 뒤섞이게 함

肴 부수 | 肉(月) 총획 | 8
안주 효
- 佳肴 (가효) : 맛 좋은 안주
- 殘杯冷肴 (잔배냉효) : '마시다 남은 술과 다 식은 구운 고기'라는 뜻으로, 보잘것없는 음식을 비유적으로 이르는 말. 잔배냉적(殘杯冷炙)
- 粗肴 (조효) : 남에게 술을 대접할 때에 쓰는 겸사의 말로 변변하지 못한 안주

梟 부수 | 木 총획 | 11
올빼미 효
- 綠葉梟 (녹엽효) : 솔부엉이
- 梟首 (효수) : 죄인의 목을 베어 높은 곳에 매달던 처형
- 梟雄 (효웅) : 사납고 용맹스러운 영웅

哮 부수 | 口 총획 | 10
으르렁거릴 효
- 嘲哮 (조효) : 짐승이 사납게 울부짖음
- 咆哮 (포효) : 사나운 짐승이 크게 울부짖음

爻 부수 | 爻 총획 | 4
효 효
- 爻 (효) : 주역의 괘를 나타내는 하나 하나의 가로 그은 획
- 卦爻 (괘효) : 주역(周易)의 괘와 효
- 六爻 (육효) : 점괘의 여섯 가지 획수

酵 부수 | 酉 총획 | 14
효모, 술괼 효
- 醱酵 (발효) : 효모, 세균, 곰팡이 등의 작용으로 유기물이 분해 또는 산화, 환원하여 알코올이나 탄산가스 등으로 변하는 현상
- 醱酵乳 (발효유) : 우유 따위에 유산균이나 효모를 섞어 발효시켜 만든 유제품. 요구르트 따위
- 酵母 (효모) : 엽록소가 없는 단세포로 이루어진 원형 혹은 타원형의 일군의 균류

篌 부수 | 竹 총획 | 15
공후(비파종류악기명) 후
- 箜篌 (공후) : 현악기의 하나. 옛날부터 동양 각국에서 사용됨

帿 부수 | 巾 총획 | 12
과녁 후
- 帿的 (후적) : 과녁

煦 부수 | 火 총획 | 13
따뜻하게 할 후
- 煦嫗 (후구) : 입김을 불어 따뜻하게 하고, 품에 품어 체온으로 따뜻하게 함. 곧 정성들여 양육함을 이름
- 煦噓 (후허) : 입김을 불어 따뜻하게 함

嗅	부수 | 口　　총획 | 13
	맡을 후

- 嗅覺 (후각) : 냄새를 맡는 감각
- 嗅官 (후관) : 후각을 맡은 기관

朽	부수 | 木　　총획 | 6
	썩을 후

- 不朽 (불후) : 썩지 아니함. 훌륭하여 그 가치가 변하거나 없어지지 아니함
- 朽落 (후락) : 낡고 썩어서 못 쓰게 됨. 빛깔이 변하고 구지레하게 됨
- 朽木糞牆 (후목분장) : '썩은 나무는 조각할 수 없고 썩은 벽은 다시 칠할 수 없다'는 뜻으로, 어떤 일을 하고자 하는 의지와 기개가 없는 사람은 가르칠 수 없다는 말

珝	부수 | 玉　　총획 | 10
	옥 이름 후

- 珝玉 (후옥) : 옥 이름

吼	부수 | 口　　총획 | 7
	울 후

- 悲吼 (비후) : 크고 사나운 짐승의 슬픈 울부짖음
- 獅子吼 (사자후) : 불교에서 일체(一切)를 엎드려 승복케 하는 부처님의 설법(說法)을 이르는 말. 크게 열변을 토함
- 哮吼 (효후) : 으르렁거림

詡	부수 | 言　　총획 | 13
	자랑할 후

- 詡詡 (후후) : 큰소리 치는 모양

暈	부수 | 日　　총획 | 13
	①무리 ②멀미　①훈 ②운

- 暈輪 (훈륜) : 달무리 등의 둥근 테두리
- 暈色 (훈색) : 광물의 내부나 표면에서 볼 수 있는 무지개 같은 빛깔
- 眩暈 (현운) : 정신이 어찔어찔하여 어지러움

薨	부수 | 艸(艹)　　총획 | 17
	죽을 훙

- 薨去 (훙거) : 제후 죽음을 높여 이르는 말. 천자(天子)의 죽음은 붕(崩)

煊	부수 | 火　　총획 | 13
	빛날, 따뜻할 훤

- 煊溫 (훤온) : 훈훈함

喙	부수 | 口　　총획 | 12
	부리 훼

- 容喙 (용훼) : 말참견을 함
- 喙長三尺 (훼장삼척) : 주둥이가 석 자나 길어도 변명할 수 없다는 뜻으로, 허물이 드러나서 숨겨 감출 수가 없음을 이르는 말

卉	부수 | 十　　총획 | 5
	풀 훼

- 枯卉 (고훼) : 말라죽은 풀
- 花卉 (화훼) : 꽃이 피는 풀과 나무 또는 꽃이 없더라도 관상용이 되는 모든 식물을 통틀어 이르는 말. 화초(花草)

5-2 선정한자 익히기

諱 부수 | 言 총획 | 16
꺼릴 **휘**

- 諱 (휘) : 죽은 어른의 생전 이름을 이르는 말
- 忌諱 (기휘) : 꺼리어 싫어함. 남의 비밀이나 불상사 따위를 입에 올려 말하기 꺼림
- 房忌諱 (방기휘) : 해산한 집에서 부정(不淨)을 막기 어려울 경우에, 산실(産室)만을 부정과 통하지 않게 하는 일
- 諱字 (휘자) : 돌아간 높은 어른의 이름자

麾 부수 | 麻 총획 | 15
대장기, 지휘할 **휘**

- 麾 (휘) : 병졸을 지휘할 때 쓰던 기를 통틀어 이르던 말
- 麾下 (휘하) : 주장의 지휘 아래. 또는 그 아래 딸린 사졸

煇 부수 | 火 총획 | 13
빛날 **휘**

- 煇煌 (휘황) : 빛이 찬란한 모양

畦 부수 | 田 총획 | 11
밭두둑 **휴**

- 畦丁 (휴정) : 밭갈이 하는 사람. 농부(農夫)

鑴 부수 | 金 총획 | 26
솥, 큰종 **휴**

- 鑴鏍 (휴라) : 큰 솥과 작은 솥

恤 부수 | 心(忄) 총획 | 9
구휼할 **휼**

- 救恤 (구휼) : 빈민이나 이재민 등을 돕고 보살핌
- 矜恤 (긍휼) : 가엾게 여겨 도움
- 患難相恤 (환난상휼) : 향약의 네 가지 덕목 가운데 하나. 어려운 일이 생겼을 때 서로 도와야 함
- 恤米 (휼미) : 정부에서 이재민(罹災民)에게 주는 쌀

鷸 부수 | 鳥 총획 | 23
도요새 **휼**

- 蚌鷸之爭 (방휼지쟁) : '방합과 도요새가 다투는데, 어부가 와서 방합과 도요새를 다 거두어 갔다' 는 고사에서 제 삼자만 이롭게 하는 다툼을 이르는 말. 견토지쟁(犬兔之爭)

洶 부수 | 水(氵) 총획 | 9
물살세찰 **흉**

- 洶湧 (흉용) : 물결이 매우 세차게 일어남. 또는 물결이 힘차게 솟아남

忻 부수 | 心(忄) 총획 | 7
기뻐할 **흔**

- 忻慕 (흔모) : 기뻐하여 따름

很 부수 | 彳 총획 | 9
어길 **흔**

- 很戾 (흔려) : 심술궂고 뒤틀려 있음

| 俒 | 부수 | 人(亻) | 총획 | 9 |

완전할 혼(혼)

• 俒然 (혼연) : 완전한 모양

| 吃 | 부수 | 口 | 총획 | 6 |

말더듬을 흘

• 吃水 (흘수) : 배 밑이 물에 잠기는 깊이나 정도
• 吃人 (흘인) : 말을 더듬는 사람

| 訖 | 부수 | 言 | 총획 | 10 |

①이를 ②마칠 ①흘 ②글(흘)

• 訖今 (흘금) : 이제에 이르기까지. 지금까지

| 紇 | 부수 | 糸 | 총획 | 9 |

질 낮은 명주실 흘

• 回紇 (회흘) : 종족 이름

| 歆 | 부수 | 欠 | 총획 | 13 |

받을 흠

• 歆格 (흠격) : 신명(神明)이 감응함
• 歆饗 (흠향) : 신명이 제물을 받음

| 譆 | 부수 | 言 | 총획 | 19 |

감탄할 희

• 譆哉 (희재) : 기쁘도다

| 爔 | 부수 | 火 | 총획 | 20 |

불빛 희

• 爔光 (희광) : 햇빛. 일광

| 呬 | 부수 | 口 | 총획 | 8 |

쉴, 휴식 희

• 呬度 (희도) : 북방의 호국(胡國)이 인도(印度)를 이르던 이름

| 囍 | 부수 | 口 | 총획 | 22 |

쌍희 희

※ 대법원 인명용 한자(2001.1.4 추가)

| 恎 | 부수 | 心(忄) | 총획 | 9 |

두려워할 힐(길)

• 恎怖 (길포) : 두려워하는 모양

 단문 읽기

譬如爲山에 未成一簣나 止도 吾止也며 譬如平地에 雖覆一簣나 進도 吾往也니라

<論語> 학문이란 비유컨대 산을 만들되 마지막 흙 한 삼태기를 <붓지 않아 산을> 이루지 못하고서 중지하는 것도 내 자신이 중지하는 것과 같으며, 비유컨대 <산을 만드는데> 평지에 흙 한 삼태기를 처음 붓는 것이라 하더라도 나아감은 내 자신이 나아가는 것과 같다.

後生이 可畏니 焉知來者之不如今也리오. 四十五十而無聞焉이면 斯亦不足畏也已니라

<論語> 젊은 후배들이 두려우니 어찌 앞으로 나올 그들이 우리보다 못하다고 할 수 있겠는가? 그러나 사십이나 오십이 되어도 아직 세상에 이름이 나지 않으면 이 또한 두렵지 아니하다.

色惡不食하시며 臭惡不食하시며 失飪不食하시며 不時不食이러시다

<論語> 빛이 변한 것을 먹지 아니하시고, 냄새가 나쁜 것은 먹지 아니하시고, 익지 않은 것을 먹지 아니하시고, 제 때가 아니면 먹지 아니하셨다.

誦詩三百하되 授之以政에 不達하며 使於四方에 不能專對하면 雖多나 亦奚以爲리오

<論語> 시경 삼백 편을 외우고도 정사를 맡아서 통달하지 못하며, 사방에 사신으로 가서 홀로 잘 대처하지 못하면, 비록 많이 외었으나 또한 무엇하리오?

道之以政하고 齊之以刑이면 民免而無恥니라. 道之以德하고 齊之以禮면 有恥且格이니라

<論語> 백성을 인도하되 정사로써 하고 백성을 가지런히 하기를 형벌로써 하면 백성이 법망을 벗어나도 수치로 여기지 않는다. 그러나 백성을 인도하기를 덕으로써 하고 백성을 가지런히 하기를 예절로써 하면 백성이 수치를 알게 되고 바르게 될 것이다.

君子는 有九思하니 視思明하며 聽思聰하며 色思溫하며 貌思恭하며 言思忠하며 事思敬하며 疑思問하며 忿思難하며 見得思義니라

<論語> 군자는 아홉 가지 생각이 있는데, 봄에는 밝음을 생각하며, 들음에는 총명을 생각하며, 안색에서는 온순함을 생각하며, 모습은 공손함을 생각하며, 말은 진실함을 생각하며, 일은 공경함을 생각하며, 의심나면 물을 것을 생각하며, 분함에는 어려움을 생각하며, 이득을 보면 의를 생각하느니라.

博學而篤志하며 切問而近思하면 仁在其中矣니라

<論語> 배우기를 널리 하고 뜻을 독실히 하며, 절실하게 묻고 가까이(현실에 필요한 것) 생각하면 인이 그 가운데 있다.

泰山不辭土壤이라 故大하고 河海不擇細流라 故深이라

<十八史略> 태산은 적은 흙일망정 사양하지 않았기에 높아졌고, 큰 바다는 작은 물줄기일망정 가리지 않았기에 깊어졌다.

貧賤之交는 不可忘이요 糟糠之妻는 不下堂이라

<十八史略> 빈천할 때 사귄 친구는 잊어서는 안 되며, 고생할 때의 아내는 내쫓아서는 안 된다.

戰戰兢兢하여 如臨深淵하며 如履薄氷이라

<詩經> 두려워하여 조심하기를 깊은 못에 임하듯 하고 살얼음판을 밟듯이 한다.

 단문 읽기

孔子以天縱之聖으로 轍環天下하사 道不得行于世하여 刪詩書하고 定禮樂하고 贊周易하며 修春秋하여 繼往聖開來學하시다

<童蒙先習> 공자는 하늘이 낸 성인으로, 수레를 타고 천하를 두루 다녔으나 도를 세상에 행하지 못하게 되자, 시서(詩書)를 정리하고, 예악(禮樂)을 정하고, 주역(周易)을 해설하고, 춘추(春秋)를 지어서 지난 날의 성현을 계승하고 후학을 열었다.

樹欲靜而風不止하고 子欲養而親不待라

<韓詩外傳> 나무는 고요하고자 하나 바람은 그치지 않고 자식은 봉양하고자 하나 부모님은 기다려 주지 않는다.

賢者는 以其昭昭로 使人昭昭니라

<孟子> 어진 자는 자기의 밝음으로 다른 사람을 밝게 한다.

多言이면 數窮이니 不如守中이니라

<老子> 말을 많이 하면 자주 궁해지니 중도를 지키는 것만 같지 못하니라.

學不可以已니 靑取之於藍而靑於藍이요 氷水爲之而寒於水라

<荀子> 배움은 그만둘 수 없으니 푸른 색은 쪽풀에서 취했으나 쪽보다 푸르고 얼음은 물로 만들었으나 물보다 차다.

勿謂今日不學而有來日하고 勿謂今年不學而有來年하라 日月逝矣라 歲不我延이니 嗚呼老矣라 是誰之愆고

<古文眞寶> 오늘 배우지 않고서 내일이 있다고 말하지 말며 금년에 배우지 않고서 내년이 있다고 말하지 말라. 해와 달은 가고 세월은 나를 위해 더 늘어나지 않는다. 아! 늙어가는구나! 이 누구의 허물인가?

雖有嘉肴나 不食이면 不知其旨也라 雖有至道나 不學이면 不知其善也니라

<禮記> 비록 맛있는 음식이 있다하더라도 먹지 않으면 맛을 알지 못한다. 비록 지극한 도가 있다 하더라도 배우지 않으면 그 좋은 점을 알지 못한다.

德之流行은 速於置郵而傳命이라

<孟子> 덕의 퍼짐은 역참에 파발마를 두고 명령을 전하는 것보다 빠르다.

居天下之廣居하며 立天下之正位하며 行天下之大道하여 得志하여서는 與民由之하고 不得志하여는 獨行其道하여 富貴不能淫하며 貧賤不能移하며 威武不能屈이 此之謂大丈夫니라.

<孟子> 천하의 넓은 집(仁)에 살며 천하의 바른 자리(禮)에 서며 천하의 큰 도(義)를 행하여 뜻을 얻어서는 백성과 더불어 말미암고 뜻을 얻지 못해서는 홀로 그 도를 행하여 富貴로도 빠지게 하지 못하며 貧賤으로도 그 뜻을 옮기지 못하며 威武로도 굽히게 할 수 없으니 이것을 일러 대장부라고 한다.

莫見乎隱이며 莫顯乎微니 故로 君子는 愼其獨也니라

<中庸> 隱보다 나타남이 없으며 微보다 드러남이 없으니 그렇기 때문에 군자는 그 홀로 있음에 삼간다.

5-4 한시 감상

題伽倻山讀書堂 (제가야산독서당)
― 崔致遠(최치원) ―

狂噴(奔)疊石吼重巒	첩첩 바위 사이를 미친 듯 달려 겹겹 봉우리 울리니
人語難分咫尺間	지척에서 하는 말소리도 분간키 어려워라
常恐是非聲到耳	세상 시비(是非) 귀에 들릴세라
故敎流水盡籠山	짐짓 흐르는 물로 온 산을 둘러쳤네

형식 7언절구   **성격** 상징적, 현실비판적
표현 대구법, 의인법   **주제** 자연 속의 침잠을 통해 세속과 거리를 두고자 함

述 志 (술지)
― 吉再(길재) ―

臨溪茅屋獨閑居	시냇가 띠 집에 홀로 한가롭게 사니
月白風淸興有餘	달 희고 바람 맑아 흥취는 남음이 있네
外客不來山鳥語	바깥 손님 오지 않고 산새들만 지저귀니
移床竹塢臥看書	평상을 대밭으로 옮기고 누워 책을 보네

형식 7언절구   **주제** 한가로운 전원 생활에서 느끼는 흥취.
**산림에 숨어 자연을 벗하며 학문에 전념하는 전원의 한가로운 생활을 읊었다.

奉使入金 (봉사입금)
― 陳澕(진화) ―

西華已蕭索	서쪽 중국은 국운이 이미 기울고
北塞尙昏夢	북쪽 성채의 금나라는 아직 혼몽하다네
坐待文明旦	앉아 문명의 새 아침을 기다리노니
天東日欲紅	하늘 동쪽에서 해가 붉어지려 하네

형식 5언절구   **주제** 자국 문명에 대한 자부심
*** 西華 : 남송   北塞(=北寒) : 금

詠井中月 (영정중월)
―李奎報(이규보)―

山僧貪月色	산에 사는 스님이 달빛을 탐내어
幷汲一瓶中	병 속에 물과 달을 함께 길었네
到寺方應覺	절에 돌아와 비로소 깨달았으리
瓶傾月亦空	병을 기울이면 달도 따라 비게 되는 것을

- **형식** 5언절구
- **표현** 도치법
- **성격** 서정적, 불교적
- **주제** 인간 욕심의 허망함과 깨달음

登金陵鳳凰臺 (등금릉봉황대)
―李白(이백)―

鳳凰臺上鳳凰遊하니	봉황대 위에서 봉황이 노닐더니
鳳去臺空江自流라	봉황 떠나니 누대는 텅 비고 강물만 저절로 흐르네
吳宮花草埋幽徑이요	오나라 궁궐의 화초는 깊은 길 속에 묻혔고
晉代衣冠成古邱라	진나라 관리들은 옛 무덤이 되었구나
三山半落靑天外요	삼산은 푸른 창공의 바깥으로 반쯤 걸렸고
二水中分白鷺洲로다	두 물이 가운데로 나뉘니 백로주로다
總爲浮雲能蔽日하니	모두가 뜬구름이 되어 해를 가리니
長安不見使人愁로다	장안은 보이지 않고 사람으로 하여금 시름케 하네

- **형식** 7언율시
- **운자** 遊, 流, 邱, 洲, 愁
- **주제** 옛 유적지를 돌아보며 어지러운 국가의 장래를 근심함

* 금릉 : 吳·晉의 옛 도읍지. 지금의 남경   * 봉황대 : 금릉에 있는 대
* 부운 : 천자의 총명을 어둡게 하는 간신으로 여기서는 高力史 또는 양귀비이고 해는 당 현종을 가리킴

5-5 고전 읽기

歸去來辭
-陶淵明(도연명)-

歸去來兮여 請息交以絶游라. 世與我而相違하니 復駕言兮焉求리오. 悅親戚之情話하고 樂琴書以消憂로다. 農人이 告余以春及하니 將有事于西疇로다. 或命巾車하고 或棹孤舟하여 旣窈窕以尋壑하고 亦崎嶇而經丘하니 木欣欣以向榮하고 泉涓涓而始流라. 羨萬物之得時하고 感吾生之行休로다. 已矣乎라. 寓形宇內復幾時오. 曷不委心任去留하고 胡爲乎遑遑欲何之오. 富貴는 非吾願이요 帝鄕은 不可期라. 懷良辰以孤往하고 或植杖而耘耔라. 登東皐以舒嘯하고 臨淸流而賦詩라. 聊乘化以歸盡하니 樂夫天命復奚疑아.

*耔:북돋울, 자

<古文眞寶>

해 석 돌아가자. 세속적인 교유를 끊으리라. 세상과 나의 뜻이 맞지 않으니 다시 벼슬살이를 한다해도 무엇을 구할 수 있으리오? 친척들과의 정겨운 대화를 즐기고 비파와 독서를 즐기며 근심을 푸노라. 농사꾼이 나에게 봄이 왔음을 알려주니 장차 서쪽 밭에 일하러 나가야 하리. 건거를 타기도 하고, 배를 저어 구불구불한 골짜기를 찾아가고, 험한 산길을 따라 언덕을 지나가기도 하네. 나무들은 무성하게 피어나고 샘물은 졸졸 솟아나오니 만물이 제 때를 만난 것이 부럽고 나의 일생이 끝나게 됨을 한하노라. 끝났도다. 형체를 기탁함이 또 얼마랴? 어찌 마음에 맡겨 가고 머무름을 마음대로 하지 않고 바삐 또 어디를 가려고 하는가? 부귀는 나의 원하는 것이 아니며 선경 또한 기약할 수 없도다. 좋은 시절에 홀로 갈 것을 바라면서 지팡이 세워 놓고 김을 매노라. 동쪽 언덕에 올라 노래 부르고, 맑은 물을 대하고 시를 짓노라. 애오라지 자연의 변화에 따라 생을 마치고, 천명을 즐기는데 다시 무엇을 의심하랴.

<星湖僿說自序>
－李瀷(이 익)－

星湖僿說者는 星湖翁之戱筆也라. 翁之作是說也는 何意오. 直無意아 無意면 奚其有此哉오. 翁은 乃優閒者也라. 讀書之暇에 應世遁俗하야 或得之傳記하고 得之子集하고 得之詩歌하고 得之傳聞하고 得之詼諧하여 或可笑可喜하여 可以存閱을 隨手亂錄하여 不覺其至於多積호라. 始也엔 爲其挑忘錄之卷하고 旣又爲之目하야 列於端하고 目又不可以徧閱일새 乃分門類入하여 遂成卷帙하고 又不可無名일새 名之以僿說은 勢也요 非意之也로다. 翁이 窮經二十年에 凡見解聖賢遺意엔 各有成說하고 又喜著書하여 其寓物酬人의 序記論說엔 別有采輯하나 如僿說者는 不敢載之라. 向之數者는 則其爲無用之冗言이 定矣라. 鄙諺에 云 我食屬厭하나 棄將可惜이라하니 此僿說所以起也로다.

<星湖僿說>

해 석 성호사설은 성호옹이 장난 삼아 쓴 것이다. 옹이 이 책을 지은 것은 무슨 뜻에선가. 아무런 뜻도 없는 것인가? 아무런 뜻도 없는 것이라면 왜 이렇게 하였는가?

옹은 벼슬을 하지 않고 한가히 사는 사람이라 책 읽는 여가로 세상에 순응하고 세속을 따르다가 혹 전기에서 얻기도 하고 자집이나 시가에서 얻기도 하였다. 얻어 듣거나 우스갯소리를 하는 도중에 웃기도 하고 기쁘기도 하여 두고 볼 수 있도록 어지럽게 기록한 것이 어느 새에 많이 쌓이게 되었다. 처음에는 잊어버릴까 하여 책에 적어두고 또 항목을 정해 첫머리에 나열하기도 했는데, 눈으로 두루 볼 수 없게 되자 이를 분류하여 책을 만들었으니 거기에 이름이 없을 수 없어 사설이라 하게 된 것이지 무슨 특별한 뜻이 있어서 지은 것은 아니다.

옹이 이십 년 동안 경학을 연구하여 성현의 남긴 뜻을 풀었으니 각기 成說이 있고, 또 즐거이 책을 지어 사물에 뜻을 부치거나 사람들과 주고 받은 序, 記, 論, 說 등은 따로 모은 바가 있다. 하지만 사설과 같은 것은 차마 거기에 실을 수 없었으니 이전의 몇 개와 같은 것들은 쓸모 없는 말들이라 할 것이다. 속된 말로 '내가 먹기는 싫지만 버리기는 아깝다'는 말이 있는데 그것이 바로 성호사설이 생기게 된 이유라 하겠다.

5-5 고전 읽기

<愛蓮說>
-周敦頤(주돈이)-

水陸草木之花가 可愛者甚蕃이라. 晉陶淵明獨愛菊하고 自李唐來로 世人甚愛牡丹이라. 予獨愛蓮之出於淤泥而不染하고 濯淸漣而不夭라. 中通外直, 不蔓不枝하고 香遠益淸하여 亭亭淨植하여 可遠觀而不可褻翫焉하니 予謂菊은 花之隱逸者也요 牡丹은 花之富貴者也요 蓮은 花之君子者也라. 噫라. 菊之愛는 陶後鮮有聞이오. 蓮之愛는 同予者何人고. 牡丹之愛는 宜乎衆矣로다.

<古文眞寶>

해석 물과 뭍의 풀과 나무의 꽃은 사랑할만한 것이 대단히 많다. 진나라의 도연명은 홀로 국화를 사랑하였고, 이씨의 당나라 이래로 세상 사람들이 모란을 매우 사랑했으나, 나는 홀로 사랑하였으니, 연꽃이 진흙에서 나왔으면서도 물들지 아니하고, 맑은 물결에 씻기어도 요염하지 아니한 것을 사랑한다. 가운데는 통하며 밖은 곧아서, 덩굴 뻗지 않고 가지치지 않으며, 향기는 멀수록 더욱 맑으며, 우뚝이 깨끗하게 서있으며, 멀리서 바라볼 수는 있으나 함부로 가지고 놀 수도 없다.

　나는 생각하기를, 국화는 꽃중의 은일한 것이요 모란은 꽃 중의 부귀한 것이요 연은 꽃 중의 군자 같은 것이니라. 아, 국화를 사랑함이 도연명 후에 거의 듣지 못했다. 연을 사랑함이 나와 같은 몇 사람이나 될까. 모란을 사랑함은 의당히도 많을 것이다.

<兩班傳>

-朴趾源(박지원)-

郡守大驚異之하여 自往勞其兩班하고 且問償糴狀이라. 兩班氈笠衣短衣하고 伏塗謁稱小人不敢仰視하니 郡守大驚下扶曰 足下何自貶辱若是오. 兩班益恐懼하여 頓首俯伏曰 惶悚이라. 小人非敢自辱오. 已自鬻其兩班以償糴하니 里之富人乃兩班也라. 小人復安敢冒其舊號而自尊乎아.

郡守歎曰 君子哉富人也여 兩班哉富人也여 富而不吝하니 義也오 急人之難하니 仁也라 惡卑而慕尊하니 智也라. 此眞兩班이라. 雖然이나 私自交易而不立券하면 訟之端也라. 我與汝約하리니 郡人而證之하고 立券而信之하되 郡守當自署之리라하고 於是에 郡守歸府하여 悉召郡中之士族及農工商賈하여 悉至于庭하고 富人坐鄕所之右하고 兩班立於公兄之下하여 乃爲立券曰 乾隆十年九月日에 右明文段은 屈賣兩班하여 爲償官穀하니 其直千斛이라. 維厥兩班은 名謂多端하니 讀書曰士요 從政爲大夫요 有德爲君子니 武階列西하고 文秩敍東하니 是爲兩班이니 任爾所從하라.

『燕巖集』

해 석 군수는 양반이 환곡을 모두 갚은 것을 놀랍게 생각했다. 군수가 몸소 찾아가서 양반을 위로하고, 또 환자를 갚게 된 사정을 물어보려고 했다. 그런데 뜻밖에 양반이 벙거지를 쓰고 짧은 잠방이를 입고 길에 엎드려 '소인'이라고 자칭하며 감히 쳐다보지도 못하고 있지 않는가. 군수가 깜짝 놀라 내려가서 부축하고, "귀하는 어찌 이다지 스스로 낮추어 욕되게 하시는가요?" 하고 말했다. 양반은 더욱 황공해서 머리를 땅에 조아리고 엎드려 아린다.

"황송하오이다. 소인이 감히 욕됨을 자청하는 것이 아니오라, 이미 제 양반을 팔아서 환곡을 갚았읍지요. 동리의 부자 사람이 양반이올습니다. 소인이 이제 다시 어떻게 전의 양반을 모칭(冒稱)해서 양반 행세를 하겠습니까?"

군수는 감탄해서 말했다.

"군자로구나 부자여! 양반이로구나 부자여! 부자이면서도 인색하지 않으니 의로운 일이요, 남의 어려움을 도와주니 어진 일이요, 비천한 것을 싫어하고 존귀한 것을 사모하니 지혜로운 일이다. 이야말로 진짜 양반이로구나. 그러나 사사로 팔고 사고서 증서를 해 두지 않으면 송사(訟事)의 꼬투리가 될 수 있다. 내가 너와 약속을 해서 군민(郡民)으로 증인을 삼고 증서를 만들어 미덥게 하되 본관이 마땅히 거기에 서명할 것이다."

그리고 군수는 관부(官府)로 돌아가서 고을 안에 사족(士族) 및 농공상(農工商)들을 모두 불러 관정(官庭)에 모았다. 부자는 향소(鄕所)의 오른쪽에 서고, 양반은 공형(公兄)의 아래에 섰다. 그리고 증서를 만들었다. 건륭(乾隆) 10년 9월 일 위에 명문(明文)은 양반을 팔아서 환곡을 갚은 것으로 그 값은 천 석이다. 오직 이 양반은 여러 가지로 일컬어지나니, 글을 읽으면 가리켜 사(士)라 하고, 정치에 나아가면 대부(大夫)가 되고, 덕이 있으면 군자(君子)이다. 무반(武班)은 서쪽에 늘어서고 문반(文班)은 동쪽에 늘어서는데, 이것이 '양반'이니 너 좋을 대로 따를 것이다.

5-6 한문 문법 이해

문장의 형식

감탄문 (感歎文)

어떤 상황이나 사실에 대해 기쁨·슬픔·경탄·탄식 등의 느낌을 나타내는 문장으로, '惡', '嗚呼' 등의 감탄사나, '矣', '乎', '哉' 등의 종결사 두 가지를 함께 쓰기도 한다.

- 君子哉 富人也
  (군자로다 부자여!)

- 嗚呼 師道之不傳也 久矣
  (아! 스승의 도가 전해지지 않음이 오래되었도다.)

- 噫 天喪予
  (아! 하늘이 나를 버리시는구나.)

금지문 (禁止文)

'하지 마라'는 금지의 뜻을 나타내는 문장으로, '勿', '無', '莫', '毋' 등의 금지사를 사용한다. 그러나 이들 글자들이 부정의 뜻으로 쓰이는 경우도 있음에 유의해야 한다.

- 無友不如己者
  (자기만 못한 사람과 벗하지 마라.)

- 臨財 毋苟得 臨難 毋苟免
  (재물에 임해서는 구차하게 얻으려 하지 말고, 환난에 임해서는 구차하게 벗어나려 하지 마라.)

- 過則勿憚改
  (허물이 있으면 고치는 것을 꺼리지 마라.)

국가공인 한자자격시험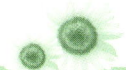

허자의 쓰임

焉

'焉' 자는 문장 앞에서는 '어찌'의 뜻으로 쓰이며, 문장 뒤에서는 '종결사' '~에(시간)' '그것을' '여기에' 등으로 쓰인다.

- 어찌 하겠는가
  焉有仁人在位 罔民而可爲也
  (어찌 仁人이 지위에 있으면서 백성을 그물질하는 짓을 할 수 있겠는가?)

- 시간의 경과
  少焉 月出於東山之上
  (잠시 후 달이 동산 위로 떠올랐다.)

- 종결사
  君子之過也 如日月之食焉
  (군자의 잘못은 일식 월식과 같다.)

- 여기에(於之의 축약형으로 해석하지 않는 경우도 있다)
  必通遠方之物而後 貨財殖焉 百用生焉
  (반드시 먼 곳의 물자를 통한 후에야 재화가 늘어나고 온갖 용품이 생겨난다.)

5-7 단원 정리 문제

● 다음 주어진 음·뜻의 한자를 〈보기〉에서 찾아 쓰세요.(1~15)

보기
愲 乑 欹 叶 忖 榻 諱 峃
笏 朶 縞 撮 宦 碻 伱

1. 홀 홀　　(　　　　　　　　)
2. 화합할 협　　(　　　　　　　　)
3. 명주 호　　(　　　　　　　　)
4. 산 호　　(　　　　　　　　)
5. 수은 홍　　(　　　　　　　　)
6. 굳을 확　　(　　　　　　　　)
7. 완전할 혼　　(　　　　　　　　)
8. 받을 흠　　(　　　　　　　　)
9. 헤아릴 촌　　(　　　　　　　　)
10. 찍을 촬　　(　　　　　　　　)
11. 걸상 탑　　(　　　　　　　　)
12. 벼슬 환　　(　　　　　　　　)
13. 꺼릴 휘　　(　　　　　　　　)
14. 괴곽할 팍　　(　　　　　　　　)
15. 늘어질 타　　(　　　　　　　　)

● 다음 한자어의 독음을 쓰세요.(16~30)

16. 剿討　　(　　　　　　　　)
17. 珊瑚礁　　(　　　　　　　　)
18. 嚬蹙　　(　　　　　　　　)
19. 操舵　　(　　　　　　　　)
20. 攄得　　(　　　　　　　　)
21. 頹廢的　　(　　　　　　　　)
22. 褒貶　　(　　　　　　　　)
23. 咆哮　　(　　　　　　　　)
24. 剽竊　　(　　　　　　　　)
25. 兒孩　　(　　　　　　　　)
26. 彈劾　　(　　　　　　　　)
27. 絢爛　　(　　　　　　　　)
28. 孑孑單身　　(　　　　　　　　)
29. 鐶鈕　　(　　　　　　　　)
30. 朽木糞牆　　(　　　　　　　　)

● 다음 중 나머지와 음이 다른 하나는?(31~40)

31. 宵 炒 艘 塑　　(　　　　　　　　)
32. 椒 候 櫧 萩　　(　　　　　　　　)
33. 陀 陁 砣 陏　　(　　　　　　　　)
34. 榻 搨 搭 帑　　(　　　　　　　　)
35. 享 鮖 哼 嚮　　(　　　　　　　　)
36. 狽 賄 唄 㜽　　(　　　　　　　　)
37. 貶 徧 翩 騗　　(　　　　　　　　)

38. 颲剽慓曝 (　　　　　　)

39. 眩倪衒銜 (　　　　　　)

40. 磽攫廓寰 (　　　　　　)

● 다음 단어의 괄호에 알맞은 한자를 <보기>에서 찾아 쓰세요. (41~55)

보기
袍　曝　貂　慌　擺　蟹　歃　吼
悖　酵　麂　歇　緇　狽　恤

41. 狗尾續(　) (　　　　　　)
42. (　)衣　 (　　　　　　)
43. (　)撥　 (　　　　　　)
44. (　)倫　 (　　　　　　)
45. 狼(　)　 (　　　　　　)
46. 裒龍(　) (　　　　　　)
47. 被(　)　 (　　　　　　)
48. (　)網俱失 (　　　　　　)
49. 間(　)　 (　　　　　　)
50. 恐(　)　 (　　　　　　)
51. 醱(　)　 (　　　　　　)
52. 獅子(　) (　　　　　　)
53. (　)下　 (　　　　　　)
54. 矜(　)　 (　　　　　　)
55. (　)饗　 (　　　　　　)

● 다음 단어 설명에 해당하는 성어를 한자로 쓰세요. (56~70)

56. 겨우 글자를 뜯어볼 정도로 무식을 간신히 면함을 이르는 말
(　　　　　　　　　　　)

57. '무덤 속에 있는 백골'이란 뜻으로, 무능한 사람을 비유하여 이르는 말
(　　　　　　　　　　　)

58. 소나 염소 따위가 한번 삼킨 먹이를 다시 게워 내어 씹음. 어떤 일을 되풀이하여 음미하거나 생각함
(　　　　　　　　　　　)

59. '봉황의 새끼'라는 뜻으로, 지략이 뛰어난 젊은이를 비유적으로 이르는 말. 아직 세상에 드러나지 아니한 영웅을 비유적으로 이르는 말
(　　　　　　　　　　　)

60. 찢어지고 터짐. 또는 결단 남. 어떤 사업이나 목적 또는 계획 따위가 완만하게 해결되거나 이루어지지 못하고 깨어짐
(　　　　　　　　　　　)

61. '쥐나 개처럼 가만히 물건을 훔친다'는 뜻으로 좀도둑을 욕으로 이르는 말
(　　　　　　　　　　　)

62. '중국의 촉(蜀), 현재 사천성(四川省) 지방은 비가 오는 날이 많아 해를 보는 날이 드문 까닭에 개가 해를 보면 괴이하게 여겨 짖는다'는 뜻으로, 신기한 것을 보고 놀람을 비유하여 이르는 말
(　　　　　　　　　　　)

63. '요리사가 소의 뼈와 살을 발라낸다'는 뜻으로, 기술이 묘함을 칭찬하는 말
(　　　　　　　　　　　)

5-7단원 정리 문제

64. 불에 달군 쇠로 단근질하는 형벌. 은(殷)의 주왕(紂王)이 구리 기둥에 기름을 발라 숯불에 걸쳐 달군 후, 그 위로 죄인을 맨발로 건너가게 했는데, 건너다가 미끄러져 불에 떨어져 죽게 한 참혹한 형벌
( )

65. '도시락밥과 표주박 물'의 뜻으로 소박한 생활의 비유. 구차한 생활
( )

66. 성명이나 주소, 근무처, 신분 등을 적은 종이쪽
( )

67. 대지팡이와 짚신이라는 뜻으로 먼 길을 떠날 때의 아주 간편한 차림을 이르는 말
( )

68. 단번에 천금을 움켜쥔다는 뜻으로, 힘들이지 아니하고 단번에 많은 재물을 얻음을 이르는 말
( )

69. 말을 더듬는 사람
( )

70. '회와 구운 고기'라는 뜻으로, 칭찬을 받으며 사람의 입에 자주 오르내림을 이르는 말
( )

● 다음 문장을 해석하세요.(71~80)

71. 失飪不食하시며 不時不食이러시다
: _____

72. 道之以政하고 齊之以刑이면 民免而無恥니라.
: _____

73. 泰山不辭土壤이라 故大라
: _____

74. 賢者는 以其昭昭로 使人昭昭니라
: _____

75. 多言이면 數窮이니 不如守中이니라
: _____

76. 德之流行은 速於置郵而傳命이라
: _____

77. 雖有嘉肴나 不食이면 不知其旨也라
: _____

78. 戰戰兢兢하여 如臨深淵하며 如履薄氷이라
: _____

79. 貧賤之交는 不可忘이요 糟糠之妻는 不下堂이라
: _____

80. 後生이 可畏니 焉知來者之不如今也리오.
: _____

● 다음 시를 읽고 물음에 답하세요.(81~83)

> 보기
> 狂噴(奔)疊石吼重巒　　人語難分咫尺間
> 常恐是非聲到耳　　　　故教流水盡籠山

81. '狂噴(奔)疊石吼重巒'의 독음을 쓰세요.

82. '常恐是非聲到耳'를 해석하세요.

83. 세속과 단절하려는 지은이는 굳은 의지가 보이는 구를 찾아 해석하세요.

● 다음 시구를 해석하세요.(84~85)

84. 臨溪茅屋獨閑居　月白風淸興有餘
: _____

85. 山僧貪月色　幷汲一瓶中
: _____

국가공인 한자자격시험 · 사범

● 다음 글을 읽고 물음에 답하세요.(86~90)

> 水陸草木之花가 可愛者甚蕃이라 晉陶淵明獨愛菊하고 自李唐來로 世人甚愛牡丹이라. 予獨愛蓮之㉮出於淤泥而不染하고 ㉯濯淸漣而不夭라. ㉰中通外直, 不蔓不枝하고 香遠益淸하여 亭亭淨植하여 可遠觀而不可褻翫焉하니 予謂菊은 花之㉱□者也요 牡丹은 花之富貴者也요 蓮은 花之君子者也라. 噫라. 菊之愛는 ㉲陶後鮮有聞이오. 蓮之愛는 同予者何人고 牡丹之愛는 宜乎衆矣로다.

86. ㉮ '出於淤泥而不染'가 의미하는 바를 쓰세요.

87. ㉯ '濯淸漣而不夭라' 독음과 뜻을 쓰세요.

88. ㉰의 밑줄 친 곳에서 비유하는 것을 찾아 두 글자로 답하세요.
① 군자가 쓸데없는 것을 하지 않는 것을 비유 :
② 군자가 사물의 이치를 통달 한 것을 비유 :
③ 군자가 사사로운 이익을 따르지 않는 것을 비유 :
④ 곧고 바른 군자의 언행을 비유 :

89. ㉱의 빈칸에 들어갈 말로 보통 국화가 상징하는 것을 쓰세요.

90. ㉲ '陶後鮮有聞'를 정확하게 풀이하세요.

91. 다음 문맥상 빈칸에 들어갈 말을 쓰세요.
莫見乎隱이며 莫顯乎微니, 故로 君子는 □其□이니라

92. 다음은 공자가 말한 '九思'의 항목이다. 빈칸에 들어갈 한자를 쓰세요.

> 視思明하며 聽思□하며 色思□하며 貌思恭하며 言思忠하며 事思敬하며 疑思問하며 忿思難하며 見得思□니라.

● 다음 시를 읽고 물음에 답하시오.(93~97)

> ㉮西華已蕭索 ㉯北塞尙昏夢
> 坐待文明旦 天東日欲紅

93. '西華已蕭索 北塞尙昏夢'의 독음을 쓰세요.

94. ㉮西華 ㉯北塞가 가리키는 나라를 쓰세요.

95. 고려의 왕조가 새로운 전환점의 시대를 개척해 줄 것을 기원하는 작자의 염원이 담긴 구를 찾아 풀이하세요.

● 다음 글을 읽고 물음에 답하세요.(96~97)

> 勿謂今日不□而有來日하고
> 勿謂今年不□而有來年하라
> 日月逝矣라 歲不我延이니
> 嗚呼老矣라 是誰之愆고

96. 빈 칸에 공통으로 들어갈 한자는?

97. '是誰之愆'의 독음과 풀이를 쓰세요.

● 다음 글을 읽고 물음에 답하세요.(98~100)

> □□□兮여 請息交以絶游라. 世與我而相違하니 復駕言兮焉求리오. 悅親戚之情話하고 樂琴書以消憂로다. 農人이 告余以春及하니 將有事于西疇로다. 或命巾車하고 或棹孤舟하여 旣窈窕以尋壑하고 亦崎嶇而經丘하니 木欣欣以向榮하고 泉涓涓而始流라.

98. 글의 전체 내용상 빈칸에 들어갈 말을 쓰세요.

99. '復駕言兮焉求'에서 '駕'의 의미와 '言'의 용법을 말하세요.

100. '木欣欣以向榮 泉涓涓而始流'의 독음과 풀이를 쓰세요.

단원 정리 문제 정답

1. 筍	2. 叶	47. 曝	48. 蟹
3. 縞	4. 岵	49. 歇	50. 慌
5. 汞	6. 碙	51. 酵	52. 吼
7. 侃	8. 歆	53. 麾	54. 恤
9. 忖	10. 撮	55. 歆	56. 稍解文字
11. 榻	12. 宦	57. 冢中枯骨	58. 反芻
13. 諱	14. 愎	59. 鳳雛	60. 破綻
15. 朶	16. 초토	61. 鼠竊狗偸	62. 吠日之怪
17. 산호초	18. 빈축	63. 庖丁解牛	64. 炮烙之刑
19. 조타	20. 터득	65. 簞食瓢飮	66. 名銜
21. 퇴폐적	22. 포폄	67. 竹杖芒鞋	68. 一攫千金
23. 포효	24. 표절	69. 吃人	70. 膾炙
25. 아해	26. 탄핵	71. 익지 않은 것을 먹지 아니하시고, 때가 아니면 먹지 아니하셨다.	
27. 현란	28. 혈혈단신		
29. 환뉴	30. 후목분장	72. 백성을 인도하되 법으로써 하고 백성을 가지런히 하기를 형벌로써 하면 백성이 법망을 벗어나도 수치로 여기지 않는다.	
31. 炒	32. 椒		
33. 砧	34. 帑		
35. 啍	36. 賭	73. 태산은 적은 흙일망정 사양하지 않았기에 높아졌다.	
37. 貶	38. 曝	74. 어진 자는 자기의 밝음으로 다른 사람을 밝게한다.	
39. 銜	40. 寰		
41. 貂	42. 緇	75. 말을 많이 하면 자주 궁해지니 중도를 지키는 것만 같지 못하니라.	
43. 擺	44. 悖		
45. 狽	46. 袍	76. 덕의 퍼짐은 역참에 파발마를 두고 명령을 전하는 것보다 빠르다.	

77. 비록 맛있는 음식이 있다하더라도 먹지 않으면 맛을 알지 못한다.

78. 두려워하여 조심하기를 깊은 못에 임하듯 하고 살얼음판을 밟듯이 하네

79. 빈천할 때 사귄 친구는 잊어서는 안 되며, 고생할 때의 아내는 내쫓아서는 안 된다.

80. 젊은 후배들이 두려우니 어찌 앞으로 나올 그들이 우리보다 못하다고 할 수 있겠는가?

81. 광분첩석후중만

82. 세상 시비(是非) 귀에 들릴세라

83. 4구, 짐짓 흐르는 물로 온 산을 둘러버렸다네

84. 시냇가 띠집에 홀로 한가롭게 사니, 달 희고 바람 맑아 흥취는 남음이 있음이라.

85. 산에 사는 스님이 달빛을 탐내어, 병 속에 물과 달을 함께 길었네.

86. 군자가 세속에 몸담고 있으면서도 거기에 물들지 않는 것

87. 탁청련이불요, 맑은 물에 씻기어도 요염하지 않다.

88. 不枝, 中通, 不蔓, 外直

89. 隱逸

90. 도연명 이후에는 들은 적이 별로 없다.

91. 愼, 獨

92. 聰, 溫, 義

93. 서화이소삭 북새상혼몽

94. 남송, 금

95. 4구, 하늘 동쪽에서 해가 붉어지려하네

96. 學

97. 시수지건, 이 누구의 허물인가

98. 歸去來

99. 駕: 벼슬살이 言: 어조사

100. 목흔흔이향영 천연연이시류 : 나무들은 무성하게 피어나고 샘물은 졸졸 솟아나온다.

국가공인 한자자격시험 사범 · **부록**

- 예 상 문 제
- 기 출 문 제
- 정 답

국가공인 한자자격시험 사범 예상문제

- 객관식 문제의 정답은 OMR 답안지에 컴퓨터용 펜으로 바르게 표기하세요!
- 주관식 정답은 OMR 주관식 답안란에 파란색 또는 빨간색 플러스 펜으로 쓰세요.
- OMR 답안지 모형은 홈페이지에서 내려 받을 수 있습니다.

▷ 한글인터넷주소 : 한자자격시험

주소(D) [한자자격시험]

■ 다음은 [객관식] 문항입니다. 정답을 컴퓨터용 펜으로 OMR 객관식 답안란에 바르게 표기하세요.

❖ 다음의 주어진 한자와 음이 같은 한자를 고르세요. (1~5)

1. [翳] ①嶸 ②霓 ③籩 ④穎
2. [釧] ①姍 ②湮 ③蚓 ④佚
3. [窾] ①芹 ②懃 ③槻 ④勠
4. [梟] ①葍 ②缶 ③宓 ④輻
5. [鞦] ①驟 ②諏 ③嘴 ④鶩

❖ 다음의 주어진 한자와 뜻이 다른 한자를 고르세요. (6~7)

6. [敗] ①勘 ②孜 ③勅 ④辨
7. [姣] ①餃 ②贄 ③嫩 ④嫋

❖ 다음 중 주어진 한자와 뜻이 비슷한 한자를 고르세요. (8~10)

8. [娃] ①媽 ②頓 ③媚 ④姆
9. [詀] ①伋 ②謐 ③詠 ④罾
10. [愊] ①呴 ②喃 ③唊 ④嗔

❖ 다음 중 부수가 다른 하나를 고르세요. (11~15)

11. ①蘿 ②藜 ③摹 ④蔓
12. ①廖 ②虞 ③廡 ④麋
13. ①正 ②些 ③此 ④歷
14. ①狄 ②狀 ③伏 ④狂
15. ①字 ②寄 ③家 ④宋

❖ 다음 중 독음이 바르지 않은 것을 고르세요. (16~20)

16. ①橄欖 : 감람   ②翠嵐 : 취람
    ③電纜 : 전람   ④白蠟 : 백렵

17. ①朧月 : 농월   ②罍觴 : 뇌상
    ③旗旒 : 기류   ④狗瘻 : 구류

18. ①驀進 : 맥진   ②緡錢 : 혼전
    ③誣獄 : 무옥   ④器皿 : 기명

19. ①褐斑 : 갈반   ②涅槃 : 열반
    ③尨犬 : 우견   ④羈絆 : 기반

20. ①咐囑 : 부속   ②瞥見 : 별견
    ③茯苓 : 복령   ④焙籠 : 배롱

❖ 다음 문장의 ( )안에 들어갈 한자어가 바르게 쓰인 것을 고르세요. (21~28)

21. 證市가 春困症에 나른해진 육체와 ( )한 정신처럼 힘을 쓰지 못하고 있다.
    ①夢瓏 ②朦朧 ③夢弄 ④蒙瀧

22. 난적 이란을 꺾고 귀국한 올림픽 대표팀의 김○○ 감독은 "아테네 행의 7~8부 ( )을 넘었다고들 하지만 아직 갈 길은 멀다."고 경계를 늦추지 않았다.
    ①稜線 ②陵線 ③凌線 ④綾扇

332 예상문제

23. 그의 죽음을 애도하는 ( )가 喪輿의 뒤를 따라 멀리 퍼지고 있었다.
   ① 萬歌   ② 慢歌   ③ 卍歌   ④ 輓歌

24. 그들의 해명은 도무지 ( )한 辨明으로밖에 들리지 않았다.
   ① 窘索   ② 群索   ③ 窘塞   ④ 群塞

25. 토론에 나온 박사장의 ( )한 態度에 모든 사람들이 그를 외면하였다.
   ① 巨慢   ② 倨慢   ③ 祛慢   ④ 拒慢

26. 이 문제는 그녀의 오랜 ( )의 결과로 풀 수 있었다.
   ① 經驗   ② 頸驗   ③ 脛驗   ④ 經險

27. 4월 15일은 國會議員 總( )日이다.
   ① 仙居   ② 船車   ③ 船渠   ④ 選擧

28. 올해의 最( ) 선수상은 김○○씨에게 돌아갔다.
   ① 優手   ② 優秀   ③ 憂愁   ④ 雨水

❖ 다음 설명에 맞는 한자어를 고르세요. (29~35)

29. 탐탁하게 어울리는 맛이 없음. 지루하고 심심함
   ① 無料   ② 無寮   ③ 無聊   ④ 無廖

30. 좌우를 돌아보지 않고 힘차게 나아감
   ① 驀進   ② 脈診   ③ 脈進   ④ 脈盡

31. 소맷부리
   ① 常衣   ② 裳口   ③ 媒嫗   ④ 袂口

32. 금을 두드려 종이처럼 아주 얇게 늘인 물건
   ① 擒縛   ② 金博   ③ 金拍   ④ 金箔

33. 중국 당나라의 때의 군직(軍職). 주로 변경 지방의 수비 병정을 통할하였음
   ① 番鎭   ② 藩鎭   ③ 蕃津   ④ 飜進

34. 어떤 일에 알맞은 성질이나 적응 능력. 또는 그와 같은 소질이나 성격
   ① 敵性   ② 積誠   ③ 適性   ④ 笛聲

35. 동일한 성질을 가진 부류나 범위
   ① 範疇   ② 範周   ③ 泛舟   ④ 範週

❖ 다음 중 성어의 속뜻으로 알맞은 것을 고르세요. (36~40)

36. 杵臼之交
   ① 친한 친구 간의 사귐
   ② 귀천을 가리지 않고 사귀는 일
   ③ 가난함을 즐기는 친구 간의 사귐
   ④ 순탄하지 않은 삶의 역정

37. 氷肌玉骨
   ① 어리고 가녀린 여인의 모습
   ② 살결이 곱고 깨끗한 미인
   ③ 얼음과 옥구슬 같이 찬 여인
   ④ 예쁘지 않은 사람, 추녀

38. 得隴望蜀
   ① 신천지 개척의 즐거움
   ② 이것저것 하나도 쓸모가 없음
   ③ 산에 올라 가까운 곳을 바람
   ④ 인간의 욕심이 끝이 없음

39. 毫釐之差
   ① 땅과 하늘 만큼 큰 차이
   ② 점점갈수록 차이가 커짐
   ③ 아주 근소한 차이
   ④ 조금의 실수도 용납할 수 없음

40. 左右顧眄
    ① 왼쪽, 오른쪽의 구분이 없음
    ② 이리뒤척 저리뒤척 잠을 못이룸
    ③ 다가올 일에 명석한 판단을 함
    ④ 앞뒤를 재고 망설임

❖ 다음 물음을 읽고 물음에 답하시오. (41~45)

41. 다음 중 '兩棲類'에 해당하는 동물을 고르세요.
    ① 두꺼비   ② 고래
    ③ 하마   ④ 도마뱀

42. 다음 중 '不文法'으로 알맞은 것을 고르세요.
    ① 헌법   ② 관습법
    ③ 민사소송법   ④ 국제법

43. 다음 중 '伯父'의 뜻으로 맞는 것을 고르세요.
    ① 어머니   ② 아버지
    ③ 큰아버지   ④ 작은아버지

44. 다음 중 밑줄 친 '잣대'와 바꾸어 쓸 수 있는 가장 적절한 것을 고르세요.

    생활 속의 반칙이라 할 수 있는 위선 역시 그 '적정 수준'을 판단하는 게 결코 쉽지 않다. 뿐만 아니라, 한국 사회에 만연된 위선의 문화는 그 적정 수준을 훨씬 넘어선 것으로 보인다. 큰일 날 소리일 수도 있겠지만, 나는 한국 사회가 부패한 것이 문제라기보다는, 부정부패의 불공정 경쟁과 부정부패에 대한 이중 <u>잣대</u>가 모든 선수들에게 공정하게 적용해야 한다는 것이다.

    ① 基準   ② 選擇   ③ 觀測   ④ 範疇

45. 다음 중 '直角三角形'을 고르세요.
    ① ○   ② □   ③ ∠   ④ △

❖ 다음 글을 읽고 물음에 답하시오. (46~50)

    昔에 有桓因庶子桓雄이 ㉠數意天下하여 貪求人世어늘 父知子意하고 下視三危太白하니 可以(㉮)이라 乃授天符印三個하여 遣往理之하다. 雄이 ㉡率徒三千하여 降於太白山頂神檀樹下하니 謂之神市오 是謂桓雄天王也라 -중략- 時神遺㉢靈艾一炷 蒜二十枚曰 "㉣爾輩食之하고 不見日光百日하면 便得人形하리라" 『삼국유사』

46. ㉠數와 쓰임이 같은 것은?
    ① 煩數   ② 數刻   ③ 數罟   ④ 級數

47. ㉡率과 쓰임이 다른 것은?
    ① 率兵   ② 統率   ③ 率家   ④ 比率

48. 문맥상 ㉮에 들어갈 말은?
    ① 在世理化   ② 檀君王儉
    ③ 弘益人間   ④ 經世濟民

49. ㉢'靈艾一炷 蒜二十枚' 중 '蒜'의 독음은?
    ① 예   ② 주   ③ 애   ④ 산

50. ㉣'爾輩食之하고 不見日光百日하면 便得人形'의 구문에서 틀린 설명은?
    ① 爾의 뜻은 '너'
    ② 之가 가리키는 것은 '艾蒜'
    ③ 日光은 '햇빛'
    ④ 便은 '편하다'

국가공인 한자자격시험 · 사범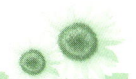

■ 다음은 [주관식] 문항입니다. 정답을 플러스 펜으로 OMR 주관식 답안란에 쓰세요.

❖ 다음 한자의 뜻과 음을 쓰세요. (1~25)

1. 嵐 (　　　)　　2. 儷 (　　　)
3. 磊 (　　　)　　4. 旒 (　　　)
5. 鯉 (　　　)　　6. 燐 (　　　)
7. 彎 (　　　)　　8. 芒 (　　　)
9. 岷 (　　　)　　10. 眸 (　　　)
11. 杳 (　　　)　　12. 蕪 (　　　)
13. 繆 (　　　)　　14. 旡 (　　　)
15. 媚 (　　　)　　16. 謐 (　　　)
17. 粕 (　　　)　　18. 蚌 (　　　)
19. 胚 (　　　)　　20. 棚 (　　　)
21. 騰 (　　　)　　22. 聚 (　　　)
23. 塗 (　　　)　　24. 飾 (　　　)
25. 鞋 (　　　)

❖ 다음 한자의 부수를 쓰세요. (26~30)

26. 褰 (　　　)　　27. 勻 (　　　)
28. 孿 (　　　)　　29. 杳 (　　　)
30. 之 (　　　)

❖ 다음 (　)안에 공통으로 들어갈 한자를 <보기>에서 골라 쓰세요. (31~35)

◀ 보기 ▶
泮, 沸, 末, 劈, 鹵, 斑, 裨, 甍, 抹, 濾

31. (　)宮, (　)村, (　)長

32. (　)開, (　)頭, (　)破門閥

33. 寄與補(　), (　)益, (　)將

34. 東塗西(　), (　)消, 一(　)

35. (　)簿, (　)田, (　)獲

❖ [가로열쇠]와 [세로열쇠]를 읽고, 빈칸에 공통으로 들어갈 한자를 쓰세요. (36~40)

36. 質[ ] / 訥
 - 가로열쇠: 꾸밈이 없이 소박하고 말주변이 없음
 - 세로열쇠: 꾸밈이 없이 수수함

37. 困[ ] / 眩
 - 가로열쇠: 괴롭고 지침. 곤궁하고 피로함
 - 세로열쇠: 피곤하여 정신이 어지러움

38. 靜[ ] / 安
 - 가로열쇠: 평안하고 조용하다
 - 세로열쇠: 고요하고 편안함

39. 初[ ] / 子
 - 가로열쇠: 초벌로 하는 도배
 - 세로열쇠: 저고리 위에 입는, 조끼 모양으로 생긴 덧저고리

40. 吩[ ] / 囑
 - 가로열쇠: 아랫사람에게 명령을 내림. 분부(分付)
 - 세로열쇠: 부탁하여 맡김

靜[ ]

국가공인 한자자격시험 사범 예상문제

❖ 다음 한자어의 독음을 쓰세요. (41~55)

41. 麥稈 (　　　　)

42. 繭絲 (　　　　)

43. 正鵠 (　　　　)

44. 八紘 (　　　　)

45. 湛樂 (　　　　)

46. 左袒 (　　　　)

47. 茶啖 (　　　　)

48. 苦心慘憺 (　　　　)

49. 馬頭納采 (　　　　)

50. 席藁待罪 (　　　　)

51. 紅疫 (　　　　)

52. 銳角 (　　　　)

53. 編鐘 (　　　　)

54. 外柔內剛 (　　　　)

55. 狐假虎威 (　　　　)

❖ 다음 밑줄 친 한자어의 독음을 쓰세요. (56~65)

56. 선생님은 책상에 낙서를 한 학생을 찾기 위해 <u>汨沒</u> 중이다. (　　　　)

57. 옛날 백성들이 가혹한 정치를 일삼던 고을의 원이나 지방관을 몰아내던 가마를 <u>萬人轎</u>라고 한다. (　　　　)

58. 해외동포 특별법은 해외에 살고 있는 동포들은 그들이 영주권자이건 시민권자이건 한국에서 특별한 혜택을 부여하는 법인데, 그 속에 중국동포를 제외한 것은 명백히 중국동포를 <u>恝視</u>하는 처사입니다. (　　　　)

59. 아아! <u>皎皎</u>한 달빛에 내 님이 그립구나. (　　　　)

60. 유럽 각국 정부는 자칫 수 십만명의 생명을 앗아갈 수도 있을 독성이 매우 강한 인플루엔자의 <u>猖獗</u>에 대비해야 할 것이라고 전문가들이 지적하고 나섰다. (　　　　)

61. 우리문학과 우리나라 사람의 특질을 <u>慇懃</u>과 끈기라고 표현하는 사람들을 종종 만나게 된다. (　　　　)

62. 족제비과의 동물인 <u>水獺</u>은, 강기슭 또는 늪가에 굴을 파고 사는데 발가락 사이에 물갈퀴가 있어 수중 생활에 적합하다. (　　　　)

63. 음주운전은 자신 뿐만 아니라 타인의 생명까지 <u>威脅</u>하는 살인행위이다. (　　　　)

64. 정보화 사회가 발달할수록 <u>情報人權</u>의 중요성이 부각되고 있다. (　　　　)

65. 제 3자가 보는 이익이라는 뜻의 사자성어는 어부지리 뿐만 아니라 견토지쟁(犬兎之爭), <u>蚌鷸之爭</u>이 있다. (　　　　)

❖ 다음 글을 읽고 물음에 답하세요. (66~70)

劉邦이 秦나라 수도 咸陽을 함락시키고 秦나라 왕 子嬰으로부터 항복을 받았다는 사실을 알게 된 項羽는 분노가 머리끝까지 치솟아 劉邦을 칠 각오를 다졌다. 劉邦 또한 項羽가 이를 갈고 있다는 걸 알고 項羽의 진중에 나아가 해명했다[鴻門之會].
劉邦의 변명에 項羽는 고개를 끄덕였으나 項羽의 謀臣 ㉠范增은 이를 好機로 項羽의 사촌동생 項莊으로 하여금 칼춤을 추게 하여 劉邦의 목숨을 노렸다. 劉邦이 위급한 처지에 있는 걸 알게 된 심복 ㉡樊噲가 방패와 칼을 들고 연회장에 들어가려고 했다. 그러나 ㉢위병이 가로 막았다. 일개 위병이 어찌 樊噲를 막을 수 있으랴. 위병을 쓰러뜨린 樊噲가 연회장에 뛰어들어 項羽를 쏘아보았다. 項羽는 저도 모르게 칼자루를 만지며 소리쳤다.
"누군가?"
"沛公 劉邦의 수행부하 樊噲입니다."
劉邦의 측근 張良이 대답해 주었다.
"장사로군. 이 자에게 술을 주도록 하라."
한말들이 술잔이 그에게 주어졌다. 樊噲는 선 채로 단숨에 들이켰다.
"이 자에게 생돼지 다리를 하나 갖다 주어라."
樊噲는 방패 위에 생돼지고기를 놓고 썰어 먹었다. 이를 본 천하의 項羽도 ㉣간담이 서늘해졌다.
"굉장한 장사로군. 한잔 더 하겠나?"
"㉮죽음도 사양하지 않는 제가 어찌 술 몇 말을 사양하겠습니까?"
項羽는 더이상 할 말이 없었다. 그리하여 樊噲는 劉邦을 구해낼 수 있었다.

66. 밑줄 친 ㉠의 독음을 쓰세요. (   )

67. 밑줄 친 ㉡의 독음을 쓰세요. (   )

68. 밑줄 친 ㉢을 한자로 쓰세요. (   )

69. 밑줄 친 ㉣을 한자로 쓰세요. (   )

70. 밑줄 친 ㉮의 상황에 해당하는 사자성어를 한자로 쓰세요.   (   )

❖ 다음 글을 읽고, 물음에 답하세요. (71~75)

신 제갈량 아룁니다.
㉮선제(先帝)께서 창업을 하신 지 반도 채 이루기도 전에 붕어하시고 말았습니다. 지금 천하가 셋으로 나뉘어 있다고는 하나, 우리 익주는 피폐하여 위급존망(危急存亡)의 기로에 서 있습니다. 다행히 폐하를 모시는 신하들이 안으로는 맡은 바 소임을 다하고, 밖으로는 제 몸을 잊고 싸움에 임하고 있습니다.
(중간 생략)
궁중과 조정은 하나가 되어야 합니다. 벼슬을 올리는 일이나, 벌을 주는 일이나, 착한 것, 그른 것을 판단하는 일에 착오가 있어서는 안 됩니다. 만일 ㉠간악한 죄를 저지른 자가 있다면 엄하게 벌을 내리고, 착한 일을 한 자가 있다면 후한 상을 내리시어 폐하의 공평하고 밝은 다스림을 널리 세상에 드러내야 합니다. 사사로이 한쪽으로 치우쳐 궁중과 조정이 서로 다르면 안 됩니다. 시중 곽유지와 시랑 비위, 동윤 등은 선량하고 진실되며 순수하고 충성스런 사람들입니다. 그런 까닭에 선제께서는 그들을 발탁하여 폐하께 남겨주신 것입니다.
(중간 생략)
㉡어진 신하를 가까이하고 소인배를 멀리했던 까닭으로 전한은 융성했습니다. 반대로, 소인배를 가까이 하고 어진 선비를 멀리했기 때문에 후한은 멸망했습니다. 선제께서는 살아 계실 때 이 일을 회고하시면서 환제, 영제 때의 어지러움을 통탄 하셨습니다. 시중상서 진진, 장사 장예, 참군 장완 등은 모두가 곧고 바르며 성실한 신하들입니다. 충절을 위하여 죽음도 마다하지 않을 사람들입니다. 가까이하고, 아끼고, 믿으십시오. 그러면 한왕조는 틀림없이 다시 융성해 질 것입니다.
신은 원래 아무런 벼슬도 하지 못한 평민으로, 남양의 벽지에서 밭을 갈던 자입니다. 난세를 피하여 목숨을 온전히 보존하기만을 바랐을 뿐, 제후에게 나가 벼슬할 생각은 추호도 없었습니다. 그런데 선제께서는 ㉢신의 미천한 신분을 개의치 않으시고 귀하신 몸을 굽혀 신의 초가집을 세 번씩이나 찾아오시어 난세의 일을 물으셨습니다. 이에 감격한 신은 선제를 위해 목숨을 바칠 것을 각오했던 것입니다. 그 뒤 패전하여 형세가 위태로울 때 신은 선제로부터 나라를 구하라는 명을 받았습니다.
(중간 생략)
폐하 또한 몸소 착한 길에 앞장서시어 신하들의 바른말을 받아 들이십시오. 그것이 선제가 남기신 가르침을 따르는 길입니다. 신이 이제 먼 길을 떠나려 합니다. 이 표를 올려 선제와 폐하의 은혜를 기리고자 하였으나 자꾸 눈물이 솟아 더 이상 무슨 말을 아뢰어야 할지 모르겠습니다.

71. 밑줄 친 ㉠에 해당하는 사자성어를 한자로 쓰세요. (　　　)

72. ㉡을 문장을 다음과 같이 표현할 때, 괄호에 알맞은 한자를 각각 써 넣으세요.

忠言逆於□而易於行 良藥苦於□而利於病
(　　　)

73. ㉰선제(先帝)는 누구를 말하는 것인지 한자로 쓰세요. (　　　)

74. 밑줄 친 ㉢에 해당하는 사자성어를 한자로 쓰세요. (　　　)

75. 이글의 제목은 무엇인지 한자로 쓰세요.
(　　　)

❖ 다음의 밑줄 친 단어를 한자로 쓰세요. (76~85)

76. 저 방대한 규모의 댐은 사실 생태환경을 파괴하는 인간의 피조물이다. (　　　)

77. 별안간에 벌어진 일이라 잘 기억이 나질 않는다.
(　　　)

78. 그는 라디오 음악 프로그램의 진행을 맡으면서 마구간 지기로 불렸다. (　　　)

79. 그 집의 화재는 방안의 난로가 원인이었다.
(　　　)

80. 사실에 근거하지 않는 패러디는 설 땅도 없고 자연스레 도태될 수밖에 없다. 수천만의 네티즌이 가만히 두질 않기 때문이다. (　　　)

81. 이번 폭풍우로 모든 부두와 항만이 폐쇄되었다.
(　　　)

82. 월드컵 4강 신화는 부상을 무릅쓰고 붕대 투혼을 보인 투철한 정신력에 기인한 것이다.
(　　　)

83. 아무리 좋은 사양의 컴퓨터도 컴맹 앞에서는 무용지물이다. (　　　)

84. 원장님께 이번 교육프로젝트에 대한 결재를 받았다.
(　　　)

85. 유치원에 처음 간 아이는 모든 것이 마냥 신기해서 자리를 떠날 줄 몰랐다. (　　　)

❖ 다음 문장에 있는 잘못된 한자어를 바르게 고쳐 쓰세요. (86~95)

86. 무인도에 표류하여 며칠동안 아무 것도 먹지 못한 그는 거의 嚬死 상태에 놓여 있었다.
(　　　→　　　)

87. 事少한 말다툼이 큰 싸움으로 번지기는 십상이다.
(　　　→　　　)

88. 그는 우리 문학계의 巨壁이다.
(　　　→　　　)

89. 옛날 여러 사람에게 널리 알리기 위해 길거리나 사람이 많이 모이는 곳에 써 붙이는 글을 <u>房文</u>이라고 하였다. (　　→　　)

90. 흔히들 잘못 쓰고 있는 단어인 풍지박산은 <u>風飛搏散</u>으로 고쳐써야 한다. (　　→　　)

91. 없는 사실을 거짓으로 꾸며 남을 고발하거나 고소하는 일은 <u>無告</u>죄에 해당한다. (　　→　　)

92. 인터넷 자유게시판은 점차 자유롭게 자신의 의견을 <u>被瀝</u>할 수 있는 곳으로 자리잡고 있다. (　　→　　)

93. 기업에서 요구하는 인재는 적극적인 사고, <u>進趣</u>적인 태도, 성실성, 근면성, 원만한 성품 등은 갖추고 미래에 대한 도전 의지를 지닌 활동적인 사람이다. (　　→　　)

94. 톱스타 권○○가 <u>愛切</u>한 사랑연기로 다시 한번 눈물을 자아낸다. (　　→　　)

95. 프로농구인 김○○은 이번 시즌 정규경기 최우수선수(MVP)에 뽑히며 받은 상금 500만원 전액을 장애인 종합복지관 소속 농구단에 <u>基贈</u>했다. (　　→　　)

❖ 다음 □ 안에 적당한 한자를 넣어 아래 글이 뜻하고 있는 한자성어를 완성하세요. (96~105)

96. 亡羊補□ (　　)

'양 잃고 우리를 고친다'는 뜻으로 이미 일을 그르친 뒤에 뉘우쳐도 소용없음을 이르는 말

97. 彫心□骨 (　　)

'마음에 새겨지고 뼈에 사무친다'는 뜻으로 몹시 고심함을 비유하여 이르는 말

98. 竹杖□鞋 (　　)

'대지팡이와 짚신'이라는 뜻으로 먼 길을 떠날 때의 아주 간편한 차림을 이르는 말

99. 惑世□民 (　　)

세상 사람을 미혹하게 하여 속임

100. 明眸□齒 (　　)

'맑은 눈과 하얀 이'라는 뜻으로 미인을 이르는 말

101. 龍虎相□ (　　)

힘이 강한 두 사람이 승부를 겨룸을 비유하여 이르는 말

102. 淺學□才 (　　)

'배운 바가 얕고 재주가 없다'는 뜻으로 자기의 학식을 겸손하게 이르는 말

103. □目相對 (　　)

'눈을 비비고 상대를 다시 본다'는 뜻으로 주로 손아랫사람의 학식이나 재주 따위가 놀랍도록 향상된 경우를 이르는 말.

104. □土重來 (　　)

한번패하였다가 힘을 돌이켜 다시 쳐들어옴, 어떤 일에 실패한 뒤에 힘을 가다듬어 다시 시작함

105. 七縱七□ (　　)

제갈량(諸葛亮)이 맹획(孟獲)을 일곱번 사로잡았다가 일곱번 놓아주었다는 고사에서 온 말로 마음대로 잡았다 놓아주었다 함을 뜻함.

1회 국가공인 한자자격시험 사범 예상문제

❖ 다음의 한자어 활용이 내용상 알맞은 것에는 ○표, 적당하지 않은 것에는 ×표 하세요. (106~110)

106. 山鷄野鶩 같은 성격의 아름다운 그녀는 언제나 뭇남성들의 시선을 한몸에 받고 있다. (   )

107. 김○○화백은 가시 冕旒冠을 쓰고 뺨에 한 방울 눈물이 맺힌 예수를 골판지에 먹으로 그린 그림으로 화단에 충격을 던졌다. (   )

108. 그의 인생철학은 簞食瓢飮과 같은 것이어서 악착같이 일하여 큰 재산을 축적하였다. (   )

109. 이제 곧 일본 대중 문화가 아무런 濾過 없이 우리나라의 곳곳에 들어올 전망이다. (   )

110. 누구의 도움도 청하지 않았던 이○○씨의 성공은 攀龍의 예로써 딱들어 맞는 것이야. (   )

❖ 다음 중 한자의 생성 원리[육서(六書)]가 <u>다른 것</u>을 골라 쓰세요. (111~113)

111. 海, 涉, 泳, 江   (   )

112. 女, 姓, 姜, 姑   (   )

113. 日, 月, 上, 火   (   )

❖ 다음 그림을 보고 물음에 답하세요. (114~115)

114. 오른쪽 그림은 어느 대학의 신문 광고입니다. 내용 중 '實4求是'의 '4'는 어떤 글자인지? 한자로 쓰세요.
(   )

115. '실사구시'를 解釋하세요.
(   )

❖ 다음 □에 써넣어서 주변에 4개 한자와 결합해 단어가 될 수 있는 공통 한자를 <보기>에서 골라 쓰세요. (116~117)

◀ 보기 ▶
問, 財, 貯, 交, 宿, 鄕, 質, 着, 失, 路

116.
```
        題
        ⇧
投 ⇨ □ ⇦ 寄
        ⇩
        食
```

117.
```
        素
        ⇧
正 ⇦ □ ⇨ 量
        ⇧
        材
```

국가공인 한자자격시험 · 사범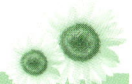

❖ 다음을 읽고, ( )안에 들어갈 적당한 단어를 우리말로 쓰세요. (118~120)

'假傳體'란 사물을 擬人化하여 쓴 傳記형식의 글로, 사람들을 경계하고 善을 권할 목적으로 쓰여진 고려 후기 문학장르 중의 하나이다. 「麴醇傳」, 「麴先生傳」은 (118)을, 「丁侍者傳」은 지팡이를, 「竹夫人傳」은 (119)를 의인화한 것이다. 또한 「孔方傳」은 네모난[方] 구멍이[孔] 있는 (120)의 전기[傳]이다.

118. (   )

119. (   )

120. (   )

❖ 다음 주어진 사자성어의 속뜻을 쓰세요. (121~125)

121. 尨眉皓髮 : (   )

122. 攀龍附鳳 : (   )

123. 坐席未煖 : (   )

124. 邯鄲之步 : (   )

125. 康衢煙月 : (   )

❖ 다음 <보기>에서 문맥상 ( )안에 들어갈 말을 골라 문장을 완성하세요. (126~128)

126. 天行健하니 君子以(   )이니라
◀ 보기 ▶
經世濟民   厚德載物
自彊不息   經天緯地

하늘의 운행이 굳건하니 군자는 이를 본받아 (   )

127. 詩三百을 一言以蔽之하니 曰(   )니라
◀ 보기 ▶
思無邪   思無私   善哉耶   眞無私

시경 3백 편의 뜻을 한 마디의 말로 요약할 수 있으니 (   )

128. 天生蒸民하사 (   )이로다
◀ 보기 ▶
生之者衆   有始有終
事有本末   有物有則

하늘이 많은 백성을 나게 하셨으니 (   )

❖ 문장에 제시된 뜻을 가진 한자를 쓰세요. (129~131)

129. 虎不知獸畏己而走也하고 (~라고 여기다)
□□
畏狐也러라

130. 禮與其奢也론 (차라리) 儉이요
□

131. 衣服은 不可華侈니 禦寒(~뿐이다)요
□□

132. 다음 내용으로 볼 때 빈칸에 들어갈 인물을 한자로 쓰세요.   (   )

(□□)以天縱之聖으로 轍環天下하사 道不得行于世하여 刪詩書하고 定禮樂하고 贊周易하며 修春秋하여 繼往聖開來學하시다.

국가공인 한자자격시험 사범 예상문제

❖ 다음 해석에 맞게 제시된 한자를 잘 배열하세요. (133~135)

133. (勿 則 過 改 憚)
　잘못이 있으면 고치는 것을 꺼리지 마라
　→

134. (焉 生 必 其 材 之 物 天 而 篤 因)
　하늘이 물건을 낼 적에는 반드시 그 재질을 따라 돈독히 한다
　→

135. (善 而 爭 水 萬 利 物 不)
　물은 만물을 잘 이롭게 하나 다투지 않는다.
　→

❖ 다음 밑줄 친 부분을 해석하세요. (136~140)

136. <u>舟覆乃見善遊</u>요 馬奔乃見良御이라

137. 夫賢士之處世也 <u>譬若錐之處囊中</u>이라

138. 民欲與之偕亡이면 <u>雖有臺池鳥獸나 豈能獨樂哉</u>리잇고

139. 致中和면 <u>天地位焉</u>하며 <u>萬物育焉</u>이니라

140. 倚南窓以寄傲하니 <u>審容膝之易安</u>이라

❖ 다음 시를 읽고 물음에 답하세요. (141~143)

> (가) 江碧鳥逾白하니 山靑花欲然이라
> 　　今春看又過하니 何日是歸年고
>
> (나) 林亭秋已晚하니, 騷客意無窮이라
> 　　遠水連天碧이요 霜楓向日紅이라
> 　　山吐孤輪月이요 江含萬里風이라
> 　　塞鴻何處去오? 聲斷暮雲中이라
>
> (다) 浿江兒女踏春陽하니 江上垂楊正斷腸이라
> 　　無限煙絲若可織이면 爲君裁作舞衣裳이라
>
> (라) 白犬前行黃犬隨하니 野田草際塚纍纍라
> 　　老翁祭罷田間道하고 日暮醉歸扶小兒라

141. 다음 빈칸의 알맞은 말은? (　　　)

> (나) 騷客은 '길손'을 나타냄
> (다) 浿江은 '대동강'을 가리킴
> (다) 煙絲는 (　　　)를 나타냄

142. (가)~(라) 중 아래 감상에 해당하는 한시를 기호로 쓰세요. (　　　)

> • 색조의 대비를 통한 계절의 정취가 사실적으로 묘사됨
> • 고향으로 돌아가지 못하는 나그네의 쓸쓸한 마음이 잘 표현됨

143. (가)~(라) 시 중 전란의 흔적이 느껴지는 한시를 기호로 쓰세요. (　　　)

❖ 다음 시구를 해석하세요. (144~146)

144. (가) 江碧鳥逾白하니 山靑花欲然이라
　→

145. (나) 山吐孤輪月이요 江含萬里風이라
→

146. (라) 老翁祭罷田間道하고 日暮醉歸扶小兒라
→

❖ 다음 글을 읽고 물음에 답하세요. (147~148)

> 夫天地者는 萬物之逆旅요 光陰者는 百代之過客이라 而浮生若夢하니 爲歡幾何오 古人秉燭夜遊가 良有以也로다 況陽春召我以煙景하고 大塊假我以文章이라 會桃李之芳園하야 序天倫之樂事하니 群季俊秀는 皆爲惠連이어늘 吾人詠歌는 獨慙康樂이라 幽賞未已에 高談轉淸이라 開瓊筵以坐花하고 飛羽觴而醉月하니 不有佳作이면 何伸雅懷리오 如詩不成이면 罰依金谷酒數하리라

147. '康樂'은 누구인가 한자로 쓰세요. (   )

148. '開瓊筵以坐花 飛羽觴而醉月'의 독음을 쓰세요.   (   )

❖ 다음 문장을 해석하세요. (149~150)

149. 古人秉燭夜遊가 良有以也로다

150. 幽賞未已에 高談轉淸이라

2회 국가공인 한자자격시험 사범 예상문제

- 객관식 문제의 정답은 OMR 답안지에 컴퓨터용 펜으로 바르게 표기하세요!
- 주관식 정답은 OMR 주관식 답안란에 파란색 또는 빨간색 플러스펜으로 쓰세요.
- OMR 답안지 모형은 홈페이지에서 내려 받을 수 있습니다.

▷ 한글인터넷주소 : 한자자격시험

주소(D) 　한자자격시험

■ 다음은 [객관식] 문항입니다. 정답을 컴퓨터용 펜으로 OMR 객관식 답안란에 바르게 표기하세요.

❖ 다음의 주어진 한자와 음이 같은 한자를 고르세요. (1~5)

1. [稈] ① 枷 ② 茄 ③ 哥 ④ 柬
2. [鉗] ① 疳 ② 箝 ③ 酣 ④ 甘
3. [杠] ① 勍 ② 磬 ③ 罡 ④ 橅
4. [岵] ① 呱 ② 瓠 ③ 菰 ④ 苽
5. [冉] ① 縮 ② 鹽 ③ 盥 ④ 菅

❖ 다음 중 주어진 한자와 관련이 없는 하나를 고르세요. (6~7)

6. [木] ① 楢 ② 苾 ③ 樗 ④ 茨
7. [草] ① 繭 ② 芟 ③ 苒 ④ 蒢

❖ 다음 중 주어진 한자와 뜻이 비슷한 한자를 고르세요. (8~10)

8. [萎] ① 黃 ② 薏 ③ 茵 ④ 葳
9. [慢] ① 倨 ② 怏 ③ 瞋 ④ 嗔
10. [鞦] ① 鞫 ② 韆 ③ 靭 ④ 轡

❖ 다음 중 부수가 다른 하나를 고르세요. (11~15)

11. ① 誥 ② 簷 ③ 詹 ④ 詧
12. ① 頍 ② 頰 ③ 顆 ④ 頺
13. ① 繼 ② 結 ③ 戀 ④ 累
14. ① 旦 ② 皆 ③ 暻 ④ 昆
15. ① 決 ② 洛 ③ 淇 ④ 落

❖ 다음 중 독음이 바르지 않은 것을 고르세요. (16~20)

16. ① 發束 : 발간 ② 麥稈 : 맥간
　　③ 蛇蝎 : 사알 ④ 閘門 : 갑문

17. ① 大綦 : 대근 ② 蕨菜 : 궐채
　　③ 芹誠 : 근성 ④ 蒼穹 : 창궁

18. ① 無聊 : 무료 ② 嚴飭 : 엄식
　　③ 樓櫓 : 누로 ④ 丘壟 : 구롱

19. ① 沸騰 : 불등 ② 硼砂 : 붕사
　　③ 困憊 : 곤비 ④ 黻冕 : 불면

20. ① 滲透 : 삼투 ② 胥吏 : 서리
　　③ 難澁 : 난삽 ④ 顙汗 : 상간

❖ 다음 문장의 (　) 안에 들어갈 한자어가 바르게 쓰인 것을 고르세요. (21~28)

21. 일제 강점기 수많은 독립운동가들이 일제의 잔학한 고문에 큰 (　)를 당했다.
　　① 苦楚　② 苦草　③ 枯草　④ 藁草

22. 증권용어 중, (　)(bar chart)은 봉차트라고도 하는데 과거의 주가 움직임을 그래프화하여 앞으로의 주가 동향을 예측하는 데 사용된다.
　　① 挂線　② 罫線　③ 卦線　④ 掛線

23. 모든 사람들이 자신의 주장을 ( )하고 굽히지 않는다면 화합과 상생은 이뤄지지 않을 것이다.
① 披歷　② 披瀝　③ 皮瀝　④ 被瀝

24. 24절기 중 ( )은 보리를 먹게 되고 볏모를 심는 시기다. 망종은 말 그대로 까끄라기 종자라는 뜻이니 까끄라기가 있는 보리를 수확하게 됨을 의미한다. 대략 음력 4, 5월, 양력 6월의 6, 7일경이다.
① 芒種　② 亡種　③ 亡終　④ 妄種

25. 아저씨! 인천 연안 ( ) 가는 길 좀 가르쳐주세요?
① 附頭　② 埠頭　③ 部頭　④ 符頭

26. 이 물건은 ( )가 너무 높은 것 같군.
① 團歌　② 單家　③ 短歌　④ 單價

27. ( )를 앓고 계신 그의 시어머니는 식이요법을 통해 큰 효과를 보고 있다.
① 糖要　② 撞尿　③ 唐尿　④ 糖尿

28. ○○대학의 정문은 ( )가 너무 급해서 오르기가 힘들다.
① 輕士　② 傾斜　③ 傾瀉　④ 勁士

❖ 다음 설명에 맞는 한자어를 고르세요. (29~35)

29. 꾸밈이 없이 소박하고 말주변이 없음
① 樸訥　② 朴內　③ 博訥　④ 迫訥

30. 죄인을 붙잡는 일. 한 나라의 선박이 봉쇄를 위반했거나 또는 금제품의 수송 등 국제적 범죄라고 인정되는 행위를 한 외국 선박을 해상에서 그 지배 하에 두고 점유하는 행위
① 拿浦　② 拿捕　③ 那捕　④ 裸捕

31. 사납고 악착함
① 英惡　② 獰惡　③ 英顎　④ 永渥

32. 양귀비의 채 익지 않은 열매에 상처를 내어서 뽑아 낸 진을 말려서 굳힌 갈색 가루. 모르핀 등을 주성분으로 하는 마약으로서 진통제나 설사약 등에 쓰인다
① 鴉偏　② 亞偏　③ 鴉便　④ 阿片

33. 불교에서 이르는, 더러운 땅. 곧, 이승을 이르는 말
① 曳土　② 穢土　③ 譽土　④ 叡土

34. 어떤 일을 시행함. 또는 그 일
① 行使　② 行査　③ 行事　④ 行祀

35. 개인의 사회적 신분에 따르는 위치나 자리
① 至委　② 支位　③ 地位　④ 知委

❖ 다음 중 성어의 속뜻으로 알맞은 것을 고르세요. (36~40)

36. 龜背刮毛
① 밤낮없이 일에 파묻힘
② 입을 다물고 말을 아니함
③ 산세(山勢)가 웅장함을 비유하여 이르는 말
④ 불가능한 일을 무리하게 하려고 함

37. 拈華微笑
① 인생과 영화의 덧없음의 비유
② 문자나 말에 의하지 않고, 마음에서 마음으로 전하는 일
③ 이사를 자주 다니거나 일이 몹시 바쁜 형편
④ 소박한 생활의 비유

38. 獻芹之誠
   ① 살결이 곱고 깨끗한 미인
   ② 정성을 다하여 올리는 마음
   ③ 태평한 시대의 큰 길거리에 보이는 안온한 풍경
   ④ 매우 맑고 밝은 달빛

39. 螳螂拒轍
   ① 기묘하고 빼어난 산
   ② 이미 일을 그르친 뒤에 뉘우쳐도 소용없음을 이르는 말
   ③ 인간의 욕심은 끝이 없음
   ④ 제 분수도 모르고 강적에게 반항함

40. 竹杖芒鞋
   ① 힘이 강한 두 사람이 승부를 겨룸을 비유하여 이르는 말
   ② 먼 길을 떠날 때의 아주 간편한 차림을 이르는 말
   ③ 어리석은 백성들
   ④ 성미가 팔팔하여 다잡을 수 없는 사람을 비유하여 이르는 말

41. 다음 중 '빈대 잡으려다 초가삼간 태운다'의 속담에 해당하는 사자성어는?
   ① 手不釋卷   ② 井中之蛙
   ③ 矯角殺牛   ④ 草家三間

❖ 다음 글을 읽고 물음에 답하세요. (42~45)

> 월드컵...
> 2002년 6월 한달 동안 신문과 방송, 기타 언론 매체의 첫 머리는 ㉠□□할만한 성장을 보인 한국 축구에 대한 찬사와 美辭麗句가 대부분이었다. 히딩크 감독을 비롯하여 한국 선수들의 기사가 신문지면에 넘쳐났고, 길거리 응원단의 열광적인 모습이 화보로 소개되었다.
> 그러나 언론의 보도 행태는 큰 유감이다. 선수들의 노력과 결과를 貶下하려는 의도는 전혀 없다. 그들은 잘 싸웠다. 하지만 언론이 선수가 잘 싸운 것만 보도하는 것은 큰 문제다. 우리는 언제나 엘리트 체육만을 보도해 왔다. 국가대표가 하는 경기에만 언론은 [㉡]를(을) 이룰 뿐 아마추어 경기는 물론이거니와 프로 선수들의 경기조차도 제대로 팬들에게 전달되지 못했다. 잘하는 사람만이 아닌 평범하고 조금 모자란 곳에도 관심을 가져야 한다.
> 또한 언론은 외국 언론과 일부 나라가 끊임없이 제기한 심판 판정 시비에 적절히 대응하지 못했다. 우리도 정확한 근거와 판단으로 그들에게 대응하여 우리나라 선수가 운이나 심판의 불공정한 판정이 아닌 실력에 의해 4강을 이뤄냈다는 것을 알렸어야 했다.
> 항상 결과에만 관심 갖게 만드는 보도도 문제다. 결승에 진출하지 못했다고 해서 '좌절', '실패'란 단어를 쓰는 것은 그 간 선수들의 노력을 무시하는 言辭다. 선수들은 이미 목표 달성을 이루었고, 최선의 노력을 한 것이다. 사람의 마음이 ㉢많으면 많을수록 좋아하는 게 人之常情이라고는 하지만 많은 것을 이뤄낸 선수들에겐 너무나 지나친 욕심을 부리는 것이다.
> 끝으로 이번 대회에서 이뤄낸 성과를 계속 이어나가기 위해서는 유소년, 청소년 축구에 더 많은 투자를 해야하고, 히딩크 감독이 그랬듯이 學緣과 地緣에 관계없이 능력 있는 선수 발굴이 필요하다. '4강 신화'가 지난날의 역사가 아닌 앞으로 이어질 역사로 남기기 위해서는.

42. 문맥 상 위의 ㉠□□에 들어갈 알맞은 단어는 무엇입니까?
   ① 刮目   ② 相對   ③ 鷄群   ④ 武陵

43. 문맥 상 위의 ㉡에 들어갈 알맞은 한자성어는 무엇입니까?
   ① 錦衣夜行   ② 南柯一夢
   ③ 門前成市   ④ 明鏡止水

44. 밑줄 친 ㉢에 해당하는 한자성어는?
   ① 簞食瓢飲   ② 同價紅裳
   ③ 望雲之情   ④ 多多益善

45. 다음 중 그 성어의 쓰임이 적절한 것은 무엇인가?
① 巧言令色이라더니, 프랑스가 16강에도 못 들었구나.
② 8강에서 탈락해 亡國之歎에 빠진 이탈리아.
③ 월드컵 4강을 이뤄낸 대한민국 선수들은 結者解之한 것이야.
④ 16강에서 탈락한 포르투갈이여. 捲土重來하라!

❖ 다음 글을 읽고 물음에 답하세요. (46~50)

> 問者曰以㉮子之道로 移之官理可乎아 ㉠駝曰我知種樹而已요 理非吾業也라 然吾居鄕하여 見長人者好煩其令하여 若甚憐焉이로되 而卒以禍라 旦暮吏來而呼曰官命㉡促爾耕하고 ㉢勖爾植하며 ㉣督爾穫하며 蚤繰而緖하며 蚤織而縷하며 ㉯字而幼孩하며 遂而鷄豚이라하여 鳴鼓而聚之하고 擊木而召之라 吾小人은 ㉰具饔飧以勞吏者라도 且不得暇어늘 又何以蕃吾生而安吾性邪아 故로 病且怠하니 若是卽與吾業者로 其亦有類乎아 問者喜曰不亦善夫아 吾問養樹라가 得養人術이로다 傳其事하여 以爲官戒也하노라

46. 밑줄 친 한자의 뜻이 바르지 못한 것은?
① ㉠駝 : 낙타 ② ㉡促 : 재촉하다
③ ㉢勖 : 갈아엎다 ④ ㉣督 : 감독하다

47. ㉮ '子之道'가 가리키는 것은?
① 養豚 ② 養人 ③ 養生 ④ 養樹

48. 백성들이 생활을 번성하게 하고 본성을 편하게 할 수 없는 이유를 본문에서 두 글자의 한자로 표현하면?
① 幼孩 ② 種樹 ③ 爾穫 ④ 煩令

49. ㉯ '字而幼孩하며 遂而鷄豚' 중 독음이 틀린 것은?
① 字 : 자 ② 孩 : 핵 ③ 遂 : 수 ④ 豚 : 돈

50. ㉰ '具饔飧以勞吏者' 중 '饔飧'의 독음과 뜻이 맞는 것은?
① 옹찬, 아침밥과 점심밥
② 옹찬, 기름진 음식
③ 옹손, 맛있는 밥
④ 옹손, 아침밥과 저녁밥

>> ■ 다음은 [주관식] 문항입니다. 정답을 플러스 펜으로 OMR 주관식 답안란에 쓰세요.

❖ 다음 한자의 뜻과 음을 쓰세요. (1~25)

1. 桿 (   )   2. 喀 (   )
3. 繭 (   )   4. 鉗 (   )
5. 憺 (   )   6. 駱 (   )
7. 鬢 (   )   8. 牢 (   )
9. 緡 (   )   10. 杳 (   )
11. 焙 (   )   12. 駙 (   )
13. 榧 (   )   14. 쏘 (   )
15. 疝 (   )   16. 廂 (   )
17. 鈃 (   )   18. 扼 (   )
19. 擘 (   )   20. 鳶 (   )

2회 국가공인 한자자격시험 사범 예 상 문 제

21. 熬 (   )   22. 邀 (   )

23. 贓 (   )   24. 脹 (   )

25. 悍 (   )

❖ 다음 한자의 부수를 쓰세요. (26~30)

26. 槌 (   )   27. 疊 (   )

28. 睫 (   )   29. 坫 (   )

30. 及 (   )

❖ 다음 (   )안에 공통으로 들어갈 한자를 <보기>에서 골라 쓰세요. (31~35)

> 보기
> 鼠, 箭, 鋤, 鹵, 華, 笠, 蔭, 麴, 胥, 除

31. 淸(   )醬, (   )醇傳, (   )先生傳

32. 華(   )之夢, (   )吏, (   )動浮言

33. 卜(   ), (   )書, (   )竹

34. 茂(   ), (   )官, (   )職

35. 暗(   ), (   )形, 柳葉(   )

❖ [가로열쇠]와 [세로열쇠]를 읽고, 빈칸에 공통으로 들어갈 한자를 쓰세요. (36~40)

36. | 朦 | | 가로열쇠 | 으스름 달 |
| | 月 | 세로열쇠 | 무엇이 흐릿하고 희미하게 보임 |

37. | 一 | | 가로열쇠 | 약간, 조금 |
| | 消 | 세로열쇠 | 지워 없앰 |

38. | 靑 | | 가로열쇠 | 분바른 얼굴과 먹으로 그린 눈썹 |
| | 粉 | 세로열쇠 | 쪽으로 만든 검푸른 물감 |

39. | 一 | | 가로열쇠 | 한 번 흘깃 봄 |
| | 見 | 세로열쇠 | 얼른 쓸쩍 봄, 흘끗 봄 |

40. | 靑 | | 가로열쇠 | 눈썹 먹으로 푸르게 그린 눈썹 |
| | 眉 | 세로열쇠 | 누에나방의 눈썹처럼 아름다운 미인의 눈썹 |

❖ 다음 한자어의 독음을 쓰세요. (41~55)

41. 慘憺   (   )

42. 鏡胴   (   )

43. 伉儷   (   )

44. 拙訥   (   )

45. 翎毛   (   )

46. 樓櫓   (   )

47. 丘壟   (   )

48. 箝口勿說   (   )

49. 肉袒負荊   (   )

50. 彫心鏤骨   (   )

51. 映窓   (   )

52. 墓碣　　　　　　　　（　　　　　）

53. 遊興　　　　　　　　（　　　　　）

54. 苛斂誅求　　　　　　（　　　　　）

55. 捲土重來　　　　　　（　　　　　）

❖ 다음 밑줄 친 한자어의 독음을 쓰세요. (56~65)

56. 그는 십자가 앞에서 진심으로 그의 죄를 <u>贖罪</u>하였다.　　　　　　　　（　　　　　）

57. 이 소화약은 먹기 편하게 <u>顆粒</u> 형태로 되어 있다.　　　　　　　　　（　　　　　）

58. 김씨의 초라한 꽃상여는 상여꾼의 구슬픈 <u>輓歌</u> 소리와 함께 마을 어귀를 빠져나가고 있었다.　　　　　　　　　　（　　　　　）

59. 꿰미에 꿴 돈을 <u>緡錢</u>이라고 한다.
　　　　　　　　　　　（　　　　　）

60. 갑자기 하늘이 어두워지면서 한차례 <u>雨雹</u>이 치더니 언제 그랬냐는 듯이 하늘은 맑게 개었다.
　　　　　　　　　　　（　　　　　）

61. '<u>瘢痕</u>'이라는 어려운 용어 대신 '상처'라는 쉬운 말로 고쳐 쓰면 어떨까?
　　　　　　　　　　　（　　　　　）

62. 대통령은 측근에게 불법 자금 수수 행위를 지시 또는 <u>幇助</u>한다거나 기타 불법적으로 관여하였다는 사실이 인정되지 않음으로 이 부분 소추사유는 이유가 없다고 기각되었다.　（　　　　　）

63. 최근 들어 새로운 인터넷 도메인을 선점하려는 경쟁이 <u>熾熱</u>하다.　　　（　　　　　）

64. 불당 밖에 가득한 <u>善男善女</u>들이 주지 스님의 말씀을 간절히 기다리고 있다.　（　　　　　）

65. 신생아의 경우 황달, 수막염 등에 의해, 뇌가 손상되어 운동기능이 마비되는 <u>腦性痲痺</u>가 올 수 있으므로 이상 징후가 발견되면 즉시 병원을 찾아야 한다.
　　　　　　　　　　　（　　　　　）

❖ 다음 글을 읽고 물음에 답하세요. (66~70)

<결론>
　이 심판청구는 ㉠<u>彈劾</u> 결정에 필요한 재판관 수의 정족수를 채우지 못했으므로 ㉡<u>기각</u>한다.
　헌법재판소법 제34조 1항에 의하면 헌법재판소 ㉢<u>평의</u>는 공개하지 않도록 돼 있다. 그러므로 개별 재판관의 의견을 결정문에 표시하기 위해서는 이 같은 평의의 비밀에 대해 예외를 인정하는 특별규정이 있어야 가능한데, 彈劾심판에 관해 평의의 비밀에 대한 예외 ㉣____ 규정이 없다. 따라서 彈劾심판 사건에 대해서도 재판관 개개인의 개별적 의견 및 그 의견의 수 등을 결정문에 표시할 수는 없다고 할 것이다.
　그러나 이 견해에 대해 헌법재판소법 제 36조 3항은 彈劾심판에 있어서 의견을 표시할지 여부를 관여한 재판관의 ㉤<u>재량</u> 판단에 맡기는 의미로 해석해야 할 것이므로 반대의견도 표시할 수 있다는 견해가 있었다.
　<2004년 5월 14일 대통령 彈劾 사건 선고 결정문 요약문 중에서>

66. 밑줄 친 ㉠의 독음을 쓰세요.　（　　　　　）

67. 밑줄 친 ㉡을 한자로 쓰세요.　（　　　　　）

68. 밑줄 친 ㉢을 한자로 쓰세요.　（　　　　　）

2회 국가공인 한자자격시험 사범 예상문제

69. 밑줄 친 ㉣에 들어갈 알맞은 말을 한자로 쓰세요. (   )

70. 밑줄 친 ㉤을 한자로 쓰세요. (   )

❖ 다음 글을 읽고, 물음에 답하세요. (71~75)

永州 지방의 들에 특이한 뱀이 생산되는데, ㉠黑質白章가 있으며, 풀과 나무에 닿으면 모두 죽고, 사람을 물면 제어할 방법이 없었다. 그러나 이것을 잡아 포를 떠서 약으로 만들면, 중풍과 마비되는 병과 종기를 가히 그치게 할 수 있으며, 죽은 살을 제거하고, 기생충을 죽이기도 한다. 처음에는 ㉡太醫가 왕명으로, 이것을 모아 한해에 그 두 마리를 세금으로 바치게 하되, 이것을 능히 잡을 수 있는 자는 세금 바치는 것을 면제시키도록 모집을 하니, 영주지방 사람들이 다투어 바삐 분주하였더니, 蔣氏라는 사람이 그 이익을 독점한 것이 삼대에 걸쳐 있었다.

내가 물으니 답하기를,
"내 할아버지가 여기에서 죽었고, 내 아버지도 여기에서 죽었으며, 지금 내가 이어서 일을 한지 12년이 되었는데, ㉢거의 죽을 뻔한 지가 여러 번 있었다."
고 말을 함에 그 모습이 심히 슬픈 것 같거늘, 내가 슬프게 여겨 또한 말하기를,
"그대가 고통스럽다고 생각하니, 내가 장차 이 일을 맡은 자에게 고하여 너의 부역[뱀 잡는 일]을 바꿔주고, 너의 세금을 회복하도록 하는 게 어떻겠는가?"
하니, 蔣氏는 크게 슬퍼하여 눈물을 왈칵 쏟으면서 말하기를,
"당신께서 슬퍼하여 장차 나를 살려주려고 하시지만, 나의 이 역할의 불행함이 내 세금을 회복하는 것보다 불행이 심하지는 않습니다. 전에 내가 이 일을 하지 않았다면, 오래 전에 이미 병들었을 것입니다. 우리 집안이 이 고을에 삼대에 걸쳐 살면서 지금에 이르기까지 60여 년이 되었습니다. 마을 이웃의 삶이 땅의 소출은 날마다 줄어들고, 그 집의 수입을 다 바쳐도 모자라니, 울부짖으며 이사가기도 하고, 굶주리고 갈증나서 쓰러지기도 하고, 비바람에 닿고 추위와 더위를 당하여 지독한 병으로 ㉣탄식하며 부르짖어 가끔씩 죽는 자가 서로 이어집니다. 그 전에 나의 할아버지와 함께 살던 자가 지금 그 집은 열에 하나도 없고, 나의 아버지와 함께 살던 자도 지금 그 집이 열에 둘 셋도 없으며, 나와 더불어 12년을 살던 자들도 지금 그 집이 열에 넷, 다섯도 남아 있지 않으니, 이는 죽지 않았으면 이사를 간 것입니다. 그런데 나는 뱀 잡는 것으로 홀로 남아 있습니다. 사나운 관리들이 우리 이웃에 와서 동서로 부딪치고, 남북으로 떠들썩하게 시끄럽게 부르짖어 놀라게 하는 자가 있으니, 비록 닭과 개라도 편안할 수가 없습니다. 나는 천천히 일어나서 그 항아리를 보고 나의 뱀이 아직 남아 있으면 느긋하게 눕고, 조심스럽게 먹이를 먹이고, 때를 맞춰 (뱀을) 바치고, 물러나서는 그 땅에 있는 것을 달게 먹으며, 나의 여생을 다하니, 대개 한 해에 죽을 고비가 두 번이요, 그 나머지는 즐겁게 즐기니, 어찌 나의 이웃이 아침마다 관리들의 소동이 있는 것과 같겠습니까? 지금 비록 여기서 죽더라도 나의 이웃의 죽음과 비교하면 늦게 죽는 것이니, 또한 어찌 고통으로 여기겠습니까?"
하였다. 내가 듣고 더욱 슬퍼하나니, 공자께서 말씀하시기를 ㉤'가혹한 정치가 호랑이보다 무섭다'고 하셨는데, 나는 일찍이 이 말을 의심했었다. 지금 장씨를 살펴보니, 더욱 믿을 수 있겠도다. 아! 세금거두는 지독함이 이 뱀보다 심함이 있음을 누가 알겠는가. 그러므로 나는 이 일을 이야기로 적어서 백성들의 풍속을 관찰하는 자이 터득하기를 기다리노라.

71. 밑줄 친 ㉠을 해석하면?
(   )

72. 밑줄 친 ㉡太醫의 다른 표현은 무엇인가?
(   )

73. 밑줄 친 ㉢의 내용을 사자성어로 표현하면?
(   )

74. 밑줄 친 ㉣을 한자로 쓰세요.
(   )

75. 밑줄 친 ㉤의 공자의 말씀에 해당하는 고사성어는?
(   )

❖ 다음의 밑줄 친 단어를 한자로 쓰세요. (76~85)

76. 각 업체들은 올 여름 매출기록에 회사의 사활을 건 마케팅으로 마치 전쟁을 <u>방불</u>케 하고 있다.
( )

77. 어젯밤에 도둑이 순행하던 <u>순라</u>에게 붙잡혔다.
( )

78. 1시간 째 그늘 밑에서 아빠를 기다리던 아이는 <u>무료</u>함 끝에 긴 하품을 하고 있었다. ( )

79. 대부분의 사냥총들이 <u>산탄</u>을 사용하기 때문에 흩어진 탄알에 피해가 속출하고 있다.
( )

80. <u>비상</u>을 사 먹고 죽으려고 해도 노랑전 한 푼 없다. ( )

81. <u>위축</u>됐던 건설업체들의 해외 건설수주 실적도 올해 들어 점차 회복되는 추세를 보이고 있다.
( )

82. 미국 민간 국제과학자협회가 올 하반기 실전 배치될 미사일방어(MD)체제에 대해 "기술적으로 탄도미사일 <u>요격</u>능력이 없다"고 주장해 MD 체제의 효용성 논란을 가열시키고 있다.
( )

83. <u>고문</u>은 인간의 정신세계를 송두리째 파멸시킨다. ( )

84. 톱스타 김○○양이 자신을 두고 일고 있는 성형 논란에 대해 직접 <u>부인</u>했다. ( )

85. 이 작품은 영화제 기간 중 최고 시간대라고 할 수 있는 토요일 저녁에 주 상영관인 ○○극장에서 메인 상영회를 가질 정도로 <u>주최</u>측으로부터 대접받고 있다. ( )

❖ 다음 문장에 있는 잘못된 한자어를 바르게 고쳐 쓰세요. (86~95)

86. 역도의 장○○은 올림픽 선발전 여자부 무제한 급 <u>庸上</u>에서 170kg을 들어올려 한국 여자역도 사상 첫 비공인 세계신기록을 세우고 인상에서도 130kg을 성공, 합계 300kg으로 세계타이기록을 작성했다. (→)

87. 그의 형은 훈련 때 입은 부상으로 전역하게 된 <u>傷異</u>군인이었다. (→)

88. 국제 유가가 지속적으로 높은 수준을 유지하고 있고 가장 중요한 경제 선행지수들이 둔화될 <u>兆斟</u>을 보이고 있습니다. (→)

89. 지금은 거의 사용하고 있지 않지만 아직도 그에겐 <u>鑄板</u>이 전자계산기보다 빠른 도구이다.
(→)

90. 겨울을 준비하려는 송씨의 뒷마당 한구석에는 <u>長灼</u> 더미가 산처럼 쌓여있었다.
(→)

91. <u>長物</u>죄는 절도죄 보다도 더 죄의 형량이 무겁다.
(→)

92. 소독제의 함유 수준이 지나치게 낮은 온수욕조를 사용하면 <u>發進</u>과 귓병을 유발할 수 있다고 미국 질병통제 예방센터(CDC)가 주의를 환기시켰다. (→)

93. 三族이란 부모, 형제, 處子를 통틀어 이르는 말이다. (　→　)

94. 아내의 內調야 말로 가장 든든한 힘이다. (　→　)

95. 서울과 뉴욕에서 동시에 한국인 대상유엔 사무국 전문직원 債用시험이 실시된다고 외교통상부가 15일 밝혔다. (　→　)

❖ 다음 □ 안에 적당한 한자를 넣어 아래 글이 뜻하고 있는 한자성어를 완성하세요. (96~105)

96. 鴻□之志　　(　)

큰기러기와 고니. 원대한 포부를 비유한 말.

97. 皎皎白□　　(　)

희고 깨끗한 말. 성현(聖賢)이 타는 말

98. 坐席未□　　(　)

'앉은 자리가 따뜻해질 겨를이 없다'는 뜻으로 이사를 자주 다니거나 일이 몹시 바쁜 형편임을 이르는 말

99. 東塗西□　　(　)

'동쪽에서 바르고 서쪽에서 지운다'는 뜻으로, 이리저리 간신히 꾸며 대어 맞춤을 이르는 말

100. 愚夫愚□　　(　)

어리석은 백성들

101. 明□皓齒　　(　)

'맑은 눈과 하얀 이'라는 뜻으로 미인을 이르는 말

102. 淺學□才　　(　)

배운 바가 얕고 재주가 없다는 뜻으로 자기의 학식을 겸손하게 이르는 말

103. □肉之歎　　(　)

넓적다리를 보고 탄식한다는 뜻으로, 영웅이 때를 만나지 못해 자신의 뜻을 이루지 못하는 것에 대한 탄식을 이르는 말

104. 三年不□　　(　)

후일에 웅비(雄飛)할 기회를 기다림을 이르는 말

105. □動浮言　　(　)

일부러 거짓말을 퍼뜨려 인심을 꼬드김

❖ 다음의 한자어 활용이 내용상 알맞은 것에는 ○표, 적당하지 않은 것에는 ×표 하세요.(106~110)

106. 그 둘의 대결은 마치 龍虎相搏과 같이 우열을 가리기 힘들었다. (　)

107. 김○○은 이 작업에 있어서 없어서는 안될 鼠肝蟲臂와도 같은 중요한 인물이다. (　)

108. 황○○양은 가난 속에서도 부모님을 정성껏 잘 보살펴 이번 어버이날에 菽水之供의 모범으로 효행상을 받게 되었다. (　)

109. 아휴 답답해. 그는 煙筒이 꽉 막혀 있어. (　　)

110. 그는 항상 나와 對蹠점에 서서 나를 도와주곤 하였다. (　　)

❖ 다음의 설명에 해당하는 한자를, 밑줄을 참고하여 쓰세요. (111~115)

111. <u>사람</u>들이 한 <u>골짜기</u>에서 모여 살면 같은 풍속을 갖게 마련이라는 데서 '풍속'의 뜻을 지닌 글자 (　　)

112. <u>흙</u> 위에 흙을 <u>거듭</u> 더한다는 데서 '더하다'의 뜻을 지닌 글자 (　　)

113. <u>큰소리</u>로 장담하는 <u>말</u>은 사실과 달라지는 경우가 많다는데서 '그릇되다'의 뜻을 지닌 글자 (　　)

114. <u>실</u>을 삶아 불순물을 <u>가려낸다</u>는 데서 '익히다'의 뜻을 지닌 글자 (　　)

115. 눈 위에 <u>손</u>을 얹고 본다는 데서 '보다'의 뜻을 지닌 글자 (　　)

❖ 다음 □에 써넣어서 주변에 4개 한자와 결합해 단어가 될 수 있는 공통 한자를 〈보기〉에서 골라 쓰세요. (116~117)

◀보기▶
拔, 發, 撥, 鉢, 成, 性, 省, 姓

116.
```
      歸
      ⇩
反 ⇨ □ ⇨ 察
      ⇩
      略
```

117.
```
      開
      ⇩
頻 ⇨ □ ⇨ 起
      ⇩
      展
```

❖ 다음 문장을 우리말 속담으로 고치세요. (118~120)

118. 隨友適江南 (　　　　　　　)

119. 積功之塔 豈毁乎 (　　　　　　　)

120. 一日之狗가 不知畏虎 (　　　　　　　)

❖ 다음 주어진 사자성어의 속뜻을 쓰세요. (121~125)

121. 結者解之 : (　　　　　　　)

122. 緣木求魚 : (　　　　　　　)

123. 於異阿異 : (　　　　　　　)

2회 국가공인 한자자격시험 사범 예상문제

124. 坐井觀天 : (　　　　　　　　　)

125. 苛斂誅求 : (　　　　　　　　　)

❖ 다음 <보기>에서 문맥상 빈칸에 들어갈 말을 골라 문장을 완성하세요. (126~127)

126. (　　　)면 天地位焉하며 萬物育焉이니라

▸보기◂
及人和　到中庸　致中和　平天下

(　　　) 천지가 제자리를 편안히 하고 만물이 잘 자라게 될 것이다.

127. 今天下 車同軌하며 書同文하며 (　　　)이니라

▸보기◂
衣同織　行同倫　言同原　食同法

지금 천하에는 수레는 수레바퀴의 칫수가 같으며 글은 문자가 같으며 (　　　)

❖ 다음 문장에 제시된 뜻을 가진 한자를 쓰세요. (128~130)

128. 里仁이 爲美하니 擇不處仁이면 □得知리오
　　　　　　　　　　　(어찌)
　　　　　　　(　　　　　　　)

129. 多言이며 數窮이니 □□守中이니라
　　　　　　　　(~만 같지 못하다)
　　　　　　　(　　　　　　　)

130. □□今日不學而有來日하라
　　　(~라고 말하지 마라)
　　　　　(　　　　　　　)

❖ 다음 글을 읽고 물음에 답하세요. (131~132)

居㉠天下之廣居하며, 立㉡天下之正位하며, 行天下之大道하여. 得志하여서는 與民由之하고, 不得志하여는 獨行其道하여, 富貴不能淫하며, 貧賤不能移하며, 威武不能屈이, 此之謂□□□니라.
<맹자>

131. '㉠天下之廣居'와 '㉡天下之正位'가 의미하는 것이 무엇인지 쓰세요.
(　　　　　　　　　)

132. 내용으로 볼 때 □□□안에 들어갈 한자어를 한자로 쓰세요.
(　　　　　　　　　)

❖ 다음 해석에 맞게 제시된 한자를 잘 배열하세요. (133~135)

133. (能 豈 獨 哉 樂)
어찌 혼자서 즐길 수 있겠습니까?
→

134. (誰 爲 能 懸 耶 我 鈴)
누가 우리를 위하여 방울을 달겠느냐
→

135. (後 待 必 師 然 法 正 將)
반드시 장차 스승의 가르침을 받은 뒤에 바르게 된다.
→

❖ 다음 문장을 해석하세요. (136~140)

136. 禍福無門이라 唯人所召라

137. 朽木은 不可雕也며

138. 言之不出은 恥躬之不逮也니라

139. 桃李不言이나 下自成蹊라

140. 曲肱而枕之라도 樂亦在其中矣니라

❖ 다음 시를 읽고 물음에 답하세요. (141~143)

(가) 憶君無日不霑衣요　政似春山蜀子規라
　　爲是爲非人莫問고　只應殘月曉星知이로다

(나) 簾影深深轉이요　荷香續續來라
　　夢回高枕上에　桐葉雨聲催라

(다) 秋陰漠漠四山空한대 落葉無聲滿地紅이라
　　立馬溪橋問歸路한대 不知身在畵圖中이라

(라) 山僧貪月色하여　幷汲一瓶中이라
　　到寺方應覺하여　瓶傾月亦空이라

141. (가) '憶君無日不霑衣'의 독음을 쓰세요.
　　(　　　　　　　　　　)

142. (가)~(라) 중 아래 감상에 해당하는 한시를 기호로 쓰세요. 　(　　　　)

· 忠臣戀主之詞로 사람들에게 널리 애송됨
· 민간가요에서 제재를 취하여 7언절구의 형식으로 지은 소악부의 형태

143. (가)~(라) 시 중 '인간 욕심의 허망함과 깨달음'을 노래한 한시를 기호로 쓰세요.
　　(　　　　　　　　　　)

❖ 다음 시구를 해석하세요. (144~145)

144. 簾影深深轉이요　荷香續續來라
　　→

145. 爲是爲非人莫問고　只應殘月曉星知이로다
　　→

❖ 다음 글을 읽고 물음에 답하세요. (146~150)

㉮星湖僿說者는 星湖翁之戲筆也라. 翁之作是說也는 何意오 直無意라. 無意면 奚其有此哉오. 翁은 乃優閑者也라. 讀書之暇에 應世遁俗하야 或得之傳記하고 得之子集하고 得之詩歌하고 得之傳聞하고 得志詼諧하여 或可笑可喜하여 可以存閱을 隨手亂錄하여 不覺其至於多積호라. 乃分門類入하여 遂成卷帙하고 又不可無名일새. 名之以僿說은 勢也요 非意之也로다. 翁이 窮經二十年에 凡見解聖賢遺意엔 各有成說하고 又喜著書하여 其寓物酬人의 序記論說엔 別有采輯하나 如僿說者는 不敢載之라. 向之數者는 則其爲無用之冗言이 定矣라. 鄙諺에 云 我食屬厭하나 棄將可惜이라 하니 此僿說所以起也로다.

146. '㉮星湖僿說'의 독음과 '星湖'는 누구의 호(號)인지 쓰세요. 　(　　　　　　　　　)

147. 아래 문장이 들어가야 할 곳의 앞뒤 2글자씩 쓰세요.

<始也엔 爲其忘錄之卷하고 旣又爲之目하야 列於端하고 目又不可以徧閱일새>
　　(　　　　　　　　　　)

148. 위글은 한문 문체 중 '說'류이다. 이와 같은 글의 문체적 특징을 쓰세요.
　　(　　　　　　　　　　)

149. 본문에 사용된 속담을 찾아서 그 뜻을 쓰세요.
　　(　　　　　　　　　　)

150. 『星湖僿說』을 쓴 작가의 집필태도를 나타내는 말을 본문에서 찾아쓰세요. (단, 네 글자임)
　　(　　　　　　　　　　)

3회 국가공인 한자자격시험 사범 예상문제

- 객관식 문제의 정답은 OMR 답안지에 컴퓨터용 펜으로 바르게 표기하세요!
- 주관식 정답은 OMR 주관식 답안란에 파란색 또는 빨간색 플러스 펜으로 쓰세요.
- OMR 답안지 모형은 홈페이지에서 내려 받을 수 있습니다.

▷ 한글인터넷주소 : 한자자격시험

주소(D) 한자자격시험

■ 다음은 [객관식] 문항입니다. 정답을 컴퓨터용 펜으로 OMR 객관식 답안란에 바르게 표기하세요.

❖ 다음의 주어진 한자와 음이 같은 한자를 고르세요. (1~5)

1. [踞] ①蘷 ②跂 ③睍 ④袪
2. [焰] ①聃 ②唊 ③髻 ④坍
3. [牘] ①覿 ②諂 ③掉 ④禿
4. [脈] ①耄 ②陌 ③姆 ④甦
5. [牝] ①秕 ②妣 ③玭 ④砒

❖ 다음 중 주어진 한자와 뜻이 다른 하나를 고르세요. (6~7)

6. [呵] ①譜 ②詈 ③詆 ④咄
7. [樂] ①酣 ②湛 ③聊 ④怛

❖ 다음 중 주어진 한자와 뜻이 비슷한 한자를 고르세요. (8~10)

8. [鑠] ①銷 ②鈴 ③錮 ④鎧
9. [津] ①汨 ②洪 ③沒 ④浪
10. [煖] ①羔 ②燐 ③暄 ④炅

❖ 다음 중 부수가 다른 하나를 고르세요. (11~15)

11. ①雛 ②椎 ③雎 ④雕
12. ①刮 ②剉 ③叨 ④刪
13. ①柹 ②松 ③束 ④案
14. ①朧 ②朞 ③骨 ④期
15. ①崎 ②出 ③崗 ④岡

❖ 다음 중 독음이 바르지 않은 것을 고르세요. (16~20)

16. ①褶曲 : 습곡 ②蚊蠅 : 문승
    ③翅果 : 지과 ④匙箸 : 시저

17. ①揶揄 : 야유 ②狎昵 : 압니
    ③親狎 : 친압 ④快宿 : 앙숙

18. ①縕袍 : 온포 ②司饔 : 사옹
    ③燕窩 : 연와 ④齒齆 : 치홍

19. ①蔭職 : 금직 ②傷痍 : 상이
    ③粉餌 : 분이 ④發靷 : 발인

20. ①詛嚼 : 저작 ②綽約 : 도약
    ③長斫 : 장작 ④棧道 : 잔도

❖ 다음 문장의 ( )안에 들어갈 한자어가 바르게 쓰인 것을 고르세요.(21~28)

21. 특급 대우를 받고 있는 김○○ 투수는 요즘 부쩍 나빠진 제구력 때문에 많은 팬들에게 ( )를 받고 있다.
    ①揶揄 ②野遊 ③冶遊 ④夜遊

22. ( )동이라는 동명의 유래는, 이 마을 산봉우리에 나무가 없어 '벌거숭이 산'이라는 뜻으로, 한성 외부에 있는 까닭에 도끼로 찍히고 소나 염소 따위에게 먹힘을 당하여 벌거숭이가 된 데에서 붙여진 이름이다.
① 獨山　② 毒山　③ 犢山　④ 禿山

23. 총선에 출마한 현직 국회의원이 상가에서 벌어진 화투판에 끼어 도박을 한 사실이 알려져 ( )을 사고 있다.
① 牝畜　② 頻蹙　③ 嚬蹙　④ 濱縮

24. 환경부가 작성한 자료에도 역( )압 방식 정수기는 1대당 하루 30ℓ, 연간 11t의 물을 버리는 것으로 나와 있다. 이 정수기가 전국적으로 100만대 가량 보급돼 있어, 연간 1100만t-생산원가 기준 55억원-의 수돗물이 그냥 버려지고 있는 것이다.
① 參透　② 滲透　③ 三投　④ 衫套

25. 아 글쎄, 축구를 하다가 그만 ( )가 늘어났지 뭡니까.
① 靭帶　② 咽帶　③ 麟臺　④ 靭隊

26. ( )문에 낀 4살 어린 아이는, 급히 출동한 119 대원들의 빠른 구조 활동으로 무사할 수 있었다.
① 廻轉　② 回電　③ 回傳　④ 回戰

27. 그는 우리 회사 ( )을 30%나 보유하고 있는 대주주이다.
① 支分　② 知分　③ 脂粉　④ 持分

28. 그가 깨어 ( )을 회복한 것은 갑자기 쓰러진지 4일 만이었다.
① 意識　② 儀式　③ 倚息　④ 衣食

❖ 다음 설명에 맞는 한자어를 고르세요. (29~35)

29. 장사를 지낼 때 상여가 집에서 떠나는 일
① 發軔　② 發隣　③ 發靷　④ 撥靷

30. 미운 이에게 재앙이나 불행이 닥치기를 빌고 바람
① 詛呪　② 詛紬　③ 貯呪　④ 紵紬

31. 지난날 중국에서, 여자의 발을 작게 만들기 위해 어릴 때부터 천으로 발을 옥죄어 자라지 못하게 하던 풍속
① 纏足　② 前足　③ 塡足　④ 專足

32. 생각이나 일 따위가 거칠고 엉성함
① 調雜　② 稠雜　③ 粗雜　④ 嘈雜

33. 들어선 것이 촘촘하고 빽빽함
① 稠密　② 租密　③ 助密　④ 調密

34. 관심을 가지고 주의 깊게 살핌. 또는 그 시선
① 州牧　② 朱木　③ 注穆　④ 注目

35. 조선 시대에 조신(朝臣) 및 선비들이 정치적 반대파에게 몰려 참혹한 화를 입던 일
① 士禍　② 史禍　③ 史話　④ 私和

❖ 다음 중 성어의 속뜻으로 알맞은 것을 고르세요. (36~40)

36. 流言蜚語
① 영웅이 때를 만나지 못해 자신의 뜻을 이루지 못하는 것에 대한 탄식
② 아무 근거 없이 널리 퍼진 소문. 터무니없이 떠도는 말. 뜬소문. 부언낭설
③ 경솔하고 방정맞은 사람을 이르는 말
④ 후일에 웅비(雄飛)할 기회를 기다림을 이르는 말

37. 淺學非才
   ① 쓸모가 적은 물건
   ② 자기의 학식을 겸손하게 이르는 말
   ③ 이미 저지른 잘못에 대하여 후회하여도 소용이 없음을 이르는 말
   ④ 세상의 영고성쇠(榮枯盛衰)가 무상함을 탄식한다는 말

38. 噬臍莫及
   ① 어리석고 못난 사람을 비유하여 이르는 말
   ② 위생에 해로운 일을 비유적으로 이르는 말
   ③ 아무 맛도 없음을 이르는 말
   ④ 이미 저지른 잘못에 대하여 후회하여도 소용이 없음을 이르는 말

39. 宵衣旰食
   ① 앞뒤를 재고 망설임을 이르는 말
   ② 가난 속에서도 부모를 정성껏 잘 섬기는 일
   ③ 임금이 정사(政事)에 부지런함을 이르는 말
   ④ 쓸모 없거나 하찮은 것을 비유하여 이르는 말

40. 遼東豕
   ① 간악하고 잔혹한 사람
   ② 매우 마음에 차지 아니하거나 야속하게 여기는 마음
   ③ 견문이 좁아서 세상에 흔한 것을 모르고 혼자 득의 양양함을 비유하여 이르는 말
   ④ 온화한 기색이 넘쳐흐르는 모양

❖ 다음 설명에 해당하는 한자어를 고르세요. (41~42)

41. 뇌의 기능이 완전히 멈추어 본디 상태로 되돌아가지 않는 상태
   ① 腦詞   ② 腦死   ③ 牢死   ④ 腦沙

42. 기업의 자산 가운데에서 법으로 정해진 자본금을 초과하는 금액
   ① 獎勵金   ② 緊急支援資金
   ③ 剩餘金   ④ 假支給金

❖ 다음 물음을 읽고 답하세요. (43~45)

43. 다음 중 한자어가 아닌 것은?
   ① 훌륭   ② 별안간   ③ 양말   ④ 총각

44. '刺'는 세 가지의 음으로 사용한다. 다음 중 '刺'의 쓰임이 맞지 않는 것은?
   ① 刺客   ② 刺殺   ③ 水刺   ④ 刺信

45. 다음 중 '夭折'과 같은 뜻의 한자는?
   ① 歿   ② 殺   ③ 殂   ④ 殤

❖ 다음 글을 읽고 물음에 답하세요. (46~50)

凡讀書者 必端拱㉠危坐하여 敬對方冊하여 專心致志하고 精思㉡涵泳하여 深解義趣하고 而每句에 必求踐履之方이니 若口讀而心不體이 身不行이면 則書自書 我自我이니 何益之有리오. 先讀㉯□□하여 於事親敬兄忠君弟長隆師親友之道에 一一詳玩而力行之할지니라. 次讀大學及或問하여 於窮理正心修己治人之道에 一一眞知而實踐之할지니라. 次讀論語하여 於求仁爲己涵養本源之功에 一一靜思而深體之할지니라. 次讀孟子하여 於明辨義利遏人慾存天理之說에 一一明察而擴充之할지니라. 此讀中庸하여 於性情之德과 ㉰推致之功과 位育之妙에 一一玩索而有得焉할지니라. 此讀㉱□□하여 於性情之邪正과 善惡之褒戒에 一一潛繹하여 感發而㉲懲創之할지니라.

46. 밑줄 친 한자어의 의미가 바르지 못한 것은?
   ① ㉠危坐 : 바르게 앉다
   ② ㉡涵泳 : 읊조린다
   ③ ㉰潛繹 : 깊이 생각함
   ④ ㉱懲創 : 나쁜 마음을 징계함

국가공인 한자자격시험·사범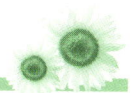

47. ㉯와 관련이 있는 문장은?
   ① 내 마음을 미루어 다른 사람의 마음을 헤아린다.
   ② 내 몸을 닦아 집안을 가지런히 하고 나라를 다스리며 천하를 편안히 한다.
   ③ 중과 화를 지극히 하면 천지가 자리를 편안히 하고 만물이 잘 길러진다.
   ④ 그 부모를 사랑하는 자는 미루어 반드시 그 형제를 사랑한다.

48. '書自書 我自我'가 되지 않기 위해 글쓴이가 중요시하는 것이 무엇인가?
   ① 努力   ② 誠實   ③ 進取   ④ 實踐

49. ㉮□□와 ㉰□□에 들어갈 책의 제목을 한자로 맞게 써놓은 것은?
   ① ㉮-大學 ㉰-書經
   ② ㉮-小學 ㉰-詩經
   ③ ㉮-大學 ㉰-詩經
   ④ ㉮-小學 ㉰-書經

50. 위 글은 율곡(栗谷) 선생이 '어린 아이들의 몽매함을 일깨우는 요긴한 비결'이란 뜻으로 지은 책의 일부분이다. 이 책의 제목은?
   ① 童蒙先習   ② 擊蒙要訣
   ③ 明心寶鑑   ④ 千字

■ 다음은 [주관식] 문항입니다. 정답을 플러스 펜으로 OMR 주관식 답안란에 쓰세요.

❖ 다음 한자의 뜻과 음을 쓰세요. (1~25)

1. 褐 (   )   2. 芰 (   )
3. 閾 (   )   4. 鯖 (   )
5. 緬 (   )   6. 嚼 (   )
7. 齷 (   )   8. 勘 (   )
9. 猖 (   )   10. 鈴 (   )
11. 蒭 (   )   12. 暘 (   )
13. 渺 (   )   14. 硝 (   )
15. 蠱 (   )   16. 儲 (   )
17. 縷 (   )   18. 蔥 (   )
19. 鎧 (   )   20. 偃 (   )
21. 湮 (   )   22. 羞 (   )
23. 簀 (   )   24. 墩 (   )
25. 雛 (   )

❖ 다음 한자의 부수를 쓰세요. (26~30)

26. 尻 (   )   27. 皿 (   )
28. 嶸 (   )   29. 頓 (   )
30. 麥 (   )

예상문제 359

3회 국가공인 한자자격시험 사범 예상문제

❖ 다음 ( )안에 공통으로 들어갈 한자를 <보기>에서 골라 쓰세요. (31~35)

◀ 보기 ▶
顎, 檄, 衫, 逗, 鑠, 臧, 睢, 鑾, 匙, 塑

31. 鴛( ), 長( ), 紙油( )

32. 可( )性, ( )像, 彫( )

33. 揷( ), ( )箸, 十( )一飯

34. 間( )骨, ( )關節, 下( )脫臼

35. 壁( ), ( )籠, 陳列( )

❖ [가로열쇠]와 [세로열쇠]를 읽고, 빈칸에 공통으로 들어갈 한자를 쓰세요. (36~40)

36. 參 闕
   - 가로열쇠: 대궐에 들어감. 입궐(入闕)
   - 세로열쇠: 신이나 부처 앞에 나아가 뵘

37. 執 音
   - 가로열쇠: 고집에 세고 끈질김
   - 세로열쇠: 말소리가 편하게 나오지 아니하고 굴곡져 나는 소리

38. 救 矜
   - 가로열쇠: 가엾게 여겨 도움
   - 세로열쇠: 빈민이나 이재민을 돕고 보살핌

39. 奉 擊
   - 가로열쇠: 공격해 오는 적을 도중에서 기다렸다가 마주 나가 침
   - 세로열쇠: 웃어른을 오시라고 청함

40. 壓 取
   - 가로열쇠: 기계따위로 세게 눌러 짬.
   - 세로열쇠: 생산수단을 소유한 사람이 갖지 않은 사람의 노동의 성과를 무상으로 취득함

❖ 다음 한자어의 독음을 쓰세요. (41~55)

41. 大蒜 ( )

42. 顙汗 ( )

43. 魂銷 ( )

44. 蕭森 ( )

45. 褶曲 ( )

46. 蚊蠅 ( )

47. 翅果 ( )

48. 劈破門閥 ( )

49. 黍離之歎 ( )

50. 斧鉞之下 ( )

51. 偉業 ( )

52. 組織 ( )

53. 版畵 ( )

54. 麥秀之歎 ( )

55. 脣亡齒寒 ( )

❖ 다음 밑줄 친 한자어의 독음을 쓰세요. (56~65)

56. <u>劈頭</u>부터 경제가 어렵다는 소식은 많은 국민을 실의에 빠뜨리는 것이었다. ( )

57. 천자문의 제일 마지막 글자인 '也'의 뜻을 '이 끼' 라고 흔히들 하는데, 식물의 종류로 '이끼'를 말하는 것이 아니라, 어조사를 뜻하는 것이다. 이끼는 한자로 '蘚苔' 라고 한다. (   )

58. 지난 10년간 狹宿처럼 으르렁대던 미국 마이크로소프트(MS)와 썬 마이크로시스템(SUN)이 해묵은 갈등을 청산하고 동반자 관계를 선언, 세계 정보기술(IT) 업계의 비상한 관심을 끌고 있다. (   )

59. 그 궁궐에는 가시나무가 나며 그 견고한 성에는 엉겅퀴와 새품이 자라서 豺狼의 굴과 타조의 처소가 될 것이니-이사야 34장 13절
(   )

60. ○○ 미사일은 적이 쏜 미사일의 경로를 미리 컴퓨터로 분석해 공중에서 邀擊하는 최첨단 무기이다. (   )

61. 서화(書畵)의 낙관(落款) 등 실용과 무관하게 취미로 인(印)을 새기는 일을 篆刻이라고 한다.
(   )

62. 왕위를 簒奪한 죄의 댓가였는지 세조와 세조의 가족들은 즉위 기간 내내 단종을 죽인 죄책감에 시달렸다고 한다. (   )

63. 작년에는 수해와 한해가 겹쳐 농작물 收穫이 평년의 절반밖에 되지 않았다. (   )

64. 프로농구 플레이오프 4차전에서는 迫眞感 넘치는 플레이가 자주 나와 팬들을 열광시켰다.
(   )

65. 점점 좁혀오는 유방(劉邦)의 포위망에 力拔山氣蓋世의 항우(項羽)도 어찌할 바를 모르고 사면초가(四面楚歌)가 되었다. (   )

❖ 다음 글을 읽고 물음에 답하세요. (66~70)

> 其一
> 이런돌 엇다ᄒᆞ며 뎌런돌 엇다ᄒᆞ료
> 草野 愚生이 이러나 엇다ᄒᆞ료
> ᄒᆞ몰며 ㉠泉石膏肓을 고텨 므삼ᄒᆞ료
>
> 其二
> ㉡煙霞로 지블 삼고 風月로 버들 사마
> ㉢태평성대에 病으로 늘거가뇌
> 이듕에 ᄇᆞ라는 이른 허므리나 업고쟈
> <陶山十二曲 言志>

66. 밑줄 친 ㉠의 독음을 쓰세요. (   )
67. 밑줄 친 ㉡의 독음을 쓰세요. (   )
68. 밑줄 친 ㉢을 한자로 쓰세요. (   )

❖ 다음은 위 시조에 대한 설명이다. 물음에 답하세요. (69~70)

> 其一은 퇴계 자신의 출처 문제를 둘러싸고 당시 조정에서 ㉣설왕설래하던 상황에서, 마침내 완공된 도산서당에서 남은 생을 보내려는 자신의 굳은 뜻을 내보여 간곡히 설득하고자 하는 의미를 담고 있으며, 其二는 자연에 묻혀 사는 매우 소박한 삶 속에서의 바람, 곧 ㉤허물이나 없기를 갈구하고 있다. 퇴계가 이상으로 생각하는 인생은 바로 이처럼 허물이 없는 삶이다.

69. 밑줄 친 ㉣을 한자로 쓰세요. (   )
70. 밑줄 친 ㉤에 해당하는 한자를 아는대로 쓰세요.
(   )

❖ 다음 글을 읽고, 물음에 답하세요. (71~75)

> ○○은 남녀의 결합을 사회적으로 인정받는 의식으로, "문공가례(文公家禮)"에는 ㉠納采, 문명(問名), 납길(納吉), 납징(納徵), 청기(請期), 친영(親迎)의 육례(六禮), "사례편람(四禮便覽)"에는 ㉡議婚, 納采, 납폐, 친영(親迎)의 사례 절차가 정해져 있으나, 많은 변화를 거듭해 왔다. 요즈음 행해지고 있는 전통 ○○의 대체적인 순서는, ①의혼 ②납채 ③납기(연길) ④㉢납폐 ⑤대례(大禮) ⑥㉣우귀이다.

3회 국가공인 한자자격시험 사범 예상문제

71. ○○에 공통으로 들어갈 한자를 쓰세요. ( )
72. 밑줄 친 ㉠의 독음을 쓰세요. ( )
73. 밑줄 친 ㉡의 독음을 쓰세요. ( )
74. 밑줄 친 ㉢을 한자로 쓰세요. ( )
75. 밑줄 친 ㉣을 한자로 쓰세요. ( )

❖ 다음의 밑줄 친 단어를 한자로 쓰세요. (76~85)

76. 언론이라고 해서 모든 정보를 <u>여과</u> 없이 보낸다는 것은 시청자들에게 악영향을 끼칠 수 있으므로 조심해야 할 일이다. ( )

77. 그가 가진 조그만 저 땅은 소금기 가득한 <u>노전</u>이라 쓸모가 없었다. ( )

78. 대낮 같으면 영신의 얼굴이 <u>석류</u>처럼 발개진 것을 볼 수 있었으리라. ( )

79. 이번 폭우와 함께 떨어진 <u>우박</u>에 수많은 과수농가가 피해를 입었다. ( )

80. 매일 하루 20분간의 <u>가부좌</u>로 육체적·정신적 건강과 안정을 얻을 수 있다고 한다. ( )

81. 진시황제(秦始皇帝)의 능에서 나온 방대한 양의 <u>병마용</u>은, 시황제가 사후 세계에 가서도 거느리고자 한 진나라의 군단을 표현한 것으로 해석된다. ( )

82. 국무총리 <u>경질</u>설에 국민 모두가 촉각을 곤두세우고 있었다. ( )

83. <u>방문판매</u>의 장점은 손님이 원하는 상품을 실제로 보여주고 자세히 설명함으로써, 손님을 이해시켜 판매하는 것이다. ( )

84. 이 法은 國民의 老齡·廢疾 또는 死亡에 대하여 <u>연금급여</u>를 실시함으로써 國民의 生活安定과 福祉增進에 기여함을 目的으로 한다. ( )

85. <u>유치원</u>에 처음 간 아이는 모든 것이 신기해서 자리를 떠날줄 몰랐다. ( )

❖ 다음 문장에 있는 잘못된 한자어를 바르게 고쳐 쓰세요. (86~95)

86. 공책에 그어진 <u>掛線</u>에 맞춰 또박또박 글씨 쓰는 연습을 하도록 하여라. (→)

87. 시대의 흐름에 따라가지 못해 <u>途汰</u>되는 인간이 되어서는 안될 것이다. (→)

88. 제주 명기 애랑에게 빠져든 사람들에 대한 희화를 통하여 중류계급의 위선적이며 호색적인 생활을 폭로, 풍자하고 있는 「<u>裵婢將傳</u>」은 우리 풍자문학의 중요한 작품 중의 하나이다. (→)

89. 15세의 어린 나이에 생원시(生員試)에 합격한 ○○대감의 막내 아들이 <u>鶯杉</u>을 입고 집을 나서고 있었다. (→)

90. 무소의 뿔을 <u>黍角</u>이라 하여, 해열제로 쓰인다. (→)

91. 이 물건은 나에게 <u>憎蔬</u>처럼 쓸모 없는 것이구려. (→)

92. 인터넷 자유게시판은 점차 자유롭게 자신의 의견을 <u>被瀝</u>할 수 있는 곳으로 자리잡고 있다. (→)

93. 고려 광종은 7년(956)에 본디 양민이었던 노비를 해방시켜 주기 위하여 <u>奴婢案檢法</u>을 만드는데, 이는 통일 신라 말기부터 고려 초기까지 억울하게 노비가 된 사람을 해방시킨 것으로, 호족이 소유한 노비를 풀어줌으로써 국가 재정을 튼튼히 하면서 왕권을 강화하고 호족의 세력을 약화하기 위한 것이었다. (　　→　　)

94. <u>物價支數</u>란, 물가의 변동을 종합적으로 나타내는 지수로써 일정한 장소나 일정한 시기의 일정한 상품의 가격을 100으로 잡고 다른 시기의 그 상품의 가격 변동 상태를 100에 대한 비례수(比例數)로 나타낸다. (　　→　　)

95. 그는 3년 <u>居置</u> 5년 상환 조건으로 은행에서 돈을 융자받았다. (　　→　　)

❖ □ 안에 적당한 한자를 넣어 아래 글이 뜻하고 있는 한자성어를 완성하세요. (96~105)

96. 着□嚴囚　　　　　　(　　　　)

　　지난날 죄인에게 칼을 씌워 단단히 가두던 일

97. □食瓢飮　　　　　　(　　　　)

　　'도시락밥과 표주박 물'의 뜻으로 소박한 생활의 비유. 구차한 생활

98. 邯□之步　　　　　　(　　　　)

　　'한단의 걸음걸이'라는 뜻으로, 제 분수를 잊고 무턱대고 남을 흉내내다가 이것저것 다 잃음을 비유하여 이르는 말

99. 淫談□說　　　　　　(　　　　)

　　음탕하고 덕의(德義)에서 벗어나는 상스러운 이야기

100. □龍附鳳　　　　　　(　　　　)

　　'용을 끌어 잡고 봉황에게 붙는다'는 뜻으로 세력 있는 사람을 의지하여 붙좇음을 비유하여 이르는 말

101. 苦心慘□　　　　　　(　　　　)

　　어떤 일을 하거나 생각해 내기에 마음을 썩이며 몹시 애를 씀

102. 靑□寡婦　　　　　　(　　　　)

　　나이가 젊었을 때 된 과부. 젊은 과부

103. 言語□斷　　　　　　(　　　　)

　　말로 나타낼 수 없을 정도로 심한 일. 관용상 나쁜 일에만 쓴다

104. □言壯談　　　　　　(　　　　)

　　실제 이상으로 보태서 허풍쳐 하는 말을 뜻함

105. 百尺□頭　　　　　　(　　　　)

　　위태롭고 어려운 지경에 이름

❖ 다음의 한자어 활용이 내용상 알맞은 것에는 ○표, 적당하지 않은 것에는 ×표 하세요. (106~110)

106. 저는 이번에도 그의 일이 또 잘 안 될까 齟齬합니다. (　　　　)

107. 현실과 이상에는 흔히 乖離가 있기 마련이다. (　　　　)

108. 그의 재산이 날로 風飛雹散하여 온 마을 사람들이 부러워하였다. (　　　)

109. 어머니는 적당한 운동과 食餌療法으로 건강을 회복하셨다. (　　　)

110. 穿鑿의 본래 의미는 오직 사리에 어긋나는 행동이나 주장으로 억지를 부린다는 뜻으로 牽强附會와 동의어이다. (　　　)

❖ **다음 중 올바른 한자어를 골라 쓰세요. (111~113)**

111. 요즘은 '가정부(家政婦, 家庭婦)나 파출부'라는 말 대신 '가사도우미'라는 말로 바꿔쓰고 있다. (　　　)

112. 무엇보다 순수한 국내 기술로 세계 철강 시장을 선도할 새로운 지평을 열었다는 점에서 자부심과 긍지(肯持, 矜持)를 가질 만하다. (　　　)

113. 익살맞은 독설가(毒說家, 毒舌家)인 영화감독 ○○○씨는 배급 난관을 뚫고 '정치 다큐멘터리'로 천문학적인 성공을 거두었다. (　　　)

❖ **다음 문장에 밑줄 친 한자어의 음을 쓰세요. (114~115)**

114. 적정환율 유지로 경제가 안정돼 성장률이 상승하면 국채발행에 따른 이자나 환차손 부담을 相殺할 수 있다. (　　　)

115. 문학으로 표상되는 양쪽 민중의 정서와 사유 역시 龜裂과 대립의 행로를 벗어나기 어려웠다. (　　　)

❖ **다음은 '애국가(愛國歌)'이다. 물음에 답하세요. (116~120)**

> 1절
> 동해물과 백두산이 마르고 닳도록 하느님이 ㉠보우하사 우리나라 만세.
> 2절
> 남산 위에 저 소나무 철갑을 두른 듯 ㉡바람 서리 불변함은 우리 기상일세.
> 3절
> 가을하늘 ㉢공활한데 높고 구름 없이 밝은 달은 우리가슴 일편단심일세.
> 4절
> 이 ㉣기상과 이 맘으로 충성을 다하여 괴로우나 즐거우나 나라 사랑하세.
> 후렴
> 무궁화 삼천리 ㉤화려강산 대한사람 대한으로 길이 보전하세.

116. 밑줄 친 ㉠을 한자로 쓰세요. (　　　)

117. 밑줄 친 ㉡바람과 서리를 한자로 쓰세요. (　　　)

118. 밑줄 친 ㉢의 뜻을 쓰세요. (　　　)

119. 밑줄 친 ㉣을 한자로 쓰세요. (　　　)

120. 밑줄 친 ㉤을 한자로 쓰세요. (　　　)

❖ 다음 주어진 성어의 속뜻을 쓰세요. (121~125)

121. 豺狼 : (   )

122. 蜂蟻君臣 : (   )

123. 賽神萬明 : (   )

124. 犬齧枯骨 : (   )

125. 菽粟之文 : (   )

❖ 다음 <보기>에서 문맥상 (   )안에 들어갈 말을 골라 문장을 완성하세요. (126~127)

126. 輔車相依하며 (   )이라.

　　◀ 보기 ▶
　　螳螂拒轍　　捨生取義
　　脣亡齒寒　　不問曲直

　　수레의 바퀴 덧방나무와 바퀴가 서로 의지하며 (   )

127. (   )하여 如臨深淵하며 如履薄氷이라

　　◀ 보기 ▶
　　進退兩難　　戰戰兢兢
　　角者無齒　　空前絶後

　　(   )깊은 못에 임하듯 하고 살얼음판을 밟 듯이 하네

❖ 다음 빈칸에 들어갈 적당한 한자를 쓰세요. (128~130)

128. 質勝文則□요 文勝質則□니라
　　(바탕이 문채보다 나으면 촌스럽고 문채가 바 탕보다 나으면 겉치레만 잘하는 것이다.)
　　(   )

129. □爲無價之寶요 □是護身之符라
　　(근면함은 값으로 따질 수 없는 보배이고 신중 함은 몸을 보호하는 부적이다.)
　　(   )

130. □招損이요 □受益이니라
　　(교만은 손해를 불러오고 겸손함은 이익을 얻는 다)　　　　(   )

❖ 다음 글을 읽고 물음에 답하세요. (131~132)

> 官怠於宦成하며 病加於小愈하며 禍生於懈惰하며 孝衰於妻子하나니 察此四者하여 愼終如始니 詩 曰靡不有初나 鮮克有終이라하니라.

131. 위 글에서 경계한 내용을 쓰세요.
　　(   )

132. '靡不有初나 鮮克有終이라'를 해석하세요.
　　(   )

❖ 다음 문장의 해석순서를 번호로 쓰세요. (133~135)

133. 幼吾幼하여 以及人之幼하라
　　　1　2　3　　4　5　6　7　8

3회 국가공인 한자자격시험 사범 예상문제

134. 使民如承大祭니라
　　　1 2 3 4 5 6

135. 焉知來者之不如今也니라
　　　1 2 3 4 5 6 7 8 9

❖ 다음 문장을 해석하세요. (136~140)

136. 多見闕殆하고 愼行其餘則寡悔니라

137. 知彼知己면 百戰不殆니라

138. 擧直錯諸枉이면 能使枉者直이니라.

139. 經始靈臺하여 經之營之하시니 庶民攻之라 不日成之로다.

140. 利人之言은 暖如綿絮하고 傷人之言은 利如荊棘라

❖ 다음 시를 읽고 물음에 답하세요. (141~143)

> 白骨之徵何慘毒고　同隣一族橫權厄이라
> ㉠鞭撻朝暮嚴科督하니　前村走匿後村哭이라
> 鷄狗賣盡償不足인대　悍吏索錢錢何得고
> 父子兄弟不相保하고　皮骨半死就凍獄이라

141. 위 시의 내용과 관련있는 성어를 쓰세요.
　　　　　　　　　　　　（　　　　　　）

142. 위 시의 형식과 운자를 쓰세요.
　　　　　　　　　　　　（　　　　　　）

143. 밑줄 친 ㉠의 독음과 풀이를 쓰세요.
　　　　　　　　　　　　（　　　　　　）

❖ 다음 시구를 해석하세요. (144~145)

144. 結廬在人境　而無車馬喧
　　　→

145. 採菊東籬下　悠然見南山
　　　→

❖ 다음 글을 읽고 물음에 답하세요. (146~150)

> 生亦悽愴不已曰: "㉮寧與娘子, 同入九泉, 豈可無聊獨保殘生. 向者, 傷亂之後, 親戚僮僕, 各相亂離, 亡親骸 狼籍原野, 儻非娘子, 誰能奠埋. 古人云: ㉯生事之以□, 死葬之以□. 盡在娘子, 天性之純孝, 人情之篤厚也. 感激無已, 自愧可勝. 願娘子, 淹留人世, 百年之後, 同作㉠塵土." 女曰: "李郞之壽, 剩有餘紀, 妾已載鬼籙, 不能久視. 若固眷戀人間, 違犯條令, 非唯罪我, 兼亦累及於君. 但妾之遺骸, 散於某處, 倘若垂恩, 勿暴風日." 相視泣下數行云: "李郞珍重." ㉰言訖漸滅, 了無踪迹. 生拾骨, 附葬于親墓傍. 旣葬, 生亦以追念之故, 得病數月而卒. 聞者莫不傷歎, 而慕其義焉.

146. ㉮ '寧與娘子, 同入九泉, 豈可無聊獨保殘生' 를 해석하세요.
( )

147. 여자가 남자에게 부탁한 것이 무엇인지 본문에서 찾아 쓰세요.(한글로)
( )

148. ㉠ '塵土' 가 의미하는 것은 무엇인지 한글로 쓰세요.
( )

149. ㉯ '生事之以□, 死葬之以□' 의 빈칸에 공통으로 들어갈 한자를 쓰세요.
( )

150. ㉰ '言訖漸滅, 了無踪迹' 의 독음과 풀이를 쓰세요.
( )

4회 국가공인 한자자격시험 사범 예상문제

- 객관식 문제의 정답은 OMR 답안지에 컴퓨터용 펜으로 바르게 표기하세요!
- 주관식 정답은 OMR 주관식 답안란에 파란색 또는 빨간색 플러스 펜으로 쓰세요.
- OMR 답안지 모형은 홈페이지에서 내려 받을 수 있습니다.

▷ 한글인터넷주소 : 한자자격시험

주소(D) 한자자격시험

■ 다음은 [객관식] 문항입니다. 정답을 컴퓨터용 펜으로 OMR 객관식 답안란에 바르게 표기하세요.

❖ 다음의 주어진 한자와 음이 같은 한자를 고르세요. (1~5)

1. [墅] ①徂 ②鋤 ③阻 ④助
2. [胙] ①勺 ②釣 ③嚼 ④綽
3. [儃] ①遷 ②薦 ③轍 ④敵
4. [茉] ①宵 ②招 ③晬 ④塑
5. [嵩] ①崧 ②松 ③豕 ④蓍

❖ 다음 중 주어진 한자의 뜻이 다른 하나를 고르세요. (6~7)

6. [儦] ①优 ②伶 ③姿 ④舞
7. [悄] ①恙 ②憖 ③患 ④恬

❖ 다음 중 주어진 한자와 뜻이 비슷한 한자를 고르세요. (8~10)

8. [裙] ①裸 ②袴 ③裳 ④襦
9. [驟] ①馴 ②駭 ③馴 ④騁
10. [峰] ①岳 ②岑 ③峴 ④峻

❖ 다음 중 부수가 다른 하나를 고르세요. (11~15)

11. ①沌 ②滕 ③潁 ④霍
12. ①硝 ②礁 ③圬 ④砧
13. ①可 ②呵 ③各 ④豈
14. ①弟 ②躬 ③弓 ④引
15. ①北 ②匕 ③比 ④化

❖ 다음 중 독음이 바르지 않은 것을 고르세요. (16~20)

16. ①鳴鏑 : 명저   ②狙擊 : 저격
    ③詛呪 : 저주   ④猪突 : 저돌

17. ①啼哭 : 제곡   ②楹柳 : 성류
    ③霽天 : 제천   ④粗雜 : 조잡

18. ①紬緞 : 수단   ②籌板 : 주관
    ③綢繆 : 주무   ④悠遹 : 종용

19. ①兆朕 : 조짐   ②濕疹 : 습진
    ③全帙 : 전일   ④桎梏 : 질곡

20. ①對蹠 : 대서   ②舛訛 : 천와
    ③鞦韆 : 추천   ④沾濕 : 첨습

❖ 다음 문장의 ( )안에 들어갈 한자어가 바르게 쓰인 것을 고르세요. (21~28)

21. 최사장의 ( )적인 투자에 많은 동료 기업가들은 숨죽이고 지켜볼 뿐이었다.
    ①猪埃 ②猪突 ③貯突 ④底叓

22. 미안도 하고 (　)도 하여, 쥐구멍이 있다면 숨고 싶은 심경이었다.
① 猖披　② 瘡皮　③ 愴疲　④ 猖被

23. 그녀의 비밀은 그렇게 어이없이 (　)나고 말았다.
① 綻路　② 彈露　③ 坦路　④ 綻露

24. 그의 (　)같은 성격에 모두가 놀라지 않을 수 없었다.
① 惡鑿　② 愕着　③ 齷齪　④ 顎捉

25. 우리는 흔히 분위기를 깬다는 뜻으로 (　)을 깬다라고 하는데, 사실 그 어원은 점칠 때 쓰는 산가지를 넣는 조그마한 통이 깨졌다는 뜻이다.
① 産痛　② 産筒　③ 算筒　④ 疝痛

26. 우리의 주요 수출국인 중국과 미국의 경제 여건으로 인해 서민들이 느끼는 (　)는 바닥권이 되어 버렸다.
① 輕機　② 景氣　③ 經紀　④ 經氣

27. (　) 다이어트는 한약과 같은 약재를 이용해서 살을 빼는 다이어트를 말합니다.
① 漢邦　② 閑房　③ 寒房　④ 韓方

28. 2차전 경기는 선수들의 잦은 부상으로 (　)을 면치 못했다.
① 古篆　② 古錢　③ 苦戰　④ 孤戰

❖ 다음 설명에 맞는 한자어를 고르세요. (29~35)

29. 구멍을 뚫음. 파고들어 알려고 하거나 연구함. 꼬치고치 캐묻거나 억지로 이치에 맞지 않는 말을 함
① 穿鑿　② 遷着　③ 穿捉　④ 舛錯

30. 계급 사회에서 생산 수단을 소유한 사람이 생산 수단을 갖지 않은 직접 생산자로부터 그 노동의 성과를 무상으로 취득함
① 錯取　② 搾取　③ 窄取　④ 着取

31. 쇠살로 만든 우리
① 鐵冊　② 鐵柵　③ 鐵策　④ 鐵責

32. 놀음놀이 같은 것이 한껏 흐드러져 방탕에 가까움
① 疾宕　② 迭宕　③ 跌湯　④ 跌宕

33. 인륜에 어그러짐
① 覇倫　② 敗倫　③ 悖倫　④ 狽倫

34. 전체의 상태나 성질을 어느 하나로 잘 나타냄. 또는 그런 것.
① 代票　② 對表　③ 代漂　④ 代表

35. 자연인이 아니면서 법에 의하여 권리 능력이 부여되는 사단과 재단
① 法因　② 法認　③ 法人　④ 法印

❖ 다음 중 성어의 속뜻으로 알맞은 것을 고르세요. (36~40)

36. 怒蠅拔劍
① 일반 사람들이 두루 알 수 있는 쉬운 글
② 가난 속에서도 부모를 정성껏 잘 섬기는 일
③ 사소한 일에 화를 내거나 또는 작은 일에 어울리지 않게 커다란 대책을 세움
④ 견문이 좁아서 세상에 흔한 것을 모르고 혼자 득의 양양함을 비유하여 이르는 말

37. 吮癰舐痔
   ① 남에게 지나치게 아첨함을 이르는 말
   ② 사물이나 일이 잘 맞지 않고 어긋남
   ③ 자기 스스로가 만든 재앙
   ④ 해가 돋는 곳을 이르는 말

38. 蝸牛角上
   ① 번거롭고 까다로운 규칙과 예절
   ② 제왕(帝王)의 위엄을 가리키는 말
   ③ 사소한 일로 벌이는 다툼
   ④ 세상이 좁음을 비유적으로 이르는 말

39. 堤潰蟻穴
   ① 소홀히 한 작은 일이 큰 화를 불러옴을 이르는 말
   ② 성한 데가 없을 만큼 결함이 많음
   ③ 신분 관계의 질서가 중요함을 이르는 말
   ④ 음식을 조금도 먹지 못함을 이르는 말

40. 走獐落兎
   ① 서두르지 않고 느긋함
   ② 아무 데도 쓸모없는 사람을 비유적으로 이르는 말
   ③ 매우 위험한 곳을 이르는 말
   ④ 뜻밖의 이익을 얻음을 이르는 말

❖ 다음 설명에 해당하는 한자어를 고르세요. (41~42)

41. 국회의원이 국회에서 직무상 행한 발언과 표결에 대하여 국회 밖에서 책임을 지지 않는 특권
   ① 勉責特權   ② 免責特權
   ③ 面責特權   ④ 免策特權

42. 해상 거래 상인의 자금 융통을 위하여, 선박과 화물이 안전하게 귀항하면 이자를 붙여서 상환하고 그렇지 않았을 때는 그 의무가 면제되는 조건으로 행하던 소비 대차
   ① 保險貸借   ② 冒險貸借
   ③ 義務貸借   ④ 個人貸借

43. 다음 중 한자성어가 바른 것은?
   ① 按酒一切   ② 絶對絶命
   ③ 風地搏殺   ④ 聲帶描寫

44. '說'는 세 가지의 음으로 사용한다. 다음 중 '說'의 쓰임이 맞지 않는 것은?
   ① 說馬   ② 遊說   ③ 說樂   ④ 說明

45. 다음 중 사단의 설명이 맞지 않는 것은?
   ① 惻隱之心 – 仁   ② 是非之心 – 信
   ③ 羞惡之心 – 義   ④ 辭讓之心 – 禮

❖ 다음 글을 읽고 물음에 답하세요. (46~50)

郡守大驚異之하여 自往勞其兩班하고 且問償糴狀이라. 兩班㈠氈笠衣短衣하고 伏塗謁稱小人不敢仰視하니 郡守大驚下扶曰 足下何自貶辱若是오. 兩班益恐懼하여 ㈡頓首俯伏曰 ㈢惶悚이라. 小人非敢自辱오. 已自鬻其兩班以償糴하니 里之富人乃兩班也라. 小人復安敢冒其舊號而自尊乎아. ㉮ 郡守歎曰 君子哉富人也여. 兩班哉富人也여 富而不吝하니 義也오. 急人之難하니 仁也라. 惡卑而慕尊하니 智也라. 此眞兩班이라. 雖然이나 私自交易而不㈣立券하면 訟之端也라. ㉯於是에 郡守歸府하여 悉召郡中之士族及農工商賈하여 悉至于庭하고 富人坐鄕所之右하고 兩班立於公兄之下하여 ㉰乃爲立券曰 乾隆十年九月日에 右明文段은 屈賣兩班하여 爲償官穀하니 其直千斛이라. ㉱維厥兩班은 名謂多端하니 讀書曰㉠(　)요 從政爲㉡(　)요 有德爲㉢(　)니 武階列西하고 文秩敍東하니 是爲兩班이니 任爾所從하라.

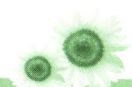

46. 밑줄 친 한자어의 독음과 의미가 모두 바른 것은?
① ㉠氈笠 : 모립, 벙거지
② ㉡頓首 : 돈수, 머리를 숙이다
③ ㉢惶悚 : 황공, 두려워하다
④ ㉣立券 : 입증, 문서를 만들다

47. 윗 글의 내용과 일치하지 않는 것은?
① 양반의 신분을 돈으로 팔고 샀던 시대 풍속을 보여준다.
② 양반과 부자가 사사로이 신분을 바꾸어 송사에 걸렸다.
③ 양반은 그 신분을 판 후 저자세가 되었다.
④ 군수가 부자에게 양반의 문서를 만들어 주었다.

48. 글의 흐름상 '我與汝約 郡人而證之 立券而信之 郡守當自署之'이 들어가기에 알맞은 곳은?
① ㉮   ② ㉯   ③ ㉰   ④ ㉱

49. ㉠~㉢에 들어갈 양반의 유형을 차례대로 쓰면?
① ㉠ 大夫 ㉡ 士   ㉢ 君子
② ㉠ 士   ㉡ 君子 ㉢ 大夫
③ ㉠ 君子 ㉡ 大夫 ㉢ 士
④ ㉠ 士   ㉡ 大夫 ㉢ 君子

50. 다음 글의 괄호에 맞는 숫자는?

양반을 팔아서 환곡을 갚은 것으로 그 값은 ( ) 석이다.
① 十   ② 百   ③ 千   ④ 萬

■ 다음은 [주관식] 문항입니다. 정답을 플러스 펜으로 OMR 주관식 답안란에 쓰세요.

❖ 다음 한자의 뜻과 음을 쓰세요. (1~25)

1. 睢 (   )   2. 勒 (   )
3. 詆 (   )   4. 蜈 (   )
5. 腆 (   )   6. 伺 (   )
7. 圻 (   )   8. 幇 (   )
9. 芯 (   )   10. 貼 (   )
11. 雹 (   )   12. 輻 (   )
13. 砥 (   )   14. 豺 (   )
15. 紘 (   )   16. 霓 (   )
17. 輟 (   )   18. 嘴 (   )
19. 訥 (   )   20. 瀛 (   )
21. 熬 (   )   22. 蛛 (   )
23. 梟 (   )   24. 顚 (   )
25. 翎 (   )

❖ 다음 한자의 부수를 쓰세요. (26~30)

26. 豁 (   )   27. 疊 (   )
28. 五 (   )   29. 差 (   )
30. 今 (   )

4회 국가공인 한자자격시험 사범 예상문제

❖ 다음 ( )안에 공통으로 들어갈 한자를 <보기>에서 골라 쓰세요. (31~35)

▸보기◂
匏, 疹, 廓, 縞, 瞶, 殄, 罕, 吼, 忤, 喙

31. 悲( ), 獅子( ), 哮( )

32. ( )落, ( )然, 恢( )

33. 魯( ), ( )衣玄裳, ( )素

34. ( )古, ( )例, 稀( )

35. 無口( ), ( )繫, ( )湯

❖ [가로열쇠]와 [세로열쇠]를 읽고, 빈칸에 공통으로 들어갈 한자를 쓰세요. (36~40)

36. 弓 / 箭
   - 가로열쇠: 쇠뇌의 화살
   - 세로열쇠: 활과 쇠뇌

37. 巫 / 毒
   - 가로열쇠: 무술(巫術)로써 남을 저주함
   - 세로열쇠: 뱀, 지네, 두꺼비 따위의 독

38. 石 / 蘆
   - 가로열쇠: 갈대
   - 세로열쇠: 고란초과의 다년생 상록 양치 식물

39. 狻 / 座
   - 가로열쇠: 부처가 앉는 자리. 고승(高僧)이 앉는 자리. 사자자리
   - 세로열쇠: 신라 오기(五伎)의 하나. 사자탈을 쓰고 연출하는 연극

40. 靑 / 藥
   - 가로열쇠: 청자(靑瓷)를 만드는 데 사용하는 잿물
   - 세로열쇠: 잿물

❖ 다음 한자어의 독음을 쓰세요. (41~55)

41. 茅茨 ( )
42. 靑蛾 ( )
43. 淹滯 ( )
44. 狎昵 ( )
45. 親狎 ( )
46. 早穰 ( )
47. 臆測 ( )
48. 揠苗助長 ( )
49. 滿身瘡痍 ( )
50. 汗出沾背 ( )
51. 琉璃 ( )
52. 興奮 ( )
53. 反映 ( )
54. 風樹之歎 ( )
55. 糟糠之妻 ( )

❖ 다음 밑줄 친 한자어의 독음을 쓰세요. (56~65)

56. 금감원은, 등록은 돼 있지만 카드 영업이 중단된 9곳에 대해서는 등록 抹消 신청을 유도하기로 했다. ( )

57. 천많은 학자들이 그의 논문을 糟粕한 수준이라고 말했으나, 같은 분야를 전공한 김박사는 최고의 논문이라고 극찬하였다. ( )

58. 荏苒이 십 년이 넘으니 바람 남기 슬프고 탄식함이 가득하였도다. 올올히 짧은 노래를 쉬오니 헐린 집에 세 기둥이 남았도다. ( )

59. 보고서는 신보사가 접수한 의연금은 6만 1,000원에 달하는데, 배설(裴說, 베셀:Ernest Thomas Bethell)과 양기탁(梁起鐸)이 이를 擅橫한다는 설이 있었다. ( )

60. 진(秦)의 주선도(侏仙桃)가 <수산기(水山記)>라는 지서(地書)를 저술했는데, 고구려, 신라, 백제를 거쳐 일본까지도 전파되어 전성을 이루게 되자 당나라의 황실에서는 '인물이 배출될 묘지를 마련한 자는 구족(九族)을 멸한다.'는 嚴飭을 마련하였다고 전한다. ( )

372 예상문제

61. 噫(희)라, 舊來(구래)의 抑鬱(억울)을 宣暢(선창)하려 하면, 時下(시하)의 苦痛(고통)을 擺脫하려 하면, 將來(장래)의 脅威(협위)를 芟除(삼제)하려 하면…<기미독립선언서(己未獨立宣言書)> (　　　)

62. 장편 가문소설은 이처럼 상당히 難澁한 한문 역어(譯語)체로 되어 있다 (　　　)

63. 마음속에 疑心이 생기면 갖가지 무서운 망상이 잇달아 일어나 불안해진다. (　　　)

64. 쓸데 없는 고집 부리지 말고 꾸준히 治療 받도록 해라. (　　　)

65. 방안이 乾燥해서 자꾸 감기에 걸리는 것 같으니, 가습기를 틀어 놓도록 해라. (　　　)

❖ 다음 글을 읽고 물음에 답하세요. (66~70)

(장길산의 의형제인 선흥과 흥복이는 고향집에 들렀다가 박서방댁을 데리고 다시 길산의 은거지로 돌아오는 중, 마침 길가 경치 좋은 곳에서 시회(詩會)를 벌이던 양반들의 음식과 재물을 빼앗았다.)

"아예 그 찬합이랑 반합도 들구 가십시다. 들에 나와 있는 아이들이나 갖다 주게."

역시 ㉠제 손가락 찔려봐야 남의 아야 소리 알아듣는다고, 박서방댁은 느릅나무골의 메를 캐던 아이들이 생각났던 모양이다. 선흥이가 고개를 주억거리고 큰 손에 찬합 반합을 들었다. 좀도둑 지나간 자리에 쌀 변한 물건[㉡]이 남듯이, 한판 저지르고 사설이 없을 수 있나, 말주변깨나 있는 흥복이가 돌아서서 파흥된 자리에다 한마디 보태놓는다.

"㉢답청이란 쟁기 잡고 가랑이 걷고 맨발로 일하는 이에게나 쓸 문자속이지, 너희처럼 두 다리 뻗고 어깻죽지 주물리는 놈들에겐 당치두 않다. 오늘의 운자(韻字)는 [㉣]자(字)이니 우리가 간 뒤에 골 맞대구 지어봐라. 내가 우선 한수 남기고 갈란다.

긴긴 봄날 배고파.
쑥개떡도 먹고파.
도둑질도 하고파.
봇짐 지고 가고파.
 자아 우리는 가네. 고뿔 들면 마누라한테 ㉤葛根湯이나 달여달래게."
— 황석영, 『장길산』

66. 위의 밑줄 친 ㉠처럼 '서로 입장을 바꿔 생각한다'는 뜻의 사자성어는?
(　　　　　)

67. ㉡에 들어갈 알맞은 漢字를 쓰세요.
(　　　　　)

68. 밑줄 친 ㉢을 한자로 쓰세요.
(　　　　　)

69. 문맥을 살펴봤을 때, ㉣에 들어갈 알맞은 漢字는?
(　　　　　)

70. 밑줄 친 ㉤의 독음을 쓰세요.
(　　　　　)

❖ 다음 글을 읽고, 물음에 답하세요. (71~75)

[가] 내가 집이 가난해서 말이 없으므로 혹 빌려서 타는데, ㉠여위고 둔하여 걸음이 느린 말이면 비록 급한 일이 있어도 감히 채찍질을 가하지 못하고 조심조심하여 곧 넘어질 것같이 여기다가, 개울이나 구렁을 만나면 내려서 걸어가므로 후회하는 일이 적었다. 발이 높고 귀가 날카로운 준마로서 잘 달리는 말에 올라타면 의기양양하게 마음대로 채찍질하여 고삐를 놓으면 언덕과 골짜기가 평지처럼 보이니 심히 장쾌하였다. 그러나 어떤 때에는 위태로워서 떨어지는 근심을 면치 못하였다.
[나] 아! 사람의 마음이 옮겨지고 바뀌는 것이 이와 같을까? 남의 물건을 빌려서 하루 아침 소용에 대비하는 것도 이와 같거든, 하물며 참으로 자기가 가지고 있는 것이랴. 그러나 사람이 가지고 있는 것이 어느 것이나 빌리지 아니한 것이 없다. 임금은 백성으로부터 힘을 빌려서 높고 부귀한 자리를 가졌고, 신하는 임금으로부터 권세를 빌려 은총과 귀함을 누리며, 아들은 아비로부터, 지어미는 지아비로부터, ㉡비복은 상전으로부터 힘과 권세를 빌려서 가지고 있다. 그 빌린

바가 또한 깊고 많아서 대개는 자기 소유로 (㉮)하고 끝내 반성할 줄 모르고 있으니, 어찌 미혹(迷惑)한 일이 아니겠는가?
[다] 그러다가도 혹 잠깐 사이에 그 빌린 것이 도로 돌아가게 되면, 만방(萬邦)의 임금도 외톨이가 되고, ㉡백승(百乘)을 가졌던 집도 외로운 신하가 되니, 하물며 그보다 더 미약한 자야 말할 것이 있겠는가? 맹자가 일컫기를 "남의 것을 오랫동안 빌려 쓰고 있으면서 돌려 주지 아니하면, 어찌 그것이 자기의 소유가 아닌 줄 알겠는가?"고 하였다. 내가 여기에 느낀 바가 있어서 ㉢차마설을 지어 그 뜻을 넓히노라.

71. 밑줄 친 ㉠을 한자어로 표현하면 '駑馬'이다. 반대의 뜻을 가진 단어를 찾아 한자로 쓰세요.
( )

72. 밑줄 친 ㉡을 한자로 쓰세요.
( )

73. 문맥 상 ㉮에 '실제와 다르게 잘못 생각한다'는 뜻의 단어가 들어간다. 알맞은 말을 한자로 쓰세요.
( )

74. 밑줄 친 ㉢이 뜻하는 바는 무엇인가?
( )

75. 밑줄 친 ㉣은 이 글의 제목이다. 한자로 쓰면?
( )

❖ 다음의 밑줄 친 단어를 한자로 쓰세요. (76~85)

76. 복숭아는 원래 십장생에 포함되지 않았으나, <습유기(拾遺記)> 등에 이것을 먹으면 천년을 산다고 한 내용과 관련되어, 반도는 곧 선계에서 자라는 불로장생의 선과(仙果)로 인식되었다.
( )

77. 갑작스런 복통과 고열 때문에 응급실에 찾아갔으나, 의사는 신우염이라며 며칠 간 입원하면 큰 문제가 없을 것이라고 안심시켰다. ( )

78. 신회장이 거액의 기부금을 대학에 쾌척했다는 소식은, 먹구름이 잔뜩 낀 하늘에 햇살과도 같이 밝은 소식이었다. ( )

79. 회사에서의 그녀의 활달한 성격은 동료 남성 직원들의 주목을 받기에 충분한 것이었다.
( )

80. 부항은, 우리 몸에 있는 어혈(瘀血)을 제거함으로써 혈액을 맑게 정화시켜 질병에서 건강체로 회복시켜 주는 탁월한 효과가 있다. ( )

81. 그의 강퍅한 성격에 주위의 많은 친구들이 당황했던 경험이 몇 번씩이나 있었다. ( )

82. 현기증을 일으키는 원인으로는 영양결핍에 의한 빈혈과 현대인의 생활습관에 기인한 과로와 스트레스가 대표적이다. ( )

83. 사람이 기분 좋게 느끼는 바람은 초속 0.5~5m 정도이고, 약 30m가 되면 더 이상 서 있지 못하고 허우적거리며, 초속 35m가 되면 날아가 버린다고 합니다. ( )

84. 컴퓨터에 의한 모의 실험 결과 김박사의 연구가 정확히 들어맞았다. ( )

85. 특정정치인이나 고위 관료의 최측근에서 그들의 대변인 구실을 하는 사람을 '스핀닥터(Spin doctor)'라고 한다.
( )

❖ 다음 문장에 있는 잘못된 한자어를 바르게 고쳐 쓰세요. (86~95)

86. 액체 표면으로부터 증발이 일어날 뿐만 아니라, 액체 내부로부터 기화가 일어나 기포가 올라가기 시작하는 온도를 飛騰點이라고도 한다.
(→)

87. 이 절벽은, 스페인 귀족 아버지와 차모로 驛長 딸 사이에서 태어난 아름다운 처녀가 스페인 장군의 청혼을 거절하고 사랑하는 차모로 청년과 함께 몸을 던졌다는 슬픈 전설을 전하고 있다.
(→)

88. 둔전(屯田)제는 고려·조선시대의 토지제도로써, 군졸·署吏·평민·관노비들에게 미간지(未墾地)를 개척하여 경작하게 하고, 여기에서 나오는 수확물을 지방관청의 경비 및 군량과 기타 국가 경비에 쓰도록 한 토지제도이다.
(→)

89. 허준의 스승 유의태는 肯恤을 의원으로 가져야 할 가장 중요한 덕목이라 하였다.
(→)

90. 몇 년간 잠잠한가 싶더니 요즘 갑자기 '간첩(間諜)'이라는 말이 인구(人口)에 會炙되고 있다.
(→)

91. 이원(李轅)의 3형제가 의병과 노복(奴僕) 10여 명을 거느리고 고경명(高敬命) 揮下에 들어가 많은 무공을 세웠으며 금산전투에서 모두 순국하였다. (→)

92. 최근의 灃頭 파동은 소비자에게 불량 식품에 대한 경각심을 일깨워 주는 계기가 되었다.
(→)

93. 어떤 과목이든 마찬가지겠지만 특히 수학에서는 基楚가 튼튼하지 못하면 응용문제를 쉽게 풀기 어렵다. (→)

94. 왕과 諸侯와 장수와 재상이 어찌 씨앗이 있으리요. (→)

95. 태풍으로 인한 한강의 凡濫으로 한강둔치가 물에 잠기고, 다수의 가옥이 침수되었다.
(→)

❖ □ 안에 적당한 한자를 넣어 아래 글이 뜻하고 있는 한자성어를 완성하세요. (96~105)

96. □馬都尉 ( )

고구려, 고려, 조선시대에 임금의 사위에게 주던 칭호. 국서(國壻)

97. 安車□馬 ( )

네 필의 말이 끄는 호화로운 안거(安車)

98. 腦性痲□ ( )

태아기의 감염 발육 장애, 출생시의 뇌손상, 신생아기의 중증 황달이나 수막염 등에 의해, 뇌의 운동 중추가 침범 당하여 운동 장애를 일으킨 것의 총칭

99. □犬不露齒 ( )

'사람을 무는 개는 이를 드러내지 않는다'는 뜻으로, 남을 해치고자 하는 자는 먼저 부드러운 태도로 상대를 속임을 비유하여 이르는 말

100. □麥不辨 ( )

'콩인지 보리인지를 구별하지 못한다'는 뜻으로 어리석고 못난 사람을 비유하여 이르는 말

101. 切齒□腕 ( )

몹시 분하여 이를 갈고 팔을 걷어붙이며 벼름

4회 국가공인 한자자격시험 사범 예상문제

102. □月刀 (　　　　)
> 반달 모양으로 된 중국의 칼. 청룡언월도의 준말

103. 明鏡□水 (　　　　)
> 맑은 거울과 고요한 물과 같이 고요하고 잔잔한 마음

104. 多□亡羊 (　　　　)
> 학문의 길이 여러 갈래라 진리를 찾기 어려움

105. 口□乳臭 (　　　　)
> '입에서 아직 젖내가 난다'는 뜻으로, 언어와 행동이 매우 유치함을 일컬음

❖ 다음의 한자어 활용이 내용상 알맞은 것에는 ○표, 적당하지 않은 것에는 ×표 하세요. (106~110)

106. 임꺽정(林巨正)은 이름난 의적(義賊)으로 많은 사람들에게 鼠竊狗偸로 추앙받고 있다. (　　　　)

107. 그의 아첨 수준은 거의 吮癰舐痔 수준이다. (　　　　)

108. 앞뒤 일을 정확히 판단하고 계획하는 그를 직장의 상사들은 猪突豨勇이라고 크게 칭찬한다. (　　　　)

109. 그의 열성에 가득 찬 獅子吼에 관중은 뜨거운 박수를 보냈다. (　　　　)

110. 당신의 경험과 능력은 어떤 어려운 문제도 해결할 수 있소. 당신은 우리 회사의 樗櫟之材요. (　　　　)

❖ 다음 글의 밑줄에 해당하는 성어를 한자로 쓰세요. (111~113)

111. 자공(子貢)이 공자(孔子)에게 "사(師:子張)와 상(商:子夏)은 어느 쪽이 어집니까?"하고 묻자, 공자는 "사는 지나치고, 상은 미치지 못한다"고 대답하였다. "그럼 사가 낫단 말씀입니까?"하고 반문하자, 공자는 "지나친 것은 미치지 못한 것과 같다"고 말하였다. (　　　　)

112. 전하의 대망(大望)은 천하통일을 하시고 사방의 오랑캐들까지 복종케 하시려는 것이 아닙니까? 하오나 종래의 방법(무력)으로 그것(천하통일)을 이루려 하시는 것은 마치 '나무에 올라 물고기를 구하는 것'과 같습니다. (　　　　)

113. 남으로 후백제를 평정할 적엔 마지못하여 전쟁을 하였고, 군사를 크게 일으킨 일이 모두 두서너 번 있었으나 깃발 아래나 전마(戰馬) 앞에 군진과 맞닥뜨리자마자 갑자기 항복하는 자도 있고, 소문만 듣고 두려워서 굴복하는 자도 있었으며, 비록 서로 접전을 하더라도 살상하려고 하지 않았으니, '어진 이에게는 대적할 자가 없다' 한 옛말 그대로라 할 수 있습니다. (　　　　)

❖ 다음 설명에 해당하는 한자어를 한자로 쓰세요. (114~115)

114. 등불이 많이 켜져 있어 밤에도 낮처럼 밝은 곳 (3음절) (　　　　)

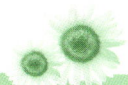

115. 하늘에 닿을 듯이 높은 건물, 아주 높은 고층 건물(3음절) (   )

❖ 다음은 파자(破字) 설명이다. 설명에 해당하는 한자를 쓰세요. (116~117)

116. 나무 위에 서서 보는 글자는? (   )

117. 소가 외나무다리에 서있는 글자는? (   )

❖ 다음 문장을 우리말 속담으로 고치세요. (118~120)

118. 對笑顔唾亦難   (   )

119. 夫婦戰刀割水   (   )

120. 鯨戰鰕死   (   )

❖ 다음 주어진 성어의 속뜻을 쓰세요. (121~125)

121. 暘谷 : (   )

122. 彫蟲篆刻 : (   )

123. 冢中枯骨 : (   )

124. 蟹網俱失 : (   )

125. 佩瓢捉風 : (   )

❖ 다음 <보기>에서 문맥상 (   )안에 들어갈 말을 골라 문장을 완성하세요. (126~127)

126. (   )은 速於置郵而傳命이라 <맹자>

◀ 보기 ▶
言之流行 樂之流行 惡之流行 德之流行

(   ) 역참에 파발마를 두고 명령을 전하는 것보다 빠르다.

127. 貧賤之交는 不可忘이요 (   )는 不下堂이라

◀ 보기 ▶
妻子眷屬 糟糠之妻 賢母良妻 窈窕淑女

빈천할 때 사귄 친구는 잊어서는 안 되며, (   ) 내쫓아서는 안 된다

❖ 다음 빈칸에 들어갈 적당한 한자를 쓰세요. (128~130)

128. □□不辭土壤이라 故大하고 □□不擇細流라 故深이라

(   )

129. 有田不耕하면 倉廩□하고 有書不敎하면 子孫□니라

(   )

130. 出門如見□□하며 使民如承□□니라

(   )

❖ 다음 글을 읽고 물음에 답하세요. (131~132)

(가) 身體髮膚는 受之父母라 不敢毁傷이 (   )之始也요
立身行道하여 揚名於後世하여 以顯父母가 (   )之終也라
(나) 樹欲靜而風不止하고 (   )라

131. (가)의 (   )안에 공통으로 들어갈 한자는?

(   )

132. (나)의 (   )안에 들어갈 문장을 보기의 뜻을 참고하여 기재하시오.
   보기 : 자식은 봉양하고자 하나 부모님은 기다려 주지 않는다.
   → (   )

❖ 다음 구절의 독음과 풀이를 쓰세요. (133~135)

133. 金就礪則利 :

134. 遑遑欲何之 :

135. 釋椎鑿而上 :

❖ 다음 문장을 해석하세요. (136~140)

136. 陷之死地而後에 生하고 置之亡地而後에 存이라

137. 罔談彼短하고 靡恃己長하라

138. 宜兄宜弟而后에 可以敎國人이니라

139. 心安茅屋穩하며 性定菜羹香이라

140. 官怠於宦成하며 病加於小愈라

❖ 다음 시를 읽고 물음에 답하세요. (141~143)

(가) 老翁守雀坐南陂 粟拖狗尾黃雀垂
    長男中男皆出田 田家盡日晝掩扉
    鳶蹴鷄兒攫不得 群鷄亂啼飽花蘺
    少婦戴棬疑渡溪 赤子黃犬相追隨

(나) 淸江一曲抱村流 長夏江村事事幽
    自去自來堂上燕 相親相近水中鷗
    老妻畵紙爲碁局 稚子敲針作釣鉤
    多病所須唯藥物 微軀此外更何求

141. (가) 시의 '尾聯'의 독음은?
   (   )

142. (나) 시의 운자를 모두 쓰세요.
   (   )

143. (가)와 (나)에서 시의 제재가 될 만한 시어를 각각 찾아 쓰세요.
   (,   )

❖ 다음 시구를 해석하세요. (144~145)

144. 高鳥風高齊出港 馬兒風緊足歸時
   →

145. 淸江一曲抱村流 長夏江村事事幽
   →

❖ 다음 글을 읽고 물음에 답하세요. (146~150)

古之學者는 必有師니 師者는 ㉮所以□□, □□, □也라. 人非生而知之者니 孰能無惑이리오. 惑而不從師면 其爲惑也는 終者不解矣라.
生乎吾前하여 其聞道也가 固先乎吾 吾從而師之요 ㉯生乎吾後라도 其聞道也가 亦先乎吾면 吾從而師之라. 吾師道也니 ㉰夫庸知其年之先後生於吾乎리요.
是故로 無貴無賤하고 無長無少요 道之所存이 師之所存也라. 嗟呼라. 師道之不傳也가 久矣니 欲人之無惑也가 難矣라.
古之聖人은 其出人也가 遠矣로대 猶且從師而問焉이어늘 今之衆人 其下聖人也가 亦遠矣로대 而恥學於師하니 是故로 ㉱聖□聖하고 愚□愚라 聖人之所以爲聖과 愚人 所以爲愚는 皆出於此乎인저.
<古文眞寶>

146. ㉮에 들어갈 말은?
   (   )

147. ㉯ '生乎吾後라도 其聞道也가 亦先乎吾면 吾從而師之'와 맥락이 비슷한 성어를 쓰세요.
( )

148. ㉰ '夫庸知其年之先後生於吾乎'를 해석하세요.
( )

149. ㉱ '聖□聖하고 愚□愚'의 빈칸에 공통으로 들어갈 한자를 쓰세요.
( )

150. 이 글의 전체적인 내용으로 보았을 때, 제목은 무엇인가?
( )

5회 국가공인 한자자격시험 사범 예상문제

- 객관식 문제의 정답은 OMR 답안지에 컴퓨터용 펜으로 바르게 표기하세요!
- 주관식 정답은 OMR 주관식 답안란에 파란색 또는 빨간색 플러스 펜으로 쓰세요.
- OMR 답안지 모형은 홈페이지에서 내려 받을 수 있습니다.

▷ 한글인터넷주소 : 한자자격시험

주소(D) 한자자격시험

■ 다음은 [객관식] 문항입니다. 정답을 컴퓨터용 펜으로 OMR 객관식 답안란에 바르게 표기하세요.

❖ 다음의 주어진 한자와 음이 같은 한자를 고르세요. (1~5)

1. [迅] ①靹 ②湮 ③蚓 ④矧
2. [垠] ①焉 ②偃 ③狷 ④嫣
3. [薩] ①熬 ②敖 ③珸 ④煞
4. [邕] ①顒 ②藕 ③盂 ④遇
5. [剪] ①雋 ②蹲 ③鐫 ④濬

❖ 다음 중 주어진 한자의 뜻이 다른 하나를 고르세요. (6~7)

6. [瀞] ①渾 ②漣 ③澄 ④湜
7. [无] ①非 ②罔 ③無 ④莫

❖ 다음 중 주어진 한자와 뜻이 비슷한 한자를 고르세요. (8~10)

8. [麤] ①調 ②粗 ③仔 ④均
9. [歜] ①煙 ②喫 ③欠 ④熏
10. [朦] ①蒙 ②朧 ③豊 ④猛

❖ 다음 중 부수가 다른 하나를 고르세요. (11~15)

11. ①鵠 ②嶋 ③梟 ④鶤
12. ①毽 ②毫 ③氅 ④耗
13. ①亡 ②交 ③京 ④夜
14. ①芳 ②菓 ③夢 ④萊
15. ①太 ②犬 ③奇 ④夭

❖ 다음 중 독음이 바르지 않은 것을 고르세요. (16~20)

16. ①剿討 : 소토   ②扇貂 : 선초
    ③末梢 : 말초   ④憔悴 : 초췌

17. ①撮影 : 촬영   ②酋長 : 추장
    ③鰍湯 : 추탕   ④鳳雛 : 봉축

18. ①操舵 : 조타   ②嚴飭 : 엄칙
    ③嗤侮 : 치매   ④緻密 : 치밀

19. ①嬖妾 : 폐첩   ②匏繫 : 포계
    ③咆哮 : 포효   ④水疱 : 수포

20. ①兒孩 : 아핵   ②彈劾 : 탄핵
    ③餉穀 : 향곡   ④間歇 : 간헐

❖ 다음 문장의 ( )안에 들어갈 한자어가 바르게 쓰인 것을 고르세요. (21~28)

21. 그토록 중요한 일이 (　　)으로 치닫도록 당신은 도대체 무엇을 했단 말이오?
    ①爬行 ②跛行 ③波行 ④破行

22. 그의 (　)한 성격은 아무도 따라올 수 없을 정도다.
① 愧愎　② 傀愎　③ 怪愎　④ 乖愎

23. ○○씨의 노인 (　) 발언은 이번 선거에서 큰 이슈였다.
① 貶下　② 貶賀　③ 貶荷　④ 貶瑕

24. 학자들의 가장 나쁜 자세야말로 (　)적인 자세이다.
① 衒學　② 玄鶴　③ 玄學　④ 賢學

25. 요즘 인터넷에서 유행하는 '대략(　)'란 무슨 뜻이죠? 대략 낭패는 '아햏햏'에서 나온 말입니다. 어떤 인터넷 게시물을 읽고 나서 그 게시물이 제목에 비해 썰렁하거나 기대 이하의 내용이라고 생각될 때 하는 말입니다.
① 浪狽　② 狼狽　③ 狼敗　④ 浪敗

26. 이미 증권가에서는 그가 (　)를 조작했다는 소문이 파다하게 퍼져있었다.
① 株價　② 住家　③ 主價　④ 酒價

27. 프라모델에 관한한 (　)가인 강씨는 그의 작품에 대한 대단한 자부심을 갖고 있다.
① 轉聞　② 前門　③ 專門　④ 傳問

28. 고등학교 과정을 (　)으로 마친 그는 16살에 대학 1학년생이 되었다.
① 續成　② 速成　③ 俗性　④ 屬性

❖ 다음 설명에 맞는 한자어를 고르세요. (29~35)

29. 원한을 품어 요사스럽고 악함
① 原愿　② 媛愿　③ 怨愿　④ 願愿

30. 남의 시가, 문장, 학설 따위를 자기 것으로 발표하는 일
① 表竊　② 剽節　③ 豹絶　④ 剽竊

31. 여럿이 높이 지르는 고함 소리
① 喊聲　② 陷聲　③ 陷城　④ 숨聲

32. 눈이 부시도록 찬란함
① 懸欄　② 眩亂　③ 絢爛　④ 賢亂

33. 내시
① 還官　② 宦官　③ 幻官　④ 患官

34. 피하여 달아남
① 島主　② 陶燾　③ 賭酒　④ 逃走

35. 일정한 규모로 편성된 군대 조직을 일반적으로 이르는 말
① 附帶　② 負戴　③ 浮貸　④ 部隊

❖ 다음 중 성어의 속뜻으로 알맞은 것을 고르세요. (36~40)

36. 耕田鑿井
① 국민들이 생업에 종사하며 평화롭게 삶을 비유적으로 이르는 말
② 자유를 가질 수 없게 몹시 속박하는 일
③ 여러 사람이 연명하여 임금에게 올리는 글
④ 땅을 파거나 바위 등을 뚫는데 쓰는 기계

37. 稍解文字
① 슬피 울부짖고 눈물을 흘리며 욺
② 남에게 지나치게 아첨함을 이르는 말
③ 겨우 글자를 뜯어볼 정도로 무식을 간신히 면함을 이르는 말
④ 기개가 세차서 속박을 안 받음

38. 庖丁解牛
    ① 신기한 것을 보고 놀람을 비유하여 이르는 말
    ② 기술이 묘함을 칭찬하는 말
    ③ 사사로이 떼어먹지 않았는데도 공금 따위가 저절로 축남
    ④ 박한 시골 살림

39. 十寒一曝
    ① 참혹한 형벌
    ② 잔약하고 의지할 곳이 없음
    ③ 일을 꾸준히 하지 못하고 중단됨이 많음을 비유하여 이르는 말
    ④ 곤궁에 다다른 사람을 비유하여 이르는 말

40. 殘杯冷肴
    ① 힘들이지 아니하고 단번에 많은 재물을 얻음을 이르는 말
    ② 제 삼자만 이롭게 하는 다툼을 이르는 말
    ③ 국민들이 생업에 종사하며 평화롭게 삶을 비유적으로 이르는 말
    ④ 보잘것없는 음식을 비유적으로 이르는 말

❖ 다음 설명에 해당하는 한자어를 고르세요. (41~42)

41. 일 년 동안에 받는 봉급의 총액
    ① 年棒   ② 年奉   ③ 鉛封   ④ 年俸

42. 통상 항해 조약을 체결한 나라 중 가장 유리한 취급을 받는 나라
    ① 最貧國   ② 先進國   ③ 最惠國   ④ 開途國

43. 다음 중 한자어가 <u>아닌</u> 것은?
    ① 어차피   ② 물론   ③ 막론   ④ 잔치

44. '樂'은 세 가지의 음으로 사용한다. 다음 중 '樂'의 쓰임이 맞지 않는 것은?
    ① 音樂   ② 樂旨   ③ 樂山   ④ 娛樂

45. 'Solve the problems you yourself create'에 맞는 한자성어는?
    ① 以心傳心   ② 法故創新
    ③ 結者解之   ④ 博學審問

❖ 다음 글을 읽고 물음에 답하세요. (46~50)

> 歸去來兮여 請息交以絶游라. 世與我而相違하니 復駕言兮焉求리오. 悅親戚之情話하고 樂琴書以消憂로다. 農人이 告余以春及하니 將有事于西疇로다. 或命巾車하고 或棹孤舟하여 旣㉠窈窕以尋壑하고 亦㉡崎嶇而經丘하니 木欣欣以向榮하고 泉㉢涓涓而始流라. 羨萬物之得時하고 感吾生之㉣行休로다. 已矣乎라! 寓形宇內復幾時오? 曷不委心任去留 하고 胡爲乎㉤遑遑欲何之오? 富貴는 非吾願이요. 帝鄕은 不可期라. 懷良辰以孤征하고 或植杖而耘耔라 登東皐以舒嘯하고 臨淸流而賦詩라. 聊㉤乘化以歸盡하니 樂夫天命復奚疑아?
> **耔:북돋을, 자

46. 밑줄 친 한자어의 독음과 의미가 바르지 못한 것은?
    ① ㉠窈窕 : 요조, 깊고 그윽한 모양
    ② ㉡崎嶇 : 기구, 고르지 않은 모양
    ③ ㉢涓涓 : 연연, 물이 가늘게 흐르는 모양
    ④ ㉣遑遑 : 황황, 놀라고 두려워하는 모양

47. 위 글과 분위기가 같은 시는?
    ① 雨歇長堤草色多　送君南浦動悲歌
       大洞江水何時盡　別淚年年添綠波
    ② 鳥獸哀鳴海岳嚬　槿花世界已沈淪
       秋燈掩卷懷千古　難作人間識字人
    ③ 浿江兒女踏春陽　江上垂楊正斷腸
       無限煙絲若可織　爲君裁作舞衣裳
    ④ 結廬在人境　而無車馬喧
       問君何能爾　心遠地自偏

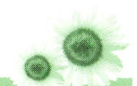

48. ㉮行休의 의미는?
① 가다가 쉼
② 성장이 멈춤
③ 나그네의 앞길이 험함
④ 일생이 거의 끝나감

49. 위 글의 설명으로 맞지 않는 것은?
① 성격은 전원적(田園的), 낭만적이다.
② 표현은 운문·산문이 합쳐진 낭송체이다.
③ 사상은 유교의 입신사상이 바탕이다.
④ 주제는 자연으로 돌아가 전원 생활에서 만족을 느낌이다.

50. ㉯乘化의 의미는?
① 더 높은 경지로 들어감
② 자연의 조화에 맡겨 몸을 실음
③ 살고 죽는 것
④ 최후를 마침. 죽음

■ 다음은 [주관식] 문항입니다. 정답을 플러스 펜으로 OMR 주관식 답안란에 쓰세요.

❖ 다음 한자의 뜻과 음을 쓰세요. (1~25)

1. 醞 (　　　) 2. 吃 (　　　)

3. 骰 (　　　) 4. 慟 (　　　)

5. 韜 (　　　) 6. 憑 (　　　)

7. 袗 (　　　) 8. 捌 (　　　)

9. 肛 (　　　) 10. 顚 (　　　)

11. 愎 (　　　) 12. 曝 (　　　)

13. 饕 (　　　) 14. 豌 (　　　)

15. 嶠 (　　　) 16. 閣 (　　　)

17. 兀 (　　　) 18. 宦 (　　　)

19. 雩 (　　　) 20. 楢 (　　　)

21. 顙 (　　　) 22. 絢 (　　　)

23. 簒 (　　　) 24. 鐶 (　　　)

25. 贍 (　　　)

❖ 다음 한자의 부수를 쓰세요. (26~30)

26. 闇 (　　　) 27. 匏 (　　　)

28. 白 (　　　) 29. 了 (　　　)

30. 民 (　　　)

5회 국가공인 한자자격시험 사범 예상문제

❖ 다음 ( )안에 공통으로 들어갈 한자를 〈보기〉에서 골라 쓰세요. (31~35)

◀보기▶
箚, 篡, 醢, 衚, 斃, 癖, 梟, 竈, 譁, 桎

31. 忌( ), 房忌( )村, ( )字
32. 綠葉( ), ( )首, ( )雄
33. 食( ), 酒果脯( ), 脯( )
34. ( )能, ( )學, ( )學者
35. 內( ), 房( ), ( )妾

❖ [가로열쇠]와 [세로열쇠]를 읽고, 빈칸에 공통으로 들어갈 한자를 쓰세요. (36~40)

36. 鯤 [ ] 樓
   - 가로열쇠: 높고도 뾰족한 누각
   - 세로열쇠: 옛날 중국에서 우리나라를 달리 이르던 말

37. 雲 [ ] 道
   - 가로열쇠: 높은 산의 벼랑 같은 가파른 곳을 건너다니도록 만든 통로
   - 세로열쇠: 험한 벼랑에 나무로 선반처럼 내어서 만든 길

38. 斷 [ ] 峻
   - 가로열쇠: 산이 깎아지른 듯함. 매우 위엄 있고 정중함
   - 세로열쇠: 단절(斷切). 끊어짐. 잘라 버림

39. 沈 [ ] 粉
   - 가로열쇠: 식물의 씨·열매·줄기 등에 들어 있는 탄수화물. 녹말
   - 세로열쇠: 액체 중에 있는 극히 작은 고체가 가라앉아서 바닥에 낌

40. 慓 [ ] 馬
   - 가로열쇠: 날쌔고 사나움
   - 세로열쇠: 성질이 사나운 말

❖ 다음 한자어의 독음을 쓰세요. (41~55)

41. 旗幟 ( )
42. 緻密 ( )
43. 嗤侮 ( )
44. 開坼 ( )
45. 搭乘 ( )
46. 跌宕 ( )
47. 混淆 ( )
48. 連名箚子 ( )
49. 涸轍鮒魚 ( )
50. 朽木糞牆 ( )
51. 鑑賞 ( )
52. 怨望 ( )
53. 監禁 ( )
54. 塞翁之馬 ( )
55. 伯牙絶絃 ( )

❖ 다음 밑줄 친 한자어의 독음을 쓰세요. (56~65)

56. 목에 통증과 痰涎이 나고 목이 아픈 것이 요즘 감기의 특징입니다. 보통 '목감기'라고 일컫는 이런 감기를 의학적으로는 인후염이라고 부릅니다. ( )

57. 구천(勾踐)은 오(吳)나라의 속령(屬領)이 된 고국으로 돌아오자 항상 곁에다 쓸개를 놔두고 앉으나 서나 그 쓴맛을 맛보며[嘗膽] 회계의 치욕[會稽之恥]을 생각하며, 切齒扼腕하였다. ( )

58. 우리 호텔은 온천수를 끌어올려 섭씨 53℃ 온도로 湧出되는 온천탕과 국립공원 지리산을 옆에 두고 있는 절경의 온천휴양지입니다. ( )

59. 하녀로부터 핀잔을 받은 직후 탈레스는 밀레토스의 올리브 壓搾機라는 壓搾機는 모조리 매점매석해 버린 적이 있다고 한다. ( )

60. 동학의 倡道는 조선 후기 사회의 문란과 외세의 침투라는 시대적 상황 속에서 이루어졌다. ( )

61. 눈이 시원스럽고 입 언저리에 애교가 있는 것을 <u>盼倩</u>이라고 한다. （　　　）

62. <u>演繹法</u>은 일반 원리에서 개별적인 사실과 현상을 추론해 내는 방법인데, 그 대표적인 형태는 삼단논법이다. （　　　）

63. 일반 음식물은 위나 장에서 <u>消化</u> 과정을 거친 다음 흡수되어 온 몸에 퍼지지만, 알코올은 <u>消化</u> 과정을 거치지 않고 바로 흡수되어 온몸에 퍼진다. 그러므로 술을 마시고 2~3분이면 이미 알코올은 온몸에 퍼지게 된다. （　　　）

64. 반 학생 모두가 그의 <u>瘦瘠</u>해진 모습에 안타까움을 금할 수 없었다. （　　　）

65. 용맹정진 기간 동안 종정 <u>猊下</u>부터 사미에 이르기까지 모두 참선수행에 들어 갔다.（　　　）

❖ 다음 글을 읽고 물음에 답하세요. (66~70)

　　고구려 영양왕 23년에 수 양제(煬帝)가 고구려 정벌의 조서를 내리고, 좌익위 대장군 우문술(宇文述)은 부여도로, 우익위 대장군 우중문(于仲文)은 낙랑도(樂浪道)로 쳐들어와 9군과 함께 압록수(鴨淥水)에 이르렀다. 이 때 을지문덕(乙支文德)은 왕명을 받고 적 ㉠진영에 들어가서 거짓으로 항복하는 척하면서 적의 허실을 엿보고자 하였다.
　　을지문덕은 수의 대군이 굶주린 기색을 보고 이를 더욱 피로케 하려고 매번 싸우다가 패하고 하니, 우문술은 하루에 일곱 번을 싸워 모두 승리하였다. 여기에 도취된 적장들은 또 진격할 것을 의논하고는 드디어 살수를 건너 평양성의 30리 밖에 병영을 쳤다. 이 때 을지문덕은 우중문에게 시를 보내기를
　　"신묘한 계책은 천문을 꿰뚫어 볼 만하고, 오묘한 전술은 땅의 이치를 모조리 알도다. 전쟁에 이겨서 공이 ㉡이미 높아졌으니, 만족을 알거든 그만 돌아가시구려."
라고 하였다.
　　이에 우중문이 답서를 보내니, 을지문덕은 또 다시 사자를 파견하여 거짓으로 항복하면서, 회군하면 우리 왕이 양제를 찾아뵙겠다고 하였다. 우문술은 전세가 불리한 것을 깨닫고 고구려군이 거짓 항복한 것을 기회로 돌아가기 시작하였다.
　　이를 본 을지문덕은 적의 군사를 4면으로 맹공하여, 그들이 살수를 반쯤 건넜을 때 적군의 후미를 습격하였다. 이에 적장 신세웅(辛世雄)을 잡아 죽이고 많은 적군을 격파하니 적군은 거의 ㉢궤멸되었다. 수군이 요동을 떠날 때는 30만 5천명이었으나, 패배하여 요동으로 돌아간 자는 2,700여 명에 불과하였다.
　　[사신(史臣)은] 논(論)한다. 양제의 요동전역(遼東戰役)은 ㉣출사(出師)의 성함이 前古(전고)에 없었다. 고구려가 한 편방(偏方)의 소국(小國)으로서 능히 이를 막아 내어 스스로를 보전하였을 뿐 아니라, 그 군사를 거의 다 섬멸한 것은 문덕 한 사람의 힘이었다. 전(傳)에 이르기를 "군자(君子)가 있지 않으면 어찌 능히 나라를 다스릴 수 있으랴?" 하였는데, 참으로 옳은 말이다.
　　<삼국사기 열전－을지문덕 中>

66. 밑줄 친 ㉠을 한자로 쓰세요.
　　　　　　　　　　（　　　　　　）

67. 밑줄 친 ㉡에 해당하는 한자를 쓰세요.
　　　　　　　　　　（　　　　　　）

68. 밑줄 친 ㉢을 한자로 쓰세요.
　　　　　　　　　　（　　　　　　）

69. 밑줄 친 ㉣의 출사(出師)에서 師의 뜻은?
　　　　　　　　　　（　　　　　　）

70. 위의 내용과 같이 을지문덕이 크게 승리한 이 싸움의 이름을 한자로 쓰세요.
　　　　　　　　　　（　　　　　　）

❖ 다음 글을 읽고, 물음에 답하세요. (71~75)

　　옛날 배우는 자들은 반드시 스승이 있었으니, 스승이란 <u>㉠도를 전하고, 업을 가르쳐주고, 의혹을 풀어주는 것</u>이다. 사람이 태어나면서부터 아는 자가 아니라면 의혹이 없을 수 있겠는가. 의혹이 있으면서 스승을 따라 배우지 않는다면 그 의혹은 끝내 풀리지 않을 것이다. 나보다 뒤에 태어나서 그 도를 들음이 역시 내보다 먼저라면, 나는 따라서 스승으로 삼을 것이다. 나는 도를 스승으로 삼으니, 그 나이가 나보다 먼저 태어나고 뒤에 태어남을 어찌 따지겠는가. 이러므로 귀

5회 국가공인 한자자격시험 사범 예상문제

함도 천함도 없으며, 나이가 많고 적음도 없으며, 도가 있는 곳에 스승이 있는 것이다.
-중략

성인은 일정한 스승이 없다. □□께서는 담자(郯子)와 장홍(萇弘)과 사양(師襄)과 노담(老聃)을 스승으로 삼으셨으니, 담자(郯子)의 무리는 그 어짊이 □□에 미치지 못하였다. □□께서 말씀하시기를 "㉮세 사람이 가면 반드시 내 스승이 있다"고 하셨으니, 이러므로 제자가 반드시 스승만 못한 것이 아니요, 스승이 반드시 제자보다 나은 것이 아니다. 도를 들음에 선후가 있고 기술과 직업에 ㉯전공이 있어서이니, 이와 같을 뿐이다.

이씨의 아들 반(蟠)이 나이가 17세인데 고문을 좋아하여 ㉰육예(六藝)와 경전(經傳)을 모두 통달하여 익혔는데, 시속에 구애되지 않고 나에게 배우기를 청하므로 나는 그가 능히 옛날의 도를 행함을 가상히 여겨 사설을 지어 주노라.

71. 밑줄 친 ㉠은 스승의 역할에 대해 말한 것이다. 다음 괄호에 알맞은 한자를 각각 써넣으세요.
傳□, 授□, 解□
( )

72. □□에 공통으로 들어갈 사람은? 밑줄 친 ㉮문장의 내용을 말한 사람과 같음.
( )

73. 밑줄 친 ㉮문장을 한문으로 옮기면?
( )

74. 밑줄 친 ㉯을 한자로 쓰세요.
( )

75. 밑줄 친 ㉰육예(六藝)란 무엇인가?
( )

❖ 다음의 밑줄 친 단어를 한자로 쓰세요. (76~85)

76. 한번 삼킨 음식물을 다시 입 안으로 토하여 잘 씹은 후에 삼키는 것을 <u>반추</u>라고 하고, 이런 위를 반추위라고도 한다. ( )

77. 세상에는 비밀이 없기 마련이다. 어떠한 비밀도 결국에는 <u>탄로</u>가 난다. ( )

78. 시의회는 시장의 <u>판공비</u>가 과다 책정되어 있다고 지적하고, 즉각적으로 고칠 것을 의결하였다.
( )

79. 4·19는 원조에 기생하여 성장한 <u>매판적</u> 독점 자본을 지지해 주던 독재 권력을 타도함으로써, 우리의 운명은 우리가 스스로 개척해야 한다는 민족주체의식이 발현되었고 민중의 이익에 기초를 둔 자립경제를 형성할 수 있는 정치적 계기를 마련하였다. ( )

80. 그녀가 지닌 <u>표독</u>스런 성격이 오늘에서야 드러났다. ( )

81. <u>췌장</u>은 위(胃)의 뒤쪽에 있는 길이 약 15cm의 어두운 황색의 기관(器官)으로 이자라고도 한다. ( )

82. 소인이 어찌 다시 전의 '양반'을 <u>참칭</u>해서 양반 행세를 하겠습니까? ( )

83. 현실적으로 두통의 원인은 작업하는 모니터 화면을 계속 <u>응시</u>하면서 작업의 내용에 따른 신경성으로 아플 수가 있습니다. ( )

84. 축구 강대국들은, 월드컵 축구에 비해 올림픽 축구는 별로 중요하지 않게 생각하는 <u>경향</u>이 있다. ( )

85. 다시마처럼 포자로 <u>번식</u>[무성생식(無性生殖)] 하는 식물은 대개 꽃이 없다. ( )

❖ 다음 문장에 있는 <u>잘못된</u> 한자어를 바르게 고쳐 쓰세요. (86~95)

86. 도로변에 있는 이 소공원에는 ○○시가 2002년 말 공공근로사업으로 심은 <u>野子樹</u> 80여그루 등 남국 식물 1만1천여 그루가 자라 오가는 시민과 관광객들의 휴식처가 되고 있다.
(→)

87. <u>執要</u>하게 파고드는 형사의 추궁에 결국 범인은 범행을 자백했다. (→)

88. 그의 <u>破脫</u>된 행동에 많은 사람들이 놀라지만, 지인들은 오히려 그의 그런 성격을 좋아한다고 한다. (→)

89. 장공(莊公)이 <u>鱉妾</u>에게 혹하여 부인 장강(莊姜)이 어진데도 불구하고 그 직위를 박탈했다.
(→)

90. 모두들 그를 <u>哮雄</u>이라 부르며, 그의 용맹함을 배우려고 한다. (→)

91. <u>訖人</u>이라고 놀리면 안되지. 누구나 한가지의 장점과 단점을 있을 수 있으니까.
(→)

92. <u>粉臺</u>란 '분바른 얼굴과 먹으로 그린 눈썹'으로, 화장 또는 화장한 아름다운 여자를 비유한다.
(→)

93. 여자들이여! 직장에서 남자 동료 등이 궂은 일을 시킬 경우 엉겹결에 받아들이는 <u>經遇</u>가 있는데 절대 그렇게 하지 마라. 5초만 더 생각하라.
(→)

94. 그녀는 언제나 싫으면 떠나리라는 태도로 <u>逸貫</u>했다. (→)

95. 한국의 과학자들은 그들이 희망하는, 앞으로 질병 치료에 사용될 수 있는 세포들을 획득하기 위해 30 개의 인간 <u>培芽</u>들을 복제했다.
(→)

❖ 다음 □ 안에 적당한 한자를 넣어 아래 글이 뜻하고 있는 한자성어를 완성하세요. (96~105)

96. 珍羞盛□ ( )

맛이 좋고 푸짐하게 차린 음식

97. □水不入 ( )

'한 모금의 물도 마시지 못한다'는 뜻으로 음식을 조금도 먹지 못함을 이르는 말

98. 光風□月 ( )

비가 갠 뒤의 맑게 부는 바람과 밝은 달. 마음이 넓고 쾌활하여 아무 거리낌이 없는 인품을 비유적으로 이르는 말

99. □烙之刑 ( )

불에 달군 쇠로 단근질하는 형벌. 은(殷)의 주왕(紂王)이 구리 기둥에 기름을 발라 숯불에 걸쳐 달군 후, 그 위로 죄인을 맨발로 건너가게 했는데, 건너다가 미끄러져 불에 떨어져 죽게 한 참혹한 형벌

100. 一□千金 ( )

'단번에 천금을 움켜쥔다'는 뜻으로, 힘들이지 아니하고 단번에 많은 재물을 얻음을 이르는 말

5회 국가공인 한자자격시험 사범 예상문제

101. 宮商角□羽　　　　　　（　　　）

> 동양 음악의 오음(五音)을 이르는 말

102. □官雜記　　　　　　（　　　）

> 조선조 명종 때의 사람 어숙권(魚叔權)이 지은 우리 나라 각종 설화 시화들을 모아 해설을 붙인 책

103. 吟風□月　　　　　　（　　　）

> 맑은 바람과 밝은 달을 노래함. 풍류를 즐긴다는 뜻

104. 自家□着　　　　　　（　　　）

> 앞뒤가 서로 어그러져 모순됨

105. 頂門一□　　　　　　（　　　）

> 정수리에 침을 놓는다는 뜻으로, 따끔한 충고나 교훈을 이르는 말.

❖ 다음의 한자어 활용이 내용상 알맞은 것에는 ○표, 적당하지 않은 것에는 ×표 하세요. (106~110)

106. 間歇溫泉은 일정한 간격없이 항상 분출하는 온천이기 때문에 높은 온도를 유지할 수 있다.　　　（　　　）

107. 태평한 시대의 큰 길거리에 보이는 안온한 풍경을 康衢煙月이라고 한다.　（　　　）

108. 蹇脚이란 튼튼하여 잘 걷거나 잘 뛰는 다리, 또는 그런 다리를 가진 사람을 일컫는 말이다.　　　（　　　）

109. 옛날 전쟁터에서 弓弩라 함은 활과 쇠뇌를 아울러 이르는 말이다.　（　　　）

110. 아이구! 이 망치는 절의 僧梳와 같이 어째 아무 짝에도 쓸모가 없구나.　（　　　）

❖ 다음 중 한자의 생성 원리[육서(六書)]가 다른 것을 골라 쓰세요. (111~113)

111. 竝, 音, 競, 章　　　　　（　　　）
112. 靑, 淸, 晴, 廳　　　　　（　　　）
113. 生, 止, 石, 八　　　　　（　　　）

❖ 다음 문장의 밑줄에 해당하는 한자어를 한자로 쓰세요. (114~115)

114. 정○○ 교수는 이번에 박지원의 뛰어난 산문들 중에서도 가장 빛나는 정수(精髓)만을 뽑아서 <비슷한 것은 가짜다>라는 책을 펴냈다.　（　　　）

115. 기업들이 환경 문제나 사회 복지 등과 관련된 요인을 잘 살피지 않고 지나쳐 버렸다는 것이다.　（　　　）

❖ 다음은 파자(破字) 설명이다. 설명에 해당하는 한자는? (116~117)

116. 어머니가 갓을 쓰고 조개를 줍는 한자는?
( )

117. 산밑에서 개가 짖는 한자는? ( )

❖ 다음 시조를 읽고, 물음에 답하세요. (118~120)

> 力拔山 氣蓋世는 ㉠楚覇王의 버금이요,
> 秋霜節 烈日忠은 伍子胥의 우이로다.
> 千古에 ㉡凜凜丈夫는 ㉢壽亭侯인가 하노라.

118. 밑줄 친 ㉠에 해당하는 인물은? ( )

119. 밑줄 친 ㉡의 음을 쓰세요. ( )

120. 밑줄 친 ㉢에 해당하는 인물은? ( )

❖ 다음 주어진 사자성어의 속뜻을 쓰세요. (121~125)

121. 龍盤虎踞 : ( )

122. 氷肌玉骨 : ( )

123. 簞瓢陋巷 : ( )

124. 邯鄲之夢 : ( )

125. 山鷄野鶩 : ( )

❖ 다음 〈보기〉에서 문맥상 ( )안에 들어갈 말을 골라 문장을 완성하세요. (126~127)

126. ( )이 維德之基라.

〈보기〉
溫溫恭人 和和敬人 喜喜樂人 恭恭懷人

( ) 덕의 기본이다.

127. 多言이면 數窮이니 ( )이니라

〈보기〉
不如時及 不如論道 不如守中 不如沈黙

말을 많이 하면 자주 궁해지니 ( )

❖ 다음 빈칸에 들어갈 적당한 한자를 쓰세요. (128~130)

128. 事□敬하며 疑□問하며 忿□難하며 見得□義니라

129. 戰戰兢兢하여 □臨深淵하며 □履薄氷이라

130. 人有三不祥하니 幼而不肯□長하며 賤而不肯□貴하며 不肖而不肯□賢이 是人之三不祥也니라

5회 국가공인 한자자격시험 사범 예상문제

❖ 다음 글을 읽고 물음에 답하세요. (131~132)

(가) 勿謂今日不□而有來日하고 勿謂今年不□
而有來年하라
日月逝矣라 歲不我延이니 嗚呼老矣라 是誰
之愆고
(나) □不可以已니 靑取之於藍而靑於藍이요 氷
水爲之而寒於水라

131. (가)와 (나)의 공통적인 주제로 빈 칸에 들어갈 한자는? (   )

132. (나)의 문장이 의미하는 것은 무엇인가? (   )

❖ 다음 구절의 독음과 풀이를 쓰세요. (133~135)

133. 俯足以畜妻子 :

134. 可以濯吾纓 :

135. 不可褻翫焉 :

❖ 다음 문장을 해석하세요. (136~140)

136. 道之以德하고 齊之以禮면 有恥且格이니라.

137. 臣者는 調元而陳善閉邪者也라

138. 朽木은 不可雕也며 糞土之墻은 不可杇也라

139. 雖有嘉肴나 不食 不知其旨也라

140. 賢者는 以其昭昭로 使人昭昭니라

❖ 다음 시를 읽고 물음에 답하세요. (141~143)

(가) 玉露凋傷楓樹林   巫山巫峽氣蕭森
江間波浪兼天湧   塞上風雲接地陰
叢菊兩開他日淚   孤舟一繫故園心
寒衣處處催刀尺   白帝城高急暮砧
(나) 西華已蕭索   北寒尙昏夢
坐待文明旦   天東日欲紅
(다) 鳥獸哀鳴海岳嚬   槿花世界已沈淪
秋燈掩卷懷千古   難作人間識字人
(라) 窮居罕人事   恒日廢衣冠
敗屋香娘隆   荒畦腐婢殘
睡因多病減   愁賴著書寬
久雨何須苦   晴時也自歎

141. (가)~(라)에 대한 감상을 바르게 연결하세요.

(가) • • ㉠자국 문명에 대한 자부심이 강하게 드러난 시이다
(나) • • ㉡국권의 피탈로 인한 지식인으로서 고뇌가 엿보임
(다) • • ㉢변방에서 고향과 가족을 그리워하는 작가의 마음이 표현됨
(라) • • ㉣장마철 농촌의 궁핍한 삶

142. (가)시 중 '頷聯'의 독음을 쓰세요. (   )

143. (나)의 '西華, 北寨, 天東'이 가리키는 나라를 각각 쓰세요.
(   )

❖ 다음 시구를 해석하세요. (144~145)

144. 寒衣處處催刀尺 白帝城高急暮砧
→

145. 睡因多病減 愁賴著書寬
→

❖ 다음 글을 읽고 물음에 답하세요. (146~150)

桓公讀書於堂上이러니 輪扁斲輪於堂下일새 釋㉠椎鑿而上하여 問桓公曰:『敢問컨대 公之所讀者何言邪오?』
公曰:『聖人之言也라.』曰:『聖人在乎아?』公曰:『已死矣라.』曰:『然則君之所讀者는 故人之㉡糟魄已夫인저!』桓公曰:『寡人讀書에 輪人安得議乎아! 有說則可커니와 无說則死하리라.』輪扁曰:『臣也以㉢臣之事觀之컨대 斲輪㉮徐則甘而不固하고 疾則苦而不入하니 不徐不疾하여 得之於手而應於心이요 口不能言하여 有數存焉於其間이니이다. 臣不能以喩臣之子요 臣之子亦不能受之於臣이라 是以行年七十而老斲輪이니이다. 古之人與其不可傳也死矣라. 然則㉯君之所讀者는 故人之糟魄已夫인저!』
*斲 : 깎을 착

146. 윗 글의 내용과 의미가 통하는 사자성어 혹은 문장은?
(   )

147. '㉮徐則甘而不固, 疾則苦而不入'를 해석하세요.
(   )

148. ㉠'椎鑿'과 ㉡'糟魄'의 독음과 뜻을 쓰세요.
(   )

149. ㉢'臣之事'가 가리키는 것은?
(   )

150. ㉯'君之所讀者, 故人之糟魄已夫'라고 말한 이유를 쓰세요.
(   )

 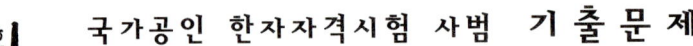

■ 시험 시간은 100분간입니다.
■ OMR 정답지에 수험번호, 주민등록번호, 응시급수, 성명 등 인적사항을 컴퓨터용 펜으로 표기하지 않거나, 잘못 표기하면 불합격 처리됩니다.
■ 객관식은 OMR 정답지에 반드시 컴퓨터용 펜으로 표기하세요.
■ 주관식은 OMR 정답지 주관식 답란에 플러스 펜으로 쓰시오.
■ 객관식 답 수정은 수정 "테이프"만 사용해야 합니다.
■ 주관식 답 수정은 오답을 두 줄로 긋고 다시 작성하세요.
■ 시험이 끝나면 문제지와 정답지를 감독관 선생님께 내세요.

■ 다음은 [객관식] 문항입니다. 정답을 컴퓨터용 펜으로 OMR 객관식 답안란에 바르게 표기하세요.

❖ [ ]안의 한자와 음(소리)이 같은 한자는? (1~5)

1. [瞖] ① 嵘 ② 霓 ③ 箟 ④ 頴
2. [釖] ① 刃 ② 湮 ③ 伕 ④ 蚓
3. [琺] ① 范 ② 法 ③ 犯 ④ 犯
4. [沸] ① 弗 ② 拂 ③ 佛 ④ 丕
5. [鞦] ① 驟 ② 鷲 ③ 諏 ④ 嘴

❖ [ ]안의 한자와 뜻이 다른 한자는? (6~7)

6. [高] ① 崇 ② 尊 ③ 卑 ④ 巍
7. [姣] ① 餃 ② 嬪 ③ 嫩 ④ 嫋

❖ [ ]안의 한자와 뜻이 비슷한 한자는? (8~10)

8. [娃] ① 頓 ② 姆 ③ 奴 ④ 媽
9. [訌] ① 罵 ② 仮 ③ 詠 ④ 謐
10. [哀] ① 悙 ② 悷 ③ 慣 ④ 愴

❖ 다음 중 부수가 다른 한자는? (11~15)

11. ① 蘿 ② 藜 ③ 摹 ④ 蔞
12. ① 廖 ② 廩 ③ 麋 ④ 廡
13. ① 正 ② 歷 ③ 此 ④ 些
14. ① 伏 ② 狀 ③ 狂 ④ 狄
15. ① 字 ② 寄 ③ 家 ④ 宋

❖ 한자어의 독음이 바르지 않은 것은? (16~20)

16. ① 翠嵐 : 취람 ② 白蠟 : 백렵
    ③ 電纜 : 전람 ④ 橄欖 : 감람

17. ① 朧月 : 농월 ② 罍鶴 : 뇌상
    ③ 旗旒 : 기류 ④ 痀瘻 : 구루

18. ① 絨緞 : 융단 ② 詛嚼 : 저작
    ③ 喘息 : 단식 ④ 阻隘 : 조애

19. ① 嫉妬 : 질투 ② 供饋 : 공귀
    ③ 慘憺 : 참담 ④ 混沌 : 혼돈

20. ① 焙籠 : 배롱 ② 構造 : 구조
    ③ 咐囑 : 부속 ④ 茯笭 : 복령

❖ 문장 속의 ( )안에 들어갈 한자어가 바르게 쓰인 것은? (21~28)

21. 證市가 春困症에 나른해진 육체와 ( )한 정신처럼 힘을 쓰지 못하고 있다.
    ① 夢瓏 ② 朦朧 ③ 夢弄 ④ 蒙瀧

22. 난적 이란을 꺾고 귀국한 올림픽 대표팀의 김○○감독은 "아테네 행의 7~8부 ( )을 넘었다고들 하지만 아직 갈 길은 멀다."고 경계를 늦추지 않았다.
    ① 綾扇 ② 陵線 ③ 凌線 ④ 稜線

23. 그의 죽음을 애도하는 ( )가 喪輿의 뒤를 따라 멀리 퍼지고 있었다.
    ① 輓歌 ② 慢歌 ③ 卍歌 ④ 輗歌

24. 일제 강점기 수많은 독립 운동가들이 일제의 잔학한 고문에 큰 ( )를 당했다.
    ① 苦楚 ② 苦草 ③ 枯草 ④ 藁草

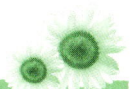

25. 이 물건은 (　　)가 너무 높은 것 같군.
① 單價　② 單家　③ 短價　④ 團歌

26. 이 문제는 그녀의 오랜 (　　)의 結果로 풀 수 있었다.
① 經險　② 經驗　③ 脛驗　④ 頸驗

27. 4월 15일은 國會議員 總(　　)日이다.
① 仙居　② 船車　③ 選擧　④ 船渠

28. 올해의 最(　　) 선수상은 김○○씨에게 돌아갔다.
① 優手　② 優秀　③ 憂愁　④ 雨水

❖ [ ]안의 내용을 뜻하는 한자어는? (29~35)

29. [잘못이나 옳지 못한 일을 잡아내어 따지고 나무람]
① 糾彈　② 叫彈　③ 規彈　④ 糾憚

30. [국가, 지방 자치 단체, 은행, 회사 따위가 사업에 필요한 자금을 차입하기 위하여 발행하는 유가 증권]
① 債權　② 責券　③ 菜券　④ 債券

31. [예전 중국에서, 여자의 발을 작게 만들기 위해 어릴 때부터 천으로 발을 옥죄어 자라지 못하게 하던 풍속]
① 專足　② 前足　③ 纏足　④ 塡足

32. [들어선 것이 촘촘하고 빽빽함]
① 調密　② 租密　③ 稠密　④ 助密

33. [동일한 성질을 가진 부류나 범위]
① 範週　② 範周　③ 泛舟　④ 範疇

34. [어떤 일에 알맞은 성질이나 적응 능력. 또는 그와 같은 소질이나 성격]
① 敵性　② 適性　③ 笛聲　④ 積誠

35. [법률에 의하여 선서를 한 증인이 고의로 허위 진술을 함으로써 성립하는 죄]
① 危症罪　② 僞證罪　③ 威證罪　④ 爲證罪

❖ [ ]안의 성어의 속뜻으로 알맞은 것은? (36~40)

36. [杵臼之交]
① 귀천을 가리지 않고 사귀는 일
② 순탄하지 않은 삶의 역정
③ 가난함을 즐기는 친구 간의 사귐
④ 친한 친구 간의 사귐

37. [氷肌玉骨]
① 어리고 가녀린 여인의 모습
② 예쁘지 않은 사람. 추녀
③ 살결이 곱고 깨끗한 미인
④ 얼음과 옥구슬 같이 찬 여인

38. [得隴望蜀]
① 인간의 욕심이 끝이 없음
② 이것저것 하나도 쓸모가 없음
③ 산에 올라 가까운 곳을 바라봄
④ 신천지 개척의 즐거움

39. [螳螂拒轍]
① 제 분수도 모르고 강적에게 반항함
② 점점 갈수록 차이가 커짐
③ 조금의 실수도 용납할 수 없음
④ 땅과 하늘만큼 큰 차이

40. [席藁待罪]
① 왼쪽, 오른쪽의 구분이 없음
② 죄과에 대한 처벌을 기다림
③ 다가올 일에 명석한 판단을 함
④ 이리 뒤척 저리 뒤척 잠을 못 이룸

41. 다음 중 '兩棲類'에 해당하는 동물을 고르면?
① 도마뱀   ② 고래
③ 개구리   ④ 악어

42. 다음 중 '不文法'으로 알맞은 것을 고르면?
① 慣習法   ② 國際法
③ 民事訴訟法   ④ 憲法

43. 다음 중 '伯父'의 뜻으로 맞는 것을 고르면?
① 어머니   ② 아버지
③ 작은아버지   ④ 큰아버지

44. 다음 중 '빈대 잡으려다 초가삼간 태운다'라는 속담과 같은 의미를 지닌 사자성어는?
① 手不釋卷   ② 草家三間
③ 矯角殺牛   ④ 井中之蛙

45. 다음 중 계절을 나타내는 낱말이 아닌 것은?
① 暮春   ② 晚年   ③ 孟秋   ④ 仲春

❖ 다음 글을 읽고 물음에 답하시오.

問者曰 以(가)子之道로 移之官理可乎아. ㉠駝曰我知種樹而已요 理非吾業也라. 然吾居鄉하여 見長人者好煩其令하여 若甚憐焉이로되 而卒以禍라. 旦暮吏來而呼曰官命㉡促爾耕하고 ㉢勖爾植하며 ㉣督爾穫하며 蚤繰而緖하며 蚤織而縷하며 (나)字而幼孩하며 遂而雞豚이라 하여 鳴鼓而聚之하고 擊木而召之라. 吾小人은 (다)具饔飧以勞吏者라도 且不得暇어늘 又何以蕃吾生而安吾性邪아.
故로 病且怠하니 若是卽與吾業者로 其亦有類乎인저. 問者喜曰不亦善夫아 吾問養樹라가 得養人術이로다. 傳其事하여 以爲官戒也하노라.

46. 밑줄 친 한자의 뜻이 바르지 못한 것은?
① ㉠ 駝 : 낙타   ② ㉡ 促 : 재촉하다
③ ㉢ 勖 : 갈아엎다   ④ ㉣ 督 : 감독하다

47. (가) '子之道'가 가리키는 것은?
① 養豚   ② 養人   ③ 養生   ④ 養樹

48. 백성들이 생활을 번성하게 하고 본성을 편하게 할 수 없는 이유를 본문에서 두 글자의 한자로 표현하면?
① 幼孩   ② 種樹   ③ 爾穫   ④ 煩令

49. (나) '字而幼孩 遂而雞豚' 중 독음이 틀린 것은?
① 字:자   ② 孩:핵   ③ 遂:수   ④ 豚:돈

50. (다) '具饔飧以勞吏者' 중 '饔飧'의 독음과 뜻이 맞는 것은?
① 옹찬, 아침밥과 점심밥
② 옹찬, 기름진 음식
③ 옹손, 맛있는 밥
④ 옹손, 아침밥과 저녁밥

국가공인 한자자격시험 · 사범

■ 정답을 OMR정답지의 주관식 답란에 쓰시오.

❖ 다음 한자의 뜻과 음(훈·음)을 쓰세요. (1~25)

1. 嵐 (   )   2. 儷 (   )
3. 磊 (   )   4. 旒 (   )
5. 鯉 (   )   6. 燐 (   )
7. 彎 (   )   8. 芒 (   )
9. 岷 (   )   10. 眸 (   )
11. 杳 (   )   12. 蕪 (   )
13. 肌 (   )   14. 芰 (   )
15. 銷 (   )   16. 曝 (   )
17. 粕 (   )   18. 蚌 (   )
19. 胚 (   )   20. 吃 (   )
21. 騰 (   )   22. 聚 (   )
23. 塗 (   )   24. 飾 (   )
25. 鞋 (   )

❖ 다음 한자의 부수를 쓰세요. (26~30)

26. 頗 (   )   27. 勻 (   )
28. 甛 (   )   29. 杳 (   )
30. 之 (   )

❖ 다음 빈칸에 공통으로 들어갈 한자를 보기에서 골라 쓰세요. (31~35)

◀ 보기 ▶
斑, 筮, 末, 劈, 鹵, 泮, 裨, 箭, 抹, 濾

31. (   )宮, (   )村, (   )長
32. (   )開, (   )頭, (   )破門閥
33. 卜(   ), (   )書, (   )竹
34. 東塗西(   ), (   )消, 一(   )
35. 暗(   ), (   )形, 柳葉(   )

❖ 다음 한자어의 독음을 쓰세요. (36~51)

36. 麥稈   (   )
37. 繭絲   (   )
38. 正鵠   (   )
39. 八紘   (   )
40. 膨脹   (   )
41. 湮滅   (   )
42. 穿鑿   (   )
43. 矜恤   (   )
44. 棄却   (   )
45. 獨寡占   (   )
46. 秘資金   (   )
47. 假押留   (   )
48. 守勢防禦   (   )
49. 保護觀察   (   )
50. 柔軟反應戰略   (   )

❖ 다음 밑줄 친 한자어의 독음을 쓰세요. (51~60)

51. 선생님은 학급 야외활동 계획을 세우기 위해 汨沒해 계신다.   (   )

52. 영화배우 김○○씨는 憔悴한 모습 촬영을 위해 평소 80kg의 몸무게를 67kg으로 줄였다.
(   )

기출문제 395

53. 해외동포 특별법은, 해외에 살고 있는 동포들이 영주권자이든 시민권자이든 한국에서 특별한 혜택을 부여하는 법인데, 그 속에 중국동포를 제외한 것은 명백히 중국동포를 <u>恝視</u>하는 처사입니다. (　　　)

54. 식품의약품안전청은 쓰레기 단무지로 만든 만두소가 들어간 <u>饅頭</u>를 전량 수거해 폐기처분키로 했다고 밝혔다. (　　　)

55. 음주운전은 자신뿐만 아니라 타인의 생명까지 <u>威脅</u>하는 살인행위이다. (　　　)

56. 전장에서 대공 방어 능력을 높이기 위해 국내에서 개발된 휴대용 대공<u>誘導彈</u>, '신궁(新弓)'에 대한 사격시험이 성공적으로 이뤄졌다. (　　　)

57. 장기 불황과 매출부진에 허덕이고 있는 유통업계가 연일 <u>價格割引</u> 행사를 펼치고 있다. (　　　)

58. 경기침제로 작년 전분당(澱粉糖) 수요량이 10% 이상 줄었고, 공장이전 진행으로 생산수율도 낮아지고 <u>減價償却費</u>도 늘었다. (　　　)

59. <u>參考換率制</u>란, 각국 통화의 환율 수준에 일정한 밴드를 두고 외환시장 변동으로 이 범위를 넘어설 우려가 있다고 판단될 때 각국 통화당국들이 시장에 협조 개입하여 그 범위를 유지하도록 하는 제도로 1994년부터 본격적으로 제기되었다. (　　　)

60. <u>公職者倫理法</u>은, 공직자의 재산등록·선물신고 및 퇴직공직자의 취업제한 등을 정함으로써 공직자의 부정행위를 방지하고, 공무집행의 공정성을 확보하여 깨끗한 공직사회를 구현하며, 나아가 공직자로 하여금 국민 전체에 대한 봉사자로서 그 책임을 다할 수 있게 함을 목적으로 제정되었다. (　　　)

❖ 다음 글을 읽고 물음에 답하세요. (61~65)

劉邦이 秦나라 수도 咸陽을 함락시키고 秦나라 왕 子嬰으로부터 항복을 받았다는 사실을 알게 된 項羽는 분노가 머리끝까지 치솟아 劉邦을 칠 각오를 다졌다. 劉邦 또한 項羽가 이를 갈고 있다는 걸 알고 項羽의 진중에 나아가 해명했다[鴻門之會].
　劉邦의 변명에 項羽는 고개를 끄덕였으나 項羽의 謀臣 ㉠范增은 이를 好機로 項羽의 사촌동생 項莊으로 하여금 칼춤을 추게 하여 劉邦의 목숨을 노렸다. 劉邦이 위급한 처지에 있는 걸 알게 된 심복 ㉡樊噲가 방패와 칼을 들고 연회장에 들어가려고 했다. 그러나 ㉢위병이 가로 막았다. 일개 위병이 어찌 樊噲를 막을 수 있으랴. 위병을 쓰러뜨린 樊噲가 연회장에 뛰어들어 項羽를 쏘아보았다. 項羽는 저도 모르게 칼자루를 만지며 소리쳤다.
　"누군가?"
　"沛公 劉邦의 수행부하 樊噲입니다."
　劉邦의 측근 張良이 대답해 주었다.
　"장사로군. 이 자에게 술을 주도록 하라"
　한말들이 술잔이 그에게 주어졌다. 樊噲는 선 채로 단숨에 들이켰다.
　"이 자에게 생돼지 다리를 하나 갖다 주어라"
　樊噲는 방패 위에 생돼지고기를 놓고 썰어 먹었다. 이를 본 천하의 項羽도 ㉣간담이 서늘해졌다.
　"굉장한 장사로군. 한잔 더 하겠나"
　"(가)죽음도 사양하지 않는 제가 어찌 술 몇 말을 사양하겠습니까?"
　項羽는 더 이상 할 말이 없었다. 그리하여 樊噲는 劉邦을 구해낼 수 있었다.

61. 밑줄 친 ㉠의 독음을 쓰세요. (　　　)
62. 밑줄 친 ㉡의 독음을 쓰세요. (　　　)

63. 밑줄 친 ⓒ을 한자로 쓰세요. (   )
64. 밑줄 친 ⓔ을 한자로 쓰세요. (   )
65. 밑줄 친 (가)의 상황에 해당하는 사자성어를 한자로 쓰세요. (   )

❖ 다음의 한자어 활용이 내용상 알맞은 것에는 ○표, 적당하지 않은 것에는 ×표 하세요. (66~70)

66. 山鷄野鶩 같은 성격의 아름다운 그녀는 언제나 뭇 남성들의 시선을 한 몸에 받고 있다. (   )
67. 김○○화백은 가시 冕旒冠을 쓰고 뺨에 한 방울 눈물이 맺힌 예수를 골판지에 먹으로 그린 그림으로 화단에 충격을 던졌다. (   )
68. 그의 인생철학은 簞食瓢飮과 같은 것이어서 악착같이 일하여 큰 재산을 축적하였다. (   )
69. 아휴 답답해. 그는 煙筒이 꽉 막혀 있어. (   )
70. 그는 항상 나와 對蹠점에 서서 나를 도와주곤 하였다. (   )

❖ 다음 [ ] 속 단어를 뜻에 맞게 한자로 바꿔 쓰세요. (71~80)

71. 저 [방대]한 규모의 댐은 사실 생태환경을 파괴하는 인간의 피조물이다. (   )
72. [별안간]에 벌어진 일이라 아무도 제대로 기억하는 사람이 없었다. (   )
73. 그는 인기 높은 라디오 음악 프로그램의 진행을 맡으면서 [마구간] 지기로 불렸다. (   )
74. 그 집의 화재는 방안의 [난로]가 원인이었다. (   )
75. 요가가 몸매를 아름답게 해준다는 이야기가 [회자]되면서 요가의 인기는 어느 때 보다 높다. (   )

76. 진시황이 중국을 통일하고서 먼저 한 일은 전국적인 도로망의 구축, 중국 전역의 화폐 및 도량형 통일과 더불어 여러 지역에서 제각기 다른 모양으로 쓰던 글자를 통일한 것이다. 이 때 새로 통일된 서체가 [소전]이다. (   )
77. 축구 기술위원회는 성적 부진을 이유로 국가대표 감독을 [경질]한다고 발표했다. (   )
78. 아무리 좋은 [사양]의 컴퓨터도 컴맹 앞에서는 무용지물이다. (   )
79. 은행에 직접 가지 않아도 되는 전자 [결제] 시스템이 보편화되고 있다. (   )
80. [유치원]에 처음 간 아이는 모든 것이 마냥 신기해서 자리를 떠날 줄 몰랐다. (   )

❖ 다음 문장에서 <u>잘못 쓴</u> 한자어를 바르게 고쳐 쓰세요. (81~90)

81. 부동산 정보업체의 조사 결과, 올 상반기 서울 지역의 分壤권 가격 상승률은 4.77%였다. (   )
82. 무인도에 표류하여 며칠동안 아무 것도 먹지 못한 그는 거의 嚬死 상태에 놓여 있었다. (   )
83. 친구 간에는 事少한 말다툼이 큰 싸움으로 번지기는 쉬우므로 조심해야 한다. (   )
84. 웰빙 바람을 타고 요구르트 등 潑酵乳 수입은 올 들어 326.8%나 늘어났다. (   )
85. 옛날 여러 사람에게 널리 알리기 위해 길거리나 사람이 많이 모이는 곳에 써 붙이는 글을 房文이라고 하였다. (   )
86. 승무원들은 겁에 질린 塔乘客을 안심시키느라 진땀을 빼고 있었다. (   )
87. 없는 사실을 거짓으로 꾸며 남을 고발하거나 고소하는 일은 無告罪에 해당한다. (   )
88. 아무 도움도 없이 노력하던 그의 일이 결국 暗楚에 부딪치고 말았다.

89. 기업에서 요구하는 인재는 적극적인 사고, 進就적인 태도, 성실성, 근면성, 원만한 성품 등은 갖추고 미래에 대한 도전 의지를 지닌 사람이다. ( )

90. 프로농구 선수인 김○○은 이번 시즌 정규경기 최우수 선수(MVP)에 뽑히며 받은 상금 500만 원 전액을 장애인 종합복지관 소속 농구단에 基贈했다. ( )

❖ □ 안에 적당한 한자를 넣어 아래 글이 뜻하고 있는 한자성어를 완성하세요. (91~100)

91. 亡羊補□ ( )

'양 잃고 우리를 고친다'는 뜻으로 이미 일을 그르친 뒤에 뉘우쳐도 소용없음을 이르는 말

92. 彫心□骨 ( )

'마음에 새겨지고 뼈에 사무친다'는 뜻으로 몹시 고심함을 비유하여 이르는 말

93. 竹杖□鞋 ( )

'대지팡이와 짚신'이라는 뜻으로 먼 길을 떠날 때의 아주 간편한 차림을 이르는 말

94. 惑世□民 ( )

세상 사람을 미혹하게 하여 속임

95. 明眸□齒 ( )

'맑은 눈과 하얀 이'라는 뜻으로 미인을 이르는 말

96. 龍虎相□ ( )

'힘이 강한 두 사람이 승부를 겨룸'을 비유하여 이르는 말

97. 淺學□才 ( )

'배운 바가 얕고 재주가 없다는 뜻'으로 자기의 학식을 겸손하게 이르는 말

98. □目相對 ( )

'눈을 비비고 상대를 다시 본다'는 뜻으로 주로 손아랫사람의 학식이나 재주 따위가 놀랍도록 향상된 경우에 이를 놀라워함을 뜻함

99. 三年不□ ( )

후일에 웅비(雄飛)할 기회를 기다림을 이르는 말

100. □動浮言 ( )

일부러 거짓말을 퍼뜨려 인심을 꼬드김

❖ 다음 글을 읽고, 물음에 답하세요. (101~105)

(가)( )은/는 중국 唐나라 때 벼슬아치를 가려 뽑는 네 가지 표준이었다. ㉠體貌의 豊偉함과 ㉡언변의 辯正함과 楷法의 ㉢遵美함과 文理의 優長을 말하는 것인데, 요즘은 남자가 갖추어야 할 네 가지 조건으로 人物評價의 ㉣기준으로 삼는다.

101. (가)의 ( )에 들어갈 알맞은 사자성어는? ( )

102. 밑줄 친 ㉠의 독음을 쓰세요. ( )

103. 밑줄 친 ㉡을 한자로 쓰세요. ( )

104. 밑줄 친 ㉢의 독음을 쓰세요. ( )

105. 밑줄 친 ㉣을 한자로 쓰세요. ( )

국가공인 한자자격시험·사범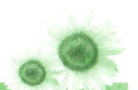

❖ 다음 중 한자의 생성 원리[육서(六書)]가 다른 것을 골라 쓰세요. (106~108)

106. 涉, 江, 泳, 海 (   )

107. 姑, 姓, 女, 姜 (   )

108. 日, 上, 火, 月 (   )

❖ 다음 문장을 우리말 속담으로 쓰세요. (109~113)

109. 積功之塔이 豈毁乎아? (   )

110. 一日之狗가 不知畏虎라. (   )

111. 突不燃이면 不生煙이라. (   )

112. 難上之木은 勿仰하라. (   )

113. 隨友適江南이라. (   )

❖ 다음 글의 □안에 알맞은 한자는? (114~115)

114. 三綱五倫의 내용을 한자로 쓰면, 三綱은 君爲臣綱, □爲□綱, 父爲子綱이고, 五倫은 君臣有義, 夫婦有別, 父子有親, 朋友有信, 長幼有序이다. (,   )

115. 四端은 仁,義,禮,智를 말하며, 孟子는 특히 □□之心, 羞惡之心, 辭讓之心, 是非之心이라 하여 사단의 중요성을 강조하였다. (   )

❖ 아래 도형의 [ ]안에 써서 주변에 있는 4개의 한자와 짝을 이룰 수 있는 공통 한자를 <보기>에서 골라 쓰세요. (116~117)

◁보기▷
問, 財, 貯, 交, 宿, 鄕, 質, 着, 失, 路

116.
```
        題
        ⇧
投 ⇨ [  ] ⇦ 寄
        ⇩
        食
```

117.
```
        素
        ⇩
正 ⇦ [  ] ⇨ 量
        ⇧
        材
```

❖ 다음을 읽고, ( )안에 들어갈 적당한 단어를 우리말로 쓰세요. (118~120)

'假傳體'란 사물을 擬人化하여 쓴 傳記형식의 글로, '사람들을 경계하고 善을 권할 목적'으로 쓰여진 고려 후기 문학 장르 중의 하나이다. 「麴醇傳」, 「麴先生傳」은 (㉠)을, 「丁侍者傳」은 지팡이를, 「竹夫人傳」은 (㉡)를 의인화 한 것이다. 또한 「孔方傳」은 네모난[方] 구멍이[孔] 있는 (㉢)의 전기[傳]이다.

118. ㉠ (   )
119. ㉡ (   )
120. ㉢ (   )

기출문제 399

국가공인 한자자격시험 사범 기출문제

❖ 다음 주어진 사자성어의 속뜻을 쓰세요. (121~125)

121. 針小棒大 : (　　　　　　　　)
122. 康衢煙月 : (　　　　　　　　)
123. 坐席未煖 : (　　　　　　　　)
124. 邯鄲之步 : (　　　　　　　　)
125. 登龍門 : (　　　　　　　　)

❖ 문맥상 [ ]안에 들어갈 말을 아래 <보기>에서 골라 문장을 완성하세요. (121~125)

126. 天行健하니 君子以(　　　)이니라.
　　하늘의 운행이 굳건하니 군자는 이를 본받아
　　(　　　)하니라.

　◀보기
　　經世濟民　厚德載物　自彊不息　經天緯地

127. 詩三百을 一言以蔽之하니 曰(　　　)니라.
　　시경의 시 3백 편의 뜻을 한 마디의 말로 요약할
　　수 있으니 (　　　)로다.

　◀보기
　　思無邪　思無私　善哉耶　眞無私

128. 天生蒸民하사 (　　　)이로다. 하늘이 많은 백성
　　을 나게 하셨으니 (　　　)이니라.

　◀보기
　　生之者衆　有始有終　事有本末　有物有則

❖ 다음 문장의 [ ]안의 내용에 맞는 한자를 쓰세요. (121~125)

129. 虎不知獸畏己而走也하고 [□□]畏狐也러라.
　　(~라고 여기다)　　　　　　　(　　　　　)

130. 禮與其奢也론 [□]儉이요.
　　(차라리)　　　　　　　　　　(　　　　　)

131. 衣服은 不可華侈니 禦寒[□□]요.
　　(~뿐이다)　　　　　　　　　(　　　　　)

❖ 다음 내용으로 볼 때 (　)안에 들어갈 인물은? 한자로 쓰세요. (132)

(□□)以天縱之聖으로 轍環天下하사 道不得行
于世하여 刪詩書하고 定禮樂하고 贊周易하며 修
春秋하여 繼往聖開來學하시다.

132. (　　　　　　)

❖ 주어진 해석을 읽고 문장에 맞게 제시된 한자를 배열하세요. (133~135)

133. [勿 則 過 改 憚]
　　잘못이 있으면 고치는 것을 꺼리지 마라.
　　→

134. [馬 生 必 其 材 之 物 天 而 篤 因]
　　하늘이 물건을 낼 적에는 반드시 그 재질을 따라 돈독히 한다.
　　→

135. [善 而 爭 水 萬 利 物 不]
　　물은 만물을 잘 이롭게 하나 다투지 않는다.
　　→

❖ 다음 밑줄 친 부분을 해석하세요. (136~140)

136. <u>舟覆乃見善遊</u>요 馬奔乃見良御이라
　　(　　　　　　　　　　　　　　　)

137. 夫賢士之處世也 <u>譬若錐之處囊中</u>이라
　　(　　　　　　　　　　　　　　　)

138. 民欲與之偕亡이면 雖有臺池鳥獸나 豈能獨樂哉리잇고
(　　　　　　　　　　　　　　　)

139. 致中和면 天地位焉하며 萬物育焉이니라
(　　　　　　　　　　　　　　　)

140. 倚南窓以寄傲하니 審容膝之易安이라
(　　　　　　　　　　　　　　　)

❖ 다음 시를 읽고 물음에 답하세요. (141~143)

(가) 江碧鳥逾白하니　山靑花欲然이라
　　 今春看又過하니　何日是歸年고

(나) 林亭秋已晚하니,　騷客意無窮이라.
　　 遠水連天碧이요,　霜楓向日紅이라.
　　 山吐孤輪月이요　江含萬里風이라
　　 塞鴻何處去오?　聲斷暮雲中이라

(다) 浿江兒女踏春陽하니　江上垂楊正斷腸이라
　　 無限煙絲若可織이면　爲君裁作舞衣裳이라

(라) 國破山河在요　　　城春草木深이라
　　 感時花濺淚요　　　恨別鳥驚心이라
　　 烽火連三月에　　　家書抵萬金이라
　　 白頭搔更短하니　　渾欲不勝簪이라

141. 다음 빈칸의 알맞은 말은? (　　　)

(나) 騷客은 '길손'을 나타냄
(다) 浿江은 '대동강'을 가리킴
(다) 煙絲는 (　　　)를/을 나타냄

142. (가)~(라)중 아래 감상에 해당하는 한시를 기호로 쓰세요. (　　　)

• 색조의 대비를 통한 계절의 정취가 사실적으로 묘사됨
• 고향으로 돌아가지 못하는 나그네의 쓸쓸한 마음이 잘 표현됨

143. (가)~(라) 시 중 전란의 흔적이 느껴지는 한시를 기호로 쓰세요. (　　　)

❖ 다음 시구를 해석하세요. (144~146)

144. (가) 江碧鳥逾白하니 山靑花欲然이라
→

145. (나) 山吐孤輪月이요 江含萬里風이라
→

146. (라) 白頭搔更短하니 渾欲不勝簪이라
→

❖ 다음 글을 읽고 물음에 답하세요. (147~148)

(가) 夫天地者는 萬物之逆旅요 光陰者는 百代之過客이라. 而浮生若夢하니 爲歡幾何오. 古人秉燭夜遊가 良有以也로다. 況陽春召我以煙景하고 大塊假我以文章이라. 會桃李之芳園하야 序天倫之樂事하니 群季俊秀는 皆爲惠連이어늘 吾人詠歌는 獨慙康樂이라 幽賞未已에 高談轉淸이라. (나) 開瓊筵以坐花하고 飛羽觴而醉月하니 不有佳作이면 何伸雅懷리오 如詩不成이면 罰依金谷酒數하리라.

147. (가) '夫天地者 萬物之逆旅 光陰者 百代之過客'를 해석하시오.
→

148. '開瓊筵以坐花　飛羽觴而醉月'의 독음을 쓰시오.
→

❖ 다음 문장을 해석하세요. (149~150)

149. 古人秉燭夜遊가 良有以也로다.

150. 幽賞未已에 高談轉淸이라.

2회 국가공인 한자자격시험 사범 기출문제

- 시험 시간은 100분간입니다.
- OMR 답안지에 수험번호, 주민등록번호, 응시급수, 성명 등 인적사항을 컴퓨터용 펜으로 표기하지 않거나, 잘못 표기하면 불합격 처리됩니다.
- 객관식은 OMR 답안지에 반드시 컴퓨터용 펜으로 표기하세요.
- 주관식은 OMR 답안지 주관식 답란에 플러스 펜으로 쓰시오.
- 객관식 답 수정은 수정 "테이프"만 사용해야 합니다.
- 주관식 답 수정은 오답을 두 줄로 긋고 다시 작성하세요.
- 시험이 끝나면 문제지와 답안지를 감독관 선생님께 내세요.

❖ 다음은 [객관식] 문항입니다. 정답을 컴퓨터용 펜으로 OMR 객관식 답안란에 바르게 표기하세요.

❖ 다음 [ ]안의 한자와 음(소리)이 같은 한자는? (1~5)

1. [束] ①練 ②鍊 ③懇 ④棟
2. [恒] ①撞 ②姮 ③姐 ④坦
3. [尨] ①邀 ②尤 ③邀 ④蚌
4. [掠] ①夜 ②陌 ③撲 ④掠
5. [繹] ①澤 ②擇 ③續 ④譯

❖ 다음 [ ]안의 한자와 뜻이 다른 한자는? (6~7)

6. [明] ①昭 ②惶 ③晟 ④晦
7. [殺] ①戮 ②弒 ③股 ④屠

❖ 다음 [ ]안의 한자와 뜻이 비슷한 한자는? (8~10)

8. [希] ①覬 ②稀 ③布 ④肴
9. [溫] ①慍 ②盟 ③煖 ④縕
10. [慢] ①漫 ②鰻 ③蔓 ④憍

❖ 다음 중 부수가 다른 한자는? (11~15)

11. ①閃 ②鬪 ③闊 ④閥
12. ①善 ②義 ③羨 ④羞
13. ①效 ②斂 ③欲 ④敢
14. ①勝 ②券 ③前 ④剪
15. ①壼 ②垂 ③坐 ④報

❖ 다음 한자어의 독음이 바르지 않은 것은? (16~20)

16. ①慇懃: 은근 ②緻密: 첨밀
    ③猖獗: 창궐 ④繃帶: 붕대

17. ①輝煌: 휘황 ②嗅覺: 후각
    ③爬痒: 지양 ④忖度: 촌탁

18. ①斧鉞: 부월 ②鬚髥: 수염
    ③贖罪: 속죄 ④沸騰: 비약

19. ①汨沒: 골몰 ②糾糾: 구박
    ③窮僻: 궁벽 ④贍富: 섬부

20. ①攝取: 착취 ②刪定: 산정
    ③矮小: 왜소 ④紆餘: 우여

❖ 다음 문장 속의 ( )안에 들어갈 한자어가 바르게 쓰인 것은? (21~28)

21. 도둑이 훔친 ( )은 사거나 팔지 말아야 한다.
    ①長物 ②贓物 ③障物 ④粧物

22. 대부분 사람들은 ( )콩을 좋아한다.
    ①豌豆 ②完頭 ③綏豆 ④玩頭

23. 鄭知常은 ( )의 시를 많이 지었다.
    ①夭替 ②拗體 ③要諦 ④妖滯

24. 그는 음흉하고 ( )하였다.
    ①間慝 ②幹慝 ③懇慝 ④姦慝

25. 그 여자는 매우 ( )하였다.
    ①草萃 ②憔悴 ③初悴 ④超萃

26. 대통령을 (   )하는 것은 매우 신중해야 한다.
   ① 炭核   ② 灘覈   ③ 彈劾   ④ 誕核

27. 그의 (   )에는 비겁한 사람이 없다.
   ① 麾下   ② 諱下   ③ 輝下   ④ 彙下

28. 그는 감춰진 모든 비밀을 (   )하였다.
   ① 瀑路   ② 爆怒   ③ 曝虜   ④ 暴露

❖ 다음 [   ]안의 내용을 뜻하는 한자어는? (29~35)

29. [먼지나 때를 제거함]
   ① 居進   ② 擧盡   ③ 巨震   ④ 祛塵

30. [물이 맑으면서 넘쳐흐름]
   ① 遙檻   ② 邀藍   ③ 逾攬   ④ 瀏濫

31. [생각하여 깨달아 알아냄]
   ① 擄得   ② 礪得   ③ 黎得   ④ 廬得

32. [높은 곳에 올라가서 멀리 바라봄]
   ① 濟見   ② 際視   ③ 霽察   ④ 躋覽

33. [촉촉하게 젖음]
   ① 渚樓   ② 菹漏   ③ 潮淚   ④ 漬累

34. [성실하고 나약함]
   ① 樸懦   ② 僕愉   ③ 撲孺   ④ 璞懶

35. [모래를 일어서 금을 골라냄]
   ① 禱金   ② 淘金   ③ 砂金   ④ 塗金

❖ 다음 [   ]안의 성어의 속뜻으로 알맞은 것은? (36~40)

36. [惶恐無地]
   ① 두려운 것이 전혀 없음
   ② 두려운 것은 장소에 따라 다르다
   ③ 두렵고 떨려서 어쩔 줄 모름
   ④ 아직 두렵고 떨리는 것을 알지 못하다

37. [畵龍點睛]
   ① 그림을 그릴 때는 눈을 똑바로 뜬다
   ② 용을 그릴 때는 점을 잘 찍어야 한다
   ③ 마지막 요긴한 마무리를 하다
   ④ 훌륭하게 하려다가 일을 망치다

38. [風餐露宿]
   ① 자연을 벗삼아 즐기다
   ② 거지꼴로 돌아다님
   ③ 신선이 됨
   ④ 자연에는 배울 것이 많다

39. [千慮一失]
   ① 지혜로운 자는 한가지라도 실수가 없다
   ② 온갖 것을 생각하면 한 가지는 얻는다
   ③ 천년을 기다리면 한 번의 기회가 온다
   ④ 지혜로운 자라도 한 가지는 실수한다

40. [猫頭縣鈴]
   ① 위험을 무릅쓰고 감행해야 할 일
   ② 모든 일에 적용함
   ③ 누구나 두려워함
   ④ 모두가 꺼리고 하기 싫어함

41. 다음 성어 중 '高麗公事三日'과 의미가 같은 것은?
   ① 三寒四溫   ② 朝三暮四
   ③ 作心三日   ④ 三顧草廬

42. 다음 중 '男兒須讀五車書'의 의미는?
   ① 精讀   ② 多讀   ③ 諷讀   ④ 細讀

2회 국가공인 한자자격시험 사범 기출문제

43. 다음 중 '寶石'에 해당하지 않는 것은?
① 翡翠　② 水晶　③ 珍珠　④ 亞鉛

44. 다음 중 '자그마한 일에 성을 내거나 신경을 씀'이라는 뜻을 가진 사자성어는?
① 勞心焦思　② 見蚊拔劍
③ 怒氣衝天　④ 怒發大發

45. 다음 중 '十長生'에 들어가지 않는 것은?
① 龜　② 鹿　③ 鶴　④ 竹

47. (가)柴扉의 음과 뜻이 바른 것은?
① 자비 : 붉은 대문
② 시비 : 사립문
③ 자시 : 붉은 사립
④ 시미 : 땔나무

48. (나)爲人縫刺 以糊口에서 쓰인 한자의 음과 뜻이 틀린 것은?
① 爲 : 위, 되다　② 縫 : 봉, 바느질하다
③ 刺 : 자, 수놓다　④ 糊 : 호, 풀칠하다

49. (다)飢와 바꾸어 쓸 수 있는 한자는?
① 飽　② 餓　③ 餠　④ 餐

50. (라)恚且罵의 독음이 바른 것은?
① 에차매　② 규차매　③ 에차독　④ 규차독

❖ 다음 글을 읽고 물음에 답하세요.

> 許生은 居墨積洞하다 直接南山下하야 井上에 有古㉠杏樹하고 (가)柴扉向樹而開하며 草屋數間이 ㉡不蔽風雨하나 然이나 許生은 好讀書하고 妻가 (나)爲人縫刺하야 以糊口러라 一日에 妻甚 (다)飢하야 泣曰 子平生에 不㉢赴擧하니 讀書何爲오 許生이 笑曰 吾讀書 ㉣未熟이라오 妻曰 不有工乎잇가 生曰 工未素學하니 奈何오 妻曰 不有商乎아 生曰 商無本錢하니 奈何오 其妻가 (라)恚且罵曰 晝夜讀書호대 只學奈何로고 不工不商하면 何不盜賊고

46. 위 글에서 ㉠~㉣에 쓰인 한자어의 뜻이 바르지 못한 것은?
① ㉠杏樹 : 살구나무
② ㉡不蔽 : 가리지 못하다
③ ㉢赴擧 : 과거에 합격하다
④ ㉣未熟 : 아직 익숙하지 못하다

국가공인 한자자격시험 · 사범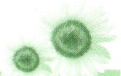

■ 다음은 [주관식] 문항입니다. 정답을 플러스 펜으로 OMR 주관식 답안란에 쓰세요.

❖ 다음 한자의 뜻과 음(훈·음)을 쓰세요. (1~25)

1. 坎 (   )   2. 掬 (   )
3. 覯 (   )   4. 磊 (   )
5. 摹 (   )   6. 斑 (   )
7. 鼈 (   )   8. 沸 (   )
9. 乍 (   )   10. 澁 (   )
11. 鼠 (   )   12. 贍 (   )
13. 宵 (   )   14. 荻 (   )
15. 掘 (   )   16. 瀛 (   )
17. 圬 (   )   18. 笸 (   )
19. 靭 (   )   20. 苙 (   )
21. 臧 (   )   22. 穿 (   )
23. 嗤 (   )   24. 悖 (   )
25. 娶 (   )

❖ 다음 한자의 부수를 쓰세요. (26~30)

26. 恤 (   )   27. 斃 (   )
28. 辦 (   )   29. 疊 (   )
30. 鬻 (   )

❖ 다음 [ ]안에 공통으로 들어갈 한자를 <보기>에서 골라 쓰세요. (31~35)

▶ 보기 ◀
混, 徹, 隊, 絃, 燭, 渾, 墜, 撤, 鉉, 觸

31. 徹[ ]身, 雄[ ], [ ]然一體   (   )
32. 徹頭[ ]尾, [ ]夜, 透[ ]   (   )
33. 傾[ ], [ ]落, 顚[ ]   (   )
34. 彈[ ], [ ]索, 管[ ]樂   (   )
35. [ ]發, 抵[ ], [ ]網   (   )

❖ 다음 한자어의 독음을 쓰세요. (36~50)

36. 炬燭 (   )   37. 緬憶 (   )
38. 扮演 (   )   39. 些細 (   )
40. 懊惱 (   )   41. 慇懃 (   )
42. 絨緞 (   )   43. 醞釀 (   )
44. 拯救 (   )   45. 猖獗 (   )
46. 緻密 (   )   47. 貶降 (   )
48. 舷燈 (   )   49. 殫竭 (   )
50. 澱粉 (   )

❖ 다음 문장의 밑줄 친 한자어의 독음을 쓰세요. (51~60)

51. 그 소문은 <u>膨大</u>해져서 전해졌다.   (   )

52. 졸졸 흐르던 시냇물이 어느새 <u>漲濤</u>로 변하였다.
                                              (   )

53. 그는 <u>斧鉞</u>로 모든 창과 칼을 막아냈다.
                                              (   )

54. 그는 뛰어난 재능에도 불구하고 <u>矮軀</u>를 가장 부끄러워했다. ( )

55. 그녀는 매우 아름다워 <u>霓裳</u>을 입은 듯했다. ( )

56. 그는 크게 다쳐 <u>繃帶</u>를 감고 다녔다. ( )

57. 그는 어두운 세상을 <u>劈開</u>하려 하였다. ( )

58. 그녀는 재능을 갖추었을 뿐 아니라 <u>丹脣皓齒</u>도 갖추었다. ( )

59. 그는 <u>跏趺坐</u>를 하고 곧 수련에 들어갔다. ( )

60. 그 정책은 국민에게 <u>隔靴搔痒</u>하는 느낌을 주었다. ( )

❖ 다음 글을 읽고 물음에 답하세요. (61~65)

> 먼 옛날 중국에 聖天子로 이름난 요 임금이 善政을 베풀어 온 지도 어느덧 50년이 지났다.
> 하루하루를 太平하게 지내던 어느 날, 요 임금은 정말로 세상이 잘 다스려지고 있는지 궁금하여 ㉠微服을 하고 민정을 살펴보러 나갔다. 어느 네거리에 이르자 아이들이 손에 먹을 것을 들고 배를 두드리며 요 임금을 ㉡讚揚하는 노래를 부르고 있었다.
> 마음이 흐뭇해진 요 임금은 어느새 마을 끝까지 걸어갔다.
> 그 곳에는 머리가 하얀 노인이 호미로 땅을 두드리며 흥겹게 노래를 부르고 있었다.
> 　日出而作　㉢日入而息　耕田而食　㉣鑿井而飲
> 　帝力何有于我哉

61. 밑줄 친 ㉠의 독음을 쓰세요. ( )

62. 밑줄 친 ㉡의 독음을 쓰세요. ( )

63. 위 글의 내용에서 발생한 太平聖代를 뜻하는 사자성어를 한자로 쓰세요. ( )

64. ㉢의 '日入而息'을 한글로 풀이하세요. ( )

65. ㉣의 '鑿井而飲'을 한글로 풀이하세요. ( )

❖ 다음의 한자어 활용이 내용상 알맞은 것에는 '○'표, 적당하지 않은 것에는 '×'표 하세요. (66~70)

66. 따지기를 좋아하던 그는 어느 날 自家撞着에 빠지고 말았다. ( )

67. 普遍妥當한 논리는 의견을 한쪽으로 치우치게 하는 경우가 많다. ( )

68. 그녀는 不問曲直하고 그를 범인으로 몰았다. ( )

69. 그 국회의원은 羊頭狗肉의 모습을 하고 다시 우리 앞에 나타났다. ( )

70. 그들의 의견은 衆口難防이어서 千篇一律로 나아가기가 쉬웠다. ( )

❖ 다음 문장의 [ ] 속 단어를 뜻에 맞게 한자로 바꿔 쓰세요. (71~80)

71. 그는 제목을 보지 않고 음악을 [감상]하는 버릇이 있다. ( )

72. 다시 가본 고향의 모습은 [상전벽해] 바로 그것이었다. (　　　)

73. 모두들 담배를 피우기 시작하자 창문은 [연통]이나 다름없었다. (　　　)

74. 그는 항상 먹을 것이 생기면 나타났다가 떨어지면 사라지는 [신출귀몰]한 모습을 보였다. (　　　)

75. 자연은 언제나 우리를 복잡한세상사에서 [일탈]하게 한다. (　　　)

76. 당시 몸매가 좋은 탤런트는 우리들의 [우상]이었다. (　　　)

77. 월드컵에서의 [축구] 신화는 우리들을 흥분시킨다. (　　　)

78. 그 친구와 나 사이를 사람들은 [수어지교]라 불렀다. (　　　)

79. 여름은 덥기도 하지만 일상에지친 우리에게 [휴가]를 주기도 한다. (　　　)

80. 행복도 [시련]도 함께 하는 것이 가족이다. (　　　)

82. 飛行基를 타는 것은 버스를 타는 것보다 즐거운 일이다. (　　　→　　　)

83. 모든 일이 실패하고 난 다음 닥쳐 올 앞날이 暗譚했다. (　　　→　　　)

84. 빌 클린턴의 회고록 『나의인생』은 1200만 달러라는 印勢에가위눌리고 마감 시한에 쫓긴 흔적이 역력하다. (　　　→　　　)

85. 興奔이 나라의 힘이 되는 것도 아니고 남을 견제하는 수단이 되는 것도 아니다. (　　　→　　　)

86. 역사란 사실에 대한 認植의결과이며, 따라서 시간이 흐르고 세대가 바뀌면서 끊임없는 선택과 재창조로 만들어지는 것이다. (　　　→　　　)

87. 많은 신문과 통신이 言論統蔽合 조치로 문을 닫았다. (　　　→　　　)

88. 현재 정부의 에너지 정책은 국민에게 에너지 절약을 호소하는 데 그치고 있다는 指適을 면키 어려울 정도다. (　　　→　　　)

89. 국제사회에서 約束利行의 신뢰구축은 대외 신인을 위해 필수적 과제다. (　　　→　　　)

90. 정책의 戰換은 단순히 지도자의 마음먹기에 달린 문제가 아니다. (　　　→　　　)

❖ 다음 문장에서 <u>잘못 쓴</u> 한자어를 바르게 고쳐 쓰세요. (81~90)

81. 우정을 중시한다면 친구 사이에는 서로 忠苦를 삼가야한다. (　　　→　　　)

❖ 다음 한자성어에 대한 설명을 읽고 □안에 적당한 한자를 넣어 한자성어를 완성하세요. (91~100)

91. □目相對 : '눈을 비비고 상대를 대함'이란 뜻으로 상대를 새롭게 인식함을 이르는 말

2회 국가공인 한자자격시험 사범 기출문제

92. 三顧草□ : '촉한의 유비가 제갈량을 그의 초막으로 세 번 찾아가 간절히 재상이 되어주기를 간청한 일'이란 뜻으로 훌륭한 인재를 등용하기 위한 예절을 이르는 말

93. 堂□風月 : '서당개 삼 년이면 시를 읊조린다'라는 뜻으로 환경의 중요성을 이르는 말

94. 吾□三尺 : 내 코가 석자이다'라는 뜻으로 자기 자신도 주체하기 힘든 상황을 이르는 말

95. 泰山□動鼠一匹 : '태산을 울린 것이 겨우 쥐 한 마리'라는 뜻으로 '별 것 아닌 일로 세상이 떠들썩함'을 이르는 말

96. 七縱七□ : '일곱 번 잡았다가 일곱 번을 놓아줌'이란 뜻으로 '상대를 마음대로함'을 이르는 말

97. 衆口□防 : '여러 사람의 입은 막기가 어렵다'라는 뜻으로 '많은 사람의 의견은 무시하기가 어려움'을 이르는 말

98. □木求魚 : '나무에 올라가 물고기를 찾는다'라는 뜻으로 '엉뚱한 곳에서 목적을 추구함'을 이르는 말

99. 同價紅□ : '같은 값이면 다홍치마'란 뜻으로 '같은 조건이면 좋은 쪽을 선택함'을 이르는 말

100. □角殺牛 : '뿔을 바로잡으려다 소를 죽인다'라는 뜻으로 '사소한 잘못을 고치려다 전체를 그르침'을 이르는 말

❖ 다음 글을 읽고, 물음에 답하세요. (101~107)

> 송나라의 학자 <u>沈括</u>이 저술한 일종의 박물지인 《몽계필담》에는 다음과 같은 글이 실려있다.
> ㉠<u>登州四面臨海</u> 春夏時㉡<u>요견</u>空際有城市樓臺之狀 ㉢<u>土人</u>謂之海市
> 훗날 청나라의 학자 ㉣<u>翟灝</u>는 그의 저서 《통속편》에서 ㉤<u>沈括</u>의 이 글에 대해 이렇게 쓰고 있다.
> 今稱言行㉥<u>허구</u>者 曰(가)□□□□用此事

101. 위 글중 ㉠의 '登州四面臨海'를 해석하시오.
( )

102. ㉡의 '요견'은 '멀리 보이다'라는 뜻이다. 한자로 쓰시오.
( )

103. 위 글중 ㉢의 土人을 우리말로 풀이하시오.
( )

104. ㉣ '翟灝'의 독음을 쓰시오.
( )

105. 위 글 ㉤의 '沈括'은 사람 이름이다. 독음을 쓰시오.
( )

106. ㉥의 '허구'를 한자로 쓰시오.
( )

107. 위 글 (가)의 □□□□에 알맞은 한자성어는?
( )

❖ 다음 문장을 우리말 속담으로 쓰세요. (108~113)

108. 天雖崩이라도 牛出有穴이라.
( )

109. 突不燃이면 不生煙이라.
( )

110. 始用升授하고 還以斗容이라.
( )

111. 他人之宴에 曰梨曰枾라.
( )

112. 三歲之習이 至于八十이라.
( )

113. 聞則病이요 不聞則藥이라.
( )

❖ 다음 글의 □안에 알맞은 한자는? (114~120)

114. 死生이 有命이요 富貴는 在□이라. ( )

115. 大富는 由天이요 小富는 由□이니라. ( )

116. 至樂은 莫如讀書요 至要는 莫如□子라.
( )

117. 畵虎畵皮難畵骨이요 知人知□不知心이니라.
( )

118. 水至□則無魚하고 人至察則無徒니라.
( )

119. 父□子孝하며 君□臣忠하며 夫和婦順하며 兄友 弟恭하며 朋友輔仁然後에야 方可謂之人矣리라.
(,)

120. 夫婦는 二姓之合이라. 生民之始며 萬福之原이 니 行媒議□하며 納幣親□者는 厚其別也라.
(,)

❖ 다음 한문 문장에서 진하게 표시한 밑줄 친 부분을 우리말로 풀이하세요. (121~130)

121. <u>勿謂今日不學而有來日</u>하며 勿謂今年不學而有來年하라.
( )

122. <u>人不知而不慍</u>이면 不亦君子乎아.
( )

123. 主忠信하며 <u>無友不如己者</u>요 過則勿憚改니라.
( )

124. 學而不思則罔하고 <u>思而不學則殆</u>니라.
( )

125. 三人行에 必有我師焉이니 <u>擇其善者而從之</u>요 其不善者而改之니라.
( )

126. 仁은 人心也요 義는 人路也니 舍其路而不由하고 <u>放其心而不知求</u>니라.
( )

127. 孟子曰 <u>人皆有不忍人之心</u>하니라. 先王이 有不忍人之心하사 斯有不忍人之政矣시니 以不忍人之心으로 行不忍人之政이면 治天下는 可運之掌上이니라.
( )

2회 국가공인 한자자격시험 사범 기출문제

128. 道也者는 <u>不可須臾離也</u>니 可離면 非道也라.
( )

129. 物有本末하고 事有終始하니 <u>知所先後</u>면 <u>則近道矣</u>니라.
( )

130. 盛年不重來요 <u>一日難再晨</u>이니라.
( )

❖ 다음 주어진 해석을 읽고 [ ]안에 제시된 한자를 알맞게 배열하여 문장을 완성하세요. (131~135)

131. [貴 人 而 勿 以 己 賤]
 : 자기가 귀함으로써 남을 천대하지 말라
( )

132. [望 薄 報 施 不 者 厚]
 : 얇게 베풀고 두텁게 바라는 사람은 보답 받지 못한다
( )

133. [可 寸 輕 一 光 不 陰]
 : 짧은 시간이라도 가벼이 할 수 없다
( )

134. [所 若 春 耕 秋 不 望 無]
 : 봄에 만약 밭 갈지 않으면 가을에 바랄 것이 없다
( )

135. [納 瓜 不 履 田]
 : 오이 밭에서는 신발을 고치지 말라
( )

❖ 다음은 서로 對가 되는 구절이다. 진하게 표시된 밑줄 친 부분을 해석하세요. (136~140)

136. <u>月出天開眼</u> 山高地擧頭
( )

137. 山吐孤輪月 <u>江含萬里風</u>
( )

138. 樹欲靜而風不止 <u>子欲養而親不待</u>
( )

139. <u>玉不琢不成器</u> 人不學不知道
( )

140. <u>江碧鳥逾白</u> 山靑花欲然
( )

❖ 다음 시를 읽고 물음에 답하세요. (141~146)

(가) 千山鳥飛絶　萬逕人蹤滅
　　孤舟蓑笠翁　獨釣寒江雪

(나) 臨溪茅屋獨閑居
　　月白風淸興有餘
　　外客不來山鳥語
　　移床竹塢臥看書

(다) 遠上寒山石徑斜
　　白雲生處有人家
　　停車坐愛楓林晚
　　霜葉紅於二月花

141. 위 시어에 대한 풀이다. 다음 빈칸에 알맞은 말은? ( )

(가) 千山은 '모든 산'을 나타낸다
(나) 茅屋은 ( )을 나타낸다
(다) 二月花는 '철쭉'을 나타낸다

142. 위 (가)~(다)의 시중 아래의 감상에 해당하는 한시를 기호로 쓰세요. (   )

- 점점 고립되고 외면당하는 모습이 묘사됨
- 고달프고 어려운 처지에 놓여있는 상황이 주변환경을 통해 나타남
- 희망과 바람을 잃지 않은 작자의 모습을 엿볼 수 있음

143. 위 (가)~(다)의 시중 가을 풍경을 잘 나타낸 한시를 기호로 쓰세요. (   )

144. (가)시의 둘째 구를 해석하세요.
(   )

145. (나)시의 첫째 구를 해석하세요.
(   )

146. (다)시의 넷째 구를 해석하세요.
(   )

149. (다)의 '或置酒而招之 造飮輒盡'의 독음을 쓰세요.
(   )

150. (라)의 '曾不吝情去留'를 해석하세요.
(   )

❖ 다음 글을 읽고 물음에 답하세요. (147~150)

先生은 不知何許人이요 亦不詳其姓字라. 宅邊에 有五柳樹하니 因以爲號焉하다.
(가)閑靖少言하고 不慕榮利하며 好讀書하되 不求甚解하며 (나)每有意會어든 便欣然忘食이라. 性이 嗜酒나 家貧하여 不能常得하니 親舊知其如此하고 (다)或置酒而招之면 造飮輒盡이라. 期在必醉하고 旣醉而退하여 (라)曾不吝情去留하다.

147. (가)의 '閑靖少言 不慕榮利'를 해석하세요.
(   )

148. (나)의 '每有意會 便欣然忘食'을 해석하세요.
(   )

Answer

1회 예상문제 정답

[객관식]

1. ②　2. ④　3. ③　4. ②　5. ②
6. ③　7. ①　8. ②　9. ①　10. ④
11. ③　12. ④　13. ②　14. ③　15. ①
16. ④　17. ④　18. ②　19. ③　20. ①
21. ②　22. ①　23. ④　24. ③　25. ②
26. ①　27. ④　28. ②　29. ③　30. ①
31. ④　32. ④　33. ②　34. ③　35. ①
36. ②　37. ②　38. ④　39. ③　40. ④
41. ①　42. ②　43. ③　44. ①　45. ③
46. ①　47. ④　48. ③　49. ④　50. ④

[주관식]

1. 아지랑이 람　2. 짝 려　3. 돌무더기 뢰
4. 깃발 류　5. 잉어 리　6. 도깨비불 린
7. 굽을 만　8. 까끄라기 망　9. 백성 맹
10. 눈동자 모　11. 어두울 묘　12. 거칠어질 무
13. 얽을 무　14. 없을 무　15. 아첨할 미
16. 고요할 밀　17. 지게미 박　18. 방합 방
19. 아이밸 배　20. 시렁 붕　21. 오를 등
22. 모일 취　23. 진흙 도　24. 꾸밀 식
25. 신 혜　26. 衣　27. 勹
28. 山　29. 木　30. 丿
31. 泮　32. 劈　33. 襌
34. 抹　35. 鹵　36. 樸(朴)
37. 儚　38. 謐　39. 稍
40. 坿　41. 맥간　42. 견사
43. 정곡　44. 팔굉　45. 담락
46. 좌단　47. 다담　48. 고심참담
49. 마두납채　50. 석고대죄　51. 홍역
52. 예각　53. 편종　54. 외유내강
55. 호가호위　56. 골몰　57. 만인교
58. 괄시　59. 교교　60. 창궐
61. 은근　62. 수달　63. 위협
64. 정보인권　65. 방휼지쟁　66. 범증
67. 변쾌　68. 衛兵　69. 肝膽
70. 斗酒不辭　71. 信賞必罰　72. 耳, 口
73. 유비(劉備)　74. 三顧草廬　75. 出師表
76. 老大　77. 瞥眼間　78. 馬廐間
79. 煖爐　80. 淘汰　81. 埠頭
82. 繃帶　83. 仕樣　84. 決裁
85. 幼稚園　86. 嚬 → 瀕　87. 事 → 些
88. 壁 → 擘　89. 房 → 榜　90. 搏 → 雹
91. 無 → 誣　92. 被 → 披　93. 趣 → 就
94. 愛 → 哀　95. 基 → 寄　96. 牢
97. 鏤　98. 芒　99. 誣
100. 皓　101. 搏　102. 菲
103. 刮　104. 捲　105. 擒
106. ×　107. ○　108. ×
109. ○　110. ×　111. 涉

112. 女   113. 上   114. 事
115. 사실로부터 옳은 결론을 얻어냄
116. 宿   117. 質   118. 술
119. 대나무   120. 엽전   121. 노인
122. 세력있는 사람을 의지하여 붙좇음
123. 이사를 자주 다니거나 일이 몹시 바쁜 형편
124. 제 분수를 잊고 무턱대고 남의 흉내를 내다 모두 잃음
125. 태평한 세월   126. 自彊不息
127. 思無邪   128. 有物有則   129. 以爲
130. 寧   131. 而已   132. 孔子
133. 過則勿憚改   134. 天之生物 必因其材而篤焉
135. 水善利萬物而不爭
136. 배가 뒤집혀야 헤엄을 잘 치는지 알고
137. 송곳이 자루 안에 있는 것과 같다
138. 누대와 연못, 새와 짐승이 비록 있다 하나 어찌 혼자서 즐길 수 있겠습니까?
139. 천지가 제자리를 편안히 하고 만물이 잘 자라게 될 것이다
140. 무릎을 용납할 만한 곳이 편안하기 쉬움을 알았노라
141. 아지랑이   142. (가)   143. (라)
144. 강이 푸르니 새는 더욱 희고 산이 푸르니 꽃이 불타는 듯
145. 산은 외로운 둥근 달을 토해내고 강은 만리의 바람을 머금었도다
146. 늙은이는 밭 사이 길에서 제사를 마치고 저물녘 취해 아이의 부축을 받고 돌아오네
147. 謝靈運
148. 개경연이좌화 비우상이취월
149. 옛 사람이 촛불을 잡고 밤에 노닌 것은 진실로 까닭이 있도다.
150. 그윽한 감상이 그치지 않음에 고상한 담론이 더욱 맑아진다.

Answer

2회 예상문제 정답

[객관식]

1. ④	2. ②	3. ③	4. ②	5. ②
6. ②	7. ②	8. ④	9. ①	10. ②
11. ②	12. ①	13. ③	14. ②	15. ④
16. ③	17. ①	18. ②	19. ①	20. ④
21. ①	22. ②	23. ②	24. ①	25. ②
26. ④	27. ④	28. ②	29. ①	30. ②
31. ②	32. ④	33. ④	34. ③	35. ③
36. ④	37. ②	38. ②	39. ④	40. ②
41. ③	42. ①	43. ③	44. ④	45. ④
46. ③	47. ④	48. ④	49. ②	50. ④

[주관식]

1. 박달 간
2. 토할 객
3. 고치 견
4. 칼 검
5. 편안할 담
6. 낙타 락
7. 말갈기 렵
8. 짐승우리 뢰
9. 가는실 면
10. 어두울 묘
11. 불에쬘 배
12. 곁마 부
13. 비자나무 비
14. 적을 사
15. 산증 산
16. 행랑 상
17. 놋쇠 석
18. 누를 액
19. 서자 얼
20. 소리개 연
21. 볶을 오
22. 맞을 요
23. 장물 장
24. 배부를 창
25. 사나울 한
26. 木
27. 田
28. 目
29. 土
30. 又
31. 麴
32. 骨
33. 笠
34. 蔭
35. 箭
36. 朧
37. 抹
38. 黛
39. 瞥
40. 蛾
41. 참담
42. 경동
43. 항려
44. 졸눌
45. 영모
46. 누로
47. 구롱
48. 겸구물설
49. 육단부형
50. 조심누골
51. 영창
52. 묘갈
53. 유홍
54. 가렴주구
55. 권토중래
56. 속죄
57. 과립
58. 만가
59. 민전
60. 우박
61. 반흔
62. 방조
63. 치열
64. 선남선녀
65. 뇌성마비
66. 탄핵
67. 棄却
68. 評議
69. 法律
70. 裁量
71. 바탕은 검고, 무늬는 희다
72. 御醫
73. 九死一生
74. 歎息
75. 苛政猛於虎
76. 髣髴(彷彿)
77. 巡邏
78. 無聊
79. 霰彈
80. 砒霜
81. 萎縮
82. 邀擊
83. 拷問
84. 否認
85. 主催
86. 庸 → 聳
87. 異 → 痍
88. 斟 → 朕
89. 鑄 → 籌
90. 灼 → 斫
91. 長 → 贓
92. 進 → 溱
93. 處 → 妻
94. 調 → 助
95. 債 → 採
96. 鴞
97. 駒
98. 煖
99. 抹
100. 婦(岻)
101. 眸
102. 菲
103. 牌
104. 蜑
105. 骨
106. ○
107. ×

108. ○   109. ×   110. ×
111. 俗   112. 增   113. 誤
114. 練   115. 看   116. 省
117. 發   118. 친구따라 강남간다
119. 공든 탑이 무너지랴
120. 하룻강아지 범 무서운줄 모른다
121. 일을 저지른 사람이 마무리까지 해야 한다
122. 도저히 불가능한 일을 굳이 하려고 함
123. 말의 어감을 조절해서 해라
124. 견문이 좁음   125. 가혹한 정치의 폐해
126. 致中和   127. 行同倫   128. 焉
129. 不如   130. 勿謂
131. ㉠ 仁, ㉡ 禮   132. 大丈夫
133. 豈能獨樂哉   134. 誰能爲我懸鈴耶
135. 必將待師法然後正
136. 화와 복은 문이 없다. 오직 사람이 불러들이는 것이다
137. 썩은 나무는 조각할 수 없으며
138. 말을 함부로 하지 않은 것은 몸소 실천함이 말에 따르지 못할 것을 부끄러워했기 때문이다
139. 복숭아 오얏나무가 말을 하지 않더라도 그 아래에는 저절로 오솔길이 생긴다
140. 팔을 굽혀 베개로 벨 지라도 즐거움이 또한 그 가운데 있나니라
141. 억군무일부점의   142. (가)
143. (라)
144. 발그림자 깊숙이 옮기여 오고, 연꽃향기 속속 풍겨오도다
145. 옳거니 그르거니 사람들아 묻지 마소, 응당 새벽달과 별이 알 것이로다
146. 성호사설, 이익(李瀷)
147. 多積, 乃分
148. 이치에 따라 사물을 해석하고, 시비를 밝히면서 자기 의견을 설명한다
149. 내가 먹기는 싫지만 버리기는 아깝다
150. 隨手亂錄

Answer

3회 예상문제 정답

[객관식]

1. ④	2. ③	3. ④	4. ②	5. ③
6. ①	7. ④	8. ①	9. ②	10. ③
11. ②	12. ③	13. ①	14. ③	15. ②
16. ③	17. ②	18. ④	19. ①	20. ②
21. ①	22. ④	23. ③	24. ②	25. ①
26. ①	27. ④	28. ①	29. ③	30. ①
31. ①	32. ③	33. ①	34. ④	35. ①
36. ②	37. ②	38. ④	39. ③	40. ③
41. ②	42. ③	43. ①	44. ④	45. ④
46. ②	47. ③	48. ④	49. ②	50. ②

[주관식]

1. 털옷 갈
2. 벨 삼
3. 문지방 역
4. 청어 청
5. 가는실 면
6. 씹을 작
7. 악착할 악
8. 힘쓸 욱
9. 으르렁거릴 은
10. 비녀장 검
11. 부들 약
12. 해돋이 양
13. 아득할 묘
14. 초석 초
15. 독 고
16. 쌓을 저
17. 실 루
18. 파, 부들 총
19. 갑옷 개
20. 쓰러질 언
21. 잠길 인
22. 근심 양
23. 비녀 잠
24. 경옥 경
25. 병아리 추
26. 尸
27. 皿
28. 山
29. 頁
30. 麥
31. 衫
32. 塑
33. 匙
34. 顎
35. 櫶
36. 詣
37. 拗
38. 恤
39. 邀
40. 搾
41. 대산
42. 상한
43. 혼소
44. 소삼
45. 습곡
46. 문승
47. 시과
48. 벽파문벌
49. 서리지탄
50. 부월지하
51. 위업
52. 조직
53. 판화
54. 맥수지탄
55. 순망치한
56. 벽두
57. 선태
58. 앙숙
59. 시랑
60. 요격
61. 전각
62. 찬탈
63. 수확
64. 박진감
65. 역발산기개세
66. 천석고황
67. 연하
68. 太平聖代
69. 說往說來
70. 過, 咎, 殃, 尤, 辜
71. 婚姻
72. 납채
73. 의혼
74. 納幣
75. 于歸
76. 濾過
77. 鹵田
78. 石榴
79. 雨雹
80. 跏趺坐
81. 兵馬俑
82. 更迭
83. 訪問販賣
84. 年金給與
85. 幼稚園
86. 掛 → 罫
87. 途 → 淘
88. 婢 → 裨
89. 杉 → 衫
90. 黍 → 犀
91. 蔬 → 梳
92. 被 → 披
93. 案 → 按
94. 支 → 指
95. 居 → 据
96. 枷
97. 箪
98. 鄲
99. 悖
100. 攀
101. 憺
102. 孀
103. 道
104. 豪
105. 竿
106. ○
107. ○
108. ×
109. ○
110. ○

111. 家政婦　112. 矜持　113. 毒舌家
114. 상쇄　115. 균열　116. 保佑
117. 風, 霜　118. 텅 비고 너르다
119. 氣像　120. 華麗江山
121. 간악하고 잔혹한 사람
122. 신분 관계의 질서가 중요함
123. 경솔하고 방정맞은 사람
124. 아무 맛도 없음
125. 일반 사람들이 두루 알 수 있는 쉬운 글
126. 脣亡齒寒　127. 戰戰兢兢　128. 野, 史
129. 勤, 愼　130. 滿, 謙
131. 관리들의 나태함, 병에 대해서 방심함, 게으름, 효의 쇠함
132. 처음이 있지 않은 것은 아니나 마침이 있기가 드물다.
133. 2 3 1 4 6 7 8 5　134. 2 1 5 6 4 3
135. 1 3 4 5 8 7 6 2 9
136. 많이 봐서 위태로운 것을 없애고 보지 못한 나머지 문제에 대해서 신중히 행동한다면 후회가 적게 된다.
137. 남을 알고 자기를 알면 백 번 싸워도 위태롭지 않다.
138. 정직한 사람을 들어 쓰고 모든 부정한 사람을 버리면 부정한 자로 하여금 곧게 할 수 있는 것이다.
139. 영대를 지으려고 시작하여 한편으로는 측량하고 그 땅에 줄을 치니 백성들이 모여들어 짓기를 며칠 못 가 다 이루었네.
140. 사람을 이롭게 하는 말은 따뜻하기가 솜 같고 상처주는 말은 날카롭기가 가시 같다
141. 苛斂誅求, 苛政猛於虎
142. 7언 율시 毒, 厄, 哭, 得, 獄
143. 편달조모엄과독, 아침 저녁 채찍으로 치며 엄하게 재촉하니,
144. 변두리에 오두막 짓고 사니, 날 찾는 수레와 말의 시끄러운 소리 하나 없네
145. 동쪽 울타리 아래 국화꽃 따다, 아득히 남산을 바라본다
146. 내 차라리 낭자와 더불어 함께 죽어 저승으로 갈지언정, 어찌 가히 무료히 홀로 살아 남은 목숨을 유지하리오
147. 유해를 찾아 묻어주는 것
148. 죽음
149. 禮
150. 언흘점멸 요무종적, 말을 마치고 점점 없어지더니 마침내 자취가 사라졌다.

Answer

4회 예상문제 정답

[객관식]

1. ② 2. ② 3. ④ 4. ③ 5. ①
6. ① 7. ④ 8. ③ 9. ④ 10. ②
11. ④ 12. ③ 13. ④ 14. ② 15. ③
16. ① 17. ② 18. ① 19. ③ 20. ①
21. ② 22. ① 23. ④ 24. ③ 25. ③
26. ② 27. ④ 28. ③ 29. ① 30. ②
31. ② 32. ④ 33. ③ 34. ④ 35. ③
36. ③ 37. ① 38. ④ 39. ① 40. ④
41. ② 42. ② 43. ① 44. ① 45. ②
46. ② 47. ② 48. ② 49. ④ 50. ③

[주관식]

1. 물수리 저   2. 굴레 륵   3. 꾸짖을 저
4. 지네 오   5. 두터울 전   6. 엿볼 사
7. 터질 탁   8. 곁들 방   9. 등심초 심
10. 붙을 첩   11. 우박 박   12. 짐수레 치
13. 숫돌 지   14. 승냥이 시 15. 갓끈 굉
16. 무지개 예 17. 그칠 철   18. 부리 취
19. 말더듬을 눌 20. 바다 영 21. 볶을 오
22. 거미 주   23. 오리 부   24. 찡그릴 축
25. 깃 령   26. 谷   27. 田
28. 二   29. 工   30. 人
31. 吼   32. 廓   33. 縞
34. 罕   35. 匏   36. 弩
37. 蠱   38. 葦   39. 猊
40. 釉   41. 모자   42. 청아
43. 엄체   44. 압닐   45. 친압
46. 조양   47. 억측   48. 알묘조장
49. 만신창이 50. 한출첨배   51. 유리
52. 흥분   53. 반영   54. 풍수지탄
55. 조강지처 56. 말소   57. 조박
58. 임염   59. 천횡   60. 엄칙
61. 파탈   62. 난삽   63. 의심
64. 치료   65. 건조   66. 易地思之
67. 糞   68. 踏靑   69. 破
70. 갈근탕   71. 駿馬   72. 婢僕
73. 錯覺
74. 원래는 卿大夫의 집안이나, 여기서는 많은 재산과 권력
75. 借馬說   76. 蟠桃   77. 腎盂炎
78. 快擲   79. 豁達   80. 附缸
81. 剛愎   82. 眩氣症   83. 秒速
84. 模擬實驗 85. 官僚   86. 飛 → 沸
87. 驕 → 酋 88. 署 → 胥 89. 肯 → 矜
90. 會 → 膾 91. 揮 → 麾 92. 灣 → 饅
93. 楚 → 礎 94. 候 → 侯 95. 汎 → 氾
96. 駙   97. 駟   98. 瘒
99. 噬   100. 荻   101. 拒
102. 偃   103. 止   104. 岐
105. 尙   106. ×   107. ○
108. ×   109. ○   110. ×
111. 過猶不及 112. 緣木求魚 113. 仁者無敵
114. 不夜城 115. 摩天樓 116. 親
117. 生   118. 웃는 낯에 침 뱉으랴
119. 부부싸움은 칼로 물 베기

Answer

120. 고래 싸움에 새우 등 터진다
121. 해가 돋는 곳
122. 지나치게 글귀의 수식에만 치우치는 일
123. 무능한 사람
124. 일을 꾀하다가 도리어 밑천까지 잃음
125. 일이 이루어지지 아니할 것을 뻔히 알면서도 헛되이 하려 함
126. 德之流行   127. 糟糠之妻   128. 泰山, 河海
129. 虛, 愚   130. 大賓, 大祭   131. 孝
132. 子欲養而親不待
133. 금취려즉리, 쇠는 숫돌로 갈아야 날카로워진다.
134. 황황욕하지, 바삐 또 어디를 가려고 하느냐
135. 석추착이상, 망치와 끌을 놓고 올라오다
136. 사지에 빠뜨린 뒤에야 살고 죽을 곳에 놓은 뒤에야 생존한다
137. 다른 사람의 단점을 말하지 말고 자기의 장점을 믿지 말라
138. 형에게 마땅하고 아우에게 마땅한 뒤에야 나라 사람을 가르칠 수 있는 것이다.
139. 마음이 편안하면 띠로 지은 집이라 할지라도 편안하며, 성품이 안정되면 나물국이라 할지라도 향기롭다.
140. 관리는 벼슬의 지위가 올라가는데 있어 직무 수행에 게을러지며, 병은 조금 차도가 있는데 있어 병세가 더하게 된다
141. 소부대권의도계 적자황견상추수
142. 幽, 鷗, 鉤, 求
143. (가) 田家, (나) 江村
144. 높새바람 드높을 때 일제히 출항해서, 마파람 급히 불 때 가득 싣고 돌아오네
145. 맑은 강의 한 굽이 마을을 안아 흐르니, 긴 여름 강촌의 일마다 그윽하도다.
146. 傳道, 授業, 解惑
147. 不恥下問
148. 대저 어찌 그 나이가 나보다 먼저나고 뒤에 태어남을 따지리오.
149. 益   150. 師說

Answer

5회 예상문제 정답

[객관식]

1. ④   2. ③   3. ④   4. ①   5. ③
6. ①   7. ①   8. ②   9. ②   10. ②
11. ②   12. ④   13. ④   14. ③   15. ②
16. ①   17. ④   18. ③   19. ④   20. ①
21. ②   22. ④   23. ①   24. ①   25. ②
26. ①   27. ③   28. ②   29. ③   30. ④
31. ①   32. ③   33. ③   34. ④   35. ④
36. ①   37. ③   38. ②   39. ③   40. ④
41. ④   42. ③   43. ④   44. ②   45. ③
46. ④   47. ④   48. ④   49. ③   50. ②

[주관식]

1. 빚을 온   2. 말더듬 흘   3. 넓적다리 비
4. 서럽게 울 통   5. 감출 도   6. 권할 용
7. 홑옷 진   8. 깨뜨릴 팔   9. 항문 항
10. 반걸음 규   11. 괴팍할 퍅   12. 쬘 폭
13. 아침밥 옹   14. 완두 완   15. 산길 교
16. 쪽문 합   17. 우뚝할 올   18. 벼슬 환
19. 기우제 우   20. 난간 순   21. 이마 상
22. 무늬 현   23. 빼앗을 찬   24. 쇠고리 환
25. 넉넉할 섬   26. 門   27. 勹
28. 白   29. 亅   30. 氏
31. 謹   32. 梟   33. 醯
34. 衒   35. 甓   36. 岑
37. 棧   38. 截   39. 瀲
40. 悍   41. 旗幟   42. 치밀
43. 치모   44. 개탁   45. 탑승
46. 질탕   47. 혼효   48. 연명차자
49. 학철부어   50. 후목분장   51. 감상
52. 원망   53. 감금   54. 새옹지마
55. 백아절현   56. 담연   57. 절치액완
58. 용출   59. 압착기   60. 창도
61. 반천   62. 연역법   63. 소화
64. 수척   65. 예하   66. 陣營
67. 旣, 已   68. 潰滅   69. 군사
70. 薩水大捷   71. 道, 業, 惑   72. 孔子
73. 三人行 必有我師焉   74. 專攻
75. 禮, 樂, 射, 御, 書, 數
76. 反芻   77. 綻露   78. 辨公費
79. 買辦的   80. 標毒   81. 膵臟
82. 僭稱   83. 凝視   84. 傾向
85. 繁殖   86. 野 → 椰   87. 要 → 拗
88. 破 → 擺   89. 幣 → 嬖   90. 哮 → 梟
91. 訖 → 吃   92. 臺 → 黛   93. 經 → 境
94. 逸 → 一   95. 培 → 胚   96. 饌
97. 勻   98. 霽   99. 炮
100. 攫   101. 徵   102. 稗
103. 弄   104. 撞   105. 鍼
106. ×   107. ○   108. ×
109. ○   110. ○   111. 音
112. 靑   113. 八   114. 似而非
115. 看過   116. 實   117. 崩
118. 項羽   119. 늠름장부   120. 關羽
121. 산세(山勢)가 웅장함
122. 살결이 곱고 깨끗한 미인

123. 소박한 시골 살림

124. 인생과 영화의 덧없음

125. 성미가 팔팔하여 다잡을 수 없는 사람

126. 溫溫恭人   127. 不如守中   128. 思

129. 如   130. 事   131. 學

132. 제자가 스승보다 낫다

133. 부족이흌처자, 아래로는 처자를 기를만하다

134. 가이탁오영, 내 갓끈을 씻을 수 있다.

135. 불가설완언, 함부로 가지고 놀 수 없다

136. 백성을 인도하기를 덕으로써 하고 백성을 가지런히 하기를 예절로써 하면 백성이 수치를 알게 되어 착하게 될 것이다

137. 신하는 임금을 도와 선을 권하여 사악을 막는 자이다.

138. 썩은 나무는 조각할 수 없으며, 썩은 흙의 담은 흙손질을 못할 것이다.

139. 비록 맛있는 음식이 있다하더라도 먹지 않으면 맛을 알지 못한다.

140. 어진 자는 자기의 밝음으로 다른 사람을 밝게한다.

141. (가)-ⓒ, (나)-㉠, (다)-ⓛ, (라)-㉣

142. 강간파랑겸천용 새상풍운접지음

143. 남송, 금, 고려

144. 겨울옷 준비에 곳곳에서 가위질과 자질을 재촉하고, 백제성은 높고 저물녘 다듬이질 소리 바쁘기만 하다

145. 병 많으니 따라서 잠마저 적어지고, 글짓는 일로써 수심을 달래 보네

146. 不立文字, 敎外別傳

147. 느슨하게 깎으면 헐거워서 튼튼하지 못하고, 꽉 끼게 깎으면 빡빡하여 들어가지 않습니다.

148. ㉠추착: 몽치와 끌 ㉡조박: 찌꺼기

149. 수레바퀴를 깎는 일

150. 성인이 이미 죽어서 성인의 도를 직접 체험할 수 없기 때문에

Answer

1회 기출문제 정답

[객관식]

1. ②   2. ③   3. ②   4. ④   5. ③
6. ③   7. ①   8. ①   9. ②   10. ④
11. ③   12. ③   13. ④   14. ①   15. ①
16. ②   17. ④   18. ③   19. ②   20. ③
21. ②   22. ④   23. ④   24. ①   25. ①
26. ②   27. ③   28. ②   29. ①   30. ④
31. ③   32. ③   33. ④   34. ②   35. ②
36. ①   37. ③   38. ①   39. ①   40. ②
41. ③   42. ①   43. ④   44. ③   45. ②
46. ③   47. ④   48. ④   49. ②   50. ④

[주관식]

1. 아지랑이 람   2. 짝 려   3. 돌무더기 뢰
4. 깃발 류   5. 잉어 리   6. 도깨비불 린
7. 굽을 만   8. 까끄라기 망   9. 백성 맹
10. 눈동자 모   11. 어두울 묘   12. 거칠어질 무
13. 살 기   14. 벨 삼   15. 녹일 소
16. 쬘 폭   17. 지게미 박   18. 방합 방
19. 아이밸 배   20. 말더듬을 홀   21. 오를 등
22. 모일 취   23. 진흙 도   24. 꾸밀 식
25. 신 혜   26. 頁   27. 勹
28. 甘   29. 木   30. 丿
31. 泮   32. 劈   33. 筮
34. 抹   35. 箭   36. 맥간
37. 견사   38. 정곡   39. 팔굉

40. 팽창   41. 인멸   42. 천착
43. 긍휼   44. 기각   45. 독과점
46. 비자금   47. 가압류   48. 수세방어
49. 보호관찰   50. 유연반응전략   51. 골몰
52. 초췌   53. 괄시   54. 만두
55. 위협   56. 유도탄   57. 가격할인
58. 감가상각비   59. 참고환율제
60. 공직자윤리법   61. 범증
62. 번쾌   63. 衛兵   64. 肝膽
65. 斗酒不辭   66. ×   67. ○
68. ×   69. ×   70. ×
71. 尨大   72. 瞥眼間   73. 馬廐間
74. 煖爐   75. 膾炙   76. 小篆
77. 更迭   78. 仕樣   79. 決濟
80. 幼稚園   81. 壤 → 讓   82. 嚬 → 瀕
83. 事 → 些   84. 潑 → 醱   85. 房 → 榜
86. 塔 → 搭   87. 無 → 誣   88. 楚 → 礎
89. 就 → 取   90. 基 → 寄   91. 牢
92. 鏤   93. 芒   94. 誣
95. 皓   96. 搏   97. 菲
98. 刮   99. 蜚   100. 脣
101. 身言書判   102. 체모   103. 言辭
104. 준미   105. 基準   106. 涉
107. 女   108. 上

109. 공든 탑이 무너지랴?

110. 하룻강아지 범 무서운줄 모른다

111. 아니 땐 굴뚝에 연기나랴?

112. 오르지 못할 나무는 쳐다보지 마라.

113. 친구따라 강남간다.   114. 夫, 婦

115. 惻隱   116. 宿   117. 質

118. 술   119. 대나무   120. 엽전

121. 작은 일을 큰일처럼 과장함

122. 태평한 세월

123. 이사를 자주 다니거나 일이 몹시 바쁜 형편

124. 제 분수를 잊고 무턱대고 남의 흉내를 내다 모두 잃음

125. 출세의 관문   126. 自彊不息

127. 思無邪   128. 有物有則   129. 以爲

130. 寧   131. 而已   132. 孔子

133. 過則勿憚改

134. 天之生物 必因其材而篤焉

135. 水善利萬物而不爭

136. 배가 뒤집혀야 헤엄을 잘 치는지 알고

137. 송곳이 자루 안에 있는 것과 같다

138. 누대와 연못, 새와 짐승이 비록 있다 하나 어찌 혼자서 즐길 수 있겠습니까?

139. 천지가 제자리를 편안히 하고 만물이 잘 자라게 될 것이다.

140. 무릎을 용납할 만한 곳이 편안하기 쉬움을 알았노라

141. 아지랑이   142. (가)   143. (라)

144. 강이 푸르니 새는 더욱 희고 산이 푸르니 꽃이 불타는 듯

145. 산은 외로운 둥근 달을 토해내고 강은 만리의 바람을 머금었도다

146. 흰 머리 긁어 더욱 짧아지니 온통 비녀조차 이기지 못하겠네

147. 무릇 천지는 만물의 나그네를 맞는 객사요, 세월은 백대의 지나가는 길손이다.

148. 개경연이좌화 비우상이취월

149. 옛 사람이 촛불을 잡고 밤에 노닌 것은 진실로 까닭이 있도다.

150. 그윽한 감상이 그치지 않음에 고상한 담론이 더욱 맑아진다.

Answer

2회 기출문제 정답

[객관식]

1. ③	2. ①	3. ④	4. ②	5. ④
6. ④	7. ③	8. ①	9. ③	10. ④
11. ②	12. ①	13. ③	14. ①	15. ①
16. ②	17. ③	18. ④	19. ②	20. ①
21. ②	22. ①	23. ②	24. ④	25. ②
26. ③	27. ①	28. ④	29. ④	30. ④
31. ①	32. ④	33. ②	34. ①	35. ②
36. ③	37. ③	38. ②	39. ④	40. ①
41. ③	42. ②	43. ④	44. ②	45. ④
46. ③	47. ②	48. ①	49. ②	50. ①

[주관식 A]

1. 구덩이, 감
2. 움킬, 국
3. 볼, 도
4. 돌무더기, 뢰
5. 베낄, 모
6. 얼룩, 반
7. 자라, 별
8. 끓을, 비
9. 잠간, 사
10. 떫을, 삽
11. 쥐, 서
12. 넉넉할, 섬
13. 밤, 소
14. 콩, 숙
15. 뽑을, 알
16. 바다, 영
17. 흙손, 오
18. 솟을, 용
19. 가슴걸이, 인
20. 가시나무, 자
21. 착할, 장
22. 뚫을, 천
23. 비웃을, 치
24. 어그러질, 패
25. 사랑할, 폐
26. 忄(心)
27. 攴(攵)
28. 辛
29. 田
30. 鬲
31. 渾
32. 徹
33. 墜
34. 絃
35. 觸
36. 거촉
37. 면역
38. 분연
39. 사세
40. 오뇌
41. 은근
42. 융단
43. 온양
44. 증구
45. 창궐
46. 치밀
47. 폄강
48. 현등
49. 탄갈
50. 전분
51. 팽대
52. 창도
53. 부월
54. 왜구
55. 예상
56. 붕대
57. 벽개
58. 단순호치
59. 가부좌
60. 격화소양
61. 미복
62. 찬양
63. 鼓腹擊壤
64. 해가 지면 쉰다
65. 우물을 파서 마시다
66. O
67. X
68. O
69. O
70. X
71. 鑑賞
72. 桑田碧海
73. 煙筒
74. 神出鬼沒
75. 逸脫
76. 偶像
77. 蹴球
78. 水魚之交
79. 休暇
80. 試鍊
81. 苦 → 告
82. 基 → 機
83. 譚 → 澹
84. 勢 → 稅
85. 奔 → 奮
86. 植 → 識
87. 蔽 → 廢
88. 適 → 摘
89. 利 → 履
90. 戰 → 轉
91. 刮
92. 廬
93. 狗
94. 鼻
95. 鳴
96. 擒
97. 難
98. 緣
99. 裳
100. 矯

Answer

[주관식 B]

101. 등주의 사방은 바다에 임해있다
102. 遙見   103. 고장 사람   104. 적호
105. 심괄   106. 虛構   107. 空中樓閣
108. 하늘이 무너져도 솟아날 구멍은 있다
109. 아니 땐 굴뚝에 연기 날까
110. 되로 주고 말로 받는다
111. 남의 잔치에 배 내놔라 감 내놔라 한다
112. 세 살 버릇 여든까지 간다
113. 모르는 게 약이다   114. 天
115. 勤   116. 敎   117. 面
118. 淸   119. 慈, 義   120. 婚, 迎
121. 오늘 공부하지 아니하고 내일이 있다고 말하지 말라
122. 남이 알아주지 않아도 성내지 않는다
123. 자기만 같지 못한 사람을 벗하지 말라
124. 생각하나 공부하지 않으면 위태롭다
125. 그 착한 사람을 선택해서 그것을 좇는다
126. 그 마음을 잃었으나 찾음을 알지 못한다
127. 사람에게는 모두 남에게 차마 못하는 마음이 있다
128. 잠깐이라도 떠날 수 없다
129. 먼저와 나중 할 바를 알면 도에 가깝다
130. 하루에는 두 번 새벽이 어렵다
131. 勿以貴己而賤人
132. 薄施厚望者不報
133. 一寸光陰不可輕
134. 春若不耕秋無所望
135. 瓜田不納履
136. 달이 나옴은 하늘이 눈을 뜬 것이다
137. 강은 멀리서 불어오는 바람을 품는다
138. 자식이 봉양하고자 하나 부모님이 기다려주지 않는다
139. 옥은 쪼으지 않으면 그릇을 이루지 못한다
140. 강이 파라니 새가 더욱 희다
141. 초라한 집, 또는 잡초로 엮은 집
142. (가)   143. (다)
144. 모든 길에 사람의 자취가 사라졌다
145. 시냇가 초라한 집에 홀로 한가롭게 살다
146. 서리맞은 잎이 이월의 꽃보다 빨갛다
147. 한가롭고 조용하여 말이 적고, 영예와 이익을 사모하지 않았다.
148. 매번 뜻이 맞는 곳이 있으면 문득 기뻐하여 먹는 것을 잊었다.
149. 혹치주이초지 조음첩진
150. 일찍이 정을 떠나고 머무는 데 인색하지 않았다.

1급 · 사범 응시자용

한 자 자 격 시 험 O M R 답 안 지

연습용

사단법인 한자교육진흥회
한국 한자실력평가원

1.회차	제 회	2.응시급수	급
※ 감독관 확 인	(서명)	사범	○
		1급	○

3.성명	

4. 수 험 번 호

			-			-			-				
⓪	⓪	⓪		⓪	⓪		⓪	⓪		⓪	⓪	⓪	⓪
①	①	①		①	①		①	①		①	①	①	①
②	②	②		②	②		②	②		②	②	②	②
③	③	③		③	③		③			③	③	③	③
④	④	④		④	④		④			④	④	④	④
⑤	⑤	⑤	-	⑤	⑤	-	⑤		-	⑤	⑤	⑤	⑤
⑥	⑥	⑥		⑥	⑥		⑥			⑥	⑥	⑥	⑥
⑦	⑦	⑦		⑦	⑦		⑦			⑦	⑦	⑦	⑦
⑧	⑧	⑧		⑧	⑧		⑧			⑧	⑧	⑧	⑧
⑨	⑨	⑨		⑨	⑨					⑨	⑨	⑨	⑨

5. 주 민 등 록 번 호

						-							
⓪	⓪	⓪	⓪	⓪	⓪			⓪	⓪	⓪	⓪	⓪	⓪
①	①	①	①	①	①		①	①	①	①	①	①	①
②	②		②	②	②		②	②	②	②	②	②	②
③	③		③	③	③		③	③	③	③	③	③	③
④	④		④		④	-	④	④	④	④	④	④	④
⑤	⑤		⑤		⑤		⑤	⑤	⑤	⑤	⑤	⑤	⑤
⑥	⑥		⑥		⑥		⑥	⑥	⑥	⑥	⑥	⑥	⑥
⑦	⑦		⑦		⑦			⑦	⑦	⑦	⑦	⑦	⑦
⑧	⑧		⑧		⑧			⑧	⑧	⑧	⑧	⑧	⑧
⑨	⑨		⑨		⑨			⑨	⑨	⑨	⑨	⑨	⑨

객 관 식 답 안 지

1	①②③④	11	①②③④	21	①②③④	31	①②③④	41	①②③④
2	①②③④	12	①②③④	22	①②③④	32	①②③④	42	①②③④
3	①②③④	13	①②③④	23	①②③④	33	①②③④	43	①②③④
4	①②③④	14	①②③④	24	①②③④	34	①②③④	44	①②③④
5	①②③④	15	①②③④	25	①②③④	35	①②③④	45	①②③④
6	①②③④	16	①②③④	26	①②③④	36	①②③④	46	①②③④
7	①②③④	17	①②③④	27	①②③④	37	①②③④	47	①②③④
8	①②③④	18	①②③④	28	①②③④	38	①②③④	48	①②③④
9	①②③④	19	①②③④	29	①②③④	39	①②③④	49	①②③④
10	①②③④	20	①②③④	30	①②③④	40	①②③④	50	①②③④

※ 사범 문장 해석 점수 (응시자 표기 금지)	㉥(백)
	⓪ ① ② ③ ④ ⑤ ⑥ ⑦ ⑧ ⑨
	⓪ ① ② ③ ④ ⑤ ⑥ ⑦ ⑧ ⑨

※OMR 답안지 작성요령

1. 먼저 플러스펜으로 표기한 후 반드시 컴퓨터용 수성싸인펜을 사용하여 바르게 표기 하십시오.

   * 바르게 표기한 예 : ●　　* 틀리게 표기한 예 : ⊗ ⊘ ⊙ ◑

2. 본 답안지를 칼로 긁거나 구기지 마십시오.

문항	주관식답안란	초검	재검
주1		○	○
주2		○	○
주3		○	○
주4		○	○
주5		○	○
주6		○	○
주7		○	○
주8		○	○
주9		○	○
주10		○	○
주11		○	○
주12		○	○
주13		○	○
주14		○	○
주15		○	○
주16		○	○
주17		○	○
주18		○	○
주19		○	○
주20		○	○

■ 합격자 발표 → 한글인터넷주소 : 한자자격시험(http://www.hanja114.org)　ARS 060-700-2111

※주관식 답안란 21~100번은 뒷면에 있습니다.

문항	주관식 답안란	초검	재검	문항	주관식 답안란	초검	재검	문항	주관식 답안란	초검	재검	문항	주관식 답안란	초검	재검
주21		○	○	주41		○	○	주61		○	○	주81		○	○
주22		○	○	주42		○	○	주62		○	○	주82		○	○
주23		○	○	주43		○	○	주63		○	○	주83		○	○
주24		○	○	주44		○	○	주64		○	○	주84		○	○
주25		○	○	주45		○	○	주65		○	○	주85		○	○
주26		○	○	주46		○	○	주66		○	○	주86		○	○
주27		○	○	주47		○	○	주67		○	○	주87		○	○
주28		○	○	주48		○	○	주68		○	○	주88		○	○
주29		○	○	주49		○	○	주69		○	○	주89		○	○
주30		○	○	주50		○	○	주70		○	○	주90		○	○
주31		○	○	주51		○	○	주71		○	○	주91		○	○
주32		○	○	주52		○	○	주72		○	○	주92		○	○
주33		○	○	주53		○	○	주73		○	○	주93		○	○
주34		○	○	주54		○	○	주74		○	○	주94		○	○
주35		○	○	주55		○	○	주75		○	○	주95		○	○
주36		○	○	주56		○	○	주76		○	○	주96		○	○
주37		○	○	주57		○	○	주77		○	○	주97		○	○
주38		○	○	주58		○	○	주78		○	○	주98		○	○
주39		○	○	주59		○	○	주79		○	○	주99		○	○
주40		○	○	주60		○	○	주80		○	○	주100		○	○

※주관식 채점위원 확인란   초검 채점위원   재검 채점위원

※초검·재검의 채점의 ○에는 표기 하지 마십시오.   ※주관식은 반드시 파란색 또는 빨강색 플러스펜으로 작성하십시오.